Gerd Brenner (Hrsg.)

Die Fundgrube für den Deutsch-Unterricht

ab Klasse 5

Cornelsen
SCRIPTOR

Gedruckt auf chlorfrei gebleichtem Papier
ohne Dioxinbelastung der Gewässer

Deutsche Bibliothek – CIP-Einheitsaufnahme

Die **Fundgrube für den Deutsch-Unterricht ab Klasse 5** /
Gerd Brenner (Hrsg.). – Frankfurt am Main :
Cornelsen Scriptor, 1995
ISBN 3-589-21054-0
NE: Brenner, Gerd (Hrsg.)

5.	4.	3.	2.	1.	Die letzten Ziffern bezeichnen
99	98	97	96	95	Zahl und Jahr des Drucks.

Redaktion: Maria Bley, München
Herstellung: Kristiane Klas, Frankfurt am Main
Umschlaggestaltung: Studio Lochmann, Frankfurt am Main,
unter Verwendung einer Zeichnung von Klaus Puth
Illustrationen: Christine Georg, Dortmund
Satz: FROMM Verlagsservice GmbH, Idstein
Druck und Bindearbeiten: Clausen & Bosse, Leck
Vertrieb: Cornelsen Verlag, Berlin
Printed in Germany
ISBN 3-589-21054-0
Bestellnummer 210540

Inhalt

Einführung

Wie kann ich in einer neuen Klasse die erste Deutschstunde gestalten? Wie kann ich – mit Mitteln des Deutschunterrichts – von Schülerinnen und Schülern Abschied nehmen, die ich längere Zeit unterrichtet habe? Wie kann ich unruhige Schülerinnen und Schüler in den ersten fünf Minuten der Stunde auf Gegenstände des Deutschunterrichts konzentrieren? Kann ich spielerisch in ein Thema einsteigen? Welche Lektüre ist lohnend, und mit welchen Methoden kann man Lesestoff in Klassen und Kursen zum Leben erwecken? Wie kann ich Rechtschreibung und Zeichensetzung auf interessante Weise üben? Und wie kann ich in der Klasse eine Gesprächs- und Erzählkultur aufbauen?
Wie kann ich zusammen mit den Betroffenen Noten finden? Und welche Formulierungen kann ich wählen, um in der Klasse 5, in der 13 oder im Abitur Notenbegründungen zu schreiben? Welche besonderen Höhepunkte kann es in meinem Deutschunterricht geben? Wie kann eine Klassen- oder Kursfahrt aussehen, die einen besonderen Bezug zum Fach Deutsch hat? Wie kann ich meinen Deutschunterricht in die Gemeinde oder die Region hinein öffnen? Und was kann man im Fach Deutsch zu Weihnachten oder zu Karneval anbieten? Was mache ich in einer Vertretungsstunde Deutsch, was an den Tagen nach der Zeugniskonferenz? Was hat ein Fachvorsitzender Deutsch zu tun? Und was gebe ich den Eltern mit, wenn sie zum Elternsprechtag kommen?
In diesem Band finden sie viele Antworten auf solche Fragen. Die Autorinnen und Autoren haben ihre Aktenordner und Festplatten geplündert und ein breites Spektrum von Alltags-Know-how zusammengetragen, das man im Deutschunterricht immer wieder benötigt, das aber oft nicht sofort greifbar ist. In dieser „Fundgrube" finden Sie es an einer Stelle versammelt.
Zunächst lesen Sie Tips für den täglichen Unterricht, also Ideen, mit denen Sie Variationen in Ihren Alltag bringen können. Daran schließen sich Vorschläge für besondere Höhepunkte im Jahresverlauf an, z. B. für Projekte, Fahrten oder Feste. Die darauf folgenden Materialien für Vertretungsstunden sind so interessant, daß Sie diese sicherlich auch zur Auflockerung Ihres regulären Unterrichts verwenden werden. Zum Schluß finden Sie Anregungen für besondere Herausforderungen wie Fachvorsitz oder Elternsprechtag.
Die Ideen und Materialien sind für die Sekundarstufen I und II gedacht. In vielen Bereichen der „Fundgrube" ermöglichen Ihnen Altersangaben einen schnellen Zugriff. Diese Angaben sind freilich nur als Vorschläge

zu verstehen; denn vielleicht kommen Sie im Hinblick auf Ihre eigene Klasse zu etwas anderen Einschätzungen.
Bitte geben Sie Kritik, Anmerkungen oder ergänzende Hinweise zu dem Buch, die bei einer Neubearbeitung berücksichtigt werden können, an den Verlag weiter (Cornelsen Verlag Scriptor, Grüneburgweg 95, 60323 Frankfurt/Main).
Ich danke allen Autorinnen und Autoren, die Texte für diesen Band geschrieben haben. Dies gilt ganz besonders für Edmund Wild, der größere Abschnitte beigesteuert hat.
Wenn in diesem Buch von Lehrern, Lehrerinnen, Schülern oder Schülerinnen die Rede ist, so ist das jeweils andere Geschlecht in der Regel mitgemeint.

Gerd Brenner

A Interessanter Alltag – Tips für den täglichen Unterricht

1. Einmal anders anfangen

Die erste Stunde in einer Klasse, einem Kurs

Eine neue Klasse, ein neuer Kurs, viele neue Gesichter, ein neuer Raum – auch nach vielen Jahren Unterrichtspraxis bedeutet diese Situation für Lehrerinnen und Lehrer eine besondere Herausforderung.
Wird der Funke sofort überspringen? Wie kann ich mich auf die Schülerinnen und Schüler einstellen? Wie wird die Klasse, der Kurs mich als Person wahrnehmen? Kann ich in den ersten Stunden eine entspannte und zugleich produktive Atmosphäre schaffen?
Solche Fragen gehen einem durch den Kopf, wenn man die Tür aufschließt und einige Minuten später die – mehr oder weniger –

erwartungsvollen Augen von 20, inzwischen wohl eher 30 Schülerinnen und Schülern auf sich gerichtet sieht.
Die folgenden Handlungsideen können helfen, diese ersten Stunden produktiv und situationsangemessen zu bewältigen.

Handlungsideen für die ersten Stunden in einer neu gebildeten Lerngruppe, deren Schüler sich untereinander nicht (alle) kennen

Steckbriefe 5–7

Jeweils zwei Schüler, die sich möglichst noch nicht kennen sollten, setzen sich zusammen und entwerfen für den Partner einen „Steckbrief“. Darauf sollen – zunächst außer dem Namen – alle möglichen Details notiert oder gezeichnet werden, die für diese Person charakteristisch sind. Im Gespräch erkundigt man sich z. B. nach den Vorlieben bei Musik, Lektüre, Kleidung, Reisen, aber auch nach Merkmalen wie der Körper- und Schuhgröße. All das wird auf einem Blatt notiert, dessen erster Teilsatz lautet: „Gesucht wird …“ Es kann auch eine Porträtzeichnung versucht werden. Sind alle Steckbriefe (ohne Namen!) fertiggestellt, werden sie gestapelt. Aus dem Stapel zieht nach und nach jeder einen Steckbrief heraus, liest das Notierte vor oder zeigt die Zeichnung und versucht, die zugehörige Person zu finden. Dauert das zu lange, können die anderen nach der Methode „Heiß-kalt“ helfen. Ist die Person identifiziert, schreibt sie ihren Namen auf den Steckbrief. Der Lehrer nimmt die Briefe zunächst mit nach Hause, um sich mit ihrer Hilfe mit den neuen Schülern vertraut zu machen. Anschließend werden die Steckbriefe in der Klasse ausgehängt.

Namensliste 5/6

Alle Schüler nennen ihre Namen und drücken beim Aussprechen des Namens ein besonderes Gefühl aus (z. B. Freude, Haß, Angst, Stolz, Langeweile, …). Einige andere Schüler stehen an der Tafel, schreiben die Namen arbeitsteilig auf und versuchen dabei, das mitgeteilte Gefühl in der Schrift auszudrücken. Soll z. B. Angst ausgedrückt werden, so kann ganz zittrig geschrieben werden. Auf spaßige Weise lernen Schüler und Lehrer so die neuen Namen.

Überblick 5–8

Mit diesem Spiel erhält der Lehrer Informationen über die Gruppe, die für die Arbeit in der Klasse und im Fach Deutsch von Interesse sind.
Die Spielanweisung lautet: „Alle bitte aufstehen, die
– in den Ferien mehr als zwei Bücher gelesen haben,

- in den Ferien keine Bücher gelesen haben,
- Geschwister haben,
- keine Geschwister haben,
- in … wohnen,
- ab und zu/öfter/nie die Tageszeitung lesen,
- ältere/jüngere Geschwister auf der gleichen Schule haben,
- mit dem Fahrrad zur Schule kommen,
- sich zum Klassensprecher wählen lassen würden,
- öfter in der Woche drei Stunden und mehr fernsehen,
- ab und zu jemandem einen Brief schreiben,
- im letzten halben Jahr keinen Brief geschrieben haben, …"

Schon lange her *5–11*

Alle Schüler bringen ein Foto mit, auf dem sie etwa sieben Jahre jünger sind. Die eine Hälfte der Klasse legt ihre Fotos mit der Rückseite nach oben auf einen Stapel. Jeder Schüler der zweiten Hälfte zieht nun aus diesem Stapel ein Foto heraus und sucht die abgebildete Person. Haben sich beide Spieler gefunden, setzen sie sich zusammen und erzählen sich, ausgehend von ihren beiden Fotos, etwas von früher.

Verteilungskuchen *7–10*

Jeder Schüler erhält ein Blatt mit einem großen Kreis. Dieser soll wie ein Kuchen in einzelne Stücke aufgeteilt werden, die allerdings unterschiedlich groß sein können. Jeder schreibt seinen Namen auf das Blatt und konfrontiert sich dann mit der Frage: „Was mache ich gern?" Antworten auf diese Frage können mit Hilfe der unterschiedlich großen Stücke des „Kuchens" ausgedrückt werden. Die „Kuchen" werden für einen Rundgang der Klasse ausgelegt oder aufgehängt. Anschließend kann der Lehrer die Blätter mitnehmen.
Variation: Jeder erhält ein Blatt mit zwei „Kuchen". Mit den „Kuchenstücken" soll ausgedrückt werden:
„Auf was verteile ich während der Schulzeit tatsächlich meine Energie?"
„Wie möchte ich sie gerne verteilen?"

Wurfpuppe *5/6*

Alle sitzen im Kreis. Eine lustige „Wurfpuppe" wird benutzt, um die Vorstellungssituation zu entkrampfen. Der Lehrer beginnt mit einem Satz „Ich heiße …" und wirft die Puppe anschließend einem Schüler zu. Dieser stellt sich nun mit zwei Sätzen vor, z. B.: „Ich heiße … und esse gerne …" und wirft die Puppe weiter. Der nächste soll drei Sätze über sich sagen. Sind sieben Sätze erreicht, geht es wieder mit zwei Sätzen los.

Stühlewechseln *5–8*

Alle Schüler sitzen im Kreis. Je zwei Namen werden aufgerufen, und die beiden Genannten tauschen die Plätze. Die Schüler, die sich in der Regel zunächst neben ihnen bereits bekannte Mitschüler setzen, kommen so mit anderen in Kontakt. Schüler und Lehrer lernen die Namen.

Fangen im Kreis *5–8*

Die Schüler sitzen im Kreis. Einer steht mit verbundenen Augen in der Mitte. Alle Plätze müssen besetzt sein. (Eventuell einen Stuhl aus dem Kreis herausnehmen!) Im Raum muß es mucksmäuschenstill sein. Der Lehrer ruft zwei Namen auf. Die Genannten erheben sich so leise wie möglich von ihrem Stuhl und schleichen auf den jeweils anderen Platz zu. Dabei können sie jedoch von dem Spieler mit verbundenen Augen abgeschlagen werden. Wer abgeschlagen wird, ist der neue Fänger. Tip für die Fänger: Unverhoffte Schritte zur Seite machen und mit den Armen weit ausladend immer wieder die „Fluchträume" einengen! Auch bei diesem Spiel werden-– mit viel Spaß – die Namen gelernt.

Zwiebel *5–10*

Die Schüler bilden einen gleich großen Innen- und Außenkreis, so daß sich je zwei Schüler gegenüberstehen oder -sitzen. Alle im inneren Kreis gehen nach jeder Übung drei Plätze nach links, um Zufallskombinationen zu erreichen. Die beiden, die sich gegenüberstehen oder -sitzen, sollen z. B.

- gemeinsam ein Lied summen,
- sich erzählen, wen sie in der Klasse bereits kennen,
- sich Rücken an Rücken stellen, sich einhaken und vorsichtig ihre Kräfte messen,
- sich von Büchern erzählen, die sie in letzter Zeit gelesen haben,
- die Mimik des Partners (eine Grimasse) nachahmen,
- sich erzählen, was sie am liebsten schreiben,
- ein Geräusch des Partners nachahmen,
- ihre Lieblingssendung im Fernsehen nennen.

Namenlexikon *11–13*

Anhand eines Namenlexikons beschäftigen sich die Schüler mit ihren Vornamen. Der Lehrer geht die Kursliste durch und fordert die Lerngruppe auf, zu den Vornamen nacheinander etwas zu sagen.

- Wer weiß, wo der Name herkommt?
- Wer weiß, was er ursprünglich bedeutete?

Ein Schüler wird zum Experten gemacht: Er erhält ein Namenlexikon, kann die in der Lerngruppe vorkommenden Vornamen nachschlagen und jeweils kurz aus dem Lexikon vortragen. Das Buch kann ab und zu weitergereicht werden. Der Lehrer hat sich zu Hause einiges zu den Vornamen des Kurses/der Klasse notiert, um kleinere Pausen überbrücken zu können. Eventuell wollen die Schüler anschließend auch ihre Familiennamen im Lexikon nachschlagen. Die Stunde kann damit enden, daß einige Fragen und Thesen diskutiert werden:

- Wißt ihr etwas darüber, wie ihr zu euren Vornamen gekommen seid?
- Welche Vornamen findet ihr zur Zeit interessant?
- Die meisten Vornamen sind Ableitungen von wenigen gesamteuropäischen Standardnamen. Beispiel: Jörg, Jürgen, Hans, Hannes, Jan, Jean, Johann, John sind von Johannes abgeleitet; von Johannes abgeleitete Familiennamen: John, Johannsen (Sohn des Johannes), Jansen, Jensen, Jahn, Hansen (Sohn des Hans/Johannes); von Johannes abgeleitete Kurz- und Koseformen: Hensel, Henne, Henneke, Händel, Hänisch, Hanke.
- Sehr viele deutsch klingende (Vor-)Namen sind aus einer anderen Sprache übernommen worden. Beispiel: Johannes, hebräisch: Joachanán = Gott ist gnädig.

Vgl. hierzu Harm Mögenburg: Mein Vertretungskoffer. In: Geschichte lernen. Heft 28, 1992, Seite 59–61.

Handlungsideen für die ersten Stunden in einer Klasse, deren Schüler sich untereinander bereits kennen

Begrüßung *5–11*

Der Lehrer heißt jeden Schüler an der Klassentür mit Handschlag willkommen und wechselt ein paar Worte mit ihm. (Gibt es gemeinsame Bekannte wie ältere Geschwister? Wohnort?)

Namen *7–11*

Jeder Schüler stellt sich nicht nur mit Vor- und Nachnamen vor, sondern auch mit dem, was er mit dem eigenen Namen verbindet. (Woher kommt der Familienname? Woher der Vorname? Welche besonderen Erlebnisse sind mit dem Namen verbunden? Gibt er ab und zu in der Klasse oder anderswo Anlaß zu Bemerkungen?) Anschließend können einige Mitschüler den Bericht ergänzen und eventuell auch etwas über den Spitznamen des Schülers erzählen.

Lehrerbefragung *5–11*

Je drei Schüler setzen sich kurz (drei bis fünf Minuten) zusammen und überlegen sich möglichst viele Fragen, die an den Lehrer gerichtet werden sollen. Diese Fragen werden kurz notiert. In einer ersten

Fragerunde stellt jede Gruppe zunächst eine Frage, die der Lehrer sofort beantwortet. In einem zweiten Durchgang können die Gruppen weitere Fragen stellen. Wiederholungen sollten dabei vermieden werden.
Variation: Die Kleingruppen überlegen sich Fragen an den Lehrer, die mit „ja“ oder „nein“ beantwortet werden können. Zugleich fertigen sie sich – ebenso wie der Lehrer – Entscheidungszettel an, auf denen „ja“ oder „nein“ steht. Das Spiel geht dann folgendermaßen: Eine Gruppe trägt eine Frage vor. Alle überlegen dann kurz, wie der Lehrer wohl antworten wird. Auf Kommando heben alle – auch der Lehrer – entweder den „Ja-“ oder den „Nein-Zettel“ hoch. Wenn es zu Abweichungen kommt, kann dies kurz erörtert werden.

Zuschreibung *7–11*

Alle Schüler schreiben den Satzanfang „Was würden Sie tun, wenn ...“ auf ein Blatt Papier und ergänzen die Frage auf unterschiedliche Weise. Dabei soll es um Sachverhalte im Rahmen der Schule gehen. Anschließend werden alle Blätter einen Platz nach links weitergegeben. Jetzt versucht jeder, sich in den neuen Lehrer hineinzuversetzen und die Antwort aufzuschreiben, die dieser wohl geben würde. Wieder werden die Blätter einen Platz nach links weitergegeben. Nun wird der Satzanfang „Ich glaube auch (Ich glaube nicht), daß Herr/Frau ... so reagieren würde, weil ...“ notiert und ergänzt. Schließlich werden möglichst viele der Blätter mit allen Äußerungen verlesen. Wiederholungen sollten dabei allerdings vermieden werden. Der Lehrer kann zu allen oder einigen der Äußerungen Stellung nehmen.

Heterogramme *7–11*

Die Namen aller Schüler in der Klasse werden zweimal aus dem Klassenbuch/von der Klassenliste vorgelesen. Jeder hat die Aufgabe, zu den drei Namen, die auf den eigenen folgen, ein „Heterogramm“ anzufertigen. Das heißt, daß jeder Name von drei Schülern aufgeschrieben wird, und zwar auf eine ganz besondere Weise: Der Schrifttyp, die Dicke und Farbe des Stifts, die Größe der Buchstaben usw. sollen etwas über die Person aussagen, deren Name gerade geschrieben wird. Man kann ihn winzig klein oder in riesigen Lettern schreiben, sauber oder verwischt, in Druckbuchstaben oder als Krickelkrakel. Jeder schneidet die Schriftzüge für die drei Personen auseinander, und alle Zettel werden eingesammelt. Drei Schüler sortieren am Lehrerpult die Namen in alphabetischer Reihenfolge, so daß für jeden die drei Schriftzüge zusammenliegen. Zu jedem Namen werden die zugehörigen Schriftzüge gezeigt und dem Lehrer erläutert.

Standbild *7–10*

Die Klasse, die sich schon mehrere Jahre lang kennt, präsentiert sich dem neuen Lehrer in Form eines Standbildes. Dazu baut sich die gesamte Gruppe – wie für ein Foto – im Klassenraum oder anderswo auf, jedoch nicht in der üblichen Weise. Man kann sich hinstellen, hinlegen, hinsetzen, auf den Kopf stellen, in Gruppen umarmen, einzeln, einander zu- oder abgewandt stehen. Jeder stellt sich so, wie er gerne möchte. Ist das Standbild fertig, kann der Lehrer ein Foto machen. Anschließend können einzelne Schüler erklären, was mit dem Standbild ihrer Meinung nach ausgedrückt worden ist. Der Lehrer bekommt so einen ersten intensiven Eindruck von der Klasse.

Für die ersten Stunden in einer Klasse, deren Schüler sich bereits kennen, eignen sich außerdem: „Überblick“, Seite 11; „Schon lange her“, Seite 12 und „Fangen im Kreis“, Seite 13.

Tips für die ersten Stunden in der weiterführenden Schule

Das Fach „Deutsch“ kurz vorstellen *5/7*

Bisher kennen die Schüler aus der Grundschule die Bereiche Lesen, Mündlicher Sprachgebrauch, Schriftlicher Sprachgebrauch und Rechtschreibung (NRW-Bezeichnungen; in anderen Bundesländern ähnlich). Diese Bereiche werden nun im Fach „Deutsch“ miteinander verbunden. Hinzu kommen eventuell schauspielerische und andere Praxisbereiche. Den Schülern erscheint „Deutsch“ als ein sehr vielschichtiges Fach.

Schulführung *5/7*

Die Schüler werden durch das neue Schulgelände geführt. Anschließend kann ein kleiner Reader „Interessantes über die neue Schule“ angefertigt werden, der vervielfältigt und bei der „Einschulung“ des nächsten Jahrganges von den „Autoren“ verteilt wird.

Brief an den Deutschlehrer *5/7*

Als Hausaufgabe kann ein Brief an den Lehrer geschrieben werden zum Thema „Deutschunterricht – meine Wünsche, meine Befürchtungen“.

Aufwärmen in fünf Minuten *(Edmund Wild)*

Fünf oder sechs Unterrichtsstunden müssen Schülerinnen und Schüler an einem Vormittag bewältigen. Da geschieht es leicht, daß die Stunden ineinander verschwimmen. Dieses Kapitel bietet Ihnen Material für die ersten fünf Minuten, mit dem Sie die Schüler zur konzentrierten

Mitarbeit veranlassen: Kurzdiktate, die es in sich haben, knifflige Grammatikaufgaben, Rätsel, ... Die Sammlung enthält eine Fülle von Anregungen, die Sie ohne Vorbereitung übernehmen oder leicht an Ihre Deutschgruppe anpassen können. Das Material ist nicht an ein bestimmtes Stoffgebiet gebunden, hat aber immer ein Ziel: Die Schülerinnen und Schüler setzen sich denkend, forschend, ratend und spielend mit dem Medium Sprache auseinander. Das stimmt sie auf die Deutschstunde ein – und sie haben dabei ihren Spaß.

Diktate *5–8*

Superkurze Superdiktate

Der Lehrer diktiert die Sätze. Je nach Leistungsstärke der Gruppe macht er auf die Schwierigkeiten aufmerksam.
Die Schüler schreiben die Kurzdiktate ins Heft.

1. **F**iel **v**ielleicht **v**iel **V**ieh in den **V**ierwaldstätter See?
2. Die w**ah**ren W**a**ren w**a**ren w**ah**rlich gut verw**ah**rt.
3. Willst du mir wei**s**machen, wei**ß**e Wei**s**e seien wei**s**er als schwarze Wei**s**e?
4. Willst du es w**a**gen, auf diesen W**a**gen W**aa**gen zu tragen?
5. Ka**nnst** du die Ku**nst**, ein Gespi**nst** zu spi**nn**en?
6. Ma**n** k**annte** den Ma**nn**, der auf einer K**ante** K**unst**stücke k**onnte.**
7. Ein Dire**k**tor in einer Republi**k** aß Scho**k**olade, trank Ka**k**ao, hörte Musi**k**, rauchte Taba**k** und übte Kriti**k** an der Politi**k**.
8. Mit schi**ck**em Ja**ck**ett und einer Perü**ck**e kam der Sche**ck**betrüger in die Bank.
9. Das He**rz** klopft, wenn man voller Schme**rz**en zum A**rz**t stü**rz**t.
10. Vom K**ai** aus sah der K**ai**ser den H**ai** in der B**ai** und warf ihm einen L**ai**b Brot zu.
11. Wenn im M**ai** der L**ai**e auf der G**ei**ge die S**ai**ten str**ei**cht, erbl**ei**cht die M**ai**d, denn er hat ihr Herz erw**ei**cht.
12. Au**f** **e**inmal kommt er n**äm**lich vie**ll**eicht ga**r** **n**icht.
13. Ein **Wirt wird** sich **tod**sicher nicht **tot**arbeiten.
14. Zwei Balle**tt**änzer aus einer Bonner Balle**ttt**ruppe mußten Bre**nn**-**n**esseln pla**ttt**rampeln.
15. Man sah die Hasen über den **R**asen **r**asen, obwohl sie immer das Ha**s**ten ha**ß**ten.
16. Wer im Zoo sp**ät** sp**äht,** ob sich die Schlangen h**eu**te h**äu**ten, versäumt den Feierabend, zu dem die Glocken den L**eu**ten l**äu**ten.
17. Als Kolumbus Amerika en**d**lich en**t**deckt hatte, war das Mittelalter en**d**gültig vorbei.

18. In den meisten Bergstä**dt**en hatte er Werkstä**tt**en, und in der Hauptsta**dt** eine Ruhesta**tt**.
19. Bei diesen L**ie**dern senkte er die L**i**der und sagte, er werde immer w**ie**der gr**eu**lichen W**i**derstand gegen solche w**i**derlichen musikalischen Gr**eu**el leisten.
20. „La**ß** das Faulenzen und lie**s** bitte die Geschichte vor!" sagte Herr Lässig zu Lars und lie**ß** ihn le**s**en. Lars la**s** gut.

Aus dem FF

Der Lehrer diktiert die Wörter, die Schüler schreiben sie ins Heft.

1. Sauerstoffflasche, Zellstoffabrik, Ballettänzer, Balletttruppe, Dammauer
2. fetttriefend, satttrinken, programmäßig, zurückkommen, sauerstofffrei
3. Rohstofffrage, Schiffahrt, Fettopf, Brennessel, Auspuffflamme
4. Bretttträger, Besteckkasten, Satzzeichen, Schwimmeister, Dickkopf
5. Stillegung, Bestelliste, Werkstattür, Kinnarbe
6. Stallaterne, Scheckkonto, Putzzeug, Fußballänderspiel, Pappplakat
7. Trenne: Schiffahrt, Sauerstoffflasche, Bettuch, Mittag, Stallaterne (Schiff-fahrt, Sau-er-stoff-fla-sche, Bett-tuch, Mit-tag, Stall-la-ter-ne)
8. Betttruhe, Bettuch, Bettruhe, Fetttropfen, platttrampeln

Endungen *5–7*

Der Lehrer schreibt die Endungen an die Tafel.
Die Schüler suchen Wörter mit dieser Endung.

Substantive		**Adjektive**		**Verben**	
-ung	Eignung	-isch	brasilianisch	-en	spielen
-nis	Ereignis	-lich	herzlich	-ern	klettern
-heit	Eigenheit	-ig	innig	-eln	rätseln
-keit	Eitelkeit	-sam	seltsam	-ieren	diktieren
-tum	Eigentum	-bar	sonderbar		
-schaft	Eigenschaft	-haft	rätselhaft		
-sal	Schicksal				
-tät	Identität				

Gegensätze *6–8*

Der Lehrer diktiert das Substantiv und ein Adjektiv.
Die Schüler ergänzen ein gegensätzliches Adjektiv. (Andere sinnvolle Gegensatzpaare sind möglich.)

Kaffee	stark	– schwach
Fleisch	mager	– fett
Blumen	frisch	– welk
Platz	schattig	– sonnig
Obst	roh	– gekocht
Hausaufgaben	schriftlich	– mündlich
Pause	lang	– kurz
Lehrer	streng	– milde
Schüler	faul	– fleißig
Klassenarbeit	schwer	– leicht
Tisch	eckig	– rund
Senf	scharf	– mild
Messer	scharf	– stumpf
Saft	süß	– sauer
Essen	gut	– schlecht

Der Lehrer diktiert ein Wort, die Schüler ergänzen einen gegensätzlichen Begriff.

Adjektive

mausetot	– quicklebendig	kerngesund	– sterbenskrank
strohdumm	– blitzgescheit	bildschön	– stockhäßlich
steinreich	– bettelarm	federleicht	– zentnerschwer
bienenfleißig	– stinkfaul	steinhart	– butterweich
nudeldick	– spindeldürr	kreidebleich	– feuerrot
brühwarm	– eiskalt	stockfinster	– taghell
himmelhoch	– abgrundtief	stundenlang	– sekundenschnell
zucker-/ honigsüß	– gallenbitter	schneeweiß	– pechschwarz

Substantive

Pechvogel	– Glückspilz	Reichtum	– Armut
Berg	– Tal	Krieg	– Frieden
Hitze	– Kälte	Tag	– Nacht

Verben

werfen	– fangen	sitzen	– liegen
lieben	– hassen	gehen	– stehen
loben	– tadeln	hasten	– ruhen
sprechen	– schweigen	lachen	– weinen
leben	– sterben	säen	– ernten

Komposita und Silbensalat – falsch verbunden 5–7

Der Lehrer schreibt Teile verschiedener Komposita an die Tafel. Die Schüler schreiben die richtigen Komposita ins Heft.

Körperteile

1. *Arm*	a) Tuch	Armbrust
2. *Brust*	b) Stadt	Brustkorb
3. *Finger*	c) Brust	Fingerhut
4. *Darm*	d) Korb	Darmstadt
5. *Hand*	e) Hut	Handtuch
6. *Kopf*	f) Höhle	Kopfsalat
7. *Lippen*	g) Bär	Lippenstift
8. *Mund*	h) Salat	Mundhöhle
9. *Nasen*	i) Feige	Nasenbär
10. *Ohr*	j) Stift	Ohrfeige
11. *Rücken*	k) Pilz	Rückenmark
12. *Stirn*	l) Nagel	Stirnband
13. *Zahn*	m) Mark	Zahnrad
14. *Fuß*	n) Band	Fußpilz
15. *Zehen*	o) Rad	Zehennagel

Neue Tierarten

1. No	a) *Schwein*	Nomade
2. Wetter	b) *Motte*	Wetterhahn
3. Kla	c) *Hahn*	Klamotte
4. App	d) *Made*	Applaus
5. Ti	e) *Laus*	Tischwein
6. Bausch	f) *Affe*	Bauschotter
7. Er	g) *Otter*	Erdachse
8. Spel	h) *Tiger*	Spelunke
9. Kräf	i) *Unke*	Kräftiger
10. Kar	j) *Dachse*	Karaffe
11. Geh	k) *Meisen*	Geheule
12. Stem	l) *Zecke*	Stemmeisen
13. Kurs	m) *Assel*	Kursaal
14. Kinderr	n) *Eule*	Kinderrassel
15. Schmut	o) *Aal*	Schmutzecke

Strenge Befehle

1. *Lauf,*	a) Hals!	Laufbursche
2. *Spring,*	b) Salve!	Springreiter
3. *Schrei,*	c) Leiter!	Schreihals
4. *Lach,*	d) Bursche!	Lachsalve
5. *Steh,*	e) Reiter!	Stehleiter
6. *Denk,*	f) Base!	Denkmal
7. *Komm,*	g) Kissen!	Komma
8. *Klatsch,*	h) Feder!	Klatschbase
9. *Stempel,*	i) mal!	Stempelkissen
10. *Schreib,*	j) A	Schreibfeder

Knifflige Fragen

1. *Ritt*	a) Creme?	Rittmeister
2. *Locken*	b) Mäher?	Lockenwickler
3. *Haut*	c) Ellen?	Hautcreme
4. *Rasen*	d) Meister?	Rasenmäher
5. *Olle kam*	e) Wickler?	Olle Kamellen
6. *Fliegen*	f) Steller?	Fliegenpilze
7. *Floh*	g) Eufel?	Flohzirkusdirektor
8. *Staubt*	h) Zirkusdirektor?	Staubtuch
9. *Fallen*	i) Uch?	Fallensteller
10. *Putzt*	j) Pilze?	Putzteufel

Ganz schön mutig!

Der Lehrer schreibt einen Begriff der linken Spalte an die Tafel. Die Schüler suchen das passende Synonym mit der Endsilbe -mut.

Suche Zusammensetzungen mit -mut, die folgendes bedeuten:

1. Grazie	Anmut	11. Trauer	Wehmut
2. Melancholie	Schwermut	12. Ausgelassenheit	Übermut
3. Überheblichkeit	Hochmut	13. Milde	Sanftmut
4. Offenheit	Freimut	14. Ergebenheit	Demut
5. Geduld	Langmut	15. Unzuverlässigkeit	Wankel-mut
6. Verdrossenheit	Mißmut		
7. Ängstlichkeit	Kleinmut	16. Hochherzigkeit	Edelmut
8. Ärger	Unmut	17. Generosität	Großmut
9. Besitzlosigkeit	Armut		
10. Risikobereitschaft	Wagemut		

Konsonantenwörter 5–6

Der Lehrer schreibt Konsonanten, die mit ihrem Vokal gesprochen ein Wort ergeben, an die Tafel.
Die Schüler schreiben die richtigen Wörter ins Heft.

Merkwürdige Tiere

Die	Q	gibt Milch.	= QU	Kuh
Der	V	schlägt ein Rad.	= VAU	Pfau
Der	SL	ist störrisch.	= ES + EL	Esel
Die	KC	jagt Mäuse.	= KA + CE	Katze
Der	KTR	jagt mit.	= KA + TE + ER	Kater
Der	WLP	bewacht unser Haus.	= WE + EL + PE	Welpe
Die	NT	schwimmt auf dem Wasser und watschelt auf dem Land.	= EN + TE	Ente
Der	RPL	watschelt auf dem Land und schwimmt auf dem Wasser.	= ER + PE + EL	Erpel
Der	BR	tanzt gerne und liebt Honig.	= BE + ER	Bär
Die	WSP	sticht.	= WE + ES + PE	Wespe

Kleine Deutschlandkunde 7–8

LB	Strom – entspringt in der Tschechischen Republik und mündet in Deutschland	= EL + BE	Elbe
WSR	Strom – Quellflüsse heißen Werra und Fulda	= WE + ES + ER	Weser
CL	Stadt – an der Mosel – am See – am Ziller	= CE + EL	Zell
MDN	Stadt an der Emsmündung (in die Nordsee)	= EM + DE + EN	Emden
WSL	Stadt an der Lippemündung (in den Rhein)	= WE + ES + EL	Wesel
SN	Stadt im Ruhrgebiet	= ES + EN	Essen
HGN	Stadt am Nordwestrand des Sauerlandes	= HA + GE + EN	Hagen
WSRBRG	Gebirge in Mitteldeutschland	= WE + ES + ER + BE + ER + GE	Weser-berge
TGL	Stadtteil von Berlin	= TE + GE + EL	Tegel
SP	Baum	= ES + PE	Espe
KT	kleines Häuschen in Ostfriesland	= KA + TE	Kate
T	ostfriesisches Nationalgetränk	= TE	Tee

HGL	Eisregen	= HA + GE + EL	Hagel
WND	versprach die Regierung 1983	= WE + EN + DE	Wende
BN	deutscher Dichter mit Vornamen Gottfried	= BE + EN	Benn
BBL	Gründer der SPD	= BE + BE + EL	Bebel
WBR	deutscher Komponist (Carl Maria von)	= WE + BE + ER	Weber

Allgemeinbildung *5–7*

ST	Bürger eines baltischen Staates	= ES + TE	Este
PTR	Zar mit dem Beinamen „der Große"	= PE + TE + ER	Peter
BRBR	Bewohner Nordafrikas	= BE + ER + BE + ER	Berber
WG	Viele führen nach Rom, aber durch eine	= WE + GE	Wege
WGNG	kommt man kaum hindurch.	= WE + GE + EN + GE	Wegenge
TMPL	Hierher kommen Gläubige, um	= TE + EM + PE + EL	Tempel
GBT	ihre zu sprechen. Daraus besteht die Materie.	= GE + BE + TE	Gebete
LMNT	Kleidungsstück	= EL + EM + EN + TE	Elemente
WST	Wasserbehälter einer Dampf-	= WE + ES + TE	Weste
TNDR	lokomotive ummantelte Stromleitung	= TE + EN + DE + ER	Tender
KBL	Dabei kann man gewinnen	= KA + BE + EL	Kabel
WT	und verlieren. Hundesprache	= WE + TE	Wette
GBL	Daraus besteht der Kleiderstoff.	= GE + BE + EL	Gebell
GWB	Das geben die Eltern an die	= GE + WE + BE	Gewebe
RB	Kinder weiter. drei Musiker gemeinsam	= ER + BE	Erbe
TRZ	Sie stehen auf Bergen oder	= TE + ER + ZETT	Terzett
KPLN	machen Musik. Darauf steht unser Rätsel.	= KA + PE + EL + EN	Kapellen
ZL		= ZETT + EL	Zettel

Wir über uns *5–6*

RD	Darauf leben wir.	= ER + DE	Erde
WLN	Darauf surfen wir.	= WE + EL + EN	Wellen
DGN	Damit stechen wir.	= DE + GE + EN	Degen
W	Das schmerzt uns.	= WE	Weh
GL	Damit schmieren wir uns ein.	= GE + EL	Gel
TLR	Davon essen wir.	= TE + EL + ER	Teller

BRN	Die mögen wir.	= BE + ER + EN	Beeren
SR	Das sind wir.	= ES + ER	Esser
NGL	Das möchten wir sein.	= EN + GE + EL	Engel
BNGL	So sehen uns die anderen.	= BE + EN + GE + EL	Bengel
ND	Damit hören wir auf.	= EN + DE	Ende

Verben *5–6*

1.	Die Kinder werden ihre Eltern brbn.	= BE + ER + BE + EN	beerben
2.	Die Häuser bbn.	= BE + BE + EN	beben
3.	Diese schlechte Nachricht wird ihm nicht bhgn.	= BE + HA + GE + EN	behagen
4.	Hunde, die bln, beißen nicht.	= BE + EL + EN	bellen
5.	Er hat seine Zeit zu kurz bmsn.	= BE + EM + ES + EN	bemessen
6.	Wir wollen jetzt den Streit bndn.	= BE + EN + DE + EN	beenden
7.	Der Fels war nicht zu bwgn.	= BE + WE + GE + EN	bewegen
8.	Mit dieser Entschuldigung lassen wir es bwndn.	= BE + WE + EN + DE + EN	bewenden
9.	Soll ich mich wirklich als Verkäuferin bwrbn?	= BE + WE + ER + BE + EN	bewerben
10.	Herr Keller muß die Arbeit noch bwrtn.	= BE + WE + ER + TE + EN	bewerten
11.	Lumpi soll nicht so an der Leine crn.	= CE + ER + EN	zerren
12.	Möchtest du ihm das Geschenk nicht gbn?	= GE + BE + EN	geben
13.	Die Regeln müssen für alle gltn.	= GE + EL + TE + EN	gelten
14.	Sie hat richtig gmsn.	= GE + EM + ES + EN	gemessen
15.	Erst gestern ist Martin von seiner Krankheit gnsn.	= GE + EN + ES + EN	genesen
16.	Das Fell muß man grbn, damit es zu Leder wird.	= GE + ER + BE + EN	gerben
17.	Michael ist heute nicht in der Schule gwsn.	= GE + WE + ES + EN	gewesen
18.	Möchtest du etwas Geld hbn?	= HA + BE + EN	haben
19.	Du sollst in der Schule nicht pnn.	= PE + EN + EN	pennen
20.	Wenn du so weitermachst, werden dich deine Eltern ntrbn.	= EN + TE + ER + BE + EN	enterben
21.	Das mußte ja schlimm ndn.	= EN + DE + EN	enden

22. In Notzeiten muß man vieles ntbrn.	= EN + TE + BE + ER + EN	entbehren
23. Das Geld wird sich immer schneller ntwrtn.	= EN + TE + WE + ER + TE + EN	entwerten
24. Räuber wollen unseren Schmuck ntwnd.	= EN + TE + WE + EN + DE + EN	entwenden
25. Ich habe seinen Rat nicht rbtn.	= ER + BE + TE + EN	erbeten
26. Elektrische Leitungen muß man rdn.	= ER + DE + EN	erden
27. Napoleons Heer hat sich bei Waterloo rgbn.	= ER + GE + BE + EN	ergeben
28. Der Pfarrer ist über jeden Verdacht rhbn.	= ER + HA + BE + EN	erhaben
29. Verdienste muß man sich rwrbn.	= ER + WE + ER + BE + EN	erwerben
30. Wir sollten alles bewahren, was wir von den Vorfahren rrbn.	= ER + ER + BE + EN	ererben

Oberbegriff *7–8*

Der Lehrer diktiert die Begriffe.
Die Schüler ergänzen den Oberbegriff.

1. Nacht, Morgen, Abend, Mittag	Tageszeiten
2. Volkswagen, Mercedes, Opel, Ford	Automobilmarken
3. Dreirad, Skateboard, Lastwagen, Mountainbike	Fahrzeuge
4. Füller, Kuli, Bleistift, Griffel	Schreibwerkzeuge
5. Raub, Diebstahl, Mord, Einbruch	Verbrechen
6. Hammer, Zange, Schraubenzieher, Meißel	Werkzeuge
7. Regen, Schnee, Nebel, Hagel, Tau	Niederschläge
8. Adler, Buchfink, Falke, Blaumeise, Milan	Vögel
9. Dezember, April, August, Januar	Ferienmonate
10. Diktate, Aufsatz, Test, Klassenarbeit	Prüfungen
11. BigMac, Schnitzel, Haxe, Kotelett	Fleischgerichte
12. Flegeljahre, Lehrzeit, Wachstum, Pubertät	Jugend
13. Chanson, Arie, Kanon, Schlager	Lied
14. Weitspringer, Eistänzer, Radfahrer, Dauerläufer	Sportler
15. Bad, Küche, Saal, Keller, Klassenraum	Zimmer
16. Drama, Komödie, Schattenspiel, Tragödie	Schauspiel

17.	Lexikon, Duden, Zitatenschatz, Atlas	Nachschlagewerke
18.	Nacherzählung, Erörterung, Bericht, Beschreibung	Aufsätze
19.	Buch, Comic, Zeitung, Pamphlet	Lektüre
20.	Restaurant, Kneipe, Bar, Wirtschaft	Gaststätten

Präpositionswörter *5–7*

Der Lehrer schreibt das „Präpositionswort" an die Tafel.
Die Schüler erraten das Wort.

1.	**RICHT** **DEUTSCH**	**DEUTSCH** unter **RICHT**	Deutschunterricht
2.		**H** im **L**	Himmel
3.	**H L**	**H** am **L**	Hammel
4.		**H** um **L**	Hummel
5.	**WIL** **HELM**	**WIL HELM** TEL	Wilhelm Tell
6.	**WD**	**W** an **D**	Wand
7.		**W** in **D**	Wind
8.		**K** in **D**	Kind
9.		**S** in **D**	sind
10.		**L** in **D**	lind
11.		4 **L** in **G**	Vierlinge
12.	**ST**	**S** am **T**	Samt
13.	**SD**	**S** an **D**	Sand
14.	**LD**	**L** an **D**	Land

15. **HD**	**H** an **D**	Hand
16. **BD**	**B** an **D**	Band
17. 	zwischen **R ä** um **E**	Zwischenräume
18. **K** **MN**	**K** auf **M** an **N**	Kaufmann
19. **TT**	**T** an **T**	Tante
20. 	**MA** in **ACHT**	Mainacht
21. **BTB**	**2 B** am **T**	2 Beamte
22. 	**Z** im **R**	Zimmer
23. 	**L** um **P**	Lump
24. 	**P** um **P**	Pumpe
25. **WC**	**W** an **C** **C** an **W**	Wanze Zahnweh
26. **HR**	**H** am **R**	Hammer
27. 	**H** um **R**	Hummer
28. 	**K** um **R**	Kummer
29. 	**CH** in **a**	China
30. 	in **D I** an **R**	Indianer
31. **NL**	vor **L N**	Forellen
32. **CG**	**C** an **G**	Zange
33. **KL**	**K** am **L**	Kamel
34. 	**S** um **E**	Summe

35. 	**BR** um **BR**	Brummbär
36. 	in **R** halb	innerhalb
37. **R 1/2**	aus **R** halb	außerhalb
38. 	**D** um **E G** an **S**	dumme Gans
39. 	**PR** im **A**	prima
40. **A G** **L**	auf **L A G**	Auflage
41. 	S in **N**	Sinn
42. **BL** **BL E BL** **BL**	**BL** um **E**	Blume
43. **Bk**	**B** an **k**	Bank
44. 	**Z** in **S**	Zins
45. **JR**	**J** am **R**	Jammer

Verstecke 5–7

Der Lehrer schreibt die Wörter oder Sätze (mit Überschriften) an die Tafel oder diktiert sie.
Die Schüler unterstreichen das „Wort im Wort".

Tarnfarben

Begründung, Kugelblitz, Schmetterlingraupen, Brosamen, Schweißfüße, Reblaus, Trottel, Froschwarzen, Müsliladen

Merkwürdige Zahlwörter

Moselfahrt, Schachtelhalm, Rundreise, Klavierstunde, Pelzwölfe, Verzweiflungstat, Steinschlag, Zehnagel, Kaffeesiebentleerung, Zähneungeheuer, Galapagosechsen

Schattenpflanzen

Bürosessel, Tunnelkehrer, Heftkrakeleien, Kinderwindeln, Schulbucheinband, Bleichemie, Schreinerlehre, Dreschesel, Spontannennung, Katasteramt

Höhlentiere

Freigelände, Felsterrassen, Unratterrain, Drehleiter, Jugendstiltisch, Tischwein, Dachschindel, Ziegelei, Plastikrebstock, Hammerstiel, Pomadendose, Beulenpest, Straßengraben, Sumpfdotterblume, Sauerampfer, Babyrassel, Dschunke, Schaftstiefel, Stoffröschen, Witzecke, Interviewanzeige, Spiegelei, Nadelwald, Festsaal, Festtagsschmaus, Leselampe, Schundliteratur, Startbahn

Land in Sicht!

„Ja, und wo trefft ihr den Scheich?" „In Arabien, natürlich!"
„Iß deine Suppe ruhig. Sie ist gesund!"
Wenn diese Tür keinen Griff hat, läßt sie sich auch nicht öffnen.
Markus hatte ja panische Angst vor der Arbeit.
Ob an einem so wüsten Ort je Menschen wohnen werden?
Nicht einmal in die Nähe eines Vulkans würde ich mich trauen.
„Und jetzt? Was unternehmen wir?" „Angeln, schlage ich vor."
„Die Einflugschneise ist zu eng!" „Landen müssen wir auf jeden Fall!"

Innenstädte

Für Bayern München ist es immer schwer, in Frankfurt zu gewinnen.
„Ich kann nicht gut mit dem Ball werfen." „Wirfst du lieber links oder rechts?"
Dieser Rost hier wirkt nicht rot. Eher wirkt der Rost ockerfarben.
Meinen Schal legst du am besten auf die Garderobe.
Jedes Bonbon nagt an deinen Zähnen.
Ich fand alles sensationell.
Und dann meinte Julia: „Ach, endlich daheim!"
„Und das neue Buch? Was sagen Sie?" „Genial, einfach genial!"

Verflossenes

Niemand glaubt mehr, Heinzelmännchen könnten einem alle Arbeit abnehmen.
Die Statiker lernen von dem Stengel bei Pflanzen.
„Brauchen Drogensüchtige Methadon?" „Ausnahmsweise, vielleicht!"

Worträtsel *5–7*

Der Lehrer liest das Rätsel vor,
die Schüler suchen die Lösung

Ich werde gestern sein,
bin morgen dagewesen. heute

Alle Tage geh' ich aus, bleibe dennoch stets im Haus.	Schnecke
Jedem zeigt er ein and'res Gesicht, denn ein eigenes hat er ja nicht.	Spiegel
Was verfolgt dich, ohne zu stören? Trotz feiner Ohren kannst du ihn nicht hören.	Schatten
Ihr lieben Leut', was das bedeut', hat sieben Häut', beißt alle Leut'.	Zwiebel
Oben spitz und unten breit, durch und durch voll Süßigkeit.	Zuckerhut
Erst wünscht man's her, dann gibt man's hin.	Geld
Sie ziehen um die ganze Welt, obwohl's an Füßen ihnen fehlt.	Wolken
Was ich bin, darfst du wohl fragen, nur ich selbst kann es dir sagen.	Zunge
Was ist es, das das Land durchmißt, und doch dort immer bleibt, wo's ist.	Straße
Will man vieles von mir haben, muß man mich zuerst begraben.	Samenkorn
Je mehr er hat, desto weniger wiegt er.	Löcherkäse
Hoch erhoben, krumm gebogen, voller Farbenpracht gezogen.	Regenbogen
Mein Körper ist von Holz, sehr leicht zu brechen, mein Herz kann ohne Stimme zu dir sprechen.	Bleistift
Geht immer um den Baum herum, doch nie hinein – das ist zu dumm.	Rinde

Vom selben Stamm 5–7

Der Lehrer diktiert das erste Wort.
Die Schüler ergänzen den zweiten Begriff und schreiben beide.

blättern	Blatt	mächtig	Macht	bißchen	beißen
fügen	Fuge	kläglich	Klage	pfiffig	pfeifen
zählen	Zahl	spärlich	sparen	schmissig	schmeißen
fällen	Fall	häßlich	Haß	griffig	greifen
säen	Saat	prächtig	Pracht	knifflig	kneifen

Zuordnungen *5–7*

Der Lehrer diktiert die Wörter der linken Spalte.
Die Schüler ordnen Verben zu, die Laute und Bewegungen bezeichnen.

Tierlaute

Hahn	– krähen	Katze	– miauen
Schwein	– grunzen	Schaf	– blöken
Pferd	– wiehern	Ziege	– meckern
Kuh	– muhen	Wolf	– heulen
Hund	– bellen	Gans	– schnattern
Hirsch	– röhren	Vogel	– zwitschern
Auerhahn	– balzen	Frosch	– quaken
Rabe	– krächzen	Huhn	– gackern
Elefant	– trompeten	Löwe	– brüllen
		Biene	– summen

Bewegungen

Lerche	– steigen	Ente	– watscheln
Wildschwein	– brechen	Schmetterling	– gaukeln
Hase	– hoppeln	Wurm	– kriechen
Storch	– waten	Schlange	– schlängeln
Fuchs	– schnüren	Habicht	– rütteln

Abkürzen (Der Aküfi) *5–7*

Der Lehrer diktiert die Abkürzungen.
Die Schüler schreiben die Abkürzungen und daneben die Bedeutung ins Heft.

Fa.	Firma	b.w.	bitte wenden!
Wwe.	Witwe	P.S.	Post Scriptum (Nachschrift)
z.T.	zum Teil		
z.B.	zum Beispiel	z.Zt.	zur Zeit
vgl.	vergleiche	bzw.	beziehungsweise
		s.o.	siehe oben!

Nr.	Nummer	u.a.	unter anderem
NN	Name nicht bekannt	ev.	evangelisch
		usw.	und so weiter
Dr.	Doktor	evtl.	eventuell
ca.	circa (etwa)	DM	Deutsche Mark
i.A.	im Auftrag		
Mio.	Millionen	Jh.	Jahrhundert
i.V.	in Vertretung	dt.	deutsch
Pfd.	Pfund	Akk.	Akkusativ
Jh.	Jahrhundert	Min.	Minute
Pkw	Personenkraftwagen	Abk.	Abkürzung
Mrd.	Milliarden		
K.o.	Knockout		
d.M.	dieses Monats		
ff.	folgende (Seiten)		
TÜV	Technischer Überwachungsverein		

Weitere Anregungen für die ersten fünf Minuten einer Unterrichtsstunde finden Sie in den Kapiteln: Sprach-Witze und -Rätsel, Seite 109; Lustige Rechtschreibung und Zeichensetzung, Seite 93; Grammatik-Spiele, Seite 103; Die Tage nach der Zeugniskonferenz, Seite 276.

Spielerischer Themeneinstieg

Wenn ein neues Unterrichtsvorhaben interessant beginnt, ist bereits viel gewonnen. Oft ist ein spielerischer Einstieg möglich, der wichtige Aspekte des Themas situativ vergegenwärtigt und zugleich einen dynamischen Anfang setzt. Die folgenden Vorschläge können mit leichten Abwandlungen auch auf andere Unterrichtsvorhaben übertragen werden.

Puzzle – z. B. zum Thema „Freundschaft" *5–10*

Der Lehrer hat mehrere Abbildungen zerschnitten, die einen Bezug zum Thema „Freundschaft" haben. Das Unterrichtsvorhaben beginnt damit, daß jeder Schüler aus einer großen Schachtel ein Puzzle-Teil entnimmt. Die Schüler suchen nun diejenigen in der Klasse, die passende Puzzle-Teile gezogen haben. So ergeben sich Arbeitsgruppen. Sind diese komplett, stellt jede Gruppe Überlegungen zu ihrem Bild an. Diese werden anschließend im Plenum zusammenfassend vorgetragen. Das Thema der Unterrichtsreihe ist so vielschichtig und anschaulich eröffnet.

Denkmal – z. B. beim Thema „Fernsehen" *8–13*

Die Schüler erhalten zu Beginn des Unterrichtsvorhabens die Aufgabe, in Kleingruppen ihre Ansichten zum Thema auszutauschen und ein Denkmal vorzubereiten, das wichtige Aspekte des Themas symbolisch ausdrücken soll. Sind die Vorüberlegungen abgeschlossen, können sich alle Gruppen nacheinander in Form eines Denkmals vor der Klasse aufbauen. Dabei soll nicht gesprochen werden. Das Standbild bleibt etwa eine Minute stehen und wird eventuell fotografiert. Nach jeder Präsentation unterhalten sich die übrigen Schüler der Klasse darüber, was sie dem Denkmal entnommen haben. Erst ganz zum Schluß erklären die Darsteller, was sie ausdrücken wollten.

Beispiel: Dargestellt wird ein Ehepaar vor einem Fernseher (eine Person, die die Arme rechtwinklig über den Kopf hält und grinst), wobei die beiden Zuschauer durch eine menschliche Wand (drei Personen, die sich breitbeinig in einer Reihe zwischen die „Ehepartner" stellen) voneinander getrennt sind.

Ideenstern – z. B. bei der Erarbeitung von Goethes „Faust" *8–13*

Noch vor der häuslichen Lektüre des Textes finden sich die Schüler in Vierergruppen zusammen und setzen sich jeweils um einen kleinen Tisch herum. Jede Gruppe erhält ein großes Blatt Papier. Der Lehrer verteilt anschließend an jede Gruppe ein wichtiges Zitat aus dem zu lesenden Text. Dieses wird in großer Schrift in die Mitte des Blattes geschrieben und eingekreist. Die Schüler an den vier Seiten des Tisches schreiben jetzt gleichzeitig strahlenförmig zum Blattrand hin Assoziationen zu dem Ausgangszitat auf. Diese können sich auf den gelesenen Text beziehen, aber auch die Aussage des Satzes zu aktuellen Erfahrungen in Beziehung setzen. Nach einer festgesetzten Zeit (z. B. drei Minuten) klopft der Lehrer vernehmbar auf einen Tisch. Dies ist das Zeichen dafür, daß alle Gruppen nun ihr Blatt um 90 Grad im Uhrzeigersinn drehen sollen. Jeder liest nun erneut das Ausgangszitat und anschließend das, was der Vorgänger notiert hat. Er führt diese Gedanken fort oder widerspricht. Nach weiteren drei Minuten wandert der Ideenstern im Uhrzeigersinn weiter, bis nach mehrmaligem Wechsel das Blatt vollgeschrieben ist. Anschließend werden einige oder alle Ergebnisse im Plenum vorgetragen. Es schließen sich jeweils ausführliche Erörterungen an. Die Ideensterne können wieder aufgegriffen werden, wenn die Schüler den Text gelesen haben.

Dieses Verfahren eignet sich gut zur Themenentwicklung oder ersten Annäherung an einen Text. Dabei werden persönliche Reaktionen auf zentrale Aussagen eines Textes festgehalten. Es kommen viele Ideen

zur Sprache, und zwar von sehr vielen Schülern und nicht nur von den Wortführern.
Beispiel: (zu Beginn der „Faust"-Lektüre)
Der vorgegebene Satz lautete:
„Ihm hat das Schicksal einen Geist gegeben,
der ungebändigt immer vorwärts dringt ..." (Z. 1856 f.)

Zwei „Strahlen" auf dem Blatt lauteten:

> Seine Gedanken und sein Verstand setzen sich über sämtliche Grenzen hinweg. Er gibt sich nie mit dem zufrieden, was er im Moment weiß und was ihm im Augenblick klar ist, sondern er will sein jeweiliges Wissen immer weiter ausdehnen. Er wird nie völlig zur Ruhe kommen. / Der Wissensdrang steht im Vordergrund. Ob man sich deshalb glücklich schätzen kann oder ob es eher quälend ist, diese Frage bleibt offen. / Positiv an dem Zitat ist, daß das ein Gegenbeispiel zu dem heutzutage weitverbreiteten Desinteresse und der Denkfaulheit vieler Leute darstellt. / Daraus kann man folgern, daß dieses Zitat auch für unsere heutige Zeit von Belang ist.

> Dieser Mensch scheint wißbegierig zu sein. Er ist glücklich zu schätzen, da er ständig auf der Suche nach Wissen ist, und das aus eigenem Antrieb. Er hinterfragt Dinge und nimmt nichts als selbstverständlich hin. / Ich bin nicht unbedingt der Meinung, daß dieser unheimliche Wissensdurst dazu beiträgt, diesen Menschen glücklich zu machen. Denn er wird von seinem unbändigen Geist ständig aufgefordert, alles zu hinterfragen. Er ist gezwungen, alles zu erforschen, was ihm evtl. die Ruhe stiehlt. / Dieser Satz beinhaltet also weder nur eine positive noch eine nur negative Aussage.

Als spielerischer Einstieg für eine Lektüre eignen sich ebenfalls: „Zettellawine", Seite 88; „Denkblasen", Seite 88 und „Brainstorming", Seite 87.

Vier-Ecken-Entscheidung – z. B. zum Thema „Ausländer" *7–10*
Der Lehrer hat mit Filzstift auf vier Blättern vier kurze Sätze notiert, die Wesentliches zum Thema aussagen. Alle Sätze sollten so formuliert sein, daß sie ein Identifikationsangebot machen und nicht auf Anhieb abgelehnt werden können. Die Unterrichtsreihe beginnt damit, daß der Lehrer die Sätze vorliest und in jeder Ecke des Raumes ein Blatt an die Wand heftet. Die Schüler werden anschließend aufgefordert, sich für diejenige Äußerung zu entscheiden, mit der sie sich am ehesten identifizieren können. Jeder begibt sich dann in „seine" Ecke. Dort

unterhalten sich die Gruppen, warum sie sich für „ihren" Satz entschieden haben und warum sie die anderen Sätze nicht gewählt haben. Nach einer gewissen Zeit gehen alle an ihren Platz zurück, und das Gespräch wird im Plenum fortgesetzt.
Beispiel: In seinem Buch „Das Fremde überwinden – Vom Umgang mit sich und anderen" (Burckhardthaus-Laetare Verlag, Offenbach 1991, S. 97) schlägt Hajo Bücken zum Thema „Ausländer" folgende Sätze vor:

1. „Ausländer sind wir alle."
2. „Ausländer sind anders als wir, aber das finde ich gerade spannend."
3. „Ausländer sind ganz anders, das macht mir oft Angst."
4. „Ausländer sind ganz anders, das muß man hinnehmen."

Kontrastierung – z. B. bei Lyrikreihen zu den Themen „Natur" und „Kinder" *9–13*

Bevor die ersten Gedichte analysiert werden, schlägt der Lehrer vor, zunächst die Vorstellungen, die die Schüler mit dem Thema verbinden, in einem spielerischen Verfahren zu sammeln und sie schließlich schriftlich festzuhalten. Kleingruppen arbeiten nach dem Prinzip „Ja, aber ..." Jeweils ein Schüler nennt eine positive Naturvorstellung (z. B. frische Blumen). Die anderen sind dann aufgerufen, das „aber ..." zu formulieren: Sie benennen zu der positiven Naturvorstellung Bedrohungen, Einschränkungen, Desillusionierungen usw.
Die positiven Vorstellungen werden in einer „Ja-Spalte", die negativen in einer „aber-Spalte" notiert. Aus der Materialsammlung wird durch Kombinationsproben (Welches „Ja-Element" ergibt mit welchem „aber-Element" den interessantesten Gegensatz?) ein Kontrasttext zusammengestellt, der möglichst wenige Wörter enthalten, also lapidar sein sollte. Die Schüler haben sich mit diesen Arbeiten bereits in einige lyrische Gestaltungsweisen eingearbeitet, die im Fortgang der Unterrichtsreihe thematisiert werden können.
Beispiele: (aus einem Deutschkurs der Jahrgangsstufe 12)

Thema: Natur

Blühende Felder	durch Stacheldraht eingezäunt
Frische Blumen	aus dem Entsorgungspark
Strahlender Sonnenschein	über den Smogwolken
Vogelgezwitscher	auf Tonband
Lange Spaziergänge	auf der Baustelle
Unberührte Natur	auf dem Grünstreifen
Große Wälder	gestreichelt durch die Zähne der Säge

Thema: Kinder

Liebevoll	das Auto waschen
Liebe	in den Pullover stricken
Fürsorglich	zur Oma schicken
Verständnisvoll	Krieg führen
Vertrauenswürdig	Spiele in die Kiste packen
Sanftmütig	den Hahn zudrehen

Lexikon-Quiz – z. B. zum Thema „Zeitung" *7–13*

Dieser Einstieg bietet sich bei Themen an, deren Bewältigung eine umfangreichere Fachterminologie erfordert. Einige Schüler der Klasse erhalten die Aufgabe, sich zu Hause oder in der (Schul-)Bibliothek in die entsprechenden Lexikonartikel einzulesen, über die Querverweise weiterzuforschen und für ein Quiz drei nicht allzu bekannte Begriffe bzw. Fachwörter zu notieren. Jeder soll sich außerdem Notizen machen, mit deren Hilfe die Begriffe später definiert werden können. In der nächsten Stunde wird dann jeweils ein Begriff vorgelesen, und die Mitschüler raten, um was es sich handelt. Nur wenn keiner auf die richtige Definition kommt, greifen die „Experten" auf ihr notiertes Wissen zurück und versuchen eine Definition.

2. Ideen zur Lesekultur

In jeder Jahrgangsstufe stehen Ganzschriften auf dem Lehrplan: erzählende Texte (Kinder- und Jugendbücher, Novellen, Romane) und Dramen. Sie in einem endlosen fragend-entwickelnden Unterrichtsgespräch zu erschließen, führt rasch zu Ermüdungserscheinungen: Die Schülerinnen und Schüler sind gelangweilt. Daher sind Methoden gefragt, die die Lernsituation beleben und zusätzliche Zugangswege zum literarischen Text eröffnen.

Die folgenden Kurzvorschläge sind so vielfältig, daß für jede Ganzschrift eine angemessene Auswahl getroffen werden kann. Die angegebenen Verfahren helfen, die unterrichtliche Auseinandersetzung mit literarischen Texten aus der Analyse-Monokultur herauszubringen, die vielen Schülerinnen und Schülern das Lesen verleidet. Leider verlernen es ja die meisten in der Schule, sich von einem Buch fesseln zu lassen:

„Für die meisten stand der Deutschunterricht unter dem Motto: Literatur ist, wenn das Lesen keinen Spaß macht. Das begann meist damit, (...) daß der Deutschlehrer einen Text Wort für Wort, Satz für Satz ‚zerfieselte'. Von da an war das Buch ‚keine interessante Geschichte' mehr, es

hatte ‚keine Ausstrahlung mehr', ‚keine Faszination'." So Wolfgang Blume über eine Untersuchung des Konstanzer Literatursoziologen Erich Schön (Fatale Deutschstunden. In: „Die Zeit" vom 9. 4. 1993).
Um solche unerwünschten Effekte zu vermeiden, müssen neben den analytischen Aktivitäten auch eine ganze Reihe synthetischer stehen – oder solche, mit denen Schülerinnen und Schüler ihre persönlichen Leseerfahrungen umsetzen und erweitern können.

Methodische Anregungen zum Lesen

Die Lektüre vorbereiten

Zu Beginn der Unterrichtsreihe und noch vor der eigentlichen „Besprechung" der Ganzschrift sind oft einige Vorbereitungen sinnvoll, um die Schüler für das Thema der Lektüre zu sensibilisieren.
Hier einige Handlungsideen zur Vorbereitung der Lektüre:

- eine Umfrage zu einer zentralen Fragestellung (mit Kassettenrecorder);
- über die Autorin/den Autor informieren und dabei besonders diejenigen biographischen Informationen mitteilen, die für die Lektüre von Bedeutung sind;
- Zeichnungen, Bilder, Skizzen deuten, die mit zentralen Aussagen der Ganzschrift in Verbindung stehen (eine Geschichte zum Bild schreiben, einen passenden Hintergrund zeichnen etc.);
- eine unvollständige Inhaltsangabe des Textes, die zentrale Gesichtspunkte noch nicht vorwegnimmt, von den Schülern zu Ende phantasieren lassen (Ausgestaltung eines Erwartungshorizonts);
- ein interessantes historisches oder aktuelles Dokument zum Themenbereich der geplanten Lektüre an die Schüler ausgeben, sie Vermutungen über Herkunft, Funktion und Wirkung des Dokuments anstellen und einen Entwurf für ein Drama/einen Roman erfinden lassen (Figurenkonstellation, Konflikte, Handlungshöhepunkte);
- ein Brainstorming zum Titel der geplanten Lektüre mit Spekulationen zum vermutlichen Inhalt.

Texte lesend interpretieren *5–8*

Die Kunst des Textvortrags ist bei Schülern oft sehr unterentwickelt. Da ihnen zum „Vorlesen" meist Texte gegeben werden, mit denen sie sich vorher gar nicht auseinandersetzen konnten, ist dies nicht verwunderlich. Ein Textvortrag, der den Inhalt erschließt und deutende Strategien erkennen läßt, muß gut vorbereitet werden. Folgende Schritte, die sich auf den Vortrag eines erzählenden Textes beziehen, sind hilfreich.

Höhepunkte
Bei ihrer individuellen Lektüre sollen die Schüler ab und zu innehalten und notieren, wo für sie ein erzählerischer Höhepunkt vorliegt. Zugleich sollen sie Vorschläge machen, wie diese Höhepunkte vorgetragen werden sollten. (Besonders schnelles/langsames Lesen? Lautes oder leises Lesen?)

Vortragston
Die Schüler notieren außerdem individuell, welche Gefühle der Vortragende zum Ausdruck bringen sollte und wie er das am besten macht. Dabei geht es um:
- Lautstärke,
- Intonation (Anteile von Normallage, Höhen und Tiefen der Stimme),
- Vortragstempo,
- Besonderheiten der Artikulation (Nuscheln durch die Zähne, Sprechen mit weit geöffnetem Mund usw.).

Beispiele: Haß: nur wenig geöffneter Mund, durch die Zähne gepreßter Vortrag; Langeweile: leiser, ziemlich monotoner, langsamer Vortrag ohne besondere Höhen und Tiefen der Stimme; Freude: sehr variable Intonation.

Vortragsstrategien
Die Schüler bringen ihre Vorschläge für den Textvortrag im Plenum ein und entwickeln gemeinsam eine Vortragsstrategie – die immer zugleich auch eine Interpretation des Textes ist.

Leseverzögerung

Die folgenden Vorschläge provozieren ein „Innehalten" des Lesers, eine Verzögerung und damit Intensivierung des Leseprozesses, einen Blick zurück oder eine nach vorne gerichtete Spekulation, um eine Textpassage besser verstehen zu können.

Lückentexte *5–13*
Sie sind als Methode der Lernerfolgskontrolle weithin bekannt. Weniger gebräuchlich ist die Verwendung von Lückentexten als Anregung zum lesenden Interpretieren. Das Verfahren eignet sich besonders zur methodischen Variation der Lyrikinterpretation, aber auch für erzählende Texte.
Die Schüler erhalten in Kleingruppen den Abzug eines Gedichtes, in dem – je nach Schwierigkeitsgrad des Textes und Leistungsvermögen der Gruppe – ein Teil der Wörter unleserlich gemacht worden ist. Die Aufgabe besteht darin, eine sinnvolle Ergänzung des Textes vorzuneh-

men. Dazu muß der erhaltene Rest des Textes genau studiert werden. Auf der Suche nach einem passenden Wort erarbeiten die Schüler diskursiv eine Interpretation des Textes. Im Plenum stellen sie ihre Entscheidung für bestimmte Lücken-Wörter vor und begründen sie. Damit kommen verschiedene Interpretationsansätze in die Diskussion. Auch in Prosatexten können Kernstellen zunächst ausgespart und von den Schülern aufgrund eines genauen Studiums der Text-Umgebung zunächst selbst geschrieben werden, bevor das Original zur Kenntnis genommen wird.

Die Textanordnung rekonstruieren *5–13*

Hierfür erhalten die Schüler einen Text in falscher Zusammensetzung. Durch genaue Prüfung der Textteile, deren Anfang und Ende markiert sein sollten, gelangen sie zu begründeten Annahmen darüber, welche Abfolge der Teile der Gesamtaussage am ehesten entspricht. Die Struktur des Textes wird so auf eine ungewöhnliche Weise lesend erschlossen.

Literaturhinweise: Harald Frommer: Verzögertes Lesen. Über Möglichkeiten, in die Erstrezeption von Schullektüren einzugreifen. In: Der Deutschunterricht, 2/1981, S. 10–27; Reinhard Lindenhahn: Die Leseverzögerung als Methode des Deutschunterrichts. Eine Zusammenstellung von Beispielen. In: Der Deutschunterricht, 2/1981, S. 28–36.

Textaussagen visualisieren

Bebilderung *5–7*

Wichtige Figuren eines erzählenden oder dramatischen Textes stellen sich Schüler oft sehr genau vor. Diese Vorstellungen können – in erster Linie in jüngeren Klassen – in Bildern festgehalten werden. Besonders lohnend ist es, die Gesichter der Figuren zu malen und dabei eine besondere Mimik erkennen zu lassen. Diese Zeichnungen sind dann Ausgangspunkte für deutende Gespräche, in denen es schwerpunktmäßig um eine Charakterisierung der gezeichneten Figuren gehen kann.

Bild-Text-Collage *8–13*

Die Schüler erhalten den Auftrag, sich aus einer kleinen Gedichtsammlung einen Text auszuwählen und zu diesem – aus Illustrierten, Zeitungen etc. – ein aktuelles Foto zu suchen, das für sie einen gedanklichen Bezug zu dem Gedicht hat. Text und Bild werden auf einem Blatt zu einer Collage zusammengeklebt. Diese Collagen werden im Unterricht vorgestellt und sind Anlaß zu einer rezeptionsorientierten Interpretation der Texte.

Polaritätsprofile *5–8*

Hierbei sollen die Schüler für die Hauptfiguren ein Profil aus gegensätzlichen Eigenschaften anfertigen. Diese Methode eignet sich für den Anfang des Textes und für eine spätere geeignete Stelle.

Beispiel:

POLARITÄTSPROFIL

für ______________________________

	trifft zu					Belegstellen (Seite):
	stark	mäßig	mäßig	stark		
sympathisch					unsympathisch	
draufgängerisch					gehemmt	
energisch					antriebslos	
zielstrebig					planlos	
mutig					feige	
ehrlich					verlogen	
hilfsbereit					egoistisch	
verständnisvoll					unsensibel	
gesellig					zurückgezogen	
vergnügt					mißmutig	
nüchtern					verträumt	
kühl					hitzig	
empfindlich					dickfellig	
friedlich					aggressiv	
...					...	

Andere Gegensatzpaare können hinzugefügt, vorhandene gestrichen werden. Eventuell kann das Profil auch im Unterrichtsgespräch gemeinsam entwickelt werden. Am Rand des Profils können die Schüler Textstellen (Seitenzahlen) notieren, die ihre Einschätzung der Figur belegen. Das Polaritätsprofil eignet sich gut als Vorbereitung einer Personencharakterisierung.

Tableau *8–13*

Die Figurenkonstellation in verschiedenen Stadien eines Romans oder eines Dramas wird in Standbildern dargestellt. Dazu kommen jeweils einige Schüler vor die Klasse. Zwei oder drei Mitschüler erhalten den Auftrag, diese „Figuren“ so im Raum zu arrangieren, daß sich ein möglichst intensiver symbolischer Ausdruck ihrer Beziehung zueinander ergibt. Zum Beispiel können diese einander zugewandt oder voneinander abgewandt stehen; einige können liegen, andere knien, wieder andere stehen. Auch Mimik und Gestik können genau überlegt und im Standbild umgesetzt werden. Alle anderen Schüler beobachten den Standbildaufbau einige Minuten lang. Dann greifen sie mit Korrekturvorschlägen ein. Ohne daß der Lehrer steuert, kommt es so oft zu intensiven interpretierenden Gesprächen über die Textgrundlage. Neigen einige zu eher spekulativen Äußerungen, so kann der Lehrer sie auffordern, für Standbild-Vorschläge Belege bzw. Anhaltspunkte im Text zu benennen. Die fertigen Bilder können fotografiert werden.

Literaturhinweis: Holger Hartmann: Handeln und Betrachten. Variationen des Bildertheaters im Schulalltag. In: Bernd Ruping (Hrsg.): Gebraucht das Theater. Die Vorschläge von Augusto Boal, Lingen/Remscheid (Bundesvereinigung Kulturelle Jugendbildung) 1991, S. 151–159

Umrißfigur *7–10*

In Partnerarbeit wird der Umriß einer Figur des Textes gezeichnet. Befindet sie sich in einem Konflikt, so können an ihren beiden Armen verschiedene Kräfte „ziehen“. Innerhalb des Figurenumrisses werden verschiedene Stichworte notiert, die den Bereichen „Gefühl“ (Herz), „Denken“ (Kopf) und „Tun“ (Muskeln) zugeordnet werden. Die Figur kann auch janusköpfig gezeichnet werden (mit einem Gesicht vorne und hinten, so zur Seite gedreht, daß beide Gesichter im Profil sichtbar sind), wenn ausgedrückt werden soll, daß es sich um einen zwiespältigen Charakter handelt. Oft liegen ja in einer Figur Gefühle und Einsichten im Widerstreit. Dies kann auch durch Gegensatzpfeile oder andere Symbole ausgedrückt werden.

Lebenskurve *7–13*

Das Leben einer Figur, soweit es der Lektüre entnommen werden kann, wird mit Hilfe eines Koordinatensystems (x-Achse: Lebensalter; y-Achse: Hoch-, Wende- und Tiefpunkte) visualisiert. An einigen Stellen der Lebenskurve können andere wichtige Figuren, Ereignisse etc. notiert werden.

Texte aktional interpretieren

Schüler können besonders dann sinnvoll in Texte eingreifen, wenn Erzählschritte ausgespart sind oder einzelne Schritte der Handlungsfolge vom Autor nicht ausgestaltet wurden. Hier sind mögliche Methoden.

Telefonkette *7–11*

Zugespitzte Handlungssituationen oder Probleme in Romanen, Novellen und Dramen werden in Form mehrerer fingierter Telefongespräche aufgearbeitet. Alle diejenigen im literarischen Text vorkommenden Figuren, die sich zu der zugespitzten Handlungssituation äußern könnten, telefonieren miteinander. Zunächst wird entschieden, wer welche Figur spielen soll. Anschließend verbindet der Lehrer jeweils zwei der Figuren miteinander, die sich über den zu besprechenden Sachverhalt austauschen sollen. Dabei sollen sich die Schüler bemühen, die von ihnen gespielten Figuren in Charakter, Interessenlage und Redeweise möglichst genau zu treffen. Nach einer Reihe von „Telefonaten“ wird erörtert, ob die Figuren in den Telefongesprächen angemessen dargestellt worden sind. Zur Unterstützung der Argumentation können dabei Textbelege hinzugezogen werden.

Rollenspiel/Stegreifspiel *(bei erzählenden Texten)* *5–8*

Wichtige Textteile, die nicht ausführlich in wörtlicher Rede gestaltet worden sind, bei denen der Leser sich also die genauen Abläufe selbst ausdenken muß, werden mit verteilten Rollen „erspielt".

Interview mit einer Figur *5–8*

Ein Schüler spielt eine Romanfigur, einige andere stellen der Figur ein paar Fragen.

Reportage *5–10*

Hier wird eine Person in die Handlung eingefügt, die in ihr eigentlich nicht vorkommt. Dadurch kann eine zusätzliche Perspektive eingenommen werden; zugleich wird eine andere Äußerungsform gewählt. Ein Schüler stellt sich – mit einem imitierten Mikrofon – irgendwo im Klassenraum auf, tut so, als ob er das Roman- bzw. Dramengeschehen aus einer gewissen Distanz beobachte, und berichtet im Reporterstil, was zu sehen und zu hören ist. Es können auch mehrere Reporter an verschiedenen fiktiven Standorten postiert werden, die mehrfach nacheinander berichten.

Flugblatt/Poster *7–10*

Die Schüler entwickeln in Gruppen ein Flugblatt oder ein Poster, mit dem in eine im Text dargestellte Handlungssituation eingegriffen werden könnte.

Milieuwechsel *8–11*

Die Handlung wird in ein ganz anderes Milieu verlegt und in diesem Milieu nachgespielt. Was passiert mit den Figuren? Wie ändert sich die Sprache?

Figuren-Verpflanzung *5–8*

Eine wichtige Figur des Buches wird in eine aktuelle, den Schülern bekannte Situation „verpflanzt". Die Situation wird mit verteilten Rollen gespielt.

Schreibend auf Texte reagieren

Leerstellen erzählen *5–13*

Anspruchsvollere Erzähltexte enthalten „Leerstellen", wo erzählerische Schritte, die im Gesamtzusammenhang unerläßlich sind, vom Autor bewußt ausgespart wurden. Die Klasse kann solche „Leerstellen" (oft Zeitsprünge) zunächst selbst entdecken. Anschließend kann dann miteinander überlegt werden, wo eine erzählerische Ausfüllung der „Leerstelle" besonders interessant wäre. Jeder Schüler schreibt dann individuell ein „Zusatzkapitel“. Diese Zusatzkapitel werden vorgetragen und miteinander verglichen. Dabei ergeben sich in der Regel interpretatorische Strategien für den Gesamttext.

→ Seite 38, „Lückentexte“.

Tagebuchblätter *5–10*

Für eine Hauptfigur werden Tagebuchnotizen geschrieben (Was würde dieser Figur wohl durch den Kopf gehen, wenn sie sich abends hinsetzen und in ihr Tagebuch schreiben würde?). Das stellvertretende Tagebuchschreiben kann auch die gesamte Lektüre begleiten: Der Lehrer fordert jeden auf, ein besonderes Tagebuch-Heft zu gestalten. Nach jedem Kapitel – oder nach kleineren Erzähleinheiten – schlüpft der Schüler in die Rolle der ausgewählten Figur und formuliert eine Tagebucheintragung. Zusätzlich können aktuelle Alltagsdokumente eingeklebt werden, die die Schüler mit der Lektüre in Zusammenhang bringen. Oft sind die Schüler am Ende ihrer Arbeit stolz darauf, ein so umfangreiches Produkt zustande gebracht zu haben. Manchmal sind die Hefte liebevoll mit zusätzlichen Ornamenten und Illustrationen ausgestattet.

Denkblasen *5–10*

Manchmal scheinen an wichtigen Stellen eines Textes Äußerungen zentraler Figuren oder die Schilderung des inneren Geschehens zu fehlen. Für solche Stellen können – ähnlich wie in Comics – „Denkblasen“ geschrieben werden. Diese sollten ausführlicher sein als in Comics und differenziert mögliche Gedankengänge der jeweiligen Figur entfalten.

Thematisches Tagebuch *8–11*

Einige Schüler setzen sich mit der Problemstellung der Lektüre auseinander, indem sie ein oder zwei Wochen lang ihren eigenen Alltag, ihr eigenes Erfahrungsfeld genau beobachten und in einem Tagebuch möglichst detailliert Ereignisse und Beobachtungen wiedergeben, die für sie einen Bezug zur Problemstellung der Lektüre ergeben. Die „thematischen Tagebücher“ werden in der Klasse verlesen. Anschließend kann dann versucht werden, eine Figur der Lektüre in eine der aktuellen Realsituationen eingreifen zu lassen (zusätzliches Romankapitel; zusätzliche Szene).

Anzeige *8–11*

Figuren einer Erzählung oder eines Theaterstücks wird – bezogen auf eine bestimmte Phase der Handlung – eine Kontaktanzeige zugeschrieben. Die Anzeige soll die Figur möglichst genau treffen.

Umwandlung in ein Hörstück *5–10*

Ein Auszug des Buches, der hierfür besonders geeignet erscheint (interessante Dialoge, gut herstellbare Hintergrundgeräusche etc.), wird in einen Hörspiel-Text umgeschrieben. Anschließend wird der Vorschlag zur akustischen Umsetzung eventuell realisiert.

Andere Weichenstellung *7–10*

An einer Stelle, an der der Autor eine wichtige Entscheidung über den Fortgang der Handlung getroffen hat, wird „umgesteuert“. Kleingruppen überlegen sich, welche alternativen Handlungsverläufe – ausgehend von der vereinbarten Stelle – möglich gewesen wären. Sie schreiben dazu eine Verlaufsskizze.

Brief aus der Zukunft *8–13*

Eine Figur des Buches schreibt zu einem Zeitpunkt, der 10, 20 oder 30 Jahre nach dem Handlungsende liegt, einen „Brief aus der Zukunft“. Sie schaut darin auf die Ereignisse zurück, die in dem Roman/der Novelle/dem Drama dargestellt wurden. Aus dieser zeitlichen Distanz setzt die Figur sich persönlich mit diesen Ereignissen auseinander, wertet sie.

Traumgeschichte *5–10*

In einem Traum wird vieles übersteigert und verzerrt erfahren. Eine Figur träumt von einem Ereignis, das sie vor kurzem erlebt hat. Der Traum soll möglichst genau ausphantasiert und detailliert schriftlich wiedergegeben werden.

Erfundene Biographie *8–13*

Nach der Lektüre des Buches erfinden die Schüler eine passende Biographie des Autors. Wie stellt man sich das Leben der Person vor, die ein solches Buch geschrieben hat? Die erfundene Biographie wird aufgeschrieben und dann mit der tatsächlichen Biographie verglichen.

Brief an Verlag oder Autor (bei zeitgenössischer Literatur) *5–13*

Eventuell als Hausaufgabe entwerfen die Schüler einen Brief an den Autor, in dem sie ihre Leseerfahrungen mit der Lektüre mitteilen. Die Äußerungen können durchaus wertend sein.

Anregungen, die auch für kürzere Texte geeignet sind

Die Perspektive ändern *7–10*

Statt in der Er-Perspektive wird der Text in der Ich-Perspektive geschrieben. Jeder Schüler sucht sich eine Figur aus, aus deren Perspektive er die Geschichte gerne umschreiben würde.

Textsortenwechsel *5–8*
Das Geschehen wird als Zeitungs-, Polizeibericht etc. wiedergegeben.

Erfindung einer Vorgeschichte *7–10*
Nach einer ersten gründlichen Auseinandersetzung mit einer Figur erfinden die Schüler eine Vorgeschichte, die zu einer Zeit vor Beginn der eigentlichen Handlung spielt. Die Vorgeschichte soll verdeutlichen, wieso die Figur so geworden ist, wie sie ist.

Anregungen zur Leseförderung

In allen Jahrgangsstufen sind Anregungen zum Lesen Bestandteil des Deutschunterrichts. Die Lehrpläne sehen lesefördernde Unterrichtsaktivitäten in vielfältiger Form vor. Trotz der Übermacht elektronischer Medien können viele Schüler mit solchen Anregungen erreicht werden. Hier sind einige Beispiele für Aktivitäten zur Leseförderung.

Klassen 5/6/7

Buchvorstellungen
Die Schüler stellen in regelmäßigen Abständen Bücher vor, die sie gerade gelesen haben und weiterempfehlen können. Sie tragen eine besonders witzige bzw. besonders spannende Stelle (ein bis drei Seiten) vor, verraten aber noch nicht alles und erklären, was ihnen an dem Buch besonders gefallen hat.

Bücher-Tauschbörse
In der Klasse wird eine Tauschbörse organisiert. Auf einer Wandzeitung notieren die Schüler, wer welchen Titel wann an wen ausgeliehen hat und welche Ausleihzeit vereinbart worden ist. Der Lehrer achtet darauf, daß nach einer gewissen Zeit jeder Schüler in der Liste auftaucht.

Leseecke
In der Klasse wird für die kleinen Pausen und für sonstige freie Zeiten eine Leseecke (einige Sessel, Regal mit Büchern) eingerichtet.

Videokassetten der „Stiftung Lesen“
Die Klasse schaut gemeinsam eine der Kassetten der „Stiftung Lesen“ (s. u.) mit Ausschnitten aus Jugendbuchverfilmungen an, um neuen Lesestoff zu entdecken.

Eine Stunde in der Schülerbücherei
Eine Unterrichtsstunde findet in der Schülerbücherei statt. Mögliche Fragestellungen: Welche Abteilung/welches Regal interessiert euch am

meisten? Wieso? Wer kennt einige Bücher und kann sie vorstellen? Welche Bücher, die ihr hier vermißt, sollten demnächst angeschafft werden? (Eine Hitliste der Wünsche geht an den für die Bücherei verantwortlichen Lehrer.)

Besuch einer Bibliothek
Die Klasse besucht eine nahegelegene Bibliothek mit Kinder- und Jugendbuchabteilung und läßt sich von einer Bibliothekarin den Bestand zeigen und in die Struktur einer Bibliothek einführen.

Projekt „Lesebazillus"

(...) Der Grundgedanke des Projektes ist schnell skizziert: Eine Schulklasse (...) erhält von den Organisatoren zwei Rucksäcke mit je 15 neuen Kinder- und Jugendbüchern. In der Klasse und während des Unterrichts dürfen sich die Schüler nun Bücher zum Lesen auswählen, wobei das Lesen – je nach Entscheidung des Lehrers – u. U. den ganzen Unterrichtstag dauern und auch durch Aktionen (Erzählen, Malen, Schreiben ...) ergänzt werden darf. Der Lehrer oder die Lehrerin wählt nun insgeheim zwei Bücher aus, die als „infiziert" gelten. Den Schülern wird aber erst am Ende des Lesetages mitgeteilt, welche Bücher vom „Lesebazillus" befallen sind. Die zwei Leser dieser beiden Bücher dürfen zu einem bestimmten Termin nun die Rucksäcke in eine andere Stadt zu einer anderen Schulklasse bringen, damit dort wiederum Schüler vom „Lesebazillus" angesteckt werden können.

Die Reise erfolgt primär per Eisenbahn. Nur in Einzelfällen muß auf Postbusse umgestiegen werden. Und Rucksäcke voller Bücher mit der Bahn zu einem weitgehend unbekannten Zielort zu zunächst unbekannten Menschen zu bringen – das kann bei Kindern, die in einer konsumorientierten Gesellschaft aufwachsen und Abenteuer nur noch per Fernseher kennenlernen, durchaus als Abenteuer gelten. Diese Verbindung von Abenteuer und Lesen fördert die Lesemotivation.

Hans ten Doornkaat, der einige Schüler auf ihrer Reise begleitet hat, beschreibt die motivierende Lesesituation im Klassenzimmer:

„Das wichtigste Bild, das mir bleibt, sind leere Schulbänke, während die ganze Klasse vorn – zwischen der ersten Reihe und der Wandtafel – sitzt. Auf einem Haufen, um einen Haufen, Köpfe über Bücher geneigt. Kinder in Geschichten eintauchend ... Besser läßt sich nicht sichtbar machen, wie der Unterbruch im Stundenplan, dieser Einbruch der Bücher, die Kinder fasziniert und für alle Betroffenen ein Erlebnis wird."

Für die vom Lehrer zu leistende Organisation der Reise und die Kontaktaufnahme mit einem Kollegen an einem anderen Ort ist ein Zeitraum von etwa zwei Wochen vorgesehen. Inzwischen dürfen die in der Schule

angelesenen Bücher mit nach Hause genommen und dort fertig gelesen werden. Die beiden „Bazillenträger" erhalten von den Organisatoren kostenlose Fahrkarten, außerdem ein kleines Taschengeld. Für die Reise „öffnet" sich die Schule: sie werden einen Tag vom Unterricht freigestellt. Erreicht wurden durch das Projekt im Zeitraum von November 1990 bis Juni 1991 insgesamt 20 Schulklassen. Eine Auswertung durch *Hans ten Doornkaat* bestätigte, daß die Aktion von Schülern, Lehrern und Eltern durchweg positiv aufgenommen wurde. Von vereinzelten „Reiseproblemen" abgesehen, „ist die Aktion durchgehend begrüßt worden".
Der Erfolg hat die Organisatoren veranlaßt, das Projekt Lesebazillus zu wiederholen und gleichzeitig auszuweiten. (...)

(Aus: Jörg Knobloch: Schule öffnen, Lesen fördern: Die Projekte „Lesebazillus" und „Rucksackbücherei". In: Informationen Jugendliteratur und Medien, 3. Beiheft, 1992, S. 84 ff.)

Kontaktadresse: Freiarbeitsprojekt Rucksackbücherei, Silja Aretz, c/o AOL- & Freiarbeit-Verlag, Waldstr. 17-18, 77839 Lichtenau

Literaturhinweis: Freiarbeitsprojekt Rucksackbücherei. HosenTaschen-Buch Nr. A 414, AOL- & Freiarbeit-Verlag

Klassen 8/9/10 *(zusätzlich zu den oben angegebenen Möglichkeiten)*

Lesetagebücher

Die Schüler schreiben Lesetagebücher zu ihren laufenden Lektüren, aus denen zu festgesetzten Zeiten regelmäßig vorgelesen wird. Die Lektüren, um die es geht, sollten mitgebracht und von den Mitschülern angeschaut werden können.

Einen Buchhändler einladen

Ein ortsansässiger Buchhändler kommt in den Unterricht und stellt einige aus seiner Sicht interessante Bücher sowie diejenigen Titel vor, die er in den letzten Jahren an 13- bis 16jährige besonders häufig verkauft hat.

Klassen 11–13 *(zusätzlich zu den oben angegebenen Möglichkeiten)*

Besuch einer Buchmesse

Der Kurs besucht (eventuell in Zusammenarbeit mit einer Buchhandlung) eine Buchmesse (Frankfurt, Leipzig).

Rezensionen

Die Schüler vereinbaren am Anfang des Schuljahres mit dem Lehrer eine Lektüreliste, die sie arbeitsteilig in Angriff nehmen. In regelmäßigen Abständen und zu vereinbarten Terminen trägt jeder dann nach und nach eine Rezension zu einer Lektüre vor. Leitfragen können sein: Was ist das Thema? Um welche Auseinandersetzung geht es? Wie wird das Thema angepackt? Welche Handlungsideen hat der Autor? Was ist an der Machart/der Struktur/dem Stil des Buches interessant/weniger interessant/störend?

Kursheft *(Peter Reul)*
Zu Beginn jeder Unterrichtsstunde liest ein Schüler ein selbst ausgewähltes Gedicht vor. (Variationen: einen beliebigen Text, einen Aphorismus, eine Zeitungsmeldung, einen selbst geschriebenen Text etc.) Die Reihenfolge kann alphabetisch oder nach der Sitzordnung bestimmt werden. Meist entwickelt sich von allein ein Gespräch darüber, wo der Schüler auf diesen Text gestoßen ist, warum er ihn ausgewählt hat, was ihm daran gefällt und wie die anderen auf seinen Text reagieren. Das Ganze sollte aber nicht zu einer ausgefeilten Textanalyse oder -interpretation führen, sondern im wesentlichen die Funktion haben, die Stunde einzuleiten, Leseanreize zu bieten und eine persönliche Beziehung zur Literatur herzustellen. Der vorgelesene Text wird als Druckvorlage dem Lehrer (bzw. einem Mitschüler) gegeben, der die Texte kopiert, sammelt und am Ende des Halbjahres dem Kurs in Heftform überreicht.
→ „Lesungen von Schriftstellern“, Seite 215 und „Lesenacht/Buchwoche“, Seite 147 f.

Adressen, bei denen Lehrer Hilfen zur Leseförderung anfordern können

Bei der Leseförderung kann man auf einige Hilfen von außen zurückgreifen. Eine wichtige Adresse für die Leseförderung in Schulen ist die 1988 gegründete „Stiftung Lesen“.

Stiftung Lesen
Fischtorplatz 23, 55116 Mainz, Tel.: 06131/23 08 88, Fax: 06131/23 03 33

Um den Rückgang der Lesekultur und das Anwachsen des funktionalen Analphabetismus in einer zunehmend elektronisch bestimmten Medienkultur einzudämmen, setzt die Stiftung Schwerpunkte in der Leseförderung von Kindern und Jugendlichen. Im Stiftungsrat dieser Institution sind einige Bundesländer, führende Verlage, Zeitschriftenverleger, Industrieunternehmen und Banken vertreten. Ihm gehören außerdem Lehrer- und Elternverbände, Kirchen u. a. an. Die Stiftung entwickelt laufend neue Förderimpulse für die Lesekultur in Schule und Freizeit.

Buchausstellungen und Bücherkoffer: Als Rüstzeug für die Leseförderung bietet die „Stiftung Lesen“ Buchausstellungen und Bücherkoffer an. Sie werden in einem Faltblatt „Buchausstellungen" vorgestellt. Die Ausstellungen sind so angelegt, daß sie in Schulen Anstoß für vielfältige Projekte sein können. Die 1993 angebotene Ausstellung „Kommt, wir bauen eine Brücke zu den Kindern dieser Welt", die 220 Bücher umfaßte, griff z. B. Probleme und Fragestellungen der multikulturellen Gesellschaft auf. Die Ausstellungen können bei der Stiftung für eine Dauer von bis zu vier Wochen angefordert werden. Für die Entleiher fallen dabei nur die Transportkosten sowie der Ersatz für eventuell verlorengegangene und beschädigte Bücher an. Es kann eine entsprechende Versicherung abgeschlossen werden. Die Bücherkoffer der Stiftung sind eine kleinere Version der Buchpräsentation. Sie enthalten jeweils 35 bis 70 Bücher zu bestimmten Themenbereichen und richten sich insbesondere an jüngere Kinder.

Videokassetten: Für den Einsatz in Schulen bietet die „Stiftung Lesen" außerdem Videokassetten an, auf denen jeweils sechs Ausschnitte aus Jugendbuch-Verfilmungen zusammengestellt sind. Die Kassetten machen neugierig und stellen eine Leseempfehlung für die verfilmten Bücher dar. Sie gehen auf das seit vielen Jahren erfolgreich laufende monatliche Magazin „Fortsetzung folgt nicht" zurück. Dieses wird in ORF, SRG, Bayerischem Fernsehen ausgestrahlt. Die Kassetten werden zusammen mit einem didaktischen Beiheft abgegeben. Zu weiteren Kindersendungen des Fernsehens mit leseempfehlendem Charakter gibt die „Stiftung Lesen" laufend Faltblätter heraus.

Leseempfehlungen: Außerdem werden Broschüren mit Leseempfehlungen zu unterschiedlichen Themen angeboten. Daneben erstellt die Stiftung in Zusammenarbeit mit Fernsehanstalten Buchempfehlungslisten zu Fernsehbeiträgen. Speziell für Lehrer publiziert die Stiftung didaktisch aufbereitete Arbeitsmaterialien zum Einsatz empfohlener Literatur im Unterricht. Eine weitere Handreichung für Lehrkräfte, die „Handmappe Lesen", faßt neueste Ergebnisse der Lese- und Medienverhaltensforschung zusammen und informiert über Möglichkeiten der Leseförderung in der Schule.

Lesebus: Einen Lesebus hat die „Stiftung Lesen" 1993 zusammen mit dem Land Niedersachsen eingerichtet. Der Bus ist ausgestattet mit dem Material- und Beratungsangebot der Stiftung, einer kleinen Handbibliothek, einer Schmökerecke für Kinder und einem Beratungsbüro. Er wird von drei fachlich geschulten Pädagogen begleitet und kann von Schulen gebucht werden, die sich mit Modellen der Leseförderung vertraut machen wollen.

Weitere Aktionen zur Leseförderung: Mit langfristigen Großaktionen wie „Abenteuer Lesen" und „Bücherfrühling" sowie Jugendbuchwochen und Autorensuchspielen versucht die Stiftung auf neue Möglichkeiten der Leseanimation aufmerksam zu machen. Hierzu werden vielfältige Informationsmaterialien mit Tips zur Leseförderung versandt. Der seit 1983 alljährlich im Mai veranstaltete „Bücherfrühling", das größte Lesefestival im deutschsprachigen Raum, wird außer von der „Stiftung Lesen" auch vom „Arbeitskreis für Jugendliteratur" (s. u.), dem „Börsenverein des Deutschen Buchhandels", dem „Deutschen Bibliotheksverband", dem „Deutschen Jugendschriftenwerk" (s. u.) und den

„Friedrich-Bödecker-Kreisen" (s. u.) unterstützt. Durchgeführt wird der „Bücherfrühling" jeweils von mehreren tausend Veranstaltern vor Ort, darunter Schulen, Bibliotheken und Buchhandlungen.

Leseclubs: An fast 300 Orten in Deutschland hat die „Stiftung Lesen" inzwischen Leseclubs ins Leben gerufen. In diesen Clubs soll Kindern und Jugendlichen in der Freizeit spielerisch Lust aufs Lesen gemacht werden. Initiatoren müssen einen Raum, in dem man sich ein- oder zweimal pro Woche treffen kann, sowie eine Betreuungskraft finden. Für eine Grundausstattung mit Büchern und die Schulung der Betreuer sorgt die Stiftung. Die Clubs organisieren ein breites Freizeitangebot rund ums Buch. Es geht darum, daß Kinder und Jugendliche Bücher, die sie selbst nicht (alle) kaufen können, für die sie aber Interesse entwickeln, miteinander kennenlernen, daß sie mit Gleichaltrigen und einem älteren Leiter über ihre Leseerfahrungen sprechen und im Anschluß daran eventuell weiterführende Aktivitäten entwickeln. Die Stiftung Lesen versorgt die Leseclubs regelmäßig mit Materialien zur Lese- und Medienerziehung.

Dokumentationsstelle: Bei der seit 1988 bestehenden Dokumentationsstelle der „Stiftung Lesen" können Interessierte Recherchen zu den verschiedensten Fragen rund um das Thema „Lesen" in Auftrag geben. Die Stiftung erstellt hierzu Computerausdrucke. Dieser Service ist kostenlos. Wer bei der Detailplanung von Projekten Beratungsbedarf hat, kann die Datenbank der Stiftung benutzen. U. a. werden Ansprechpartner vermittelt, die schon einmal ähnliche Projekte durchgeführt haben.

Weitere wichtige Adressen:

Arbeitskreis Jugendliteratur und Medien i. d. GEW
Bahnhofstr. 43, 88662 Überlingen, Tel.: 07551/5528

Arbeitskreis für Jugendliteratur e. V.
Schlörstr. 10, 80634 München, Tel.: 089/1684052
Der Arbeitskreis gibt jährlich ein Verzeichnis heraus, in dem die in den vorhergehenden drei Jahren mit dem Deutschen Jugendliteraturpreis ausgezeichneten Bücher sowie die Bücher der „Auswahlliste zum Deutschen Jugendliteraturpreis" zusammengestellt sind. Ein weiteres jährliches Verzeichnis, „Das Buch der Jugend", reduziert die Flut der Kinder- und Jugendliteratur auf eine Auswahl von mehreren hundert Titeln. Die Zusammenstellung erfolgt durch Pädagogen, Buchhändler und Bibliothekare. Die Neuerscheinungen des jeweiligen Vorjahres nehmen etwa ein Viertel des Raumes ein.

Börsenverein des Deutschen Buchhandels
Großer Hirschgraben 17–21, 60331 Frankfurt/Main, Tel.: 069/1306(0)
Das Referat Leseförderung des Börsenvereins organisiert in jedem Jahr einen Vorlesewettbewerb für Schüler der 6. Klassen und einen Gestaltungswettbewerb mit dem Titel „Das lesende Klassenzimmer". Die Unterlagen für beide Aktionen, die u. a. detaillierte Handlungsanregungen umfassen, werden jährlich an die Schulen verschickt. Der Börsenverein bietet auch Wanderausstellungen mit Büchern zu aktuellen Themen an.

Bundesverband der Friedrich-Bödecker-Kreise
Fischtorplatz 23, 55116 Mainz, Tel.: 06131/230888

Deutsche Akademie für Kinder- und Jugendliteratur e. V.
Rathaus Marktplatz, 97332 Volkach, Tel.: 09381/4010

Deutsches Jugendschriftenwerk e. V.
Fischtorplatz 23, 55116 Mainz, Tel.: 06131/230888

Gesellschaft für Medienpädagogik und Kommunikationskultur in der Bundesrepublik e. V. (GMK)
Friedensstr. 2–8, 33602 Bielefeld, Tel.: 0521/88848

Institut für Jugendbuchforschung der Johann-Wolfgang-Goethe-Universität
Myliusstr. 30, 60323 Frankfurt/Main, Tel.: 069/7983564

Internationale Jugendbibliothek (IJB)
Schloß Blutenburg, 81247 München, Tel.: 089/8112028

Landesarbeitsgemeinschaft Jugend und Literatur NRW e. V.
Von-Werth-Str. 159, 50259 Pulheim (Brauweiler), Tel.: 02234/84286
Die LAG Jugend und Literatur NRW gibt in Zusammenarbeit mit der Verbraucher-Zentrale NRW das inzwischen auf über zehn Bände angewachsene Nachschlagewerk „Was soll ich lesen?" heraus. Dieses ist inzwischen zu einem Standardkatalog für alle geworden, die Kinder und Jugendliche zum Lesen anstiften möchten. In jedem Band werden weit über 100 neuere Titel sowohl aus dem Bereich der erzählenden Literatur als auch dem Sachbuchsektor vorgestellt.

Fachzeitschriften zur Kinder- und Jugendliteratur

Beiträge Jugendliteratur und Medien
Vierteljährlich; Juventa Verlag, Ehretstraße 3, 69469 Weinheim
Vormals „Informationen Jugendliteratur und Medien (Jugendschriftenwarte)". Seit 1993 zusammengelegt mit den „Beiträgen zur Kinder- und Jugendliteratur", die von der Arbeitsgemeinschaft Jugendliteratur und Medien in der Gewerkschaft Erziehung und Wissenschaften (GEW) herausgegeben wurden. Älteste Zeitschrift auf dem Gebiet der Jugendlektüre im deutschsprachigen Raum.

Bücher
Vierteljährlich; Bezug über Deutsches Jugendschriftenwerk (s. o.); Buchbesprechungsdienst.

Bulletin Jugend und Literatur
Monatlich; Eulenhof Verlag, Hallerplatz 5, 20146 Hamburg

Eselsohr
Monatlich; Verlag Eselsohr, Rheinallee 9, 55118 Mainz
Informationsdienst für Kinder- und Jugendmedien, also außer für Bücher auch für Kassetten, Schallplatten, Comics, Spiele und Filme.

Fundevogel
Vierteljährlich; Kritisches Kinder-Medien-Magazin; dipa-Verlag, Nassauer Str. 1–3, 60439 Frankfurt/Main

Forum Lesen
Vierteljährlich; kostenlos; Bezug über die Stiftung Lesen (s. o.)
Nachrichten, Berichte und Meinungen aus der Leseförderungsszene.

Informationen des Arbeitskreises für Jugendliteratur
Fünf Hefte pro Jahr; Bezug über den Arbeitskreis für Jugendliteratur (s. o.)

Jugendtaschenbücher in der Schule
Zwei Ausgaben pro Jahr; Bezug über Stiftung Lesen (s. o.)
Arbeitsblätter für Lehrer.

Jugendbücher zum Thema ...
Eine Ausgabe pro Jahr; Bezug über Stiftung Lesen (s. o.)
Didaktisch-methodische Hinweise für die Behandlung von Jugendbüchern zu Schwerpunktbereichen.

Materialien der Jugendbuchverlage

rotfuchs Lehrerhefte
Bezug: Rowohlt Taschenb. Verlag, Abt. Lehrerhefte, Postf. 13 49, 21465 Reinbek
Sammel- und Einzelbände; didaktische Anregungen für den Unterricht.

Lesen in der Schule mit dtv junior
Gegen geringe Schutzgebühr zu beziehen beim Deutschen Taschenbuch Verlag, Friedrichstr. 1a, 80801 München
Unterrichtsvorschläge für die Sekundarstufe.

So entsteht ein Jugendbuch (Videokassette)
Kostenlos; Bezug: Franz Schneider Verlag, Postfach 46 03 48, 80807 München
Ausleihbare Videokassette mit Lehrer- und Schülermaterialien im Klassensatz.

Zum Lesen verlocken
Bezug: Arena Verlag, Rottendorfer Str. 16, 97074 Würzburg
Jugendbücher im Unterricht für die Klassen 5–10.

Praxis in der Schule
Bezug: Otto Maier Verlag, Robert-Bosch-Str. 1, 88214 Ravensburg
Arbeitshilfen des Ravensburger TB Verlages, z. T. detailliert ausgearbeitete.

Literatur zum Thema „Leseförderung“

Bundesminister für Bildung und Wissenschaft (Hrsg.): In Sachen Lesekultur. Bonn 1991;
Manfred Engel (Red.): Buch und Lesen in Kindheit und Jugend. Ein kommentiertes Auswahlverzeichnis von Literatur und Modellen zur Leseförderung. Weinheim und Basel 1992;

Rainer H. Lehmann/Rainer Peek/Iris Pieper/Regine von Stirtzki: Leseverständnis und Lesegewohnheiten deutscher Schüler und Schülerinnen. Weinheim 1993;
Siegfried Mattheus: Planung einer Autorenlesung für die Klassen 7–8. In: Schulbibliothek aktuell. 4/1988, S. 316–320;
Birgit Stellmach: Schulbibliothek und Leseförderung. In: Schulbibliothek aktuell. 4/1988, S. 298–306;
Stiftung Lesen/Pädagogisches Zentrum Bad Kreuznach (Hrsg.): Sammelmappe mit Modellen, Projekten und Ideen zur Leseförderung für die Klassen 5–8;
Stiftung Lesen (Hrsg.): Von der Möglichkeit, sich aus der Nähe wahrzunehmen. Deutsche Kinder- und Jugendbuchautoren aus Ost und West, Mainz

Lektüreempfehlungen für die Klassen 5 bis 10

Jährlich erscheinen mehr als 4000 Kinder- und Jugendbücher, etwa 3000 davon als Erstauflagen. 60 Verlage veröffentlichen hauptsächlich Kinder- und Jugendbücher.[1] Auch wenn bei weitem nicht alle Titel der erzählenden Literatur zuzurechnen sind, so ist das Angebot für Lehrerinnen und Lehrer doch absolut unübersichtlich.

1 Vgl. Bettina Hurrelmann: Aktuelle Kinder- und Jugendliteratur. In: Praxis Deutsch, Heft 111, 1992, S. 9–18

Die Auswahl für den Unterricht reduziert sich zunächst dadurch, daß aus Kostengründen meist nur Taschenbuchausgaben in Frage kommen. Aber auch der Taschenbuchmarkt für Kinder und Jugendliche ist inzwischen so umfangreich, daß eine Auswahl schwerfällt.
Die folgende Titelzusammenstellung orientiert sich an Empfehlungen, die Kenner des Jugendbuchmarktes aus den Bereichen Wissenschaft und Pädagogik in den letzten Jahren in einschlägigen Fachzeitschriften publiziert haben. Sie ist nach Jahrgangsstufen geordnet und enthält neben einer kurzen Vorstellung der Titel Hinweise auf Verfilmungen, Fundstellen für Praxisanregungen und Vorschläge zur ergänzenden Lektüre. Diese Titelauswahl ist jedoch nicht im Sinne eines Kanons zu verstehen.

Kinder- und Jugendbücher als Lektüre im Deutschunterricht

Christine Nöstlinger: Wir pfeifen auf den Gurkenkönig
(1972) Beltz & Gelberg/Rowohlt TB

Inhalt: Ein anmaßender Gurkenkönig, eine skurrile Phantasiefigur, nistet sich in einer Familie ein und stellt sich in Konflikten auf die Seite des Vaters und gegen den kindlichen Erzähler.

Klasse: 5 – weil die Erzählung viele alterstypische Erfahrungen mit Erwachsenen (z. B. mit Vater, mit Mutter, mit Großvater und Lehrer) zeigt; weil der Text die Schlagfertigkeit eines Kindes herausarbeitet und zeigt, wie sich der Selbstbehauptungswille eines Kindes entwickelt; weil familiäre und schulische Autoritätsstrukturen bloßgestellt werden.

Auszeichnungen: Deutscher Jugendbuchpreis 1973; Hans-Christian-Andersen-Preis für das Gesamtwerk 1984

Verfilmung: BRD 1975, Regie: Hark Bohm

Literatur: Das gesamte Heft 1/92 der Zeitschrift „Informationen Jugendliteratur und Medien“ (jetzt: Beiträge Jugendliteratur und Medien) befaßt sich mit C. Nöstlinger.

Astrid Lindgren: Mio, mein Mio
(1954; Stockholm; dt. 1955) Oetinger

Inhalt: Die Hauptfigur des Buches, das Waisenkind Mio, tritt in das phantastische „Land der Ferne“ ein, wo es als Prinz Mio seinen Vater, den König, findet.

Klasse: 5 – weil die Angst einer Trennung von den Eltern in einer phantastischen Abenteuergeschichte thematisiert wird (das Wiederfinden des Vaters als eine phantastische Utopie); weil auf Sagen- und Märchenmotive zurückgegriffen wird.

Auszeichnungen: Friedenspreis des Deutschen Buchhandels; Internationaler Jugendbuchpreis; Schwedischer Staatspreis für Literatur; Internationaler Buchpreis der UNESCO 1993; Deutscher Jugendbuchpreis/Sonderpreis

Verfilmung: Schweden/UdSSR 1987, Regie: Vladimir Grammatikov

Hörspielfassung: Deutsche Grammophon

Uwe Timm: Rennschwein Rudi Rüssel

(1989) Nagel & Kimche/dtv TB

Inhalt: Familienbeziehungen und Tierliebe. „Wir haben zu Hause ein Schwein. Ich meine damit nicht meine kleine Schwester ...“

Klasse: 5 – weil Chancen für Entfaltung, Autonomie in der Familie und Möglichkeiten der Solidarität von Erwachsenen und Kindern aufgezeigt werden; weil eine turbulente Handlung geboten wird; weil Kinder sich mit dem Schwein in der Rolle des Schelms identifizieren können.

Auszeichnung: Deutscher Jugendbuchpreis 1990

Weitere Titel zum Thema „Tiere“: Günther Feustel: Hora, Ravensburger TB; Midas Dekkers: Auf eigenen Pfoten. Wie Tierkinder groß werden. Kinderbuchverlag Luzern; → Spillner (s. u.)

Tormod Haugen: Die Nachtvögel

(1978) Benziger/dtv TB

Inhalt: Angsterlebnisse eines Jungen und ihre Bewältigung.

Klasse: 5 – weil kindliche Wahrnehmungsweisen der Angst ohne Anbiederung dargestellt werden; weil ohne pädagogischen Zeigefinger verdeutlicht wird, wie Angst aus Problemen des Vaters und einem versuchten Kaufhausdiebstahl resultiert; weil erzählt wird, wie Angst überwunden werden kann.

Auszeichnung: Deutscher Jugendbuchpreis 1979

Praxisanregungen: Gerd Brenner/Hans Jürgen Kolvenbach: Praxishandbuch Kinder- und Jugendliteratur. Cornelsen Verlag Scriptor, Frankfurt/M. 2. Aufl. 1984, S. 91–96

Peter Härtling: Oma

(1975) Beltz & Gelberg/Gullivers TB

Inhalt: Kalle lebt nach dem Unfalltod seiner Eltern bei seiner Oma; am Ende muß er sich mit ihrem nahen Tod vertraut machen.

Klasse: 5 – weil Probleme des Zusammenlebens thematisiert werden; weil gezeigt wird, wie schwer es ist, im Spannungsfeld zwischen verschiedenen Werten zu einem angemessenen Verhalten zu finden (für 3.–5. Schuljahr).

Auszeichnung: Deutscher Jugendbuchpreis 1976

Praxisanregungen: Kaspar H. Spinner: Kalle und die Gerechtigkeit. In: Praxis Deutsch, Heft 95, 5/1989, S. 24–26

Literatur: Alwin Binder: Zum „Elend unserer Jugendliteratur". Kritische Bemerkungen zu Büchern von Peter Härtling, Gudrun Pausewang und Janosch. In: Diskussion Deutsch, Heft 119, 6/1991, S. 271–285

Peter Härtling: Ben liebt Anna

(1979) Beltz & Gelberg/Gullivers TB

Inhalt: Der 9jährige Ben und das gleichaltrige Aussiedlermädchen Anna mögen sich und verschaffen sich in Familie und Klasse Spielraum für ihre Empfindungen.

Klasse: 5 – weil Freuden und Schwierigkeiten der „ersten Liebe" altersgerecht dargestellt werden; weil das Anderssein von Menschen und der konstruktive Umgang damit thematisiert werden; weil gezeigt wird, wie man seinen Gefühlen auch in einer widrigen Umwelt Ausdruck verleihen kann.

Praxisanregungen: Markus Rolfes/Sigrid Südhoff: Literaturkartei – Ben liebt Anna. Verlag an der Ruhr, Mülheim/Ruhr 1994;
Hannelore Daubert: Lehrerbegleitheft zu P. Härtling, Ben liebt Anna. Beltz, Weinheim/Basel 1990

Lewis Carroll: Alice im Wunderland

(1865) Dressler/Insel TB

Inhalt: Ein Mädchen langweilt sich, folgt einem weißen Kaninchen und erlebt unter der Erde viele Abenteuer.

Klasse: 5 – weil der junge Leser in einen Wirbelsturm von Unsinn und Abenteuern gerät; weil die Heldin zwischen Lachanfall und Verärgerung hin- und hergerissen wird; weil das Buch viele philosophische Fragen kindgerecht aufwirft.

Verfilmung: USA 1951 (Walt Disney-Zeichentrickfilm), Regie: Clyde Geronimi u. a.

Alan Alexander Milne: Pu der Bär

(1926 Engl.) Dressler Kinder-Klassiker

Inhalt: Viele Verrücktheiten eines Bären mit wenig Verstand und anderer Tiere, ein Kind als vernünftiger Freund und Helfer.

Klasse: 5 – weil ein Kind zwischen verrückten, naiven, ängstlichen und weltfremden Tiergestalten die gleiche Rolle des Retters und Trösters einnimmt wie ein Erwachsener zwischen liebenswert-weltfremden Kindern, weil man sehr viel lachen kann und weil die Phantasie angeregt wird; weil die Übersetzung von Harry Rowohlt hervorragend ist.

Verfilmungen: Mehrere Walt Disney-Verfilmungen (Zeichentrickfilme): Winnie Puuhs Festival, 75 Min.; Winnie Puuh und Tigger, 25 Min.; Winnie Puuh und das Hundewetter, 25 Min.; Winnie Puuh und der Honigbaum, 25 Min.

Literatur zum Thema „Tiere in der Kinderliteratur": Dietmar Grieser: Im Tiergarten der Weltliteratur. dtv

Erich Kästner: Till Eulenspiegel

(1938) Atrium/Dressler Kinder-Klassiker

Inhalt: Mit lustigen Streichen hält ein Straßenclown die Leute zum Narren.

Klasse: 5 – weil Kästner das Volksbuch kindgerecht umgearbeitet hat; weil Witz und Spott der Titelfigur dem kindlichen Selbstbehauptungswillen entgegenkommen; weil das Spiel mit der Mehrdeutigkeit von Wörtern viele Kinder interessiert.

Weitere Titel von Erich Kästner in der gleichen Reihe (große Schrift): Die Schildbürger; Don Quichotte; Münchhausen; Der gestiefelte Kater

Erich Kästner: Emil und die Detektive

(1928) Dressler Kinder-Klassiker

Inhalt: Emil bekommt im Zug ein Bonbon angeboten, das ihn betäubt. Ein Schurke klaut das Geld seiner Großmutter. In Berlin macht Emil sich mit Freunden auf die Jagd nach dem Schuft.

Klasse: 5 – weil das Buch dem Interesse dieser Altersgruppe an Verbrechensaufklärung und Verfolgungsjagden entgegenkommt; weil die Leistungsfähigkeit der jungen „Detektive" realistisch dargestellt wird; weil auch ein Mädchen am Aufklärungserfolg beteiligt ist; weil Großstadtmilieu und Kinderbanden anschaulich vergegenwärtigt werden.

Verfilmungen: Deutschland 1931, Regie: Gerhard Lamprecht, 72 Min.; BRD 1954, Regie: R. A. Stemmle, 90 Min.

Kirsten Boie: Mit Kindern redet ja keiner

(1990) Oetinger

Inhalt: Schuldgefühle und Angst eines Mädchens, dessen Mutter psychisch erkrankt; anfangs redet keiner mit dem Kind über die Mutter. „... Papa ist so ein schwieriger Mensch."

Klasse: 5/6 – weil Einsamkeits- und Schuldgefühle eines Kindes intensiv dargestellt werden; weil gezeigt wird, wie auch schlimme Situationen durch verständnisvolle Gesprächspartner erträglich gemacht werden können.

Michael Ende: Momo

(1973) Thienemann/dtv TB

Inhalt: Die Erwachsenenwelt liefert sich einem Zeitdiktat aus, welches das soziale Leben der Menschen belastet; ein Kind gewinnt die Souveränität über die Zeit zurück.

Klasse: 5/6/7 – weil die innere Stärke eines Kindes Fehlentwicklungen der Erwachsenenwelt korrigieren hilft; weil der Roman phantasievoll-märchenhaft erzählt ist und weil er in weiten Teilen spannend ist.

Auszeichnung: Deutscher Jugendbuchpreis 1974

Verfilmung: BRD 1986, Regie: Johannes Schaaf

Hörspielfassung: Karussell

Praxisanregungen: Gerd Brenner/Hans Jürgen Kolvenbach in: Lesen Darstellen Begreifen. Lese- und Arbeitsbuch für den Literatur- und Sprachunterricht. Ausgabe A. 5. Schuljahr, hrsg. von Franz Hebel, Frankfurt/M. 1991, S. 276–296 und in: Lesen Darstellen Begreifen. Lehrerhandbuch A5, Cornelsen, Berlin 1993, S. 159–170;
Momo – Lehrerbegleitheft. Thienemann, Stuttgart 1993

Michael Ende: Die unendliche Geschichte

(1979) Thienemann/dtv TB

Inhalt: Alle wollen einem Jungen seine Phantasien ausreden; da entdeckt er eine Geschichte, die niemals endet; Abenteuer im Land Phantásien; Zusammenspiel von Phantasie und Realität.

Klasse: 5/6 – weil das Buch zeigt, „daß man mit Phantasien sehr glücklich sein kann; weil man anderen zeigen kann, daß man nicht nur mit den Armen, sondern im Kopf stark sein kann" (Schülerin); weil Selbstfindung und Selbststärkung in einer Fantasy-Welt wieder in die Lebensrealität eingebracht werden; weil Phantastik eine Hilfe zur Bewältigung der Wirklichkeit wird; weil das Buch viele spannende Elemente enthält.

Verfilmungen: Die unendliche Geschichte I, BRD 1984, Regie: Wolfgang Petersen; Die unendliche Geschichte II, BRD 1989, Regie: George Miller

Hörspielfassung: Karussell

Literatur: Eberhard Müske: Michael Endes „Unendliche Geschichte". Eine Reise nach Phantásien als Flucht nach innen? In: Deutschunterricht (Berlin), 5/1992, S. 259–266

Max von der Grün: Vorstadtkrokodile

(1976) Bertelsmann/Rowohlt TB

Inhalt: Integration eines querschnittgelähmten Jungen in die Krododiler-Bande; Mutproben, geheimer Treffpunkt.

Klasse: 5/6 – weil gezeigt wird, welche Rolle Cliquen, „Banden", im Kindesalter spielen; weil eindringlich dargestellt wird, wie schwer behinderte Kinder es haben, von Gleichaltrigen akzeptiert zu werden; weil die Handlung spannend ist.

Auszeichnung: Auswahlliste zum Deutschen Jugendbuchpreis

Verfilmung: BRD 1977, Regie: Wolfgang Becker

Praxisanregungen zu Buch und Film: Lesebuch. 6. Schuljahr. Neubearbeitung, hrsg. von Dieter Mayer und Fritz Winterling, Diesterweg, Frankfurt/M. 2. Aufl. 1990, S. 176–196 und 225–229;
Barbara Deiker/Wolfgang Gast: Film und Literatur I. Vorstadtkrokodile/Die verlorene Ehre der Katharina Blum/Die Ilse ist weg. Diesterweg

Weitere Bücher zum Thema „Behinderung": → J. ter Haar (s. u.) und S. Rück (s. u.)

Ursula Wölfel: Der rote Rächer

(1959) Hoch/Ravensburger TB

Inhalt: Ein Heimkind leidet darunter, ein Außenseiter zu sein. Da es von seiner Tante in den Sommerferien nicht – wie üblich – eingeladen wird, fährt es heimlich zu ihrem Haus, trifft dort aber auf Unbekannte.

Klasse: 5/6 – weil die Einsamkeit eines Außenseiters nachvollziehbar gestaltet wird; weil Ängste und Nöte von Kindern dieses Alters sowie Lösungsversuche der Hauptfigur dargestellt werden; weil gezeigt wird, wie ein Kind sich aus seiner Verzweiflung wieder herausarbeitet.

Praxisanregungen: Ravensburger Arbeitshilfen, Orientierungsstufe. Ursula Wölfel: „Der rote Rächer", Ravensburg (O. Maier)

Anatol Feid: Keine Angst, Maria

(1985) Elefanten Press/Rowohlt TB

Inhalt: Marias Bruder wird bei einer Razzia von der Polizei erschossen; Kampf von Kindern gegen Vertuschungsversuche in einem Unrechtsstaat.

Klasse: 5/6 – weil eindrucksvoll über die Lebensverhältnisse von Kindern in der sog. Dritten Welt berichtet wird; weil Unterdrückungsmechanismen in einer Militärdiktatur und Auswirkungen auf das Leben verarmter Kinder gezeigt werden; weil gezeigt wird, wie Mut und Solidarität etwas bewirken können.

Auszeichnungen: Gustav-Heinemann-Friedenspreis 1986; Katholischer Kinderbuchpreis 1987
Praxisanregungen: Malte Dahrendorf/Peter Zimmermann (Hrsg.): Lehrerhefte Sammelband 3. Taschenbücher im Unterricht. Rowohlt TB

Paul Hühnerfeld: Der Kampf um Troja
(1986) Carlsen/dtv TB
Inhalt: Schicksalhafte Verstrickungen im Trojanischen Krieg.
Klasse: 5/6/7 – weil eine der bekanntesten Sagen des klassischen Altertums konsequent in die Sprache von heute übertragen wurde; weil spannende Abenteuer erzählt werden; weil altersgerecht in die griechische Mythologie eingeführt wird; weil das Kriegerisch-Heldische zurückhaltend dargestellt wird.
Praxisanregungen: Bernhard Rank: Lesen in der Schule mit dtv junior. Unterrichtsvorschläge – Texte für die Sekundarstufen TB 1. München 1991, S. 42–57
Weiterführende Lektüre: Griechische Sagen. Die schönsten Sagen des klassischen Altertums von G. Schwab, bearb. und ergänzt von Richard Carstensen. dtv, München 1978

Auguste Lechner: Die Abenteuer des Odysseus
(1978) Tyrolia/Arena TB
Inhalt: Odysseus nimmt am Trojanischen Krieg teil und überlistet die Trojaner mit dem „Hölzernen Pferd"; Irrfahrt und viele Abenteuer auf der Rückfahrt.
Klasse: 5/6 – weil das Buch spannend und phantasievoll erzählt; weil Kinder dieses Alters Interesse an Helden haben, die sich durch Gefahren hindurchkämpfen müssen.
Auszeichnungen: Premio Europeo di Letteratura Giovanile für das Gesamtwerk; Österreichischer Staatspreis
Weitere Romane von A. Lechner zu Sagenfiguren: Aeneas, der Sohn der Göttin; Ilias; Herkules; König Artus; Parzival; Die Nibelungen; Dietrich von Bern; Gudrun; Iwein; Die Rolandsage; Die Sage vom Goldenen Vlies; Don Quijote (alle Tyrolia, z. T. auch Arena TB)

Wolf Spillner: Taube Klara
(1987) Kinderbuchverlag Berlin/Klopp Verlag/Klett Leseheft
Inhalt: Innerer Konflikt eines Jungen zwischen Tierliebe und Verbundenheit mit der Mutter; Trauer über den Tod einer Taube und des Großvaters.
Klasse: 5/6 – da die Tierliebe eines 11jährigen mit widerstreitenden Interessen (Sauberkeitsbedürfnis der Mutter etc.) konfrontiert wird;

da ein Kind in einen Konflikt zwischen verschiedenen Lebensmustern und geliebten Personen gerät, die unterschiedliche Lebensweisen repräsentieren; weil das Miteinander von drei Generationen gezeigt wird.

Auszeichnung: Deutscher Jugendbuchpreis 1991

Literatur: Wolf Spillners Erzählung „Taube Klara“. Gespräch mit dem Autor. In: Beiträge zur Kinder- und Jugendliteratur, Heft 84, 1987, S. 34

Wolf Spillner: Wildgänse überm Moor

(1977) Kinderbuchverlag Berlin/dtv TB

Inhalt: Ein Junge entwickelt eine innige Beziehung zu einer selbst aufgezogenen Graugans. Konflikt zwischen Ökonomie (Vater) und Ökologie (Sohn). Der Vater tötet die Gans.

Klasse: 6/7 – weil gezeigt wird, wie sehr man ein Wildtier auf sich prägen kann; weil in der Erwachsenen-Kind-Beziehung der Konflikt zwischen Ökonomie und Ökologie deutlich wird; weil die Gefahren eines nur zweckgerichteten Umgangs mit der Natur veranschaulicht werden.

(Titel der Erstausgabe: Gänse überm Reiherberg.)

Literatur: Hanna Hormann: Natur im kinderliterarischen Werk Wolf Spillners. In: Beiträge Jugendliteratur und Medien, 4. Beiheft, 1993, S. 126–137

Marion Dane Bauer: Der Angst hat, bist doch du

(1986 USA; dt. 1987) Boje/dtv TB

Inhalt: Der Draufgänger Tony bringt den stillen Joel mit Sticheleien dazu, in einem gefährlichen Fluß zu baden. Zu spät merkt er, daß J. nicht schwimmen kann. Schuld am Tod des Freundes.

Klasse: 6/7 – weil die Zwänge von Kinderfreundschaften thematisiert werden; weil der Feigheitsvorwurf bei einer problematischen und riskanten Aktion und die Abhängigkeit des kindlichen Selbstbewußtseins von den „Sprüchen“ der Freunde besprochen werden können; weil eine existentielle Krise nachvollziehbar dargestellt wird.

James Krüss: Timm Thaler oder Das verkaufte Lachen

(1962/Neuausgabe 1979) Oetinger

Inhalt: Durch einen Vertrag mit einem merkwürdigen Herrn verliert Timm sein Lachen, gewinnt aber jede Wette. Langes Suchen nach dem verlorenen Lachen (der Menschlichkeit).

Klasse: 6/7 – weil gezeigt wird, wie Geld und Macht humane Verhaltensweisen zersetzen können. (Fernsehverfilmung)

Auszeichnungen: Hans-Christian-Andersen-Medaille; Internationaler Jugendbuchpreis für das Gesamtwerk 1968

Anschlußlektüre: Timm Thalers Puppen oder Die verkaufte Menschenliebe. Oetinger, Hamburg 1979

Mark Twain: Tom Sawyer

(1876) Insel TB/Ravensburger TB

Inhalt: Zwei Jungen halten mit Streichen und Eskapaden eine ganze Stadt in ständiger Aufregung.

Klasse: 6/7 – weil dieser Klassiker der Kinderliteratur nichts von seiner Faszination eingebüßt hat; weil Heucheleien der Erwachsenenwelt auf witzige Weise entlarvt werden.

Verfilmung: „Toms Abenteuer", Regie: Norman Taurog, USA 1938, 90 Min.

Anschlußlektüre: Mark Twain: Die Abenteuer des Huckleberry Finn. Ravensburger TB

Allan Campbell McLean: Am Berg des Roten Fuchses

Abenteurer im schottischen Hochmoor

(1968; dt. 1981) Bertelsmann TB

Inhalt: Reise eines Jungen in ein Abenteuer mit mehrfacher existentieller Bedrohung; enttäuschtes Vertrauen und neu gewonnene Freundschaft.

Klasse: 6/7 – weil der Roman auf sensible Weise die Lösung enes Jungen von der Mutter thematisiert; weil er für die Altersgruppe spannend erzählt ist; weil für deutsche Leserinnen und Leser eine exotische Landschaft und Alltagskultur geboten wird; weil gezeigt wird, wie ein Kind es lernt, sich in einem unbekannten sozialen Umfeld zu bewegen.

Anschlußlektüre: A. C. McLean: Ein Dieb im Dorf. dtv, München 1993; ders.: Der Herr der Morgana. Carlsen, Hamburg 1992

Gudrun Pausewang: Die Not der Familie Caldera

(1978) O. Maier/Ravensburger TB

Inhalt: Familie, die in einer Lehmhütte am Rand einer südamerikanischen Großstadt lebt.

Klasse: 6/7 – weil eindrucksvoll die Armut und Ungerechtigkeit in der sogen. Dritten Welt dargestellt werden; weil junge Leserinnen und Leser sich mit ganz fremden Lebensverhältnissen vertraut machen können; weil die Tragödie der Armen in Südamerika am Schicksal einer einzelnen Familie aufgezeigt wird.

Ann Ladiges: „Hau ab, du Flasche!"
(1978) Rowohlt TB
Inhalt: Ein Junge wird mit seinen Problemen nicht fertig und greift zur Flasche. In Geldnot bestiehlt er seine Mutter.
Klasse: 6/7 – weil das Buch in einer problemorientierten erzählerischen Zuspitzung die Hintergründe und Umstände jugendlicher Drogenanfälligkeit verdeutlicht; weil gezeigt wird, wie ein Junge sich die Freundschaft eines anderen „erkaufen" will.
Praxisanregungen: Malte Dahrendorf/Peter Zimmermann (Hrsg.): Lehrerhefte Sammelband 1. Taschenbücher im Unterricht. Rowohlt TB
Literatur: Klaus D. Schneider u. a.: Drogen und Sucht in Romanen und Jugendbüchern, hrsg. von der Aktion Jugendschutz, Landesarbeitsstelle Baden-Württemberg (Stafflenbergstr. 44, 70184 Stuttgart), 1988

Scott O'Dell: Insel der blauen Delphine
(1960 USA) Benziger/dtv TB
Inhalt: Ein junges Mädchen, das nach tragischen Ereignissen lange auf einer menschenlosen Insel lebt und dort um ihr Leben kämpft.
Klasse: 6/7/8 – weil das Buch Kindern zeigt, wie „sie auch alleine leben können, ohne ständige Ratschläge von anderen; es zeigt, daß man ab und zu durch etwas durch muß, ohne daß man es will" (Schülerin); weil es zeigt, was die Verbundenheit mit einem Tier bedeuten kann.
Auszeichnungen: Deutscher Jugendbuchpreis 1963; Hans-Christian-Andersen-Preis
Praxisanregungen: Kurt Franz in: Lesen in der Schule mit dtv junior. Unterrichtsvorschläge – Texte für die Sekundarstufen. TB 1, München 1991, S. 58–67;
Burkhard Seidler/Dietmar Wagner: Die Inselkartei. Zum Jugendbuch von Scott O'Dell „Insel der blauen Delphine". Verlag an der Ruhr, Mülheim/Ruhr 1992
Weitere Titel, in denen Mädchen oder junge Frauen Aufgaben meistern, die nicht zum traditionellen Rollenbild gehören: Othmar Franz Lang: Warum zeigst du der Welt das Licht? dtv
→ J. C. George (s. u.)
Anschlußlektüre für begeisterte Leser: Das verlassene Boot am Strand. Boston 1976 (dt. Benziger Edition im Arena Verlag, Würzburg 1978/dtv TB, München 1981)

Jaap ter Haar: Behalt das Leben lieb
(1973 Ndl.; dt. 1979) Bitter/dtv TB
Inhalt: Durch einen Unfall verliert der 13jährige Beer sein Augenlicht. Mit Hilfe der Mitschüler gelingt es ihm, mit der Behinderung zu leben.

Klasse: 6/7 – weil die Hauptfigur mit viel Mut und Willensstärke den Kampf gegen ihr Schicksal aufnimmt; weil gezeigt wird, wie die Solidarität von Mitschülern menschliches Leid mildern kann.

Weitere Titel zum Thema „Behinderung“: Renate Welsh: Drachenflügel. dtv, München 1992; Peter Härtling: Das war der Hirbel. dtv, München 1978; An Rutgers: Das verlorene Licht. Oetinger, Hamburg Neuausg. 1980; Irene Rodrian: Die Welt in meiner Hand. Die Geschichte eines mutigen Mädchens. Arena, Würzburg 1980; Dennis Covington: Sie nannten ihn Eidechse. Aus dem Amerikan. von Hans-Georg Noack. Oetinger, Hamburg 1992;
→ S. Rück (s. u.) und M. von der Grün (s. o.)

Solfried Rück: Weglaufen gilt nicht
(1979) Bitter Verlag/dtv TB

Inhalt: Ein Mädchen wird durch eine schwere Krankheit aus einem sorglosen Leben gerissen; die Freundschaft mit einem ebenfalls kranken Jungen stabilisiert sie wieder.

Klasse: 6/7 – weil klar wird, „daß man auch mit einer Krankheit glücklich sein kann“; weil gezeigt wird, wie man „neuen Mut und Selbstvertrauen gewinnen kann und wie man es lernt, sich gegen andere zu wehren“ (Schülerin).

Themenverwandte Bücher: Jean Coué: Pierre lebt. Thienemann/dtv
→ J. ter Haar (s. o.) und M. von der Grün (s. o.)

Hans Peter Richter: Damals war es Friedrich
(1969) Walter/dtv TB

Inhalt: Freundschaft zweier deutscher Jungen, einer davon jüdischer Abstammung; der Nationalsozialismus bringt die Freunde auseinander; aus der Perspektive des „deutschen“ Jungen erzählt.

Klasse: 6/7/8 – weil Freundschaft, Nachbarschaft und Familie sowie deren Bedrohung dem eigenen Alltag nahekommen; weil die Sprache besonders jugendgerecht ist. (Im Unterricht sehr oft eingesetzt; weit über 1 Mio. Auflage.)

Auszeichnung: Auswahlliste zum Deutschen Jugendbuchpreis 1962

Praxisanregungen: Lesen in der Schule mit dtv junior. Eine Auswahl 1980–1985. Unterrichtsvorschläge für die Sekundarstufen von Gerhard Haas. München 1986, S. 35–41;
Manfred Heigenmoser/Johann Jokl: Damals war es Friedrich von Hans Peter Richter. Ein Unterrichtsmodell für die Sek. I. dtv, München 1989;
Wolfgang Vogelsaenger: Literaturkartei – Damals war es Friedrich. Verlag an der Ruhr, Mülheim/Ruhr 1994;

Hans-Herbert Wintgens/Karl-Heinz Kreter: Didaktik und Methodik des Deutschunterrichts. Zum Thema: Kinder- und Jugendliteratur im 5./6. Schuljahr. Hildesheim 1983, S. 81–120;
Staatsinstitut für Schulpädagogik und Bildungsforschung München (Hrsg.): Handreichungen zum Unterricht im Fach Deutsch am Gymnasium. Jahrgangsstufe 7 bis 10. Donauwörth 1986, S. 41–59;
Daphne Denaro u. a.: Shared Reading. Ideas for reading in groups. The English Centre, Sheffield 1989;
Regine Bielefeld: Gruppenarbeit nach dem Gruppenarbeitsmodell HAKI, dargestellt an einer Unterrichtsstunde zu H. P. Richters „Damals war es Friedrich“. In: Diskussion Deutsch, Heft 126, 8/1992, S. 322–339

Otfried Preußler: Krabat

(1981) Thienemann/Thienemann Schulausgabe

Inhalt: Ein sorbischer Bauernjunge verdingt sich als Lehrling in einer Mühle, deren Besitzer ein gefürchteter Zauberer ist; Kampf gegen dessen finstere Pläne und Befreiung in einem magischen Spiel.

Klasse: 6/7/8 – weil der Roman sehr spannend erzählt ist; weil Fantasy-Elemente (wendische Volkssagen) jugendgemäß verwendet werden; weil der Kampf zwischen Inhumanität und Mitmenschlichkeit altersgerecht dargestellt wird. (Einer der meistübersetzten deutschen Autoren, 45 Sprachen.)

Auszeichnungen: Deutscher Jugendbuchpreis 1971; Großer Preis der Deutschen Akademie für Kinder- und Jugendliteratur in Volkach; Eichendorff-Literaturpreis; Europäischer Jugendliteraturpreis; Holländischer und Polnischer Jugendliteraturpreis

Verfilmung: CSSR/BRD 1976, Regie: Karel Zeman (Zeichentrickfilm)

Praxisanregungen: Krabat – Lehrerbegleitheft. Thienemann

Margret Steenfatt: Haß im Herzen

(1992) Rowohlt TB

Inhalt: Flucht aus Elternhaus und Schule in eine Jugendgang, die Spannung und Abenteuer verspricht; Aktionen gegen Ausländer.

Klasse: 7/8 – weil die rigiden Regeln von Jugendgangs, deren rauhe Sitten und die Abhängigkeit des einzelnen von Gruppenzwängen geschildert werden; weil Versuche dargestellt werden, sich aus dem Bann eines ausländerfeindlichen Anführers zu lösen.

Praxisanregungen: Malte Dahrendorf/Peter Zimmermann (Hrsg.): Lehrerhefte Sammelband 3. Taschenbücher im Unterricht. Rowohlt TB; Thema: Gewalt. Arbeitsblätter für einen fächerübergreifenden Unterricht. Klett, Stuttgart 1993

Weitere Jugend(sach)bücher zum Thema „Gewalt“: Gottfried Moeckl: Treffpunkt Clique. Jugend zwischen Langeweile und Gewalt. Spectrum, Fellbach 1992; Regina Rusch (Hrsg.): Gewalt. Kinder schreiben über Erlebnisse, Ängste, Auswege. Eichborn, Frankfurt/M. 1993 (Ergebnisse eines Schreibwettbewerbs der Zeitschrift „Metall“/IG Metall); Marie Hagemann: Schwarzer Wolf, Skin. Thienemann, Stuttgart 1993; Dieter Schliwka: Hakenkreuz und Gänseblümchen. Dürr & Kessler, Rheinbreitbach 1993

Filme zum Thema „Gewalt“: Die Clique, BRD 1992; Youth Wars, BRD 1991; Nordkurve, BRD 1992

Hörspiel zum Thema „Gewalt“: Ministerium für Bildung, Jugend und Sport des Landes Brandenburg (Hrsg.): Der blaue Drache, 30 Min.

Midas Dekkers: Der Wal in der Falle
(1982) Meulenhoff/Boje/dtv TB

Inhalt: Ein 14jähriger Junge unternimmt mit seinem älteren Bruder im Auftrag von „Greenpeace“ eine Expedition; Kampf gegen das Abschlachten von Walen.

Klasse: 7/8 – weil das Bewußtsein für die Bedrohung der Tierwelt gestärkt wird; weil die Verbundenheit mit einem Tier sensibel dargestellt wird; weil das Buch spannend und abenteuerlich ist; weil das Leben in einer unbekannten Landschaft dargestellt wird.

Weitere Titel zum Thema „Tierschutz“: Nikolaus Eckardt: Die Regenbogenkämpfer. Aktion Greenpeace, Signal; Katharine Scholes: Die Nacht der Vögel. O. Maier; Barbara Veit: Das Tierschutz-Buch. O. Maier

Ingeborg Engelhardt: Hexen in der Stadt
(1971) Union/dtv TB

Inhalt: Erzählte Geschichte. Hexenverfolgungen. Verdächtigungen und Rufmordkampagnen.

Klasse: 7/8 – weil der (Kinder-)Alltag in einer verängstigten Stadt gezeigt wird; weil dargestellt wird, daß eine couragierte Frau den Weg zu mehr Toleranz und Humanität bahnen kann.

Auszeichnung: Auswahlliste zum Deutschen Jugendbuchpreis

Praxisanregungen: Manfred Heigenmoser in: Lesen in der Schule mit dtv junior. Unterrichtsvorschläge – Texte für die Sekundarstufen. TB 1, München1991, S. 68–87

Literatur: Helmut Brackert/Hannelore Christ: Die Hexen. Zur Frage ihrer Aktualität für den Literaturunterricht. In: Der Deutschunterricht, 2/1992, S. 69–84
Stiftung Lesen (Hrsg.): Geschichte in Romanen. Mainz 1993 (Vorstellung von 54 historischen Romanen der Weltliteratur)

Hans-Georg Noack: Rolltreppe abwärts
(1974 bearb.) Signal/Ravensburger TB

Inhalt: Identitätskrise eines Jungen, der immer mehr auf die schiefe Bahn gerät und immer mehr vereinsamt; Auswirkungen der Scheidung seiner Eltern.

Klasse: 7/8 – weil gezeigt wird, was passiert, wenn ein jüngerer Jugendlicher sich vernachlässigt fühlt, wenn man mit Wut im Bauch unbedacht reagiert und dann zunehmend in soziale Isolation gerät. (Verfilmt; sehr erfolgreiches Buch, 34. Auflage 1991: 1,3 Mio.)

Praxisanregungen: Sekundarstufe I. Thema: Außenseiter. (Ravensburger Arbeitshilfen)

Morton Rhue: Die Welle
(1981; dt.: 1984) Ravensburger TB

Inhalt: Ein Experiment zur Verdeutlichung der Nazi-Gesellschaft, das außer Kontrolle gerät; Blindheit fanatisierter Jugendlicher.

Klasse: 7/8 – weil gezeigt wird, wie Gruppenzwänge und ein ideologisches Korsett Jugendliche in Bahnen bringen können, die sie vorher nicht für möglich gehalten haben; weil erkennbar wird, daß Zivilcourage zunächst zwar Nachteile bringen, letztlich jedoch auch viele andere überzeugen kann.

Verfilmung: USA 1981, Regie: Alex Grasshoff

Praxisanregungen: Sekundarstufe I. Thema: Faschismus – Ein Experiment und dessen Entstehung. (Ravensburger Arbeitshilfen);
Burkhard Seidler/Dietmar Wagner: Die Welle ... und andere Bewegungen. 42 Arbeitsbögen, Verlag an der Ruhr, 1992;
Burkhard Seidler: Das Helle im Dunklen. Offener Unterricht mit Morton Rhues „Die Welle“. In: Informationen Jugendliteratur und Medien (jetzt: Beiträge Jugendliteratur und Medien), 3. Beiheft, 1992, S. 58–68;
Barbara Schubert-Felmy: Das Jugendbuch „Die Welle“ von Morton Rhue im Unterricht. Eine kritische Analyse. In: Diskussion Deutsch, Heft 109, 10/1989, S. 503–518;
Reinhold Tritt: Die Welle, Autorenagentur, Frankfurt/M. 1991 (Bühnenfassung des Buches);
Heide Fromm: Wir machen ein politisches Theaterstück frei nach Morton Rhue „Die Welle“. Probleme der Inszenierung. In: Diskussion Deutsch, Heft 109, 10/1989, S. 519–521;
Kamilla Münnig: Die Welle. Materialien zu einem Film von Alex Grasshoff. (Bezug: atlas film, Ludgeristr. 14–18, 47057 Duisburg)

Ein weiteres wichtiges Jugendbuch zum Thema „...“: Heinz Knappe: Wolfslämmer. Signal, Baden-Baden 1984/Rowohlt TB

Hans Peter Richter: Die Zeit der jungen Soldaten
(1980) Thienemann/dtv TB
Inhalt: Ganz junge Soldaten werden in ihrer Ausbildung geschunden, von Vorgesetzten unmenschlich behandelt, in den Kampf geschickt und verwundet.
Klasse: 7/8 – weil evtl. aufkeimendes Interesse am Kriegshandwerk mit erschütternden Episoden über die Sinnlosigkeit des Krieges konfrontiert wird; weil der Verherrlichung des Krieges nachhaltig der Boden entzogen wird.
Weitere „Anti-Kriegs-Titel“: Frederik Hetmann: Der rote Tag. Loewe (engagiertes Buch gegen das Abschlachten von Indianern in Amerika);
→ G. Pausewang: Die letzten Kinder von Schewenborn (s. u.); E. M. Remarque (s. u.)

Jean Craighead George: Julie von den Wölfen
(dt. 1974) Sauerländer/dtv TB
Inhalt: Ein Eskimomädchen flüchtet aus einer nach altem Brauch geschlossenen Kinderehe, verirrt sich in der Tundra und schließt sich einem Rudel Wölfe an.
Klasse: 7/8/9 – weil gezeigt wird, wie ein Mädchen Selbstbewußtsein gewinnt; weil die Aufnahme und die Gestaltung einer Beziehung zu Tieren genau erzählt werden; weil Abenteuerliches und Erkenntnisse der Verhaltensforschung interessant miteinander verbunden sind.
Auszeichnung: Deutscher Jugendbuchpreis 1975
Praxisanregungen: Lesen in der Schule mit dtv junior. Eine Auswahl 1980–1985. Unterrichtsvorschläge für die Sekundarstufen von Gerhard Haas. München 1986, S. 43–48;
Burkhard Seidler/Dietmar Wagner: Eskimokartei. Zum Jugendbuch von Jean Craighhead George „Julie von den Wölfen“, Verlag an der Ruhr, Mülheim/Ruhr 1991;
Unterrichtsmodell in Praxis Deutsch, Heft 81, 1987
Anschlußlektüre, in der es ebenfalls um ein selbständiges, mutiges Mädchen geht: dies., Stimme aus den großen Sümpfen. Ravensburger TB; Lack London: Eine Beute der Wölfe. Reclam UB

Myron Levoy: Drei Freunde
(dt. 1984) Benziger Verlag/dtv TB
Inhalt: Eine Mädchenfreundschaft, die dadurch bedroht wird, daß eines der Mädchen sich in einen Jungen verliebt.
Klasse: 7/8 – weil Wege aufgezeigt werden, wie man alte Freundschaften auch in einer neuen Liebesbeziehung bewahren kann; weil

erkennbar wird, wie man in schwierigen Situationen, in denen jemand sich verletzt fühlt, miteinander ins Gespräch kommen und den Wirrwarr von Gefühlen ordnen kann.

Gudrun Pausewang: Die letzten Kinder von Schewenborn
(1983) O. Maier/Ravensburger TB

Inhalt: Eine Familie gerät auf der Urlaubsfahrt zu den Großeltern in einen Atomkrieg und erlebt persönliches Leid und katastrophale gesellschaftliche Desorganisation.

Klasse: 7/8 – weil diese Warnutopie die Darstellung einer katastrophalen Realität mit dem Appell verbindet, gesellschaftlich aktiv zu werden; weil das Elend eines Atomkrieges schonungslos und packend dargestellt, weil aber auch die menschliche Stärke der jugendlichen Hauptfigur dargestellt wird.

Auszeichnungen: Gustav-Heinemann-Friedenspreis; Zürcher Kinderbuchpreis; ZDF-Preis der Leseratten

Praxisanregungen: Sekundarstufe I. Thema: Leben nach dem atomar geführten Krieg. (Ravensburger Arbeitshilfen);
Gabriele Runge (Hrsg.): Über Gudrun Pausewang. Ravensburger TB, Ravensburg 1991

Gudrun Pausewang: Die Wolke
(1987) O. Maier/Ravensburger TB

Inhalt: Auswirkungen eines Supergaus in einem Atomkraftwerk; Rücksichtslosigkeit von Menschen in Paniksituationen; Tod, Trauer und Durchhaltewillen.

Klasse: 8/9 – da Jugendliche in realistischer Weise mit persönlichen und gesellschaftlichen Katastrophen konfrontiert werden, die aus Fehlverhalten der politischen Klasse resultieren; da gezeigt wird, wie wenig selbstverständlich und wie bedroht gesellschaftliche Strukturen und privates Glück sind; da die Ehrlichkeit einer Jugendlichen gegen Verlogenheit in der Erwachsenenwelt steht.

Auszeichnung: Deutscher Jugendbuchpreis 1988

Praxisanregungen: Gabriele Runge: Sekundarstufe I – Thema: Überleben nach der Atomkatastrophe. (Ravensburger Arbeitshilfen), Ravensburg 1988

Literatur: Alwin Binder: Zum „Elend unserer Jugendliteratur". Kritische Bemerkungen zu Büchern von Peter Härtling, Gudrun Pausewang und Janosch. In: Diskussion Deutsch, Heft 119, 6/1991, S. 271–285

Ein weiterer Titel zum Thema „Atomkatastrophe": Dieter Schliwka: Kinder der Taublume. Hoch

Renate Welsh: Johanna
(1979) Jugend und Volk/Rowohlt TB
Inhalt: Eine ganz junge Magd zur Zeit des beginnenden Nationalsozialismus, die sich in Rechtlosigkeit und Abhängigkeit behaupten muß.
Klasse: 8/9 – weil das Überleben unter unmenschlichen Bedingungen altersgerecht thematisiert wird; weil die 13jährige Protagonistin lernt, selbständig und für sich selbst verantwortlich zu handeln; weil Geschichte in dem Buch lebendig erzählt wird; weil ein Empfinden für Recht und Unrecht entwickelt wird.
Auszeichnung: Deutscher Jugendbuchpreis 1980
Literatur zum Thema „Mädchen“: Bundesvereinigung Kulturelle Jugendbildung/Stadt Heidelberg – Amt für Frauenfragen (Hrsg.): Stärker als ihr denkt ... Die neuen Bücher für Mädchen. Remscheid 1991 (Bezug: BKJ, Küppelstein 34, 42857 Remscheid)

Willi Fährmann: Der lange Weg des Lukas B.
(1980) Arena/Arena TB
Inhalt: Um 1870 bricht Lukas B. mit dem Großvater nach Amerika auf, um Geld zur Deckung der Schulden seines verschwundenen Vaters zu verdienen. Spuren des Vaters, die Suche nach ihm.
Klasse: 8/9 – weil gezeigt wird, wie ein Junge auf einer abenteuerlichen Reise um die halbe Welt seine Unselbständigkeit verliert und zu einem verantwortungsvollen Handeln findet; weil sehr anschaulich in die harten Lebensverhältnisse im 19. Jahrhundert eingeführt wird. (Hohe Auflage.)
Auszeichnungen: Deutscher Jugendbuchpreis 1981; Österreichischer Staatspreis für Jugendliteratur

Inger Edelfeldt: Briefe an die Königin der Nacht
(1986) Spectrum/dtv TB
Inhalt: Existentielle Identitätskrise eines sensiblen Gymnasiasten an der Bruchstelle zum Erwachsenwerden; Außenseitererfahrungen; Mischung aus Zärtlichkeit und Schroffheit, Anmaßung und Gehemmtsein, Versagensängsten und Selbstüberschätzung.
Klasse: 8/9 – weil die Intimität der Schilderung Jugendlichen den Anschluß an eigene Identitätsängste und Problembereiche ermöglicht; weil es sich um einen gelungenen Tagebuchroman handelt; weil alterstypische Selbstwidersprüche, aber auch schonungslose Selbstdiagnosen dargestellt werden; weil dem Leser zugleich Faszination, Kritik und Abstoßung nahegelegt werden. (Urspr. nicht als Jugendliteratur gedachte „novel of initiation“.)
Auszeichnung: Deutscher Jugendbuchpreis 1987

Literatur: Claus von Bormann: Aktuelle Jugendromane und psychoanalytische Aspekte ihres Interesses bei jungen Lesern und Leserinnen. Am Beispiel von drei Romanen der schwedischen Schriftstellerin Inger Edelfeldt. In: Der Deutschunterricht, 3/1990, S. 25–42

Weitere Titel der Autorin zu ähnlichen Themen: Jim im Spiegel (dt. 1985; Identitätsfindung eines jungen Homosexuellen); Kamalas Buch (dt. 1988; weibliche Schönheits- und Verhaltensklischees und Flucht in Traumwelten; nicht gelingende Selbstfindung)

Reinhardt Jung: Mord in der Sierra. Spurensuche in Peru
(1991) Jungbrunnen/Rowohlt TB

Inhalt: Ein Mädchen wird vom Vater an den Erstbietenden verkauft; sie nimmt die Identität eines Straßenjungen an vergebens.

Klasse: 8/9/10 – weil das Buch krimihaft spannend ist und weil es zugleich packende Sozialkritik beinhaltet; weil es menschenrechtsverletzende Zustände in einem Land der sog. Dritten Welt ohne erhobenen Zeigefinger darstellt.

Auszeichnung: Deutscher Jugendbuchpreis 1992

Hermann Vinke: Das kurze Leben der Sophie Scholl
(1980) O. Maier/Ravensburger TB

Inhalt: Das Leben Sophie Scholls vor und während des Widerstands gegen den Nationalsozialismus in Berichten, Dokumenten, Briefen.

Klasse: 8/9 – weil ein Bewußtwerdungsprozeß in schwieriger Zeit und eine konsequente Umsetzung der eigenen Ansichten in einem feindlich gesonnenen Umfeld gezeigt werden; nach Ilse Aichinger ist die Botschaft des Buches: „Sich nicht anpassen lassen."

Auszeichnungen: Deutscher Jugendbuchpreis 1981; Buxtehuder Bulle 1980; Jane Adam's Children's Book Award

Praxisanregungen: Sekundarstufe I. Thema: Widerstand im Nationalsozialismus – Eine Biographie über Sophie Scholl. (Ravensburger Arbeitshilfen)

Weitere Titel zum Thema „Nationalsozialismus": Alexander Goeb: Er war sechzehn, als man ihn hängte. Das kurze Leben des Widerstandskämpfers Bartholomäus Schink. Rowohlt TB;
→ Ch. Kerner (s. u.), M. Krausnick (s. u.), A. Frank (s. u.)

Jan Strachan: Moses Beech
(dt. 1985) Anrich/TB anrich extra

Inhalt: Jugendlicher Aussteiger/Verweigerer findet Aufnahme bei altem Mann, an dessen Schicksal er die Aussichtslosigkeit des eigenen Ausbruchsversuchs erkennt.

Klasse: 8/9 – weil Probleme der Verselbständigung und der Rollenfindung im Reifungsprozeß eines Jugendlichen dargestellt werden; weil in der ersten Begegnung mit einem Mädchen das Problem der Verantwortung füreinander erkannt und erzählerisch glaubwürdig realisiert wird; weil sich die Hauptfigur zu einem realistischen Lebenskonzept durchringt.

Weitere Jugendbücher zum Thema „Aussteiger“:

Malcolm J. Bosse: Ganesh oder eine neue Welt. Benziger/Jungbrunnen/dtv;
Irina Korschunow: Ein Anruf von Sebastian. Benziger/dtv;
Angelika Kutsch: Nichts bleibt, wie es ist. O. Maier;
An Rutgers: Ich bin Fedde. Oetinger/dtv;
Jo Pestum: Zeit der Träume. Edition Pestum im F. Schneider Verlag;
Italo Calvino: Der Baron auf den Bäumen. O. Maier/dtv

Irina Korschunow: Die Sache mit Christoph
(1978) Benziger/dtv TB

Inhalt: Die Geschichte eines Schülers, der an der Schule, an seinen Lebensumständen, seiner Verletzlichkeit leidet; Einsamkeitserlebnisse; früher Tod.

Klasse: 8/9/10 – weil das Buch zeigt, aufgrund welcher Umstände sich ein 16/17jähriger in Sinnlosigkeitsgefühle verlieren kann; weil gezeigt wird, wie man Hilfsangebote anderer übersehen und sich selbst egozentrisch-elitär zum Märtyrer machen kann; weil schulischer Leistungsdruck, angepaßte Mitschüler und verständnislose Erwachsene dargestellt werden.

Praxisanregungen: Gerhard Haas in: Lesen in der Schule mit dtv junior. Unterrichtsvorschläge – Texte für die Sekundarstufen. TB 1, München 1991, S. 128–139

Vergleichende Lektüren: Hermann Hesse: Unterm Rad; Thomas Mann: Tonio Kröger; J. D. Salinger: Der Fänger im Roggen; Ulrich Plenzdorf: Die neuen Leiden des jungen W.

Charlotte Kerner: Lise, Atomphysikerin
(1986) Beltz & Gelberg

Inhalt: Die Lebensgeschichte der Atomphysikerin Lise Meitner; individueller Antrieb in der Auseinandersetzung mit zeithistorischen Bedingungen und Widrigkeiten; Biographie einer großen Naturwissenschaftlerin.

Klasse: 8/9 – weil mit Biographien dieser Art in einer Entwicklungsphase, in der Jugendliche Lebenspläne zu entwerfen haben, der Blick auf eine ganze Lebensspanne mit all ihren Höhen und Tiefen geöffnet wird;

weil die dargestellten Probleme (militärische Nutzung wissenschaftlicher Forschung, Verfolgung von Minderheiten) weiterhin aktuell sind.

Auszeichnung: Deutscher Jugendbuchpreis 1987

Weitere Titel für eine Unterrichtsreihe „Lebensläufe“: Arnulf Zitelmann: Widerrufen kann ich nicht. Die Lebensgeschichte des Martin Luther. Beltz & Gelberg; ders.: Keiner dreht mich um. Die Lebensgeschichte des Martin Luther King. Beltz & Gelberg; Frederik Hetmann: So leicht verletzbar unser Herz. Die Lebensgeschichte der Sylvia Plath. Beltz & Gelberg; Margret Steenfatt: Ich, Paula. Die Lebensgeschichte der Paula Modersohn-Becker. Beltz & Gelberg; Heiner Feldhoff: Vom Glück des Ungehorsams. Die Lebensgeschichte des Henry David Thoreau. Beltz & Gelberg; Lisa Heiss: Wider die Tyrannen! Schillers Jugend 1773–1782. dtv; Karla Höcker: Das Leben des Wolfgang Amadeus Mozart. dtv; Volker Lange: Mahatma Gandhi. Der gewaltlose Rebell. dtv;

→ H. Vinke (s. o.), M. Krausnick (s. u.), A. Frank (s. u.)

Leonie Ossowski: Stern ohne Himmel

(1978) Beltz & Gelberg

Inhalt: Am Ende des Krieges entdecken Jugendliche einen Keller mit Lebensmitteln und darin einen jüdischen Jungen, der vor den Nazis versteckt oder verraten werden kann.

Klasse: 8/9/10 – weil das Buch ein Lehrstück über den Krieg und die menschliche Verdorbenheit totalitärer Systeme ist; weil das Panorama einer vom Faschismus „erzogenen“ Gesellschaft gezeigt wird.

Auszeichnung: Buxtehuder Bulle 1978

Verfilmung: BRD 1980, Regie: Ottokar Runze

Myron Levoy: Der gelbe Vogel

(1981) Benziger/dtv TB

Inhalt: Ein junges Mädchen, unter den Nazis in Paris als Opfer des Krieges und Rassenhasses durchgedreht, wird von einem Freund behutsam wieder ins Leben zurückgebracht.

Klasse: 9/10 – weil die erste Beziehung zwischen einem Jungen und einem Mädchen und schmerzliche Probleme des Erwachsenwerdens dargestellt werden; weil gezeigt wird, wie ein Jugendlicher Selbstverantwortung übernimmt.

Auszeichnungen: Deutscher Jugendbuchpreis; Österreichischer Staatspreis; ZDF-Preis der Leseratten

Praxisanregungen: Gerhard Haas in: Lesen in der Schule mit dtv junior. Unterrichtsvorschläge – Texte für die Sekundarstufen. TB 1, München 1991, S. 114–127

Longos aus Lesbos: Daphnis und Chloé
(Antike) Reclam UB

Inhalt: Zwei Hirtenkinder, 15, entdecken völlig ahnungslos und unvoreingenommen Schritt für Schritt gemeinsam die Liebe.

Klasse: 9/10 – weil das Geschehen unverhüllt, aber nicht aufdringlich dargestellt wird; weil Schwierigkeiten dargestellt werden, zu sich und zum anderen zu finden; weil Sexualität weder verteufelt noch vergötzt wird.

In Musik umgesetzt von: Händel, Gluck, Tschaikowskij, Ravel u. a.

Weitere Titel zum Thema „Liebe/Sexualität": Allan Frewin Jones: Sie liebt mich, sie liebt mich nicht ... dtv; Patrick Raymond: Daniel und Esther. Alibaba, Frankfurt/M. 1992; Otto Pfeiffer: Zwischen Himmel und Hölle. dtv; Norma Klein: Leda und die Anfänge der Liebe. Alibaba; Max von der Grün: Friedrich und Friederike oder Ist das schon die Liebe? Rowohlt TB

Weitere Lektüreempfehlungen: Arbeitskreis für Jugendliteratur e. V. (Hrsg.): Liebe – Sexualität – Partnerschaft. Bücher für junge Leute. München 1988;
Arbeitsstelle für Kinder- und Jugendliteratur an der PH Ludwigsburg (Hrsg.): Kinder- und Jugendbücher zum Thema Liebe. Eine kommentierte Auswahl-Bibliographie mit didaktischen Anmerkungen. Stuttgart 2. Aufl. 1992

Das Tagebuch der Anne Frank
(1947 Ndl.) Lambert Schneider/Fischer TB

Inhalt: In den von den Nazis okkupierten Niederlanden beginnt die 13jährige Anne Frank ein Tagebuch; sie lebt mit ihrer Familie im Untergrund versteckt in quälender Enge bis zur Denunziation.

Klasse: 9/10 – weil Isolation intensiv nachempfunden werden kann; weil trotz aller Widrigkeiten eine ungebrochene moralische Kraft aus den Eintragungen spricht; weil das Buch erstaunliche Reflexionen über Glück, Angst usw. und romantische Sehnsüchte Gleichaltriger spiegelt. (In mehr als 15 Mio. Exemplaren und 55 Sprachen verbreitet.)

Verfilmung: USA 1959, Regie: George Stevens

Praxismaterialien: Die Anne-Frank-Stiftung (Keizersgracht 192, NL-1016 DW Amsterdam, Niederlande) gibt für Jugendliche einmal jährlich eine Anne-Frank-Zeitung heraus;
außerdem erhältlich: Wanderausstellung, Projektpaket (mit A.-F.-Zeitung im Klassensatz, informatives Buch, Videofilm), (Bezug: NBLZ, Postbus 93054, NL-2509 AB Den Haag)

Literatur: Willy Lindwer: Anne Frank. Die letzten sieben Monate. Augenzeugen berichten. Fischer TB, Frankfurt/M. 1993;
Anne Frank Stiftung Amsterdam/Ruud van der Rol/Rian Verhoeven: Anne Frank. Oetinger, Hamburg 1993;
Mirjam Pressler: „Ich sehne mich so“ – Die Lebensgeschichte der Anne Frank. Beltz & Gelberg, Weinheim 1992

Sophie Brandes: Fototermin
(1991) Ueberreuter
Inhalt: Identitätssuche einer jungen Frau, die – in der Schule gescheitert – durch erste berufliche Erfahrungen in der Werbebranche in eine existentielle Krise kommt.
Klasse: 9/10 – weil persönliche Entwicklungsmöglichkeiten in der Arbeitswelt bzw. ihre Einschränkungen genau entfaltet werden; Träume werden durch Verdinglichungszwänge zerstört; Selbstverwirklichung gelingt in der Welt der Mode und Werbung nicht, da diese menschliche Beziehungen verzerrt. Der Entschluß, ein Studium anzustreben, läßt sich auf die Entscheidung „Beruf oder weiterlernen“ am Ende der Klasse 10 beziehen.
Praxisanregungen: Thomas Klaffke: Eine Reise in die Welt des schönen Scheins. In: Praxis Deutsch, 1/1992, S. 48–50

Peter Pohl: Jan, mein Freund
(Schweden; dt. 1989) O. Maier
Inhalt: Tragisch endende Freundschaft; 11jähriger Junge freundet sich mit dem mysteriösen Jan an, der sich als eine um viele Jahre ältere Zirkusartistin entpuppt, die in einer Jugendbande Wärme gesucht hat.
Klasse: 9/10 – weil die Verabschiedung von allen kindlichen Sicherheiten an der Schwelle zum Erwachsenendasein dargestellt wird; weil viele jugendliche Leser sich in der Vergegenwärtigung eines krisenhaften Übergangs in den Erwachsenenstatus wiederfinden können.

Peter Pohl: Nennen wir ihn Anna
(Schweden; dt. 1991) O. Maier
Inhalt: Ein 14jähriger wird in einem Sommercamp, da er klein und schwächlich ist, seelisch zerstört; ein 18jähriger Sportleiter kann seine Hilferufe nicht früh genug wahrnehmen.
Klasse: 8/9 – weil Bosheit und Grausamkeit als menschliche Eigenschaften in erschütternder Weise dargestellt werden; weil die brutalen Folgen verkorkster Idealvorstellungen (Stärke, Männlichkeit) und die Feigheit bzw. Gleichgültigkeit von bloßen Zuschauern eindringlich erzählt werden.

Michail Krausnick: Die eiserne Lerche
(1990) Signal
Inhalt: Lebensgeschichte des Dichters und Rebellen Georg Herwegh und seines Versuchs, die Ideale von Freiheit, Gleichheit und Brüderlichkeit zusammen mit seiner Frau umzusetzen.
Klasse: 9/10 – weil hier kein Einzelschicksal dargestellt wird, sondern Biographie als ein soziales Konstrukt „zur Ordnung von Ereignis- und Handlungszusammenhängen im Rahmen der Lebenszeit von Gesellschaftsmitgliedern" (Baacke) verstanden wird und weil Jugendliche sich in besonderer Weise vor diese biographische Ordnungsaufgabe gestellt sehen.
Auszeichnung: Deutscher Jugendbuchpreis 1991 (Sparte Sachbuch)
Praxisanregungen: Christa Bokemeyer/Bettina Hurrelmann: Wechselspiel zwischen Distanz und Annäherung. In: Praxis Deutsch, 1/1992, S. 51–60 (für Sek. II konzipiert)
Weiterführendes zur Biographie-Literatur: Dieter Baacke: Pädagogische Biographieforschung. Weinheim 1985; J. Bark: Lebenslauf-Literatur. In: Der Deutschunterricht, 2/1989, S. 7–20

Ulrich Plenzdorf: Die neuen Leiden des jungen W.
(1973) Suhrkamp/Suhrkamp TB
Inhalt: Ein Musterlehrling will sich nicht anpassen, „steigt aus" und ringt in einer abweisenden Umwelt um Selbstverwirklichung.
Klasse: 9/10 – weil ein wichtiges alterstypisches Problem, die anscheinende Unvereinbarkeit von persönlicher Autonomie und gesellschaftlicher Integration, dargestellt wird; weil die Auffassung des Helden von Unabhängigkeit kritisch beleuchtet wird.
Praxisanregungen: Lektürehilfen Ulrich Plenzdorf „Die neuen Leiden des jungen W.". Klett;
Reiner Poppe: Erläuterungen zu Ulrich Plenzdorf, Die neuen Leiden des jungen W. (Königs Erläuterungen), C. Bange Verlag, Hollfeld 7., neubearb. Ausg. 1992; Reiner Poppe: Goethe-Plenzdorf: Die (neuen) Leiden des jungen (W.) Werthers – Ansichten und Einsichten, Wertungen und Kommentare. J. Beyer, Hollfeld Neuausg. 1990

Wichtige Titel zum Gesamtbereich Kinder- und Jugendliteratur

Klaus Doderer (Hrsg.): Lexikon für Kinder- und Jugendliteratur. 4 Bde., Beltz, Weinheim 1975–1982
Klaus Doderer: Literarische Jugendkultur. Kulturelle und gesellschaftliche Aspekte der Kinder- und Jugendliteratur in Deutschland. Juventa, Weinheim/München 1992

D. Grünwald/W. Kaminski (Hrsg.): Kinder- und Jugendmedien. Ein Handbuch für die Praxis. Beltz, Weinheim 1984

Gerhard Haas (Hrsg.): Kinder- und Jugendliteratur. Ein Handbuch. Stuttgart 3., überarb. Aufl. 1984

Horst Heidtmann: Kinder- und Jugendbuchmarkt – Entwicklungen, Probleme, Prognosen. In: Beiträge Jugendliteratur und Medien, 3/1993, S. 146–170

Horst Heidtmann (Hrsg.): Jugendliteratur und Gesellschaft. 4. Beiheft der Zeitschrift „Beiträge Jugendliteratur und Medien", Weinheim/München 1993

Walter Kaminski: Einführung in die Kinder- und Jugendliteratur. Literarische Phantasie und gesellschaftliche Wirklichkeit. Juventa, Weinheim/München 1987

Karl Ernst Maier: Jugendliteratur. Formen, Inhalte, pädagogische Bedeutung. Klinkhardt, Bad Heilbrunn 9. Aufl. 1987

Weiterführende Informationen *(Peter Reul)*

Bei der Stadtbücherei Dortmund können Ausschnittmappen mit Rezensionen, Berichten und Broschüren zu Autoren, Büchern, Stücken und aktuellen Themen gegen Rückporto entliehen werden.
Bezug: Stadtbücherei Dortmund, Zeitungsausschnittsammlung, Markt 12, 44137 Dortmund

Klassische Schullektüre

Johann Wolfgang Goethe: Götz von Berlichingen mit der eisernen Hand *(1773)*

Praxisanregungen: Ferdinand van Ingen: Goethe, Götz von Berlichingen. (Grundlagen und Gedanken zum Verständnis des Dramas), Diesterweg;

Jörg Bohse/Wolfgang Pasche: Stundenblätter „Götz von Berlichingen". Ein produktorientiertes Unterrichtsmodell für die Klassen 9/10. Klett;

Eva Brinckschulte: Erläuterungen zu Johann Wolfgang v. Goethe, Götz von Berlichingen. (Königs Erläuterungen)

Friedrich Schiller: Die Räuber *(1781)*

Praxisanregungen: Erläuterungen und Dokumente zu Friedrich Schiller: Die Räuber. (Hrsg.: Grawe), Reclam UB;

Wilhelm Große: Schiller, Die Räuber. (Grundlagen und Gedanken zum Verständnis des Dramas), Diesterweg;

Martin L. Ludwig: Erläuterungen zu Friedrich Schiller, Die Räuber. (Königs Erläuterungen), C. Bange;
M. H. Ludwig: Friedrich Schiller. Die Räuber. Jugendprotest – politisches Lehrstück – philosophisches Welttheater. J. Beyer

Friedrich Schiller: Wilhelm Tell *(1804)*

Praxisanregungen: H. Fuchs/D. Seiffert: Lehrerheft zu Schiller, Wilhelm Tell. Cornelsen;
Heinrich Mettler/Heinz Lippuner: Friedrich Schiller. Wilhelm Tell: Drama der Freiheit. (Modellanalysen Literatur), Schöningh;
Erläuterungen und Dokumente zu Friedrich Schiller: Wilhelm Tell. (Hrsg.: Schmidt), Reclam UB;
Rudolf Ibel: Schiller, Wilhelm Tell. (Grundlagen und Gedanken zum Verständnis des Dramas), Diesterweg;
Heinz Tischer: Friedrich von Schiller, Wilhelm Tell. Anmerkungen für eine kritische Behandlung im Unterricht, J. Beyer;
Ulrich Schlemmer: Aufstieg und Fall eines Helden. Eine Unterrichtseinheit zur vergleichenden Behandlung von Friedrich Schillers Drama „Wilhelm Tell“ und Max Frischs „Wilhelm Tell für die Schule“. In: Diskussion Deutsch, Heft 124, 4/1992, S. 108–122

Heinrich von Kleist: Michael Kohlhaas *(1808)*

Praxisanregungen: H. Fuchs/D. Seifert: Lehrerheft zu Kleist, Michael Kohlhaas. Cornelsen;
Erläuterungen und Dokumente zu Heinrich von Kleist: Michael Kohlhaas. (Hrsg.: Hagedorn), Reclam UB;
Lektürehilfen Heinrich von Kleist „Michael Kohlhaas“. Klett;
Klaus-Michael Bogdal: Geschichte in der Erzählung. Heinrich von Kleist: Michael Kohlhaas. F. Schiller: Der Verbrecher aus verlorener Ehre. Klett;
Erika Fischer-Lichte: Kleist, Michael Kohlhaas. (Grundlagen und Gedanken zum Verständnis erzählender Literatur), Diesterweg;
Klaus Gerth: Vom preußischen Helden zum Terroristen. „Michael Kohlhaas“ in der Rezeptionsgeschichte. In: Praxis Deutsch, Heft 100, 3/1990, S. 55–62;
Ingeborg Scholz; Erläuterungen zu Heinrich von Kleist, Michael Kohlhaas/Robert Guiskard. (Königs Erläuterungen), C. Bange;
I. Scholz: Heinrich von Kleist, Prinz von Homburg – Michael Kohlhaas, Interpretationen und methodisch-didaktische Hinweise. J. Beyer

Adelbert von Chamisso: Peter Schlemihls wundersame Geschichte *(1814)*

Verfilmung: (Fernsehspiel) unter der Regie von Peter Beauvais (ZDF 1967)

Praxisanregungen: B. Rosen: Lehrerheft zu Chamisso, Peter Schlemihl. Cornelsen;

Winfried Freund: Adelbert von Chamisso. Peter Schlemihl. Geist und Geld. Ein bürgerlicher Bewußtseinsspiegel. (Modellanalysen Literatur), Schöningh;

Dagmar Walach (Hrsg.): Erläuterungen und Dokumente zu Chamisso: Peter Schlemihls wundersame Geschichte. Reclam UB;

Karl Hotz: Peter Schlemihls wundersame Geschichte – Von A. von Chamisso. C. C. Buchner;

Klaus F. Gille: Der Schatten des Peter Schlemihl. In: Der Deutschunterricht, Heft 1/1987, S. 74–83

Joseph von Eichendorff: Aus dem Leben eines Taugenichts *(1826)*

Praxisanregungen: E. Grunewald: J. v. Eichendorff. Aus dem Leben eines Taugenichts. Stationen der Literatur, Cornelsen (Primärtext mit umfangreichen Materialien);

Paul Wolfgang Würl: Aus dem Leben eines Taugenichts – Von J. von Eichendorff. C. C. Buchner:

Karl Hanß: J. von Eichendorff, Das Marmorbild – Aus dem Leben eines Taugenichts. (Oldenbourg Interpretationen);

Brigitte Hauger: Kontroverse Zeitgenossen. Georg Büchner: Lenz. Joseph v. Eichendorff: Aus dem Leben eines Taugenichts. Klett;

Gesine Jaugey: Stundenblätter „Kleider machen Leute“/„Taugenichts“.Klett;

P. Leiser/M. Thunich: Joseph Freiherr von Eichendorff, Aus dem Leben eines Taugenichts. Interpretationen und unterrichtspraktische Vorschläge. J. Beyer;

Joseph v. Eichendorff: Taugenichts. (Bausteine Deutsch), C. Bange

Annette von Droste-Hülshoff: Die Judenbuche *(1842)*

Praxisanregungen: Karl Philipp Moritz: Annette von Droste-Hülshoff. Die Judenbuche Sittengemälde und Kriminalnovelle. (Modellanalysen Literatur), Schöningh;

Erläuterungen und Dokumente zu Droste-Hülshoff: Die Judenbuche (Hrsg.: Huge), Reclam UB;

Gesine Jaugey: Stundenblätter „Schimmelreiter“ und „Judenbuche“ im Vergleich. Klett;

Heinz Rölleke: Annette von Droste-Hülshoff, Die Judenbuche. (Oldenbourg Interpretationen);
Michael Krejci: Die Judenbuche – Von A. von Droste-Hülshoff. C. C. Buchner;
Harald Frommer: Der Fall Friedrich Mergel, neu aufgerollt. Ein literarisches Rollenspiel zu Droste-Hülshoffs „Die Judenbuche“. In: Praxis Deutsch, Heft 100, 3/1990, S. 45–49;
Hans-Ulrich Lindken: Erläuterungen zu Annette von Droste-Hülshoff, Die Judenbuche. (Königs Erläuterungen), C. Bange;
P. Leiser: A. von Droste-Hülshoff, Die Judenbuche. J. Beyer

Jeremias Gotthelf: Die schwarze Spinne *(1842)*

Praxisanregungen: Karl Schuster: Die schwarze Spinne – Von J. Gotthelf. C. C. Buchner;
Klaus Lindemann: Jeremias Gotthelf. Die schwarze Spinne. Zur biedermeierlichen Deutung von Geschichte und Gesellschaft zwischen den Revolutionen. (Modellanalysen Literatur), Schöningh;
Erläuterungen und Dokumente zu Gotthelf: Die schwarze Spinne. (Hrsg.: Mieder), Reclam UB;
Wolfgang Schemme: Jeremias Gotthelf. Die schwarze Spinne. In: Sammelband Lehrerkommentare. Bd. II, Klett;
Egon Ecker: Erläuterungen zu Jeremias Gotthelf, Die schwarze Spinne u. a. (Königs Erläuterungen), C. Bange

Gottfried Keller: Kleider machen Leute *(1874)*

Praxisanregungen: H. Fuchs/D. Seifert: Lehrerheft zu G. Keller, Kleider machen Leute. Cornelsen;
Erläuterungen und Dokumente zu Keller: Kleider machen Leute. (Hrsg.: Selbmann), Reclam UB;
Reiner Poppe: Erläuterungen zu Gottfried Keller, Kleider machen Leute. (Königs Erläuterungen), C. Bange; → Eichendorff

Theodor Storm: Der Schimmelreiter *(1888)*

Verfilmung: ZDF 1981, Regie: Alfred Weidenmann
Dazu: Barbara Deiker/Wolfgang Gast: Film und Literatur. Analysen, Materialien, Unterrichtsvorschläge. Bd. 3 (Sekundarstufe I): Flußfahrt mit Huhn/Die Welt in jenem Sommer/Der Schimmelreiter. Diesterweg

Praxisanregungen: H. Fuchs/E. Mittelberg: Lehrerheft zu Storm, Der Schimmelreiter. Cornelsen;
Winfried Freund: Theodor Storm. Der Schimmelreiter. Glanz und Elend des Bürgers. (Modellanalysen Literatur), Schöningh;

Hans Wagener (Hrsg.): Erläuterungen und Dokumente zu Storm: Der Schimmelreiter. Reclam UB;
Gerd Weinrich: Storm, Der Schimmelreiter (Grundlagen und Gedanken zum Verständnis erzählender Literatur), Diesterweg;
Klaus Hildebrandt: Theodor Storm, Der Schimmelreiter. (Oldenbourg Interpretationen);
H. Kerber: Th. Storm „Der Schimmelreiter". Interpretation und Materialien. (Diskette und Broschüre), Park Körner;
Gerd Eversberg: Erläuterungen zu Theodor Storm, Der Schimmelreiter. (Königs Erläuterungen), C. Bange;
Theodor Storm: Schimmelreiter. (Bausteine Deutsch), C. Bange;
→ Droste-Hülshoff

Hermann Hesse: Unterm Rad *(1905)*

Praxisanregungen: Helga Esselborn-Krumbiegel: Hermann Hesse, Demian – Unterm Rad. (Oldenbourg Interpretationen);
Martin Pfeifer: Erläuterungen zu Hermann Hesse, Peter Camenzind/Unterm Rad/Knulp. (Königs Erläuterungen), C. Bange

Franz Kafka: Die Verwandlung *(1915) und andere Texte*

Praxisanregungen: Ulf Abraham: Kafka, Die Verwandlung. (Grundlagen und Gedanken zum Verständnis erzählender Literatur), Diesterweg;
Heinrich Biermann/Bernd Schurf/Gerd Brenner u. a.: Texte, Themen und Strukturen. Unterrichtspraktische Hilfen mit Klausurvorschlägen und Tafelbildern. Cornelsen (enthält im Kapitel „Literarische Texte: Lesen und Verstehen" umfangreiche Arbeitshilfen zu Kafka-Texten);
Uwe Stamer: Stundenblätter „Die Verwandlung"/„Das Urteil". Klett;
Reinhard Meurer: Franz Kafka, Erzählungen (Oldenbourg Interpretationen);
Ingeborg Scholz: Erläuterungen zu Franz Kafka. Erzählungen I. Die Verwandlung u. a. (Königs Erläuterungen), C. Bange;
I. Scholz: Franz Kafka, Das Urteil – Die Verwandlung – Ein Hungerkünstler u. a. Interpretationen und Anregungen zur Unterrichtsgestaltung. J. Beyer

Erich Maria Remarque: Im Westen nichts Neues *(1929)*

Verfilmung: USA 1930, Regie: Lewis Milestone
Kontextmaterial für den Unterricht: Der Fall Remarque. Im Westen nichts Neues. Eine Dokumentation. (Hrsg.: Bärbel Schrader), Reclam Leipzig
Praxisanregungen: Hubert Rüter: Erich Maria Remarque. Im Westen nichts Neues. Ein Bestseller der Kriegsliteratur im Kontext. (Modellanalysen Literatur), Schöningh

Bertolt Brecht: Der gute Mensch von Sezuan *(1942)*

Praxisanregungen: Lektürehilfen Bertolt Brecht „Der gute Mensch von Sezuan". Klett;
Jan Knopf: Brecht, der gute Mensch von Sezuan. (Grundlagen und Gedanken zum Verständnis des Dramas), Diesterweg;
Bernhard Sowinski/Wolf-Egmar Schneidewind: Bertolt Brecht, Der gute Mensch von Sezuan. (Oldenbourg Interpretationen);
H. Gehrke: Bertolt Brecht, Der gute Mensch von Sezuan – Leben des Galilei. Kommentare, Wertungen und Anregungen für den Unterricht. J. Beyer

Anna Seghers: Das siebte Kreuz *(1942)*

Verfilmung: BRD, Regie: Fred Zinnemann

Praxisanregungen: Michael Ackermann: Schreiben über Deutschland im Exil. Irmgard Keun: Nach Mitternacht. Anna Seghers: Das siebte Kreuz. Klett;
Bernhard Spies: Seghers, Das siebte Kreuz. (Grundlagen und Gedanken zum Verständnis erzählender Literatur); Diesterweg;
Kaspar H. Spinner: Produktionsaufgaben bei der Romanbehandlung. Am Beispiel von A. Seghers „Das siebte Kreuz". In: Praxis Deutsch, Heft 95, 5/1989, S. 57–59;
Annette Delius: Anna Seghers' „Das siebte Kreuz" in einer 9. Klasse. In: Diskussion Deutsch, 2/1982, S. 32–41;
Valentin Merkelbach: Rezeption und Didaktik von Anna Seghers' Roman „Das siebte Kreuz". In: Diskussion Deutsch, Heft 73, 1983, S. 532–550;
Elke Wittmann: Hörspiele produzieren – Zugänge schaffen. Zu Anna Seghers' „Das siebte Kreuz". In: Praxis Deutsch, Heft 109, 1991, S. 56–59

Alfred Andersch: Sansibar oder der letzte Grund *(1957)*

Praxisanregungen: Dieter Schiller: Stundenblätter Alfred Andersch „Sansibar oder der letzte Grund". Eine Einführung in den modernen Roman für Klasse 10. Klett;
Fred Müller: Alfred Andersch, Sansibar oder der letzte Grund. (Oldenbourg Interpretationen);
Kurt Sollmann: Andersch, Sansibar oder der letzte Grund. (Grundlagen und Gedanken zum Verständnis erzählender Literatur), Diesterweg;
Gudrun Boehnke/Barbara Deiker/Barbara Matiaske: Film und Literatur. Analysen, Materialien, Unterrichtsvorschläge. Bd. 4: Sansibar oder der letzte Grund/Der Mann auf der Mauer/Homo faber. Diesterweg;

Reiner Poppe: Alfred Andersch, Sansibar oder Der letzte Grund u. a. Unterrichtsbezogene Erläuterungen, Kommentare und Wertungen. J. Beyer

Max Frisch: Biedermann und die Brandstifter *(1958)*

Praxisanregungen: Gerda Jordan: Frisch, Biedermann und die Brandstifter. (Grundlagen und Gedanken zum Verständnis des Dramas), Diesterweg;

Reinhard Kästler: Erläuterungen zu Max Frisch, Biedermann und die Brandstifter. (Königs Erläuterungen), C. Bange;

S. Heidenreich/M. Thunich: Max Frisch, Andorra/Biedermann und die Brandstifter. Vorschläge und unterrichtspraktische Interpretationen. J. Beyer

Max Frisch: Andorra *(1961)*

Praxisanregungen: Erläuterungen und Dokumente zu Frisch: Andorra. (Hrsg.: Bänziger), Reclam UB;

Lektürehilfen Max Frisch „Andorra". Klett;

Peter Bekes: Außenseiter. Max Frisch: Andorra: Gotthold Ephraim Lessing: Nathan der Weise. Klett;

Manfred Eisenbeis: Stundenblätter Max Frisch „Andorra". Klett;

Gerhard P. Knapp/Mona Knapp: Frisch, Andorra. (Grundlagen und Gedanken zum Verständnis des Dramas), Diesterweg;

Reinhard Meurer: Max Frisch, Andorra. (Oldenbourg Interpretationen);

Reinhard Kästler: Erläuterungen zu Max Frisch, Andorra. (Königs Erläuterungen), C. Bange;

Wolfgang Jordan u. a.: Carl Zuckmayers „Hauptmann von Köpenick" und Max Frischs „Andorra". Zum Umgang mit dramatischen Texten im Rahmen einer Unterrichtseinheit zu Fragen von „Autorität – Macht – Gewalt" im 10. Schuljahr an einer Integrierten Gesamtschule. In: Diskussion Deutsch, Heft 124, 4/1992, S. 136–149

Günter Grass: Katz und Maus *(1961)*

Praxisanregungen: Erläuterungen und Dokumente zu Grass: Katz und Maus. (Hrsg.: Ritter), Reclam UB;

Ingrid Hasselbach: Günter Grass, Katz und Maus. (Oldenbourg Interpretationen);

Edgar Neis: Erläuterungen zu Günter Grass, Katz und Maus. (Königs Erläuterungen), C. Bange

Heinrich Böll: Die verlorene Ehre der Katharina Blum *(1974)*

Verfilmung: BRD 1975, Regie: Volker Schlöndorff

Dazu: Analyse von Spielfilmen – Die verlorene Ehre der Katharina Blum. 30 Min., 1983, atlas film + av (ausführliches schriftliches Begleitmaterial);
Barbara Deiker/Wolfgang Gast: Film und Literatur. Analysen, Materialien, Unterrichtsvorschläge. Bd. 1 (Sekundarstufe I): Vorstadtkrokodile/Ilse Janda/Die verlorene Ehre der Katharina Blum. Diesterweg

Praxisanregungen: Bernd Balzer: Böll, Die verlorene Ehre der Katharina Blum. (Grundlagen und Gedanken zum Verständnis erzählender Literatur), Diesterweg;
Juliane Köster: Katharina Blum – die fremde Freundin. Über Identifikation als Erkenntnismittel. In: Diskussion Deutsch, Heft 104, 12/1988, S. 606–621;
F. Kicherer: Heinrich Böll, Die verlorene Ehre der Katharina Blum oder Wie Gewalt entstehen und wohin sie führen kann. Analysen und Interpretationen mit didaktisch-methodischen Hinweisen zur Unterrichtsgestaltung. J. Beyer

3. Ideen zur Schreibkultur

Schreiben ist im Deutschunterricht eine zentrale Tätigkeit. Für viele Schülerinnen und Schüler ist es eine Last. „Nicht schon wieder schreiben!" Diese meist stöhnend vorgetragene Bitte hören Lehrer ziemlich oft. Die ablehnende Haltung der Schüler mag damit zusammenhängen, daß das Schreiben tatsächlich oft langweilig gestaltet wird. Viele der folgenden Vorschläge können die Erfahrung vermitteln, daß Schreiben auch Spaß machen kann.

Mit Kindern Erfahrungen aufschreiben – Geschichten erzählen

Klassenchronik *(Peter Reul)* *5–7*

In der Klassenchronik wird alles festgehalten, was an Besonderem, Bemerkenswertem, Ungewöhnlichem in einem Schuljahr geschieht. Also: Wandertage, Klassenfahrten, Theater- und Kinobesuche, Feueralarm, Karnevals- und Weihnachtsfeiern, Streiche, Tadel, Schulfeste, Wettbewerbe und und und.

Diese Ereignisse werden in Erzähl- bzw. Berichtform aufgeschrieben und nach Möglichkeit ergänzt durch Zeichnungen, Fotos, Eintrittskarten usw.

Am Ende des Schuljahres ist ein mehr oder weniger dicker Ordner entstanden, der in der Klasse bleibt und von Schülern, Lehrern und (bei entsprechenden Gelegenheiten) Eltern jederzeit eingesehen werden kann.

Geschichtenkiste *5–13*

Die Phantasie schweifen lassen können jüngere Schüler – aber durchaus auch ältere – ganz gut, wenn sie einen konkreten sinnlichen Anlaß geboten bekommen. In Unterrichtsreihen, in denen es um das Erzählen geht, kann der Lehrer eine Geschichtenkiste mitbringen. Jeder kann daraus etwas entnehmen und sich von dem Gegenstand, den er in Händen hält, anregen lassen. Die Kiste kann enthalten:

- konkrete Gegenstände wie Muscheln, Bierdeckel, Steine, Münzen etc.;
- interessante Bilder aus Illustrierten und Zeitungen;
- Reproduktionen moderner Gemälde;
- Erzählanfänge, die weitergeführt werden können;
- Zettel, auf denen jeweils nur fünf Wörter stehen, die alle in einer zu schreibenden Geschichte vorkommen sollen;
- Zeitungsausschnitte (Artikel, Kontaktanzeigen etc.), die in eine Geschichte umgesetzt werden sollen.

Eine Variation: *Fühlkisten,* in denen verdeckt einige Gegenstände liegen, die nur ertastet werden dürfen. Jeder bringt einen verpackten – und nicht ekligen – Gegenstand mit und läßt ihn von den anderen unbeobachtet in eine Kiste gleiten. Jeder darf dann in einer Kiste fühlen und schreibt anschließend eine Geschichte zu einem Gegenstand, den er ertastet hat.
Alle Texte, die geschrieben werden, können an einer Geschichtenwand ausgehängt werden.

Vgl. Karin Heinrich: Kinder schreiben eigene Texte. Die Geschichtenkiste. In: neue deutsche schule, 12/1992, S. 8–10

Schreibend Ideen sammeln und entfalten

Wie kann eine Klasse, wie kann ein Kurs am Anfang einer Unterrichtsreihe oder zu Beginn eines neuen Arbeitsschrittes effektiv und mit breiter Beteiligung Gedanken zum Thema zusammentragen? Wie können erste Gedanken kreativ weiterentwickelt werden? Und wie kann dies mit einem zentralen Mittel des Deutschunterrichts, dem Schreiben, vonstatten gehen? Hier sind einige Methoden, mit denen schreibend Ideen gesammelt und entfaltet werden können.

Brainstorming *5–10*
Ein noch unbearbeitetes Thema steht im Raum. Die Schüler fassen laut die Assoziationen in Worte, welche die Themenstellung bei ihnen auslöst. Diese Bemerkungen zum Thema sollen nicht kommentiert werden, können aber aufeinander reagieren. Zwei oder drei Schüler stehen an der Tafel und notieren die Stichworte, die ihnen laufend zugerufen werden. Auch scheinbar „verrückte“ Bemerkungen zum Thema sind erwünscht. Die Phantasie entwickelt sich am besten, wenn ihr keinerlei Zügel angelegt werden.

Ideenstern *5–10*
Als Themeneinstieg eignet sich auch ein Zitat, zu dem die Schüler Assoziationen in Form von „Ideensternen“ festhalten. → Seite 33.

Automatisches Schreiben *8–13*
Einige Schüler bringen auf Kassetten (Instrumental-)Musik mit, bei der sich ihrer Meinung nach ein Bezug zum gewählten Thema ergibt. Eine Kassette wird so laut abgespielt, wie es die schulische Umgebung zuläßt. Zu dieser Musik schreibt jeder für sich einen assoziativen Text ohne Punkt und Komma. Dazu kann man sich in eine Ecke des Raumes zurückziehen, sich auf den Tisch legen usw. Am besten gelingt das

„automatische Schreiben", wenn nur eine lange Wortkette ohne syntaktische Strukturen verfaßt wird. Es soll ohne Pause ununterbrochen geschrieben werden. Reißt der „Film im Kopf", soll das letzte Wort mehrfach hingeschrieben werden, bis neue Assoziationsschübe kommen. Diese stellen sich manchmal so schnell ein, daß die schreibende Hand nicht nachkommt. Nach etwa 15 bis 20 Minuten wird die Musik langsam leiser gedreht; das Schreiben soll zum Ende kommen. Da in dem rational wenig gesteuerten Prozeß des „automatischen Schreibens" manchmal sehr private Texte entstehen, haben die Schüler nun zunächst Gelegenheit, ihren eigenen Text aufmerksam nachzulesen und zu entscheiden, welche Teile sie eventuell anschließend vorlesen wollen. Auf diese Weise kommen viele – manchmal sehr persönlich gefärbte – assoziative Beiträge zum Thema zusammen.

Bestellter Text *5–13*

Jeder versucht, sich an Ereignisse zu erinnern, die mit dem Thema der Unterrichtsreihe in Verbindung zu bringen sind. Zu jedem dieser Ereignisse (möglichst drei) wird auf einem Blatt eine Überschrift für eine mögliche Geschichte notiert. Die Überschrift soll jedoch noch nicht viel vom möglichen Inhalt verraten. Anschließend lesen sich jeweils zwei Schüler ihre Überschriften vor. Die gegenübersitzende Person hört sich das „Angebot" an, macht sich kurz Gedanken darüber, welche Erzählung da wohl zu erwarten ist, und gibt schließlich einen Text in Auftrag. (Weiteres zu diesem Schreibverfahren auf Seite 145.)

Zettellawine *5–13*

Jeder entfaltet einen ersten Gedanken zum Thema auf einem DIN-A 4-Blatt. Die Blätter werden nach einer vereinbarten Zeit (z. B. drei Minuten) zwei Plätze nach links weitergegeben. Jeder reagiert nun auf die Äußerungen, die ihm vorliegen: zustimmend und mit eigenen Beispielen, kritisch und mit Gegenbeispielen, mit einem weiterführenden Gedanken, der die bisherigen Überlegungen auf eine neue Ebene hebt, der eine andere Sichtweise einbringt, usw. Nach drei bis fünf Minuten werden alle Blätter erneut zwei Plätze weitergereicht. So wird mehrmals verfahren. Haben die Blätter die vierte oder fünfte Station durchlaufen, gehen sie wieder an den Ausgangsschreiber zurück. Alle lesen nun ihre Gedanken mit den weiterführenden Bemerkungen der anderen vor. Das Thema wird so vielschichtig entfaltet.

Denkblasen *5–13*

Je zwei bis fünf Schüler werden aufgefordert, sich eine pantomimische Szene zu überlegen, die mit dem Thema in Verbindung zu bringen ist.

Die Szene soll in zwei bis vier „Standbildern“ (alle erstarren in einer bestimmten Haltung) dargestellt werden. Der Rest der Klasse schreibt zu jedem Standbild „Denkblasen“. Dazu sucht sich jeder eine der dargestellten Figuren aus. Zu jedem Standbild werden der Figur – wie in Comics, jedoch etwas ausführlicher – Gedanken zugeschrieben, die sie in dieser Szene wohl hat. Dabei sollte darauf geachtet werden, daß sich die Schreibenden auf die dargestellten Figuren in etwa gleichmäßig verteilen. Nach der Standbild-Serie (zwischen jedem Bild etwa drei bis fünf Minuten Schreibpause) werden alle Gedankenzuschreibungen für das erste Bild verlesen, dann die für das zweite usw. Beim Vortrag können die Denkblasen dialogisch collagiert werden: Auf eine Denkblase zur Figur 1 folgt eine zu Figur 2, dann eine zu Figur 3 usw. Das Thema wird so schauspielerisch und schreibend ausphantasiert.

Literaturhinweis: Weitere Anregungen zum Entfalten von Schreibideen in: Gerd Brenner: Kreatives Schreiben. Ein Leitfaden für die Praxis. Frankfurt/M. 3. Aufl. 1994

Häufige Fehler vermeiden

Ausdrucksfehler

Bis in die Sekundarstufe II weisen schriftliche Arbeiten von Schülern oft noch erhebliche Ausdrucksfehler auf. Der Lehrer streicht sie an, aber oft setzen sich die Betroffenen anschließend kaum mit ihren Ausdrucksproblemen auseinander. Deshalb hier einige Vorschläge und Übungen.

Fehlerkorrektur in Gruppen *8–13*

Einige Tage nach der Rückgabe einer Klassenarbeit oder Klausur setzen sich je vier Schüler um einen Tisch zusammen und arbeiten die Ausdrucksfehler in ihren Texten durch. Dabei sollte darauf geachtet werden, daß zumindest ein Schüler mit einer bereits besonders ausgeprägten sprachlichen Sensibilität in der Gruppe vertreten ist. Die Gruppe schaut die Arbeiten auf Ausdrucksfehler durch und notiert auf einem Blatt Verbesserungsvorschläge. Besonders knifflige Fälle werden für das Plenum vorgemerkt. Im Plenum tragen die Gruppen die fehlerhaften Textstellen und die Verbesserungsvorschläge vor. Schüler aus anderen Gruppen können weitere Vorschläge machen. Abschließend werden die kniffligen Fälle gemeinsam besprochen.

Übungen zu den Fehlerschwerpunkten Konjunktionen und Präpositionen 5–10

trotzdem/obwohl

Welches dieser beiden Wörter ist in den folgenden Sätzen richtig, welches falsch?

1. ______________ sich seine Einstellung geändert hatte, blieb er Mitglied der Partei.
2. Seine Einstellung hatte sich geändert; ______________ blieb er Mitglied der Partei.
3. Es regnet, ______________ spielen die Kinder draußen.
4. ______________ es regnet, spielen die Kinder draußen.

Obwohl (unterordnende Konjunktion) leitet Nebensätze ein; *trotzdem* (nebenordnende Konjunktion) steht oft am Anfang von Hauptsätzen. Bilde drei Sätze mit *obwohl* und drei mit *trotzdem.*

denn/weil

Weil leitet als unterordnende Konjunktion Nebensätze ein; *denn* steht als nebenordnende Konjunktion am Anfang von Hauptsätzen.

Muß in den folgenden Sätzen *denn* oder *weil* verwendet werden? Den falschen Begriff bitte streichen.

1. Er hat heute keine Hausaufgaben; (weil/denn) er war krank.
2. Der Boden ist aufgeweicht, (weil/denn) es stark geregnet hat.
3. Sie haben das Spiel verloren, (weil/denn) sie auf einige Spitzenspieler verzichten mußten.
4. Er kommt nicht ins Haus; (weil/denn) er hat seinen Schlüssel vergessen.

durch

Viele meinen, die Präposition *durch* sei ein „Joker-Wort", das man überall verwenden kann. Oft kommt es dabei zu stilistischen Fehlgriffen. In welchem der folgenden Sätze sollte statt *durch* eher *aufgrund* oder *infolge von* verwendet werden – da eine Ursache oder ein Grund angegeben werden soll?

1. Durch sein junges Alter hat er einige Vorteile bei der Jobsuche.
2. Im letzten Jahr sind sie durch ganz Frankreich gefahren.
3. Sie haben sich stundenlang durch ein Dickicht hindurchgekämpft.
4. Durch Alkoholkonsum hatte er einen Unfall.
5. Sie ist durch offene Schnürsenkel gestolpert.
6. Durch seine Unerfahrenheit ist er in eine Falle getappt.

Verbesserungen: 1. Aufgrund seines jungen Alters ...; 4. Infolge von Alkoholkonsum ...; 5. Sie ist aufgrund offener Schnürsenkel ...; 6. Infolge seiner Unerfahrenheit ...

Literaturhinweis: Weiteres Übungsmaterial zu Ausdrucks- und Grammatikproblemen in: Gerd Brenner/Renate Hußing-Weitz: Besser in Deutsch. Texte verfassen. Oberstufe, Cornelsen Verlag Scriptor, 2. Aufl. Frankfurt/M. 1994, S. 22 ff.

Literarische Gattungen und ihr Beschreibungsvokabular

Ein heilloses begriffliches Durcheinander entsteht oft, wenn Schüler ein Gedicht, Auszüge aus einem Roman oder Teile eines Dramas beschreiben sollen und ihnen nicht klar ist, daß jede Gattung ein besonderes Beschreibungsvokabular erfordert.

Vokabular zuordnen *8–12*

Der Lehrer liest den Schülern die folgenden Begriffe, die in Textbeschreibungen verwendet werden können, ungeordnet vor und fordert sie dazu auf, die Wörter den drei Gattungen zuzuordnen.

Lyrik	Dramatik	Epik
Gedicht	Stück	Geschichte
		Roman/Novelle
Vers/Zeile	Vers/Zeile	Zeile
Strophe	Akt	Kapitel
	Szene/Auftritt	Abschnitt
	Redepartie	Episode
		Erzählpassage
	Monolog	innerer Monolog
		erlebte Rede
	Dialog	wörtliche Rede
	Protagonist	Held/Antiheld
	Antagonist	
	Person/Gestalt	Person/Gestalt
lyrisches Ich	Rolle	Erzähler
	Spiel/Handlung	Geschehen/Handlung

Einige der Begriffe (Episode auch für Teil des Dramas, Szene auch für Teil eines epischen Textes) sind nicht eindeutig zuzuordnen.

Zitate einbinden

Weit bis in die Sekundarstufe II hinein fällt es Schülern schwer, Zitate sachgerecht in den eigenen Text einzubinden. Hier einige Übungen dazu.

Zitatbeispiele sammeln und untersuchen *7–12*

In der Schulbibliothek (Sekundärliteratur, Interpretationssammlungen etc.) – oder in mitgebrachten Büchern – suchen die Schüler Texte, in denen Zitate verwendet wurden. Jeder schreibt fünf Zitateinbindungen heraus, die er für besonders gelungen hält. Dabei sollen möglichst verschiedene Typen von Einbindungen festgehalten werden. Anschließend werden die Beispiele vorgestellt und nach Gruppen sortiert:

a) Beispiele, in denen ein Zitat in einen Satz integriert wurde.
b) Beispiele, in denen ein ganzer Satz, mehrere Sätze oder ein ganzer Abschnitt als Zitat übernommen wurden.

Verschiedene Zitateinleitungen einsetzen *9–12*

Die Schüler erhalten die Aufgabe, das folgende Arbeitsblatt neben ihr Heft zu legen und möglichst viele der enthaltenen Zitateinleitungen in ihrem Text zu verwenden.

Kurzzitate in eigene Sätze einbauen

- Auf Seite 12 deutet er/sie dies mit dem Wort „...“ an.
- Der Autor/die Autorin verwendet auf S. 12 einige Metaphern wie „...“, „...“ und „...“.

Für längere Zitate Einleitungssätze verwenden

- Aufschlußreich ist z. B. der erste Abschnitt auf S. 12: „... (Zitat)“.
- Ein weiterer Textbeleg ist auf S. 12 zu finden, wo es heißt: „... (Zitat)“.
- Auf S. 12 schreibt die Autorin/der Autor z. B.: „... (Zitat)“.
- „... (Zitat)“, erklärt der Autor/die Autorin auf S. 12.
- Eine gedankliche Parallele/einen gedanklichen Kontrast dazu bilden die folgenden Verse/Zeilen auf S. 12: „... (Zitat)“.
- „... (kurzer erster Teil des Zitats)“, so formuliert der Autor im ersten Abschnitt der S. 12, „... (zweiter längerer Teil des Zitats)“.
- Der Autor läßt seinen Protagonisten entgegnen: „... (Zitat)“.
- Und weiter: „... (Zitat)“.

Zitate gedanklich vorbereiten
Geübte Autoren benötigen oft keine Einleitungssätze für Zitate. Sie entwickeln einen Sachverhalt bis hin zu einer gedanklichen Zuspitzung, an die sich das Zitat – ohne formelle Einleitung – bruchlos anschließt.
Ein Beispiel: (zu Goethes „Faust“)
Im höchsten Augenblick der Gefahr, als Faust der Versuchung durch die junge Hexe zu erliegen droht, spiegelt sein Gewissen ihm die Vision des armen Gretchens vor:
„Mephisto, siehst du dort/Ein blasses, schönes Kind allein und ferne stehen?/Sie schiebt sich langsam nur vom Ort,/sie scheint mit geschlossenen Füßen zu gehen“ (Verse 4183–4186).
Versuche an mindestens einer Stelle deines Textes eine solche gedankliche Einbindung eines Zitats ohne formellen Einleitungssatz.

Literaturhinweis: Weiteres Übungsmaterial hierzu in: Gerd Brenner/Renate Hußing-Weitz: Besser in Deutsch. Texte verfassen, Oberstufe. Cornelsen Scriptor, 2. Aufl. Frankfurt/M. 1994, S. 68 ff.

Lustige Rechtschreibung und Zeichensetzung

Im Rechtschreibtraining geht es oft darum, die Wahrnehmung zu verbessern. Wenn es an der Genauigkeit der Wahrnehmung mangelt, wird die Buchstabenfolge von Wörtern nicht hinreichend registriert; das Schriftbild prägt sich nicht ein. In solchen Fällen ist es sinnvoll, die Wahrnehmung spielerisch zu verlangsamen und zugleich die Wahrnehmungsintensität der Schüler zu steigern. Die folgenden Übungen legen ein solches „genaueres Hinsehen“ nahe.

Orthographie-Schieber 5–7

Wörter, die Schüler immer wieder falsch schreiben, werden in einer Liste zusammengestellt. Diese Wörter sollen so in ein kariertes Feld übertragen werden, daß ihre Buchstaben an einer bestimmten Stelle von oben nach unten gelesen ein neues, ebenfalls schwieriges Wort ergeben. Aus der Prozeßlogik des Spiels ergibt sich, daß die Schüler die Wörter länger und genauer ansehen.

Beispiel 1: Suche eine Nadelbaumart.

nämlich																		
Pärchen																		
vorübergehen																		
vielleicht																		
ein bißchen																		
detailliert																		

Beispiel 2: Suche das Gegenteil von „keine Lust“.

meistens															
persönlich															
Selbständigkeit															
widersprechen															
wiederholen															
dieselbe															
Maschine															
aggressiv															
die gleiche															

Auflösungen:
Beispiel 1:

					n	ä	m	**l**	i	c	h						
							P	**ä**	r	c	h	e	n				
						v	o	**r**	ü	b	e	r	g	e	h	e	n
	v	i	e	l	l	e	i	**c**	h	t							
e	i	n		b	i	ß	c	**h**	e	n							
d	e	t	a	i	l	l	i	**e**	r	t							

Beispiel 2:

			m	e	**i**	s	t	e	n	s				
p	e	r	s	ö	**n**	l	i	c	h					
S	e	l	b	s	**t**	ä	n	d	i	g	k	e	i	t
		w	i	d	**e**	r	s	p	r	e	c	h	e	n
w	i	e	d	e	**r**	h	o	l	e	n				
	d	i	e	s	**e**	l	b	e						
			M	a	**s**	c	h	i	n	e				
a	g	g	r	e	**s**	s	i	v						
			d	i	**e**		g	l	e	i	c	h	e	

Kopflose Wörter *5–7*

In diesem Fall sind Wörter, denen der erste Buchstabe fehlt, vertikal angeordnet. Die Schüler müssen sie genau studieren, um herauszufinden, wie sie lauten. Außerdem verlangsamt und intensiviert die vertikale Schreibung den Wahrnehmungsprozeß. Die fehlenden Buchstaben ergeben zusammen ein neues Wort. Ist es gefunden, werden alle Wörter einer Übung in normaler Schreibweise abgeschrieben.

Beispiel 1:

–	–	–	–	–	–
e	h	t	s	a	u
l	r	i	o	y	n
e	e	l	z	o	
e			i	n	
			a	n	
			l	a	
				i	
				s	
				e	

Beispiel 2:

–	–	–	–	–	–	–	–	–
e	u	h	r	a	a	f	u	h
r	s	e	z	i	i	f	p	r
f	n	t	t	b	c	e	i	l
e	a	o			h	k	n	i
k	h	r				t	e	c
t	m	i						h
	e	k						

Beispiel 3:

–	–	–	–	–	–	–	–
r	h	n	r	n	ä	h	e
e	e	v	a	d	e	a	r
u	u	a	k	i	n	r	e
z	m	l	t	z		m	i
u	a	i	o			a	n
n		d	r			n	
g		e				t	

Beispiel 4:

–	–	–	–	–	–	–
d	p	ü	o	b	i	e
r	i	r	b	o	l	r
e	o	e	b	n	a	r
s	n	e	y	n		a
s	a			e		s
e	g			n		s
	e			t		e

Beispiel 5:

–	–	–	–	–	–	–	–	–	–	–
a	n	e	e	n	e	a	n	m	h	o
a	t	g	f	d	e	h	t	k	e	h
g	e	a	e	l	r	l	t	e	m	n
e	r	t	k	i	g		ä	r	i	
	e	i	t	c	u		u		s	
	s	v		h	t		s		c	
	s						c		h	
	e						h			
							t			

Beispiel 6:

–	–	–	–	–	–
u	b	ä	h	n	h
z	e	m	e	d	y
e	r	t	r	g	t
n	w	l	m	ü	h
	e	i	i	l	m
	i	c	k	t	u
	s	h		i	s
	e	e		g	
	n				

Auflösungen: 1. gesamt; 2. Parallele; 3. kritisch; 4. Asphalt; 5. windelweich; 6. düster

Silbenrätsel 5–7

Die Silben von Wörtern, deren Rechtschreibung sich für die Schüler als schwierig erweist, werden vom Lehrer getrennt und vermischt. Die Aufgabe besteht darin, die Ursprungswörter wieder zusammenzusetzen.

Beispiel 1:

wi	er	Leer	ken
ta	der	wi	wie
ver	der	spen	der
spre	Lehr	stig	trag
der	neu	ste	chen
be	kom	wie	men

Beispiel 2:

Wi	Leh	der	re
stel	lauf	ling	her
stre	Lehr	de	Leer
wicht	wie	ge	der
mer	rer	bend	wi
der	len	Leer	zim

Beispiel 3:

wi	lich	der	tig
aus	auf	Wie	cher
be	Wi	Lehr	der
bau	der	lee	Wie
ren	bü	der	wi
ga	der	ruf	wär

Beispiel 4:

ren	Wi	leer	Lehr
rung	burt	der	Wie
lehr	ste	der	Wi
wil	kraft	wi	der
hend	le	stoff	der
wort	ge	fah	Lee

Auflösungen:

Beispiel 1:	*Beispiel 2:*	*Beispiel 3:*	*Beispiel 4:*
widersprechen	widerstrebend	Wiederaufbau	Wiedergeburt
widerspenstig	Widerrede	Wiedergabe	Widerwille
wiederbekommen	wiederherstellen	widerwärtig	Widerwort
wiedererkennen	Leerlauf	widerlich	widerfahren
Leertaste	Leergewicht	Widerruf	leerstehend
Lehrvertrag	Lehrerzimmer	ausleeren	Leerung
	Lehrling	Lehrbücher	Lehrkraft
			Lehrstoff

Silbenrätsel – getrennt oder zusammen? 6–9

Silbenrätsel können auch dazu genutzt werden, Probleme der Getrennt- und Zusammenschreibung aufzugreifen.

Beispiel 1:

vor	des	der
zu	von	be
te	gun	al
sel	ge	ren
lem	wei	sten
stat	hen	ten

Beispiel 2:

in	rü	aus
da	te	zu
gu	bei	so
fern	kom	ber
hin	lau	men
vor	fen	

Auflösungen:
Beispiel 1: vor allem, zugunsten, des weiteren, derselbe, vonstatten gehen
Beispiel 2: insofern, darüber hinaus, zugute kommen, vorbeilaufen

Suchrätsel *5–7*

In Suchrätseln können Wörter, mit denen die Schüler Schwierigkeiten haben, ohne großen Aufwand versteckt werden. Zunächst werden Wörter, die geübt werden sollen, in Großbuchstaben waagerecht, senkrecht oder diagonal in einen Suchrätselvordruck (z. B. ein kariertes Blatt) geschrieben. Dann werden alle leeren Felder mit beliebigen Buchstaben aufgefüllt. Die Schüler sollen in einer vorgegebenen Zeit in Einzelarbeit so viele Wörter wie möglich finden und in richtiger Schreibweise in ihr Heft übertragen.

P				P	Ä	R	C	H	E	N		
A				A				Ä				
A	U			A	C	K	E	R				R
R		G		R		U		C		S	E	E
			E			L	E	H	M			D
		U		N		I		E				E
S		H			L	M		N				S
Ä	H	R	E			I			S	A	A	T
E	H	R	E			N	D					I
N			B	E	S	E	N	S	T	I	E	L

P	Q	R	T	P	Ä	R	C	H	E	N	L	S
A	P	H	D	A	Ö	B	W	Ä	Ö	T	S	Q
A	U	K	H	A	C	K	E	R	L	F	D	R
R	H	G	J	R	K	U	N	C	J	S	E	E
M	G	D	E	L	K	L	E	H	M	Ö	Ä	D
L	H	U	Y	N	X	I	M	E	K	H	K	E
S	L	H	Ä	X	L	M	K	N	Q	Y	M	S
Ä	H	R	E	M	D	I	K	W	S	A	A	T
E	H	R	E	X	G	N	D	K	L	F	Ö	I
N	K	H	B	E	S	E	N	S	T	I	E	L

Kimspiel *5–8*

Zehn schwierige Wörter werden von einem Schüler an die Tafel geschrieben. Die übrige Klasse schaut aufmerksam zu, korrigiert eventuell und prägt sich die Schreibweise ein. Sind alle Wörter notiert, hat die Klasse noch eine Minute Zeit, sich alles genau anzuschauen. Anschließend wird die Tafel zugeklappt, und alle sollen die Wörter aus der Erinnerung richtig in ihr Heft schreiben. Wer bekommt noch alle zusammen? Und wer schreibt alles richtig? Der Nachbar korrigiert das Geschriebene, wenn die Tafel wieder aufgeklappt wird.

Zurufspiel *5–7*

Dieses Spiel dient dazu, in relativ kurzer Zeit möglichst viel Wortmaterial für Rechtschreibübungen an die Tafel zu bekommen. Vier bis fünf Schüler stehen an der Tafel, auf die Spalten in entsprechender Anzahl gezeichnet werden. Jeder von ihnen bekommt einen Wortbereich zugeteilt, z. B. Wörter mit a + h, e + h, o + h, u + h und ä + h. Alle anderen können nun einen Schüler an der Tafel aufrufen und ihm ein

Wort diktieren, das in seine Spalte paßt. Sind die Schreiber an der Tafel nicht sicher, ob das Wort tatsächlich in ihre Spalte gehört, so können sie es einklammern. Drei Schüler erhalten je einen Rechtschreib-Duden, mit dem sie die Wortlisten, die sich an der Tafel aufbauen, korrigieren können.

Beispiel für eine Wortliste:

a + h	e + h	o + h	u + h	ä + h
Mahl	Mehl	Lohn	Uhr	Ähre
Wahl	Kehle	Mohn	Stuhl	Zähne
Rahmen	mehr	Sohn	Kuh	Mähne
Fahne	nehmen	ohne	Ruhm	zählen
strahlen	dehnen	Ohr	Fuhre	Hähne
Zahl	Lehm	Mohr	Huhn	Fähre
mahlen	Lehrer	roh	Kuhle	zäh
Bahn	Fehler	Hohn	Zufuhr	gähnen

Buchstabensalat *(Edmund Wild)* *5–6*

Der Lehrer schreibt Wörter mit vertauschter Buchstabenfolge in Großbuchstaben verdeckt an die Tafel und klappt sie dann auf. Die Schüler schreiben die Wörter richtig ins Heft.

1.	ILCHM	ENBOG	KEHAC	BENAR	ERKAT	TETAN	UERMA	
	Milch	Bogen	Hacke	Narbe	Kater	Tante	Mauer	
2.	CHDEI	EGKRI	ITERL	SIPAR	AFSCH	OLKEW	UTBRA	ELHOT
	Deich	Krieg	Liter	Paris	Schaf	Wolke	Braut	Hotel
3.	DFEIN	GENMA	OCKEL	RANZK	INDEL	UZKRE	UNGEL	FLUGP
	Feind	Magen	Locke	Kranz	Linde	Kreuz	Lunge	Pflug
4.	ERHAF	ACKEB	ICKTR	UCHEB	USTFA	ZEKAT	ERFAS	EBLUS
	Hafer	Backe	Trick	Buche	Faust	Katze	Faser	Bluse
5.	LITZB	ELONK	TEKAR	WIRNZ	ANDPF	TURNA	NEKRO	AMPFD
	Blitz	Onkel	Karte	Zwirn	Pfand	Natur	Krone	Dampf
6.	ZELAN	NATMO	PFELA	UCHBA	ACHSD	TERVA	LATTB	NEBIR
	Lanze	Monat	Apfel	Bauch	Dachs	Vater	Blatt	Birne
7.	IPFELZ	TERFAL	TENICH	ANZERP	HENKUC	TERMUT	ERHOCK	
	Zipfel	Falter	Nichte	Panzer	Kuchen	Mutter	Hocker	
8.	ULESCH	TELZET	KEGLOC	ALLINE	ELLÖFF	UDEFRE	NERDON	
	Schule	Zettel	Glocke	Lineal	Löffel	Freude	Donner	
9.	TERFENS	RANKSCH	TERGINS	TENPFOS	ANDARMB	LIENITA		
	Fenster	Schrank	Ginster	Pfosten	Armband	Italien		

Wortfelder:

10.	DREFP	TSGNEH	ETUTS	NELHOF	EPPAR	LEMMIHCS
	Pferd	Hengst	Stute	Fohlen	Rappe	Schimmel
11.	NEMULB	ESOR	EKLEN	EPLUT	NEHCLIEV	ENOMENA
	Blumen	Rose	Nelke	Tulpe	Veilchen	Anemone

12.	FPOK	ESAN	RHO	DNUM	EGUA	RAAH	NNIK	NRITS	EGNAW
	Kopf	Nase	Ohr	Mund	Auge	Haar	Kinn	Stirn	Wange
13.	GNUDIELK	ESOH	ESULB	DMEH	EKCOS	HUHCS	REVOLLUP		
	Kleidung	Hose	Bluse	Hemd	Socke	Schuh	Pullover		
14.	CDEHIRT	EEGHOT	CEHILLRS	BECHRT	BLLÖ	CFHIRS	ELNZ		
	Dichter	Goethe	Schiller	Brecht	Böll	Frisch	Lenz		
	EEHIN	EEKLLR	AMNN	AGRSS	EIKLST	MORST	EIKMÖR		
	Heine	Keller	Mann	Grass	Kleist	Storm	Mörike		
15.	OPRST	AABDHLLN	ENNRTU	ACEEHHIIKLLTTT	EEINRT				
	Sport	Handball	Turnen	Leichtathletik	Reiten				
	CEHIINNSST	FGLO	BENOX	CEHIMMNSW	CEHKOY				
	Tischtennis	Golf	Boxen	Schwimmen	Hockey				
16.	ÄCEHMNPP	EFLLRÜ	BEFILSTT	ADEGIIMMRRU	EIPRSTZ				
	Mäppchen	Füller	Bleistift	Radiergummi	Spitzer				
	EEIIKLLNNRTT	AEILLN	AENOPRT	FFIILSTTZ	IKLU				
	Tintenkiller	Lineal	Patrone	Filzstift	Kuli				
17.	ACCEHHLSSTU	BCHU	EFHT	BCCEEHIKLNOZ	ÄCEHMNPP				
	Schultasche	Buch	Heft	Zeichenblock	Mäppchen				
	CFHKRSTÜÜ	AALST	AAABEEFFGHHNSTUU		BCCEHIKLMORS				
	Frühstück	Atlas	Hausaufgabenheft		Schmierblock				

Die Vertauschungen folgen unterschiedlichen Systemen: Falscher Wortanfang (1–9), Von hinten lesen (10–13), Buchstaben in alphabetischer Reihenfolge (14–17).

Groß oder klein *(Edmund Wild)* *5–7*

Der Lehrer diktiert Sätze mit Begriffen, die sowohl klein als auch groß geschrieben werden können.
Die Schüler schreiben die Sätze in den richtigen Versionen auf und erklären die Unterschiede.

DER GEFANGENE FLOH
Der Gefangene floh.
Der gefangene Floh.

DER BRAUERMEISTER HEIDENREICH IST BRÄUTIGAM UND BRAUT ZUGLEICH.
Der Brauermeister Heidenreich ist Bräutigam und braut zugleich.

FÜHRE DEN ALTEN DICHTER!
Führe den alten Dichter!
Führe den Alten dichter!

DEM UNGLÜCKLICHEN IST ES EIN TROST, EINEN GENOSSEN ZU HABEN.

Dem Unglücklichen ist es ein Trost, einen Genossen zu haben.
Dem Unglücklichen ist es ein Trost, einen genossen zu haben.

DIE GEFÄHRLICHE SUCHT
Die Gefährliche sucht.
Die gefährliche Sucht.

WIR HÖREN WEISE REDEN.
Wir hören weise Reden.
Wir hören Weise reden.

SIND SIE SCHÜCHTERN? WERDEN SIE DOCH FORSCHER!
Sind Sie schüchtern? Werden Sie doch forscher!
Sind Sie schüchtern? Werden Sie doch Forscher!

SCHAU, DIE SCHÖNE NAHT!
Schau, die schöne Naht!
Schau, die Schöne naht!

HOLE DEN JUNGEN NÄHER!
Hole den Jungen näher!
Hole den jungen Näher!

Onkel Orthos Rechtschreibsprüche *(Edmund Wild)* *5–8*

Der Lehrer diktiert bei passender Gelegenheit die Rechtschreibregeln und gibt Beispiele.
Die Schüler können ein Regelheft führen.

1. *Auf einmal* schreibt man auf zweimal.
2. *Gar nicht* wird gar nicht zusammengeschrieben.
3. Wer *nämlich* mit h schreibt, ist dämlich.
4. Aus viel und leicht wird bestimmt *vielleicht.*
5. Wer *ver-* und *vor-* nicht schreibt mit v,
   der wird sein Leben lang nicht schlau.
6. Vokale merkt man sich im Nu;
   sie heißen *a, e, i, o, u.*
7. Nach *l, m, n, r,* (das merke ja!)
   steht nie *tz* und nie *ck.*
8. Man trennt, wie man beim Klatschen spricht;
   jedoch *st,* das trennt man nicht.
9. Vom *Silbentrennen* ist bekannt:
   Am Anfang steht ein Konsonant.
10. Ein *Verb als Nomen* (glaub mir das!)
    steht in der Grundform und nach „das“.

11. Nach *kurzem Selbstlaut* (präg dir's ein!)
    erscheint der Mitlaut meist zu zwei'n.
12. Das ist dir doch sicher schon lange bekannt:
    nach *langem Vokal* folgt nur ein Konsonant.
13. Nach *etwas, alles, wenig, nichts,*
    nach *mancherlei, viel, allerhand*
    schreibt man die Adjektive groß.
    Geht dir das über den Verstand?
14. Ein *Substantiv* erkennt man gleich:
    Man sieht, schmeckt, riecht und hört den Fall,
    man stellt es sich auch vor vielleicht
    und schreibt es groß. Versteht ihr's all?
15. *-tung, -sal, -tum, -nis, -schaft, -heit, -keit:*
    Substantiv wird angezeigt.
16. Endet ein Wort mit langem *-ie,*
    vergiß das *e* am Ende nie!
17. Ein Dehnungs-*h* nach langem *i*
    steht im Pronomen und sonst nie.

Satztrennung *(Edmund Wild)* *6–8*

Der Lehrer verteilt die „Gedichte" oder schreibt sie an die Tafel. Die Schüler finden die „richtige" Schreibweise heraus.

1. Es schrieb ein Mann an die Wand:
   Zehn Finger hab' ich an jeder Hand
   fünfundzwanzig an Händen und Füßen.
   Wer das nicht weiß, muß wenig wissen.
2. Alles Unheil wünsch' ich dir
   fern vom Leibe bleibe mir
   alles Unglück treffe dich
   niemals aber denk' an mich.
3. Der Lehrer trat ein auf dem Kopf
   einen Hut an den Händen
   Handschuhe an den Füßen
   Stiefel um die Schultern
   einen Mantel.

Auflösungen:

1. Zehn Finger hab ich, an jeder Hand fünf
   und zwanzig an Händen und Füßen.
2. Alles Unheil wünsch ich dir fern vom Leibe.
   Bleibe mir alles!

Unglück treffe dich niemals!
Aber denk' an mich!

3. Der Lehrer trat ein:
auf dem Kopf einen Hut,
an den Händen Handschuhe,
an den Füßen Stiefel,
um die Schultern einen Mantel.

Das Komma entscheidet *(Edmund Wild)* *7/8*

Der Lehrer gibt die Sätze ohne Satzzeichen vor.
Die Schüler finden zwei verschiedene Versionen der Zeichensetzung, die beide richtig sind.

1. Tante Gertrud die Schwester meiner Mutter und Onkel Wilhelm kamen gestern zu Besuch.
   Wie viele Personen waren es?
   a) Tante Gertrud, die Schwester meiner Mutter und Onkel Wilhelm kamen gestern zu Besuch. (3)
   b) Tante Gertrud, die Schwester meiner Mutter, und Onkel Wilhelm kamen gestern zu Besuch. (2)

2. Wir raten ihm zu helfen.
   Wem wird hier geholfen?
   a) Wir raten, ihm zu helfen. (Ihm wird geholfen.)
   b) Wir raten ihm zu helfen. (Er soll helfen.)

3. Hans erbt den Bauernhof nicht aber Heinrich.
   Wer erbt den Hof?
   a) Hans erbt den Hof, nicht aber Heinrich. (Hans)
   b) Hans erbt den Hof nicht, aber Heinrich. (Heinrich)

4. Der Lehrer sagte der Schüler ist ein Esel.
   Wer ist der Esel?
   a) Der Lehrer sagte: „Der Schüler ist ein Esel."
   b) „Der Lehrer", sagte der Schüler, „ist ein Esel."

Schlangensatz *6–8*

Die Wörter mehrerer Sätze werden ohne Interpunktion in Form einer Schlange notiert und als Arbeitsblatt ausgegeben.
Die Schüler schreiben die Sätze ab, versuchen das jeweilige Satzende zu ermitteln und setzen die Satzzeichen.

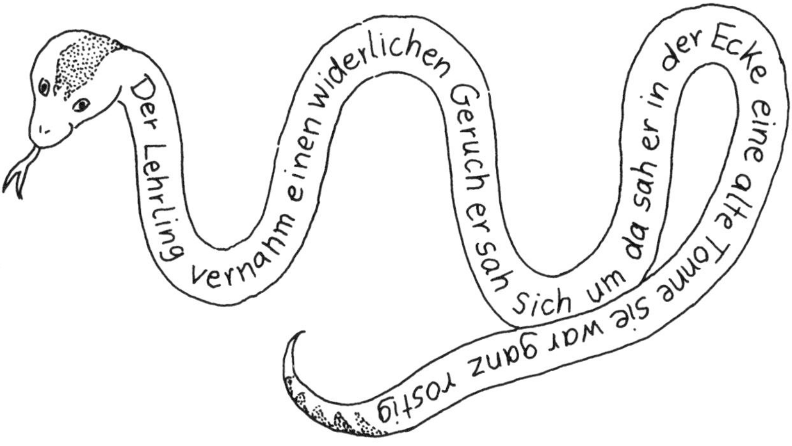

Grammatik-Spiele

Anbauen und abreißen *5–7*

Das Anbau-Spiel macht Schülern klar, wie Sätze in der deutschen Sprache konstruiert werden, und es hilft ihnen, die Satzteile zu identifizieren.

Notiert wird zunächst ein kurzer Satz, der nur aus Subjekt und Prädikat besteht. Im Anschluß an entsprechende Fragen werden weitere Satzteile angefügt.

Beispiel:

		Klaus rechnet.
Was?	(Akk.-Objekt)	Klaus rechnet *eine Multiplikationsaufgabe.*
Wem?	(Dat.-Objekt)	Klaus rechnet *seinem Freund* eine Multiplikationsaufgabe.
Wo?	(Adv. Bestimmung des Ortes)	Klaus rechnet seinem Freund *im Wohnzimmer* eine Multiplikationsaufgabe.
Womit?	(Adv. Bestimmung des Mittels)	Klaus rechnet seinem Freund im Wohnzimmer *mit seinem Taschenrechner* eine Multiplikationsaufgabe.
Mit was für einem Taschenrechner?	(Attribut)	Klaus rechnet seinem Freund im Wohnzimmer mit seinem *neuen* Taschenrechner eine Multiplikationsaufgabe.

Auch das umgekehrte Verfahren ist möglich: Aus längeren Sätzen mit vielen Satzteilen werden einzelne Elemente nach und nach herausgenommen, bis nur noch Subjekt und Prädikat übrig sind.

Bingo *(Edmund Wild)* *6–8*

Die Schüler richten Bingofelder ein und schreiben zu jeder Zahl die Abkürzung für eine Wortart. Anschließend tragen sie Wörter, die der Lehrer vorliest, in die passenden Wortart-Felder ein. Wer eine Zeile oder Spalte gefüllt hat, ruft „Bingo!". Sieger ist, wer zuerst alle fünf Zeilen gefüllt hat.

S	=	Substantiv	V	=	Verb	A	=	Adjektiv
At	=	Artikel	P	=	Pronomen	N	=	Numerale
Pp	=	Präposition	K	=	Konjunktion	Av	=	Adverb
			I	=	Interjektion			

Beispiel:

1. A schön	2. V laufen	3. S Baum	4. A grün	5. I oh!
6. Pp auf	7. S Liebe	8. V denken	9. N viele	10. Av unten
11. P er	12. At den	13. A freundlich	14. S Löwe	15. K und
16. Pp neben	17. S Maria	18. At das	19. K weil	20. V ärgern
21. Av gestern	22. I pfui!	23. V spielen	24. N keine	25. S Maschine

Substantive *(Edmund Wild)* *7–10*

Singular und Plural

Der Lehrer diktiert die Singularform eines Substantivs.
Die Schüler schreiben Singular- und Pluralform ins Heft.

Bilde den Plural.
das Büro, das Thema, der Doktor, der Abt, der Globus
Büros, Themen, Doktoren, Äbte, Globen
das Echo, der General, das Karussell, der Bischof, das Juwel
Echos, Generale (Generäle), Karussells, Bischöfe, Juwelen
das Insekt, das Lexikon, das Datum, der Typ, der Omnibus
Insekten, Lexika, Daten, Typen, Omnibusse
das Drama, das Komma, das Museum, der Zirkus, das Album
Dramen, Kommata (Kommas), Museen, Zirkusse, Alben
das Aquarium, das Denkmal, der Rhythmus, das Fossil, der Krokus
Aquarien, Denkmäler (Denkmale), Rhythmen, Fossilien, Krokusse

der Atlas, der Balkon, das Material, der Organismus, der Altar
Atlanten, Balkons (Balkone), Materialien, Organismen, Altäre
der Kaktus, der Ballon, das Konto, das Sofa, das Genie
Kakteen, Ballons (Ballone), Konten, Sofas, Genies

Homonyme

Der Lehrer diktiert die Singularform.
Die Schüler schreiben die Singularform und beide Pluralformen ins Heft.

Bilde die Pluralformen.
Beispiele:

Bank	Bänke / Banken
Mutter	Mütter / Muttern
Band	Bände / Bänder
Kiefer	Kiefer / Kiefern

Nomen ohne Plural

Die Schüler schreiben alle Substantive ohne Pluralform auf, die ihnen einfallen.

Schreibe Substantive auf, die keinen Plural bilden.
Beispiele: Eis, Gold, Milch, Fleisch, Obst, Vieh, Jugend, Regen, Asche, Rauch, Hitze, Streit, Ruhe, Schutz, Leid, Treue, Geduld, Nähe; außerdem alle substantivierten Verben

Nomen ohne Singular

Die Schüler schreiben alle Substantive ohne Singularform auf, die ihnen einfallen.

Schreibe Substantive auf, die keinen Singular bilden.
Beispiele: Ferien, Kosten, Leute, Spesen, Tropen, Stoppeln, Gliedmaßen, Eingeweide, Geschwister, Lebensmittel

Kollektiva

Der Lehrer nennt Substantive, für die es Sammelbegriffe gibt.
Die Schüler schreiben beide Begriffe auf.

viele Berge	– Gebirge	viele Tiere	– Getier
viele Büsche	– Gebüsch	viele Knochen	– Gebeine
viele Äste	– Geäst	viele Federn	– Gefieder
viele Wasser	– Gewässer	viele Wolken	– Gewölk
viele Balken	– Gebälk		

Verben *(Edmund Wild)* *6–8*

„Vor- und Familiennamen"

Der Lehrer schreibt die Buchstabenreihe an.
Die Schüler raten
- wie der fehlende gemeinsame Wortteil heißt (Nr. 1: -agen),
- wie ein weiterer „Vorname" heißen könnte (Nr. 1: schl).

1.	w s tr kl j z fr r pl	schl	-agen
2.	wr s spr dr kl schw schl r d	br	-ingen
3.	w s st bl h z	tr	-inken
4.	w s st fl g	dr	-ehen
5.	w s l kr b schm	fl	-iegen
6.	w sch gr ver vern	m	-einen
7.	w sch f h ver	sp	-alten
8.	w kl n l m ankr	schn	-eiden
9.	w b kn schn pr h sch kr l	f	-allen
10.	w k	f	-ühlen
11.	w schm	kl	-ettern
12.	w n d r str	st	-ecken
13.	w sp bl verschw be ver	s	-enden

Imperative

Der Lehrer nennt den Infinitiv.
Die Schüler schreiben den Infinitiv und den Imperativ Singular auf.

geben – gib	sehen – sieh	brechen –brich	werden – werde
essen – iß	vergessen – vergiß	stechen – stich	sein – sei
sterben – stirb	messen – miß	werben – wirb	stehlen – stiehl
helfen – hilf	sprechen – sprich	befehlen – befiehl	haben – hab(e)
werfen – wirf	nehmen – nimm	lesen – lies	

Vorsilben

Der Lehrer nennt das Verb.
Die Schüler suchen möglichst viele passende Vorsilben.

kommen	ver-, her, vor-, hin-, be-, ent-, nach-, weg-, zu-, an
sagen	ver-, her-, vor-, hin-, be-, ent-, nach-, zu-, an-, auf-,
laufen	ver-, her-, vor-, hin-, be- (refl.), ent-, nach-, weg-, zu-, an-auf-

Stammformen

Der Lehrer nennt den Infinitiv.
Die Schüler schreiben die Stammformen auf.

Infinitiv	*Präsens*	*Imperfekt*	*Partizip Perfekt*	*Imperativ Singular*
betteln	bettelt	bettelte	gebettelt	bettele!
beten	betet	betete	gebetet	bete!
bitten	bittet	bat	gebeten	bitte!
bieten	bietet	bot	geboten	biete!
betten	bettet	bettete	gebettet	bette!
sein	ist	war	gewesen	sei!
denken	denkt	dachte	gedacht	denke!
halten	hält	hielt	gehalten	halte!
singen	singt	sang	gesungen	singe!
hängen	hängt	hing	gehangen	hänge! (intr.)

Komposita und versteckte Wortarten finden

Versteckte Pronomen, Artikel, Adverbien, Adjektive, Präpositionen *7–9*

Die folgenden spielerischen Übungen können einzeln eingesetzt werden, wenn das jeweilige grammatische Phänomen durchgenommen wurde. Etwa ab Klasse 7, wenn die Schüler einen Überblick über alle Wortarten haben, kann man sie kombiniert einsetzen, um Kenntnisse zu festigen.
Zum Ablauf: Jeweils vier Schüler setzen sich zusammen. Alle Gruppen erhalten gleichzeitig eine der folgenden Aufgaben. Der Auftrag besteht darin, in möglichst kurzer Zeit Wörter zu suchen, in denen verschiedene Wortarten in bestimmter Anzahl enthalten sind. Die drei Gruppen, die eine Aufgabe als erste gelöst haben, melden sich nacheinander und präsentieren dann ihre Ergebnisse. Ist die Aufgabe tatsächlich richtig gelöst, gibt es für jede dieser Gruppen einen Punkt. Dann wird die nächste Aufgabe gestellt. Es empfiehlt sich, die folgenden Übungen auf mehrere Schulstunden zu verteilen.

Sucht Wörter mit
- mindestens acht versteckten Präpositionen;
  z. B.: Amsel, stumpf, Mitte, beißen, raufen, übernachten, verbissen, Maus, vermindern, Mandeln (leichte Aufgabe)

- mindestens fünf versteckten Adjektiven;
  z. B.: verlangen, Schrotkugeln, Schwarm, er blieb, ablaufen, scheißen (leichte Aufgabe)
- mindestens fünf versteckten Adverbien;
  z. B.: verschlimmern, Datum, Softeis, niedlich, labern, Docht (relativ leichte Aufgabe, wenn der Unterschied zwischen Adjektiv, Adverb und Präposition hinreichend geklärt ist)
- mindestens sechs verschiedenen Personalpronomen im Nominativ;
  z. B.: Estrich, Dusche, Erde, sieben, Wirsing, Sieger (schwer zu finden ist ein Wort mit ihr; Aufgabe insgesamt relativ leicht)
- mindestens fünf verschiedenen Personalpronomen im Akkusativ;
  z. B.: Wunsch, verscheuchen, dichten, siegen, Westen (relativ leichte Aufgabe)
- zwei verschiedenen Reflexivpronomen im Dativ;
  z. B.: Mirabellen (schwer zu finden), Dirigent, beleuchten
- zwei verschiedenen Reflexivpronomen im Akkusativ;
  z. B.: Michael, Dichtung, Keuchhusten
- drei verschiedenen Possessivpronomen;
  z. B.: gemeinsam, teuer, auseinander, Abendeinkauf
- drei verschiedenen Frageadverbien;
  z. B.: Wertung, Wasser, Wogen
- alle drei bestimmten Artikeln im Nominativ und Dativ;
  z. B.: anders, verdienen, das Dasein, demnächst, verderben

Variation: Sucht innerhalb von ... Minuten ... versteckte Adjektive, Adverbien etc. in Texten eures Lesebuches.

Chemie für Anfänger – Komposita *(Peter Reul)* *5–7*

Ein Beispiel genügt, um den Schülern das Prinzip des Spiels zu verdeutlichen. Natürlich lassen sich die Aufgaben beliebig erweitern.

Gewinnung von Silber: Man nehme einen Silberlöwen und werfe ihn in einen See. Dann verbindet sich der See mit dem Löwen zum Seelöwen, und das Silber wird frei. Man wirft das Silber gegen eine Wandtafel. Es entsteht Tafelsilber; und die Wand wird frei. So geht es weiter.

Gewinnung von Eisen: Man pflücke Eisenhut ...
Gewinnung von Nickel: Man nehme eine Nickelbrille ...
Gewinnung von Blei: Man nehme eine Bleiente ...
Gewinnung von Gold: Man pflücke Goldlack ...
Gewinnung von Zinn: Man nehme einen Zinnsoldaten ...
Gewinnung von Senf: Man nehme ein Glas Löwensenf ...
Gewinnung von Nichts: Man nehme einen Habenichts ...

Sprach-Witze und -Rätsel

Palindrome 1 *(Edmund Wild)* *7–10*

Der Lehrer liest einen Zweizeiler vor.
Die Schüler erraten das Anagramm.

1. Von vorne preist es jedermann, REBE
   von hinten grunzt es alle an. EBER
2. Von vorne ist's dein höchstes Glück, LEBEN
   von hinten trübt es dir den Blick. NEBEL
3. Von vorn erinnert's dich ans Ende, SARG
   von hinten wächst es sehr behende. GRAS
4. Von vorne ist's die erste Frau, EVA
   von hinten klingt's im Kirchenbau. AVE
5. Von vorne stört's beim Kuß, REDE
   von hinten ist's ein Fluß. EDER
6. Von vorne wächst's dem Mann am Kinn, BART
   von hinten läuft das Pferd so hin. TRAB

7.	Von vorne kann's nur „Sprich!" bedeuten,	SAG
	von hinten kann es Licht verbreiten.	GAS
8.	Von vorn ist's eine Felderfrucht,	MAIS
	von hinten man's in Asien sucht.	SIAM
9.	Von vorne ist's ein störrisch Tier,	ESEL
	von hinten tu ich's grade hier.	LESE
10.	Von vorn ist's, was die Ritter haben,	BURG
	von hinten eine Form von „graben"	GRUB
11.	Von vorn gelesen, geht's uns schlecht,	NOT
	von hinten ist's der Musik recht.	TON
12.	Von hinten schmückt es jedes Haus;	ZIER
	von vorn übt's Wirkung auf mich aus.	REIZ
13.	So sollst du stets im Leben sein,	LIEB
	und damit hau dir nicht ins Bein!	BEIL
14.	Das erste drückt die Liebe aus,	ROT
	das zweite führt in unser Haus.	TOR
15.	Von vorne heißt's: „Das Geld gut hüte!"	SPAR
	von hinten: Pflanz mit gelber Blüte.	RAPS
16.	Das erste meint wohl: „Satt'le auf,	REIT
	und setz dich auf das zweite drauf!"	TIER
17.	Das erste steht beim Kauf dir bei,	MARK
	das zweite meint wohl: Allerlei.	KRAM

Befremdliche Fremdwörter *(Edmund Wild)* *7–9*

Der Lehrer diktiert die Verdeutschungen.
Die Schüler schreiben die Fremdwörter auf.

beobachten	– observieren	Gesichtskreis	– Horizont
treffstücken	– argumentieren	Tagleuchter	– Fenster
vervollständigen	– komplettieren	Schauburg	– Theater
vervielfältigen	– kopieren		
üben	– trainieren		
Nahrohr	– Mikroskop	Beizimmer	– Kabinett
Fernrohr	– Teleskop	Hochschule	– Universität
Tonfänger	– Mikrofon	Bücherei	– Bibliothek
Lichtbild	– Foto	Irrgarten	– Labyrinth
Briefwechsel	– Korrespondenz	Schauglas	– Spiegel
Kunstbutter	– Margarine	Lehrart	– Methode
Röstbrot	– Toast	Trauerspiel	– Tragödie
Spielzeit	– Saison	Lustspiel	– Komödie

Argwille	– Schikane	Schauspiel	– Drama
Gesichtserker	– Nase		
Kraftwagen-		Letzter Wille	– Testament
einstellhalle	– Garage	Verfasser	– Autor
Viertopfzerknall-	– Vierzylinder-	Sinngedicht	– Epigramm
treibling	motor	Dichter	– Poet
Dörrleiche	– Mumie		
Wirrwarr	– Konfusion		
Vertrag	– Kontrakt		
Tupfstrich	– Semikolon	Zweikampf	– Duell
Tupf	– Punkt	Sternwarte	– Observatorium
Doppeltupf	– Doppelpunkt	Gehsteig	– Trottoir
Beistrich	– Komma	Verständigung	– Kommuni-
			kation
Anschrift	– Adresse	Blutzeuge	– Märtyrer
Mundart	– Dialekt	Geschlechtswort	– Artikel
Wörterbuch	– Lexikon	Fürwort	– Pronomen
Zeitwort	– Verb	Zahlwort	– Numerale
Hauptwort	– Substantiv	Bindewort	– Konjunktion
Eigenschaftswort	– Adjektiv	Umstandswort	– Adverb
Befreiung	– Emanzipation	Verhältniswort	– Präposition
Gleichheit	– Parität	Ausruf	– Interjektion
Brüderlichkeit	– Solidarität	Mittelwort	– Partizip
Erdkunde	– Geographie	Satzgegenstand	– Subjekt
Sprachlehre	– Grammatik	Satzaussage	– Prädikat
anständig	– fair	Bahnhof	– Station
abgeklärt	– cool	Schnellzug	– Expreß
restlos	– total	Schranke	– Barriere
den Aufschlag		Wagen	– Waggon
durchbrechen	– breaken	Fahrkarte	– Billet
überprüfen	– checken		

„Chinesisch" *(Edmund Wild)* *5–6*

Der Urwald

Der Lehrer spricht (möglichst schnell) vor, die Schüler sprechen (ebenfalls schnell) nach.

Tick – der kleine Zeiger,
Tack – der große Zeiger,

Ticktack – die Uhr.
Tam – der Baum,
Tamtam – die Bäume,
Tamteramtamtam – der Wald.
Ticktacktamteramtamtam – der Urwald

LANG FING
Der Lehrer sagt das deutsche Wort, die Schüler raten das „chinesische" Worte.

Lang Fing	–	der Dieb
Lang Fing Fang	–	der Polizist
Lang Fing Fang Peng	–	die Dienstpistole
Lang Fing Fang Hau	–	der Polizeiknüppel
Lang Fing Fang Wau	–	der Polizeihund
Lang Fing Fang Kau	–	die Polizeikantine
Lang Fing Fang Sing	–	der Polizeichor
Lang Fing Fang Tip	–	das Polizeiprotokoll
Lang Fing King	–	der Bandenchef
Lang Fing Futsch	–	der flüchtige Dieb
Kit Chen	–	das Gefängnis
Ha Tschi	–	der Schnupfen
Do Ping	–	Trainingsersatz
Schar Ping	–	Politiker

Kuckuckseier *(Edmund Wild)* *5–7*
Der Lehrer diktiert eine Wortreihe.
Die Schüler schreiben sie ins Heft und unterstreichen das Wort, das nicht zu den anderen paßt.

1. Salz*hering* – Matjes*hering* – E*hering*
2. Türk*ei* – Mongol*ei* – Frühstücks*ei*
3. Hunde*rudel* – Wolfs*rudel* – Apfelst*rudel*
4. *Ahne* – Ur*ahne* – Schlags*ahne*
5. Fett*auge* – Falken*auge* – Seifen*lauge*
6. Eng*länder* – Nieder*länder* – Treppenge*länder*
7. Walzer*tanz* – Volks*tanz* – Dis*tanz*
8. Hasen*rücken* – Reh*rücken* – Pe*rücken*
9. Taschen*uhr* – Stand*uhr* – Müllabf*uhr*
10. Unter*teller* – Wand*teller* – Weichens*teller*
11. Seil*winden* – Motor*winden* – Versch*winden*
12. Steh*lampe* – Decken*lampe* – Sch*lampe*
13. Luft*post* – Brief*post* – Kom*post*

14. Fußball*tor* – Garten*tor* – Inspek*tor*
15. Pfeif*ton* – Hup*ton* – Kar*ton*
16. Kuh*stall* – Schweine*stall* – Kri*stall*

1. Ringfinger – *Langfinger* – Mittelfinger – Zeigefinger
2. Blasmusik – Popmusik – *Zukunftsmusik* – Hausmusik
3. Gartenhaus – *Kartenhaus* – Wohnhaus – Krankenhaus
4. Nahverkehrszug – Eilzug – *Luftzug* – Schnellzug
5. Lärchenholz – Eichenholz – Fichtenholz – *Kerbholz*
6. *Sündenregister* – Taufregister – Strafregister – Sterberegister
7. Husten – Schnupfen – Kopfweh – *Lampenfieber*
8. Leberwurst – Mettwurst – *Extrawurst* – Blutwurst
9. Fliegenpilz – *Glückspilz* – Steinpilz – Schimmelpilz
10. Handtuch – Taschentuch – Spültuch – *Hungertuch*
11. Laubwald – *Blätterwald* – Nadelwald – Mischwald
12. *Laufpaß* – Reisepaß – Impfpaß – Unfallpaß
13. Eichelhäher – *Pechvogel* – Blaumeise – Buchfink
14. Plattfuß – Tennisarm – *Dickschädel* – Krampfadern
15. Tintenfisch – Flußpferd – Fischotter – *Wasserratte*
16. Zitronengelb – *Eigelb* – Honiggelb – Sonnengelb
17. Zierfisch – Walfisch – *Backfisch* – Haifisch
18. Mückenstich – Dolchstich – Messerstich – *Bienenstich*
19. *Bücherwurm* – Bandwurm – Spulwurm – Regenwurm
20. Feldhase – Stallhase – *Angsthase* – Schneehase

Palindrome 2 *(Edmund Wild)* *5–7*

Der Lehrer liest die Wörter vor.
Die Schüler ziehen einen senkrechten Strich ins Heft und schreiben die Wörter symmetrisch auf.

Wörter	**Sätze**
1. EHE	Sagt Gas!
2. NUN	Egale Lage.
3. UHU	So lege los!
4. RAR	Tiere bereit?
5. TAT	Spart Raps!
6. TOT	Einehe? Ehe nie!
7. BOB	Ein Esel lese nie!
8. ESSE	Bei Liese sei lieb!
9. ELLE	Er habe nie eine Bahre.
10. EBBE	Regine, wette weniger!

11. EGGE
12. ANNA
13. OTTO
14. RADAR
15. KAJAK
16. NEBEN
17. STETS
18. NENNEN
19. RENNER
20. RETTER
21. TRABART
22. RENTNER
23. GNUDUNG
24. REITTIER
25. MARKTKRAM
26. LAGERREGAL
27. RELIEFPFEILER

Ts! Ein Rentner niest.
Die liebe Tote! Beileid!
Ella rüffelte Detlef für alle.
Tunk nie Anna ein, Knut!
Ein Examen? Ne, Maxe, nie!
Regal mit Sirup pur ist im Lager.
Neuer Dienst mag Amtsneid reuen.
Leg in eine so helle Hose nie 'n Igel!
Eine treue Familie bei Lima feuerte nie.
Tat er alkoholfrei? Er floh. O klare Tat!
Trug Tim eine so helle Hose nie mit Gurt?
Nie fragt sie: „Ist gefegt?" Sie ist gar fein.

Redensarten *(Edmund Wild)* *5–7*

Der Lehrer schreibt die Redensart auf eine Karte und gibt sie einem Schüler.
Der Schüler stellt die Redensart pantomimisch (oder zeichnerisch) dar. Die Klasse errät die Redensart. (Auch als Gruppenwettkampf – auf Zeit – möglich.)

1. die Welt aus den Angeln heben
2. in den sauren Apfel beißen
3. jemandem unter die Arme greifen
4. jemanden auf den Arm nehmen
5. etwas aus dem Ärmel schütteln
6. das Kind mit dem Bade ausschütten
7. jemandem einen Bären aufbinden
8. jemandem etwas auf die Nase binden
9. ein Brett vorm Kopf haben
10. unter einer Decke stecken
11. mit der Tür ins Haus fallen
12. aus allen Wolken fallen
13. sich mit fremden Federn schmücken
14. das Geld zum Fenster hinauswerfen
15. lange Finger machen
16. etwas an die große Glocke hängen

17. Der Groschen ist gefallen.
18. jemandem das Wort im Munde herumdrehen
19. etwas auf die hohe Kante legen
20. die Katze im Sack kaufen
21. mit dem linken Bein aufstehen
22. aus einer Mücke einen Elefanten machen
23. den Nagel auf den Kopf treffen
24. sich etwas hinter die Ohren schreiben
25. der Mutter wie aus dem Gesicht geschnitten sein
26. sich eine Scheibe abschneiden
27. etwas auf die lange Bank schieben
28. jemandem Beine machen
29. einen Streit vom Zaun brechen
30. nicht von schlechten Eltern sein

Lexikonspiel *(Peter Reul)* *7–10*

Benötigt wird ein Fremdwörterbuch. (Notfalls tut es auch der Rechtschreibduden.) Ein Schüler sucht einen Begriff heraus, von dem er annimmt, daß niemand dessen Bedeutung kennt. Jeder Schüler schreibt nun eine mögliche und wahrscheinlich klingende Definition dieses Begriffs auf einen Zettel. Der erste Schüler schreibt aus dem Fremdwörterbuch die richtige Definition auf. Alle Zettel werden eingesammelt und numeriert. Anschließend liest der erste Schüler der Reihe nach die Definitionen vor. Danach wird abgestimmt: Welche Definition war die richtige? Derjenige, dessen Definition von den meisten gewählt wurde, bekommt einen Punkt. (Man kann zusätzlich noch einen Originalitätspunkt für die witzigste Definition vergeben.) Nun ist der nächste Schüler an der Reihe usw.

Es ist immer wieder überraschend,
- wie viele Begriffe es gibt, die man noch nie gehört hat;
- wie leicht man durch eine wissenschaftlich klingende, gut formulierte Definition andere täuschen kann;
- wieviel kreative Phantasie durch solche unbekannten Fremdwörter freigesetzt wird.

4. Methodische Bausteine – fast überall einsetzbar

Schulischer Unterricht droht immer wieder in eine Monokultur des bloßen Redens abzugleiten. Wenn Schüler unruhig und unkonzentriert sind, ermahnen Lehrer sie mit Worten. Dabei gäbe es spielerische Alternativen, mit denen man auf das Problem effektiver reagieren könnte. Und auch wenn es um die eigentlichen Inhalte des Unterrichts geht, wie um das Erzählen, Beschreiben oder Erörtern, dann sind – neben dem Reden – spielerische, aktionale und visuelle Mittel der Unterrichtsgestaltung oft sehr hilfreich. Dazu einige Vorschläge.

Ideen für Konzentrationsspiele

Aufstehen/Setzen *5–7*

Dieses Spiel ist in jüngeren Klassenstufen jederzeit einsetzbar, auch mitten in einer laufenden Unterrichtsstunde. Es führt dazu, daß die Schüler für eine gewisse Zeit einen zusätzlichen Aufmerksamkeitsimpuls erhalten. Vereinbart werden zwei Wörter; bei dem einen (z. B. „aber") müssen alle aufstehen, bei dem anderen (z. B. „ja") sollen sich alle wieder setzen. Sobald eines dieser Wörter im laufenden Unterrichtsgespräch auftaucht, sollen alle Schüler sofort aufstehen bzw. sich hinsetzen. Haben sich die Schüler wieder mehr auf die gemeinsame Sache konzentriert – und von Nebenaktivitäten abgelassen –, kann das Spiel ausgesetzt werden, und der Unterricht läuft normal weiter.

Silbenrätsel *5–7*

Fünf Schüler verlassen mit einem Zettel die Klasse, auf dem der Lehrer ein fünfsilbiges Wort notiert hat, das etwas mit der kommenden Stunde zu tun haben kann. Draußen übernimmt jeder eine Silbe. Zurück in der Klasse, sagen alle fünf gleichzeitig ihre Silbe. Die anderen sollen das gesamte Wort möglichst schnell „herauszuhören".

Pimperle *5–7*

Dieses Konzentrationsspiel ist für den Stundenanfang in jüngeren Klassen geeignet, um alle möglichst rasch auf eine gemeinsame Sache zu konzentrieren. Es kann insbesondere dann eingesetzt werden, wenn in den ersten Minuten in der Klasse eine große Unruhe herrscht. Der Lehrer stellt sich so, daß er von allen Schülern gut gesehen werden kann; ein Tisch muß in der Nähe sein. Die Klasse soll sich zunächst auf das konzentrieren, was der Lehrer mit den Händen macht:

- Er trommelt mit beiden Zeigefingern leicht und in hohem Tempo auf den Tisch; dieses Spielelement heißt „Pimperle".

Weitere Elemente sind:
- „Flach“: beide Hände werden flach auf den Tisch geschlagen;
- „Huf“: die Hände werden zur Faust geballt auf den Tisch geschlagen;
- „Doppelhuf“: die linke Faust wird auf den Tisch geschlagen, die rechte Faust gleichzeitig auf die linke gesetzt.

Die Spielelemente werden in raschem Wechsel vom Spielleiter (Lehrer) angesagt und ausgeführt. Die Schüler ahmen alles möglichst rasch nach. Wer zu lange zögert, scheidet aus dem Spiel aus.
Spannend wird es, wenn der Spielleiter nicht mehr das tut, was er sagt, wenn er also z. B. die Hände auf den Tisch legt und „Pimperle“ sagt. Hier sollen die Schüler nur das tun, was der Spielleiter sagt – und sich nicht von dem irritieren lassen, was er tut. In dieser Phase des Spiels ist eine starke Konzentration der Schüler gefordert. Wieder scheiden diejenigen aus, die die falschen Bewegungen machen. Nach einigen Minuten wird das Spiel abgebrochen; der Unterricht beginnt.

Eine Ente *5– 7*

Auch dieses Spiel eignet sich dazu, zu Beginn der Stunde rasch eine Konzentration auf die Gesamtgruppe zu bewirken. Die Schüler sprechen der Reihe nach Elemente eines Satzes, der in variierter Form wiederholt wird. Er lautet (Sprecherwechsel an den markierten Stellen):
„Eine Ente,/ zwei Beine,/ fallen ins Wasser,/ plumps!“
Weiter geht es mit:
„Zwei Enten,/ vier Beine,/ fallen ins Wasser,/ plumps, plumps!“
„Drei Enten,/ sechs Beine,/ fallen ins Wasser,/ plumps,/ plumps,/ plumps!“

Der Lehrer geht durch die Klasse und zeigt in möglichst rascher Folge auf denjenigen Schüler, der das nächste Satzelement sagen soll, ohne daß eine Pause entsteht. Wer sich vertut, wer ein Element des Satzes ausläßt, die falsche Zahl oder ein „plumps“ zuviel sagt, scheidet aus. Besonders bei höheren Zahlen („Fünf Enten ...“) gibt es in jedem Satz zwei Elemente, bei denen die Schüler ganz besonders aufpassen müssen, um nicht etwas Falsches zu sagen: Sie müssen den ganzen Prozeß genau verfolgen, um im *ersten Satzelement* die richtige Zahl zu treffen. Tückisch ist auch der *Schluß des Satzes;* hier ist bei höheren Zahlen in der Eile manchmal nicht mehr schnell genug nachzuvollziehen, ob die nötige Anzahl von „plumps“ bereits gesagt worden ist, ob also ein neuer Satz begonnen werden muß. Wenn hierbei ein Fehler gemacht wurde, beginnt das Spiel wieder von vorne: „Eine Ente, zwei Beine ...“. Nach einigen Minuten, wenn die Klasse insgesamt konzentriert mitspielt, kann das Spiel beendet werden; der Unterricht beginnt.

Klamotten-Kim *5–7*

Als kurze Unterrichtsunterbrechung mit dem Effekt der Konzentrationsförderung dient folgende Übung: Drei Schüler kommen vor die Klasse; ihre Kleidung und alles, was sie sonst noch am Körper tragen, wird genau betrachtet. Die drei gehen dann kurz (für eine halbe Minute) aus dem Raum und verändern dabei geringfügig ihr Aussehen. (Eine steckt einer anderen ihren Ring an den Finger. Einer knüpft die Schnürsenkel doppelt. Zwei tauschen ihre Pullover.) Während dessen spekulieren die anderen, was vor der Tür wohl verändert wird. Anschließend kommen die drei Schüler wieder in die Klasse. Alle haben eine halbe Minute Zeit, die Änderungen zu ermitteln. Die drei setzen sich; und einige versuchen, genau zu beschreiben, welche Änderungen vorgenommen worden sind.

Ideen zur Gruppenaufteilung

Gruppenarbeit? Schön und gut, aber wenn die Schülerinnen und Schüler sich aus eigenen Stücken zusammenfinden, gibt es oft problematische Zusammensetzungen; und immer nur mit der Abzählmethode geht es auch nicht. Was also tun? Die folgenden Vorschläge sind zum Teil ad hoc ohne große Vorbereitung realisierbar; zum Teil erfordern sie aber auch etwas Vorarbeitung.

Tierfamilien *5–8*

Der folgende Zettel wird so ergänzt, daß die Anzahl der Schüler in der Klasse genau erreicht wird. Anschließend wird er in die einzelnen Elemente zerschnitten.

Hund	Katze	Schwein	Pferd	Vogel	...
Hund	Katze	Schwein	Pferd	Vogel	
Hund B.	Katze B.	Schwein B.	Pferd B.	Vogel B.	
Hund	Katze	Schwein	Pferd	Vogel	
...	...	...	...	...	

Jeder zieht ein Element, nimmt den Inhalt kurz zur Kenntnis und verharrt schweigend. Auf ein Kommando hin machen sich alle „Tiere“ mit den ihnen eigenen Lauten bemerkbar. In möglichst kurzer Zeit sollen sich die jeweiligen Tiergruppen gefunden haben. Alle „Hunde“ bilden eine Gruppe, alle „Katzen“ ebenfalls, etc. Wer einen Zettel mit einem „B.“ gezogen hat, ist verpflichtet, über die Ergebnisse der Gruppenarbeit im anschließenden Plenum zu berichten.

Gruppen riechen *5–10*

Jeder Schüler zieht einen Streifen Papier. Außer den Gruppenaufträgen tragen die Streifen eine weitere Information: Sie sind an einer Stelle mit Gerüchen versehen (Essig, Deo, Maggi etc.). Alle mit ein und demselben Geruch gehören in eine Gruppe. Die Schüler erriechen ihre Gruppe.

Moleküle *5–10*

Alle bewegen sich nach Musik durch den Raum. Sobald die Musik stoppt, ruft der Lehrer eine Zahl, z. B. vier. Dann müssen sich alle so schnell wie möglich – wie Atome – zu einer Gruppe mit entsprechender Größe zusammenschließen. Wird die Musik fortgesetzt, müssen sich die Mitglieder einer Gruppe wieder trennen und in verschiedene Richtungen in den Raum laufen. Die Gruppen können sich mehrmals neu finden, bis der Lehrer eine günstige Zusammensetzung entdeckt.

Namen ziehen *(nur für Partnerarbeit geeignet)* *5–13*

Eine Hälfte der Klasse, des Kurses schreibt ihre Namen einzeln auf Zettel. Jeweils einer aus der zweiten Hälfte zieht einen Zettel.

Ideen zur Gesprächs- und Erzählkultur

Der Fragenwürfel – Miteinander ins Gespräch kommen *9–13*
(Michael Sandmann)

Die Mitglieder einer Gruppe sollen bei diesem Spiel die Einstellungen und Meinungen der anderen kennenlernen und ihre eigenen mitteilen. Das Spiel kann sowohl als lockerer Einstieg als auch zum intensiveren Kennenlernen zwischendurch oder bei Konflikten eingesetzt werden.
Vorbereitung: Aus fester Pappe einen Würfel mit einer Kantenlänge von 15 bis 20 cm herstellen und mit weißem Papier bekleben. Der Würfel kann mehrmals benutzt werden, indem man das Papier nach Gebrauch abzieht oder frisches darüberklebt.
Erste Spielphase: Die Gruppe setzt sich in einem Stuhlkreis zusammen, und alle Teilnehmer (der Gruppenleiter kann mitmachen) überlegen sich je nach Größe der Gruppe zwei bis fünf Fragen der Art:

- Wie gehst Du mit Liebeskummer um?
- Was hältst Du von Kriegsdienstverweigerern?
- Sind Deine Eltern oder Deine Lehrer ein Vorbild für Dich?
- Was kann Dich so richtig wütend machen?
- Kannst Du von Dir sagen: „Ich habe Zeit.“? ...

Sie schreiben die Fragen vermischt auf die sechs Würfelflächen. (Auf jede Seite passen ungefähr zehn Fragen.)
Zweite Spielphase: Der Spielleiter würfelt einem Teilnehmer den Würfel vor die Füße. Dieser wählt sich eine der Fragen aus, die auf der obenliegenden Würfelfläche stehen, und beantwortet sie möglichst ausführlich. Jeder andere Teilnehmer kann danach Rückfragen an den Erzähler stellen. Wenn keiner mehr Fragen stellen will, würfelt der Erzähler einen anderen Teilnehmer an, der eine andere Frage beantwortet, usw.
Es besteht keine Antwortpflicht. Wer von den obenliegenden Fragen keine beantworten will, muß aber als Ausgleich eine neue Frage auf diese Seite schreiben. (Das kommt erfahrungsgemäß selten vor.)
Das Spiel kann in der gleichen Gruppe mit den gleichen oder neuen Fragen wiederholt werden. Als Zeitraum sollte eine Doppelstunde angesetzt werden.

Domino-Kärtchen – Erörtern *8–11*

Dieses Verfahren ist als Einstieg in eine Erörterung geeignet. Diskussionen in der Klasse bzw. im Kurs werden spielerisch belebt und strukturiert. Grundlage des Spiels sind Karten, die – wie Domino-Steine – in zwei gleichgroße Hälften unterteilt werden. Der Lehrer oder auch eine vorbereitende Gruppe von Schülern sammelt zum anstehenden Thema,

z. B. „Drogen“, zunächst mögliche Ursache- und Wirkungsfaktoren in Form von Stichworten. Mögliche Ursache-/Wirkungs*zusammenhänge* werden dann jeweils in zwei Stichworten auf den „Domino-Steinen“ notiert (am besten mit dickem Stift auf größere Blätter). Dabei können ganz unterschiedliche Kombinationen gewählt werden.

Beispiele:

Vernachlässigung durch Eltern	Orientierungs-losigkeit
Orientierungs-losigkeit	erhöhte Risikobereitschaft
Gruppendruck	Ausprobieren von Drogen
Langeweile	Neugierde
Neugierde	Ausprobieren von Drogen
Abhängigkeit	Verlust der bisherigen Freunde

Ein Kärtchen wird – wie im Domino-Spiel – doppelt beschriftet:

Ausprobieren von Drogen	Ausprobieren von Drogen

Von diesen „Domino-Steinen“ dürfen kleinere Gruppen eine gewisse Anzahl ziehen. Diejenige Gruppe, welche die doppelt beschriftete Karte erhalten hat, beginnt das Spiel: Diese Karte wird mit Klebestreifen an der Tafel oder Wand befestigt. Der Lehrer fragt nun, ob eine Gruppe – ähnlich wie beim Domino-Spiel – in irgendeine Richtung eine Karte anlegen möchte. Dazu muß die Gruppe begründen, wie sie den auf ihrer Karte notierten Zusammenhang zwischen einer Ursache und einer

Wirkung sieht. Die anderen Gruppen können die Erklärung dieser Gruppe ergänzen oder auch gegenteilige Ansichten vertreten. Die Karte wird nur dann angelegt, wenn die Klasse insgesamt zu dem Ergebnis kommt, daß der behauptete Zusammenhang wirklich existiert. Ist dies nicht der Fall, geht die Karte zunächst wieder an die Gruppe zurück, und eine andere Gruppe kann versuchen, eine ihrer Karten anzulegen. Zum Schluß ergibt sich eine längere Ursache-Wirkung-Kette zum anstehenden Thema.

Vermieter etc. – Argumentieren/überzeugen *7–10*

Argumentationsübungen lassen sich oft sinnvoll als Rollenspiele gestalten. Dazu können folgende Situationen vorgegeben werden:

- Ein Ehepaar, etwa 50, vermietet eine frei gewordene Wohnung. Nacheinander erscheinen
  - eine alleinerziehende, berufstätige Mutter mit einem vierjährigen Kind;
  - ein Rentnerehepaar mit einem Hund;
  - ein leitender Angestellter mit Frau und Kind;
  - drei Studentinnen, die eine Wohngemeinschaft bilden wollen;
  - eine dreißigjährige Frau, die in einem Zimmer der Wohnung ein Nagelstudio betreiben will;
  - der Vertreter eines kirchlichen Heimes für leicht behinderte Jugendliche, der Raum für eine betreute Wohngemeinschaft sucht.
- In einer Zeitungsredaktion ist die Stelle eines Reporters frei geworden. In einem Gespräch mit dem Verlagsleiter bewerben sich mehrere Personen, deren Rollen von der Klasse selbst überlegt werden können.
- Acht Schüler aus einer Klasse bewerben sich darum, an einer Austauschfahrt der Schule nach Frankreich/England teilnehmen zu dürfen. Es können aber nur fünf mitfahren. In Gesprächen mit dem verantwortlichen Lehrer versuchen sie, sich einen Platz zu sichern.

Reporter – Beschreiben/Sprachflüssigkeit fördern *5–7*

Das Verfahren trainiert die Sprachgewandtheit und Sprachflüssigkeit insbesondere jüngerer Schüler. Es macht besonders dann Sinn, wenn in der Klasse viele Schüler „den Mund nicht aufbekommen". Der Lehrer besorgt Videoaufzeichnungen von Fernsehsendungen, die aktionsorientiert sind: am besten Spielfilme, schwieriger sind Sportreportagen. Die Klasse geht in einen Videoraum. Dort werden die Aufzeichnungen präsentiert – jedoch ohne Ton. Ein Schüler kommt nach vorne und kommentiert das Geschehen, das die Klassenkameraden gleichzeitig

sehen können. Dazu kann er ein – imitiertes – Mikrophon in der Hand halten. Es geht darum, die am Bildschirm zu sehenden Abläufe möglichst genau und anschaulich in Worte zu fassen. Die übrige Klasse kann ab und zu die Augen schließen, um zu prüfen, ob das Geschehen wirklich präzise genug beschrieben wird. Nach wenigen Minuten werden die Rollen gewechselt: Der Reporter setzt sich, und ein anderer tritt in Aktion. In einem Gespräch wird geklärt, was die „Reporter" an ihrer Darstellungsweise noch verbessern könnten. Bleibt noch etwas Zeit, können zum Schluß Ausschnitte aus den Spielfilmen, Sportreportagen etc. mit Originalton präsentiert werden.
Vgl. Jürgen Fritz: Mainzer Spielkartei, Matthias-Grünewald-Verlag, Mainz

Eine einfache Zeichnung – Beschreiben *6–8*

Mit diesem Verfahren läßt sich die Genauigkeit von Beschreibungen mündlich trainieren. Ein Schüler kommt vor die Klasse und erhält eine relativ einfache Zeichnung, die er zunächst keinem zeigen darf. Diese soll er seinen Mitschülern, die mit Blatt und Bleistift versorgt an ihren Tischen sitzen, möglichst genau und möglichst vollständig beschreiben. Die Zeichnung soll nämlich „kopiert" werden, ohne daß die Zeichner die Vorlage zu Gesicht bekommen. Ist die mündliche Beschreibung beendet, werden Original und „Kopien" miteinander verglichen. Der Lehrer wirft die Frage auf, wie die erkennbaren Abweichungen zustande gekommen sind und durch welche zusätzlichen Beschreibungsanstrengungen sie hätten vermieden werden können. Die Beschreibungsübung kann – mit jeweils neuen Zeichnungen – mehrmals wiederholt werden.

In sich versunken – Gespräche anfangen *5–8*

Diese Übung ist besonders in den Klassen 7 und 8, aber auch bereits in 5 und 6 sinnvoll. Es geht darum, jemanden gesprächsbereit zu machen, der völlig in sich versunken ist, der – die Augen geschlossen – am Boden kauert, den Kopf auf die Knie gelegt hat, mit den Armen die Beine umklammert und von der Welt nichts mehr hören und sehen will. Dies kann aus verschiedenen Gründen so sein: Man ist enttäuscht, beleidigt, man trauert. Lehrer und Klasse einigen sich zunächst auf ein Gefühl (z. B. Enttäuschung). Dazu wird gemeinsam eine konkrete Situation ausphantasiert, in der jemand sehr enttäuscht sein könnte. Drei Schüler kommen dann vor die Klasse und setzen sich in der oben beschriebenen Körperhaltung vor die Klasse. Drei Rollenspiele beginnen. Jeweils einer aus der Klasse hat die Aufgabe, mit einem der drei „Enttäuschten" (Beleidigten, Trauernden) ein Gespräch anzufangen. Diese sollen so lange in sich versunken bleiben, wie sie auch in einer entsprechenden Realsituation nicht auf das Gesprächsangebot reagieren würden. Die Gesprächsanbahnungen können durchaus mehrere Minuten dauern. Kommt ein Gespräch in Gang, wird es nach zwei, drei Minuten abgebrochen. Nach den drei Vorführungen zu einem „Fall" werden die Ergebnisse miteinander verglichen. Im Unterrichtsgespräch kann geklärt werden, warum es vielen Menschen nicht gelingt, solche Situationen angemessen zu bewältigen.

Meine Figur – Sich in ein Thema hineinerzählen *8–10*

Nehmen wir an, Lehrer und eine Klasse 8, 9 oder 10 haben sich für die nächsten Wochen auf ein aktuelles Problemfeld geeinigt, mit dem sie sich lesend, schreibend und besonders diskutierend auseinandersetzen wollen. Als Einstieg wählen sie das Verfahren „Meine Figur soll Hauptfigur werden". Alle Schüler der Klasse werden aufgefordert, in Stichworten eine Figur für eine Kurzgeschichte zu entwerfen, die mit dem vereinbarten Problemfeld etwas zu tun haben soll. Diese Figuren werden dann anhand der Stichworte alle mündlich vorgestellt. Hieran schließt sich ein ausführliches Gespräch über die Erzählanreize an, die in verschiedenen Figurenentwürfen stecken. Die Vorschläge werden in diesem Gespräch z. T. erheblich weiterentwickelt. Schließlich wählt sich jeder eine der vorgestellten Figuren aus, macht sie zur „Hauptfigur" und schreibt – evtl. als Hausaufgabe – zu ihr eine Geschichte. Dabei können durchaus mehrere Schüler ein und denselben Vorschlag wählen. Dies ist sogar besonders spannend, da man anschließend die ganz unterschiedlichen Ausführungen vergleichen kann. Die Geschichten werden vorgelesen und sind Ausgangspunkte für thematische Erörterungen.
Vgl. dazu: Mechthild Uhle: Elemente geselliger Bildung beim kreativen Schreiben. In: Praxis Deutsch, Heft 119, S. 43

Eine Geschichte in drei Stilarten – Erzählen *8–12*
(Anne Schabhüser)

Die Klasse teilt sich in drei Gruppen auf. Jede Gruppe entscheidet sich für den Geschichtentyp, den sie mündlich erzählen will: Kriminal-, Liebes- oder Horrorgeschichte. Eine Schülerin oder die Lehrerin erzählt den ersten Satz der Geschichte.
Beispiele:
„Der Mond verschwand gerade hinter einer Wolke, als auf dem Kiesweg im nächtlichen Schloßpark plötzlich Schritte erklangen."
„Die schöne junge Frau stand wartend am Fenster, da öffnete sich hinter ihr leise die Tür, und ..."
„Vor langer, langer Zeit stand am Rand des großen Waldes ein Haus, von dem ihr heute nur noch die Ruinen seht; hier trug sich die Geschichte zu, die ich erzählen will."

Danach – oder auch an einer geeigneten Stelle mitten im Satz – gibt die Lehrerin einer Gruppe den Einsatz zum Erzählen. Diese erzählt die Geschichte in der von ihr gewählten Stilart weiter, läßt also z. B. die Liebesgeschichte ihren Lauf nehmen.
Mitten im schönsten Geschehen unterbricht die Lehrerin und gibt den Einsatz zum Erzählen an die nächste Gruppe weiter, die sofort den Erzählfaden auf ihren Geschichtentyp umspinnen muß, also z. B. aus dem Geschehen der Liebesgeschichte nun ein Horrorszenario werden läßt. Die Lehrerin kann den Erzähl-Einsatz beliebig weitergeben: mitten im Satz, nach einem abgeschlossenen Satz, nach ganzen Erzählabschnitten, an einer besonders spannenden Stelle, an einer Stelle, die für die nächste Gruppe besonders unpassend ist und deshalb ihre ganze Erzählkunst fordert, nach nur wenigen Worten usw. Es kommt also für jede Geschichtengruppe, sobald sie den Einsatz erhalten hat, darauf an, die Erzählhandlung sofort mit geeigneten Stilmitteln ihrem Geschichtentyp anzupassen. Dabei muß natürlich der Zusammenhang mit dem vorher Erzählten gewahrt bleiben, ein Spannungsbogen aufgebaut und auf einen Höhepunkt hin erzählt werden.
Die Einsätze zum Erzählen werden so lange immer wieder an eine andere Gruppe weitergegeben, bis eine Gruppe die Geschichte beendet.

5. Bewerten, benoten

Mit Schülerinnen und Schülern Noten finden

(Rolf Keuchen)

Wichtig ist, daß den Schülerinnen und Schülern aller Altersstufen die Kriterien bekannt sind, nach denen ihre Arbeiten beurteilt werden. Diese Kriterien schreibe ich oft in der letzten Übungsstunde vor der Arbeit an die Tafel oder – noch besser – lasse sie von den Schülerinnen und Schülern selbst ermitteln. Das ist zugleich eine gute Lernerfolgskontrolle.
Anhand solcher Kriterien lassen sich relativ leicht Notenbegründungen erstellen; vorgelesene Arbeiten können die Schülerinnen und Schüler selbst einstufen. Es ist auch möglich, Klassenarbeiten abzutippen und diese detailliert (auch im Hinblick auf Rechtschreibung, Zeichensetzung und Grammatik) korrigieren, beurteilen und benoten zu lassen.

Notenbegründungen

Beispiele für Notenbegründungen in der Sekundarstufe I

Claudia, es hat großen Spaß gemacht, Deinen Aufsatz zu lesen. Du hast eine ganze Reihe interessanter Gedanken entwickelt und sie klar zum Ausdruck gebracht. Deine Arbeit zeigt, daß Du Dich intensiv auf den Text eingelassen hast.

sehr gut

Isabel, den vorgelegten Text hast Du gut erfaßt und weitgehend korrekt kommentiert. Deine Untersuchungsergebnisse hast Du in der Regel angemessen in Worte fassen können. Die Gedankenfolge ist schlüssig aufgebaut. Im Schlußteil ist die Analyse etwas zu knapp geraten.

gut

Jochen, Du bist zu einer Reihe guter Ergebnisse gekommen, Du hast das Thema aber nicht erschöpfend behandelt. Viele Deiner Gedanken sind überzeugend, aber Du hast sie noch nicht immer sinnvoll verknüpft. Insgesamt solltest Du die Darstellung (Stil, Rechtschreibung) noch verbessern und demnächst versuchen, Deine Gedanken mehr zu entfalten.

befriedigend

Pascal, Dein Aufsatz enthält einige korrekte Angaben; andere Stellen zeigen jedoch, daß Du Dich nur oberflächlich mit der Textvorlage beschäftigt hast. Auf S. ... reihst Du einiges bezugslos aneinander; hier bist Du von der gewünschten Aufsatzform noch weit entfernt. Insgesamt hast Du Deine Einsichten noch nicht überlegt genug darstellen können. Versuche einmal, vor der Niederschrift Deiner Arbeit die Gedanken auf einem Blatt stichpunkthaft zusammenzustellen und zu ordnen. Nach wie vor machst Du zu viele Formfehler.

ausreichend

Katrin, Deine Kommentierung des Textes enthält einige – wenige – korrekte Ansätze; leider bist Du über solche Denkansätze aber nicht hinausgekommen. Insgesamt verfährst Du sehr sprunghaft. Du solltest Dir einen groben Plan machen, bevor Du mit dem Schreiben des Aufsatzes beginnst. Einige Deiner Einsichten zeigen, daß Du bei sinnvollerer Nutzung der Zeit zu besseren Ergebnissen kommen könntest.

schwach ausreichend

Nadine, Dein Aufsatz ist relativ lang. Leider enthält er aber nicht genügend analytische Ergebnisse. Oft stellst Du nur Behauptungen auf, ohne sie zu begründen. Viele Deiner Aussagen bleiben zu oberflächlich, sind widersprüchlich oder unlogisch konstruiert. Demnächst solltest Du Deine Überlegungen mehr ordnen, bündeln und gedanklich miteinander verknüpfen. Manchmal verlierst Du den Überblick über Deine Satzkonstruktionen. Da Dir sehr viele Rechtschreib- und Zeichensetzungsfehler unterlaufen sind, mußte ich zwei Punkte abziehen.

mangelhaft

Beispiele für Notenbegründungen in der Sekundarstufe II

Die folgenden Notenbegründungen und Arbeitshinweise wurden für Klausuren der Sekundarstufe II entwickelt. Sie sind vielleicht ausführlicher als üblich. Aber sie machen – auf Dauer gesehen – keineswegs mehr Arbeit, im Gegenteil. Da dieses Verfahren auf Textbausteinen beruht, erlaubt es eine vergleichsweise präzise und zugleich rasche Beurteilung. Und die Schülerinnen und Schüler, die solche Notenbegründungen und Hinweise erhalten, wissen vielleicht eher, woran sie sind.

Liebe Melanie,
Du hast Dich mit dem Text *kenntnisreich und gründlich* auseinandergesetzt und seine Aussageabsichten dabei *voll* erfaßt. Das nötige Kontextwissen hast Du *ausführlich und textbezogen* eingebracht. Die Ergebnisse Deiner *sehr reflektierten, den Textauszug gedanklich sehr gut rekonstruierenden, materialreichen* Analyse hast Du in einer *sinnvollen* Gedankenfolge dargestellt. Dabei hast Du eine *meist differenzierte, an wenigen Stellen noch ungeübte* Sprache verwendet. Die im Unterricht erarbeiteten Aspekte der Textgestaltung hast Du *bis auf eine Ausnahme angemessen* umsetzen können. Den Aufsatztyp, der sich aus der Aufgabenstellung ergibt, hast Du *genau* getroffen.

Note: 1–

Dein persönliches Arbeitsprogramm für die nächste Zeit:
Du kannst Dich verbessern, indem Du
- einige Bereiche der *Zeichensetzung* (z. B. Komma vor „und“) übst (Titelliste bei mir erhältlich). (10)

Lieber Tobias,
Du hast Dich mit dem Text *teilweise gründlich* auseinandergesetzt und seine Aussageabsichten dabei *zufriedenstellend* erfaßt. Das nötige Kontextwissen hast Du *noch ohne eine gedankliche Verknüpfung mit der Textvorlage* eingebracht. Die Ergebnisse Deiner *den Text im Kern treffenden, gedanklichen aber z. T. noch zu wenig entfalteten und*

zugespitzten Analyse hast Du in einer *weitgehend angemessenen, an mehreren Stellen jedoch noch sprunghaften* Gedankenfolge dargestellt. Dabei hast Du eine *z. T. saloppe, aber auch die Fachterminologie sinnvoll nutzende* Sprache verwendet. Die im Unterricht erarbeiteten Aspekte der Textgestaltung hast Du *zufriedenstellend* umsetzen können. Den Aufsatztyp, der sich aus der Aufgabenstellung ergibt, hast Du *im wesentlichen* getroffen.

Note: 3 –

Dein persönliches Arbeitsprogramm für die nächste Zeit:
Du kannst Dich verbessern, indem Du
- übst, den Anforderungen des verlangten *Aufsatztyps* (noch) besser zu entsprechen (vgl. Lehrbuch); (0)
- übst, mehr *Textbelege* zu verwenden und die zitierten Textstellen intensiver auf einen übergeordneten Gedanken zu beziehen; (3)
- übst, analytische Einzelergebnisse *gedanklich besser miteinander zu verknüpfen* und Überleitungen zu formulieren, so daß ein Text „wie aus einem Guß“ entsteht (Übungsmaterial zu gedanklichen „Gelenkstellen“ bei mir erhältlich); (6b)
- einige Bereiche der *Zeichensetzung* (z. B. Komma bei erweitertem Infinitiv, vor „und“ sowie bei HS/NS) übst (Titelliste bei mir erhältlich); (10)
- das Verfahren des *Zitierens* noch einmal übst (Titelliste bei mir erhältlich); (12)
- vor Abgabe den Aufsatz intensiver auf Fehler durchsiehst. (14)

Lieber Andreas,
Du hast Dich mit dem Text *nur ansatzweise* auseinandergesetzt und seine Aussageabsichten dabei *nicht immer genau genug* erfaßt. Das nötige Kontextwissen hast Du *leider nicht* eingebracht. Die Ergebnisse Deiner *zu sehr auf einige Aspekte reduzierten, oft zu wenig auf den Punkt gebrachten, z. T. auch von der Textvorlage abschweifenden, z. T. auch redundanten* Analyse hast Du in einer *manchmal eher stichpunkthaften, z. T. sprunghaften* Gedankenfolge dargestellt. Dabei hast Du eine *nicht immer klare, syntaktisch z. T. defizitäre, die Fachterminologie leider zu sehr ausklammernde* Sprache verwendet. Die im Unterricht erarbeiteten Aspekte der Textgestaltung hast Du *in Ansätzen* umsetzen können. Den Aufsatztyp, der sich aus der Aufgabenstellung ergibt, hast Du *teilweise* getroffen. Punktabzug wegen zu vieler Formfehler.

Note: 5

Dein persönliches Arbeitsprogramm für die nächste Zeit:
Du kannst Dich verbessern, indem Du

- übst, Texte (noch) *gründlicher und umfassender zu analysieren;* (1)
- übst, mehr *Textbelege* zu verwenden und die zitierten Textstellen intensiver auf einen übergeordneten Gedanken zu beziehen; (3)
- Dich in Hausaufgaben und Unterrichtsgesprächen gezielt darum bemühst, die im Unterricht erarbeiteten analytischen *Fachbegriffe* (noch) intensiver und präziser anzuwenden; (4)
- durch das studierende Lesen entsprechender Fachtexte Dein *Darstellungsvermögen* verbesserst (Lektüreempfehlungen für die Bibliothek bei mir erhältlich); (5)
- übst, analytische Einzelergebnisse *gedanklich besser miteinander zu verknüpfen* und Überleitungen zu formulieren, so daß ein Text „wie aus einem Guß" entsteht (Übungsmaterial zu gedanklichen „Gelenkstellen" bei mir erhältlich); (6b)
- bei der Verknüpfung von Aussagen mehr auf die *logische Schlüssigkeit* achtest (Übungsmaterial bei mir erhältlich);
- Übungen machst, um die Genauigkeit und Variation des Ausdrucks zu verbessern (s. z. B. Schülerduden „Die richtige Wortwahl"); (8)
- einige Bereiche der *Rechtschreibung* (z. B. das/daß, Groß- und Kleinschreibung) übst (Titelliste bei mir erhältlich); (9)
- einige Bereiche der *Zeichensetzung* (z. B. Komma bei erweitertem Infinitiv, nach Apposition) übst (Titelliste bei mir erhältlich); (10)
- einige Bereiche der *Grammatik* (z. B. Satzbau, Kasus) übst (Titelliste bei mir erhältlich); (11)
- insgesamt die Klausur zu Hause besser *vorbereitest;* (13)
- vor Abgabe den Aufsatz intensiver auf Fehler durchsiehst. (14)

Das Verfahren

Diese Übungshinweise sind einer Liste entnommen, in der zentrale Fehlerbereiche zusammengestellt sind, die in Klausurtexten der Sekundarstufe II auftauchen (→ Seite 133). Die Angaben beruhen auf einer genauen Diagnose von Klausurtexten, die zu Beginn eines Kurses geschrieben wurden. Man verschafft sich damit einen Überblick, welche Defizite wie häufig im Kurs vertreten sind und welche gemeinsamen Übungen sinnvoll sind. Zugleich wird deutlich, welche speziellen Fehlleistungen bei einigen Schülern vorliegen.

Viele Bereiche (z. B. Rechtschreibung oder Zeichensetzung) können in der Sekundarstufe II nicht mehr ausführlich im Unterricht thematisiert werden, sie müssen deshalb individuell nachgearbeitet werden. Dazu sollte man Auflistungen von Übungsmaterialien zur Verfügung stellen (→ Seite 134).
Es ist aus Gründen der Arbeitsökonomie sinnvoll, bei der Korrektur der ersten Klausur in einem Kurs die „Liste der Fehlerbereiche" neben die Klausurbögen zu legen und auf einem Notizblatt für jeden Schüler lediglich die am rechten Rand stehenden Zuordnungsziffern zu notieren. Am Bildschirm werden dann die entsprechenden Textelemente eingegeben.
Diese intensive Diagnose und Beratung eines Kurses kostet zu Beginn einige Zeit. Nachher ergibt sich jedoch eine Zeitersparnis, da Kopien der ersten Klausurbeurteilungen aller Schüler einschließlich der Übungstips bei der Korrektur der folgenden Klausuren auf dem Schreibtisch liegen können. Man überprüft dann nur noch, welche der Defizite inzwischen (weitgehend) behoben sind; diese Bereiche werden in der Auflistung gestrichen und bei folgenden Beurteilungen nicht mehr mitausgedruckt.
Wer dieses Beurteilungsverfahren wählt, benötigt die folgenden Bausteine:
Ein *Basistext* ist Grundlage aller Notenbegründungen. In ihn werden die der jeweiligen Note entsprechenden Formulierungen aus den *Bausteinen Notenbegründung* für jeden Schüler eingefügt. Daran schließt sich für jeden Schüler individuell eine Auswahl aus der Liste der *Fehlerbereiche* an.

Basistext Notenbegründung

Liebe/r ...,
Du hast Dich mit dem Text *(I)* auseinandergesetzt und seine Aussageabsichten dabei *(II)* erfaßt. Das nötige Kontextwissen hast Du *(III)* eingebracht. Die Ergebnisse Deiner *(IV)* Analyse hast Du in einer *(V)* Gedankenfolge dargestellt. Dabei hast Du eine *(VI)* Sprache verwendet. Die im Unterricht erarbeiteten Aspekte der Textgestaltung hast Du *(VII)* umsetzen können. Den Aufsatztyp, der sich aus der Aufgabenstellung ergibt, hast Du *(VIII)* getroffen.

Note: ...

Bausteine Notenbegründung

Liebe/r ...,

Du hast Dich mit dem Text *(I)*

Note
1 sehr gründlich/ kenntnisreich/ umfassend/ sehr kompetent
2 gründlich/ kompetent
3 teilweise gründlich/ teilweise kompetent/ in einiger Länge/ jedoch nicht umfassend
4 nur ansatzweise/ knapp/ eher nur punktuell
5 in spekulativer Weise/ nicht gründlich genug/ nicht ausreichend

auseinandergesetzt und seine Aussageabsichten dabei *(II)*

Note
1 voll/ sehr gut
2 gut/ weitgehend
3 zufriedenstellend/ im Kern/ z. T. jedoch in Form nicht abgesicherter Behauptungen/ jedoch nicht vielschichtig genug/ jedoch nicht immer genau genug
4 öfters nicht genau/ nicht immer überzeugend/ in Form nicht abgesicherter Behauptungen
5 kaum/ nicht ausreichend

erfaßt. Das nötige Kontextwissen hast Du *(III)*

Note
1 umfassend/ vielschichtig/ korrekt/ in sachdienlicher Weise/ immer mit Blick auf den Text
2 ziemlich umfassend/ in mehreren Ansätzen
3 ziemlich umfassend, aber ohne die nötige gedankliche Verknüpfung mit der Textvorlage/ z. T. ohne verarbeitende Gedanken
4 nur ansatzweise/ nicht umfassend genug/ nur in knappen Thesen/ nicht intensiv genug/ eher platt parallelisierend
5 nicht

eingebracht. Die Ergebnisse Deiner *(IV)*

Note
1 durchweg plausiblen/ sehr reflektierten/ eigenständigen/ durch viele Textbelege abgestützten/ den Text gedanklich sehr gut rekonstruierenden und deutenden/ materialreichen/ vielschichtigen/ substantiellen/ präzisen/ kritisch wertenden/ zielgerichteten/ schlüssigen/ stimmigen/ informativen

2 meist reflektierten .../ den Text gedanklich meist gut durchdringenden, aber nicht erschöpfenden/ Details gut einordnenden
3 im Kern treffenden, aber z. T. lediglich reproduktiven/ z. T. kurzatmigen/ z. T. unklaren/ nicht ganz fehlerfreien/ z. T. jedoch zu knappen/ manchmal zu wenig gedanklich zugespitzten/ gedanklich nicht immer genügend entfalteten/ manchmal etwas abschweifenden, von der Textvorlage gelösten/ z. T. den Sachverhalt verkürzenden/ manchmal pauschalisierenden/ manchmal unklaren/ nicht intensiv genug kommentierenden/ konzeptionell zu wenig geschlossenen/ auf einordnende Kommentierung z. T. verzichtenden/ hier und da auf deutende Detailarbeit verzichtenden
4 in weiten Teilen zu wenig reflektierten/ meist reproduktiven/ oft zu wenig auf den Punkt gebrachten/ oft oberflächlichen/ öfter abschweifenden, vom Text gelösten/ zu wenig durch detaillierte Textarbeit abgestützten/ eher summarisch kommentierenden/ einige zentrale Aspekte ausklammernden/ z. T. redundanten/ die Textaussage bloß wiederholenden, aber nicht gedanklich erschließenden/ zu wenig um Plausibilität von Thesen bemühten/ eher additiven, den gedanklichen Zusammenhang zu wenig herausarbeitenden/ zu wenig abgesicherten/ eher auf Randaspekte des Textes konzentrierten/ formale Strukturen des Textes zu sehr ausklammernden/ oft kurzschlußhaften/ langatmigen/ öfter fehlerhaften
5 ergebnisarmen/ zu oberflächlichen/ zu oft abschweifenden/ leider abbrechenden/ oft spekulativ überzogenen/ zu undifferenzierten/ plakativen/ zu sehr auf einen Aspekt reduzierten/ phrasenhaften/ nicht plausiblen/ pauschalisierenden/ den Text(auszug) gar nicht treffenden

Analyse hast Du in einer *(V)*

Note
1 sinnvollen/ überzeugenden/ sorgfältig überlegten/ an übergreifenden organisierenden Gesichtspunkten ausgerichteten
2 weithin überzeugenden
3 weithin angemessenen, z. T. aber wohl auch ungeplanten
4 z. T. unübersichtlichen/ Wiederholungen nicht vermeidenden/ nicht immer sinnvoll geordneten/ an mehreren Stellen sprunghaften/ z. T. zu wenig vernetzten
5 unübersichtlichen/ ziemlich ungeordneten/ sprunghaften/ inhaltlich kaum verbundenen

Gedankenfolge dargestellt. Dabei hast Du eine *(VI)*

Note
1 präzise/ differenzierte/ Fachterminologie sinnvoll nutzende
2 meist präzise/ meist differenzierte
3 nur z. T. präzise/ nur z. T. differenzierte/ z. T. saloppe/ z. T. noch ungeübte/ nicht immer treffende
4 öfter unpräzise/ öfter saloppe/ nicht immer klare/ Fachterminologie leider nur sparsam einsetzende/ im Bereich der Fachterminologie z. T. fehlerhafte
5 unklare/ weitgehend unpräzise/ unangemessene/ syntaktisch defizitäre

Sprache verwendet. Die im Unterricht erarbeiteten Aspekte der Textgestaltung hast Du *(VII)*

Note
1 angemessen/ sehr gut
2 meist angemessen/ gut
3 zufriedenstellend/ nicht immer korrekt
4 nur teilweise
5 nur in Ansätzen/ nicht genügend

umsetzen können. Den Aufsatztyp, der sich aus der Aufgabenstellung ergibt, hast Du *(VIII)*

Note
1 genau
2 ziemlich genau
3 im wesentlichen
4 nur teilweise/ nur im Ansatz
5 kaum

getroffen.

Liste der Fehlerbereiche

Dein persönliches Arbeitsprogramm für die nächste Zeit:
Du kannst Dich verbessern, indem Du
- übst, den Anforderungen des verlangten *Aufsatztyps* (noch) besser zu entsprechen (vgl. Lehrbuch) (0)
- übst, Texte (noch) gründlicher und umfassender zu analysieren; (1)
- übst, Deine analytischen Ideen (noch) mehr *zu entfalten;* (2)
- übst, mehr *Textbelege* zu verwenden und die zitierten Textstellen intensiver auf einen übergeordneten Gedanken zu beziehen; (3)

- Dich in Hausaufgaben und Unterrichtsgesprächen gezielt darum bemühst, die im Unterricht erarbeiteten analytischen *Fachbegriffe* (noch) intensiver und präziser anzuwenden; (4)
- durch das studierende Lesen entsprechender Fachtexte Dein *Darstellungsvermögen* verbesserst (Lektüreempfehlungen für die Bibliothek bei mir erhältlich); (5)
- durch eine detaillierte *Schreibplanung* vor Beginn der Niederschrift Deine Gedanken besser ordnest (Titelliste bei mir erhältlich); (6)
- lernst, Dir die *Zeit* besser einzuteilen; (6a)
- übst, analytische Einzelergebnisse *gedanklich besser miteinander zu verknüpfen* und Überleitungen zu formulieren, so daß ein Text „wie aus einem Guß" entsteht (Titelliste bei mir erhältlich); (6b)
- bei der Verknüpfung von Aussagen mehr auf die *logische Schlüssigkeit* achtest (Titelliste bei mir erhältlich); (7)
- Übungen machst, um die Genauigkeit und Variation des *Ausdrucks* zu verbessern (z. B. Schülerduden „Die richtige Wortwahl"); (8)
- einige Bereiche der *Rechtschreibung* (z. B. ...) übst (Titelliste bei mir erhältlich); (9)
- einige Bereiche der *Zeichensetzung* (z. B. ...) übst (Titelliste bei mir erhältlich; (10)
- einige Bereiche der *Grammatik* (z. B. ...) übst (Titelliste bei mir erhältlich); (11)
- das Verfahren des *Zitierens* noch einmal übst (Titelliste bei mir erhältlich); (12)
- insgesamt die Klausur zu Hause besser *vorbereitest;* (13)
- vor Abgabe den Aufsatz intensiver auf Fehler durchsiehst. (14)

Liste der Übungsmaterialien

In folgenden Lernhilfen findest Du Übungsmaterialien zu den Ziffern, die auf den Beurteilungsbögen Deiner Klausuren am Rand stehen.

1. Diethard Lübke: Duden Abiturhilfen. Der deutsche Aufsatz. 12./13. Schuljahr. Training für Klausuren und Abitur. Dudenverlag, Mannheim u. a. O. 1991 (0, 1, 6a)
2. Gerd Brenner/Renate Hußing: Besser in Deutsch. Texte verfassen, Oberstufe. Cornelsen Scriptor, 2. Aufl. Frankfurt/M. 1994 (6, 6a, 6b, 7, 8, 9, 10, 11, 12)
3. ...

Die Liste kann aktuell ergänzt und in regelmäßigen Abständen überarbeitet werden.

Besondere Fälle

Manchmal gibt ein Schüler – schon nach kurzer Zeit – ein (fast) leeres Blatt ab. Ab und zu hat das nicht nur mit fachlichem Unvermögen zu tun. Ein Formulierungsvorschlag für solche Fälle:

Lieber Tobias, was hier passiert ist, verstehe ich zunächst nicht. Vermutlich hat es weniger mit dem Gegenstand der Klausur und auch nicht so viel mit dem Fach Deutsch zu tun. Mich erschreckt die Sprachlosigkeit, mit der das alles abläuft. Wenn Du möchtest, können wir uns einmal die Zeit nehmen und überlegen, wie Du aus dem „Loch" wieder herauskommen kannst. Du weißt: Nach den Regeln, denen wir hier unterliegen, bleibt vorerst nichts anderes übrig als

ungenügend

Schülerinnen und Schüler bewerten den Unterricht

Am Ende eines Schuljahres, wenn Lehrer mit einer Zeugnisnote die Leistungen der Schüler bewerten, mag auch eine Beurteilung in umgekehrter Richtung sinnvoll sein: Die Klasse, der Kurs äußert sich über positive und negative Aspekte des Unterrichts und eventuell auch des Lehrerverhaltens. Eine solche metakommunikativ-bewertende Phase ist auch dann sinnvoll, wenn es im laufenden Schuljahr einmal Sand im Getriebe gibt. Eine Rückmeldung der Schüler kann folgendermaßen organisiert werden:

Positiv und negativ

Jeder Schüler erhält den folgenden Arbeitsbogen:

Deutschunterricht ...

positiv

5 ______________________________

4 ______________________________

3 ______________________________

2 ______________________________

1 ______________________________

... in diesem Schuljahr

1 ______________________________

2 ______________________________

3 ______________________________

4 ______________________________

5 ______________________________

negativ

In Einzelarbeit soll jeder überlegen, welche positiven und welche negativen Merkmale des Deutschunterrichts für ihn im letzten Schuljahr besonders spürbar waren. Diese Merkmale sollen dann gewichtet werden: Die allerwichtigsten Merkmale werden in den Spalten 1 notiert, die zweitwichtigsten Positiv- und Negativmerkmale in den Spalten 2 usw.

In einem zweiten Schritt setzen sich Gruppen von fünf bis sechs Schülern zusammen, um sich auf einen gemeinsamen Beurteilungsbogen zu einigen. Dazu tragen sie sich zunächst ihre Einzelbewertungen wechselseitig vor. Die Beurteilungen und ihre Gewichtungen werden anschließend gründlich diskutiert und auf einem neuen Gruppenbogen eingetragen. Zum Schluß werden die Bewertungen aller Gruppen im Plenum vorgetragen und miteinander verglichen. Der Lehrer hat nun Gelegenheit, zu den Bewertungen Stellung zu nehmen.
Gemeinsam mit der Klasse, dem Kurs wird überlegt, ob und wie die positiven Aspekte des Unterrichts weiter verstärkt und die negativen abgebaut werden können.

Lehrer-Zeugnis
Der Lehrer bittet alle Schüler des Kurses bzw. der Klasse, den Bogen auf Seite 138 anonym auszufüllen und am Ende der Stunde an einem vereinbarten Ort in der Klasse bzw. im Kursraum zu hinterlassen.
Natürlich gehört einiger Mut dazu, sich mit den Schülerurteilen zu konfrontieren. Wird die Beurteilung einige Tage vor Schuljahresende angeregt, so können Sie in der Folgestunde auf einige Ergebnisse noch näher eingehen.

Ein Brief
Jeder Schüler schreibt dem Lehrer einen Brief, in dem
- ein ernst gemeinter Rat,
- ein Lob und
- eine Rüge

notiert werden. Diese Rückmeldungen sind oft fallbezogen, während das Lehrer-Zeugnis zu systematisch zusammenfassenden Urteilen anregt. Beide Verfahren können also kombiniert werden.

Ein Tier
Die Schüler werden aufgefordert, den Lehrer als ein Tier zu malen. Dabei sollen sie sich genau überlegen, welches Tier sie warum auswählen und in welcher Körperhaltung sie das Tier darstellen. Die Zeichnungen können anschließend erläutert werden. Dabei werden die verschlüsselten Botschaften der Zeichnungen wohl nur zum Teil zur Sprache kommen.

Votum-Ei
Am Ende einer Unterrichtsreihe fragen Lehrer ihre Schüler oft danach, wie diese Unterrichtseinheit bei ihnen angekommen ist. Meist beteiligen sich nur relativ wenige Schüler an solchen bewertenden Gesprächen, da viele sich nicht trauen, dem Lehrer offen etwas Kritisches zu sagen.

Zeugnis

für Lehrer/in ______________________________

im Schuljahr ______________________________

Wie ich den Unterricht beurteile:

positiv	1	2	3	4	5	6	**negativ**
vielseitig							eintönig
anschaulich							zu abstrakt
zügig							schleppend, langatmig
ruhige Arbeitsatmosphäre							zu viel Unruhe
man weiß, um was es geht							man verliert den Überblick, unsystematisch
überfordert die Schüler							unterfordert die Schüler
geht auf Schülerinteressen ein							klammert Schülerinteressen aus

Wie ich das Verhalten des Lehrers/der Lehrerin beurteile:

positiv	1	2	3	4	5	6	**negativ**
freundlich							unfreundlich
baut Ängste ab, ist verständnisvoll							verbreitet Angst, ironisch, zynisch, putzt Schüler herunter
ausgeglichen							launisch
ruhig							hektisch
gerecht							ungerecht, bevorzugt einige
bezieht alle ein							autoritär
geduldig							ungeduldig
objektiv/neutral							voreingenommen
sicher							unsicher
nimmt Rücksicht auf einzelne und die Klasse/den Kurs							zieht den Unterricht stur durch
hilfsbereit							nicht hilfsbereit
gut vorbereitet							unvorbereitet
gewissenhaft, an der Sache interessiert							uninteressiert
läßt sich kritisieren							rechthaberisch
Lehrer ist tolerant							Lehrer will seine Meinung durchsetzen
kann sich in der Klasse/im Kurs Respekt verschaffen							Klasse/Kurs tanzt ihm/ihr auf der Nase herum

Wenn Du es für sinnvoll hältst, kannst Du hier Deinen Namen eintragen:

____

Deshalb bietet sich als Ergänzung des Gesprächs ein Votum-Ei an:

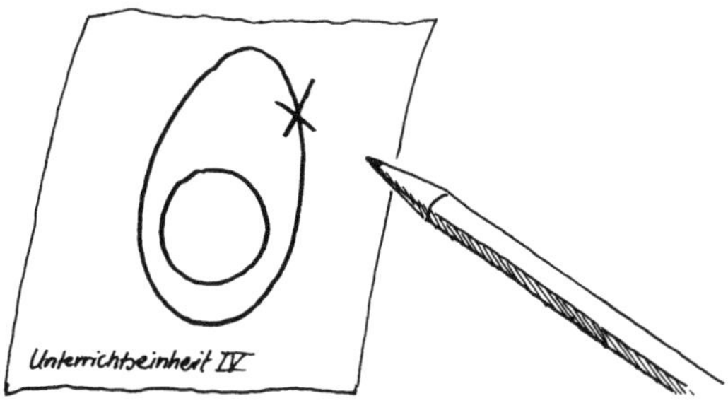

Zwei oder drei Blätter mit einem Votum-Ei gehen durch die Bänke. Jeder macht auf einem der Eier ein Kreuz: Wird das Kreuz ins „Gelbe" des Eis gesetzt, so soll das heißen, daß einem die Unterrichtsreihe alles in allem gut oder sehr gut gefallen hat. Wird das Kreuz ins „Weiße" des Eis gemacht, so bedeutet das, daß die Reihe insgesamt als gut bewertet wird, daß aber doch auch viele negative Aspekte aufgetreten sind. Ein Kreuz in der „Schale" des Eis soll besagen, daß der Unterricht zu ertragen war, aber nicht sehr anregend gewirkt hat. Wird das Kreuz außerhalb des Eis angebracht, so soll damit signalisiert werden, daß man die Reihe alles in allem für unbefriedigend gehalten hat.
Die „Eier" mit den Kreuzen können zum Anlaß eines neuen Gesprächs werden, wenn sich bei der Sichtung der Ergebnisse deutliche Abweichungen vom bisherigen Gesprächsverlauf ergeben.

Lese-Ecke: Deutschlehrerinnen und -lehrer erzählen über die Schule

Die Texte der drei „Lese-Ecken“ dieser *Fundgrube* sind seit 1991 von Deutschlehrerinnen und Deutschlehrern in einer Reihe von Fortbildungen verfaßt worden, mit denen Möglichkeiten des „Kreativen Schreibens“ erkundet wurden.
Diese Texte können Sie
- privat lesen, um zu erfahren, wie andere die Rolle des (Deutsch-)Lehrers empfinden;
- als Gesprächsanstoß für kollegiumsinterne Gespräche, Fortbildungen, „Pädagogische Tage“, ... vorschlagen;
- Kollegen zur Lektüre empfehlen, wenn das Gespräch im Lehrerzimmer auf ähnliche Ereignisse kommt.

Lehrers Leben

He, pflege Beete,
setze Segel,
lern ferne Welten kennen,
renn weg!
Denn
nervende Wesen meckern,
pennen gern,
werden frech.
Weh!
Elendes Geld nehmen?
Pflege 's Leben!

(gas)

Kafka

Kafka saß am Hang, las.
Papa kam.
Na, Franz, was macht das Amt?
Kafka sah bang.
Hart, Papa, hart!
Papa lacht: Ach was! Wahn! Mach ran!
Ja, sagt Kafka, ach ja.
Saß am Bach.
Prag war kalt.

(reu)

Die beiden Texte „Lehrers Leben“ und „Kafka“ wurden mit dem Verfahren der Vokalvereinzelung geschrieben. Man sammelt zunächst Wörter, die alle ein und denselben Vokal (z. B. „a“) enthalten müssen. Anschließend probiert man Kombinationen der Wörter aus, bis sich eine erste Idee für einen textlichen Zusammenhang ergibt. Der Textkern wird dann weiter ausgestaltet.

Vgl. Gerd Brenner: Kreatives Schreiben. Ein Leitfaden für die Praxis. 3. Aufl., Frankfurt/M. 1994, S. 55 ff.

Der große Blonde im kalten Wind

Alle hatten ihn erwartet, keiner wollte ihn; Großes hatte er bewirkt: Gerüchteköche schwangen die Kellen, Prognostiker spuckten Langfristiges aus, Briefeschreiber betätigten sich rührig.
Das Größte aber war der Schulterschluß.
Zugeschüttet die Gräben, die vordem uns getrennt. Die GEW-CDU-Verbands- und SPD-Koalition stand einig wie selten zuvor; nichts geht über ein warmes, eigenes Nest – und wenn der Mief darin zum Himmel stinkt! Da hat so ein Kuckucksei nichts zu suchen, basta! Doch was heißt hier Kuckucksei, ein rechter Kotzbrocken, sehr geehrte Damen und Herren, groß von außen, kleinlich im Innern – und was er mitbringt, ist neben dem Geierblick von der vorletzten Stufe der Karriereleiter hinab auf die kuschelige, tiefe Mulde des kollegialen Nestes ein kalter Wind. Seele auf Eis!
Wir fragen uns, wen er als erstes umweht, ziehen uns morgens die warmen Windjacken an, halten die Nase rümpfend hinein – und nehmen den Kampf auf, doch
wie wohl siegen ohne die falschen Genossen zur Seite?

(har)

Armes Schwein

Er wiederholte. Zu Hause, falls es das für ihn überhaupt noch gab, ging alles drunter und drüber, das hatte er mehrmals nach Unterrichtsschluß durchblicken lassen. Seine Bewegungen im Kursraum und auf dem Schulhof waren so, daß festzustehen schien: Er war abgenabelt von dem Geflecht aus Jokes und Blödeleien und Verabredungen und kleinen Hilfeleistungen untereinander, der schülereigenen Subkultur also, mit der die vielen anderen immer wieder ganz gut über den oft langweiligen Unterricht, die stressigen Klausurwochen und manche private Durststrecke hinwegkamen.

Im Literaturkurs wollte er sich freischreiben, so schien es. Aber mit dem Berg von Problemen im Rücken wurde seine Hand nicht locker. Die Phantasie konnte nicht schweifen. Es kamen nur mehr oder weniger verkrampfte Sätze zustande, Textanfänge, die er nach Minuten des Dösens und Brütens mit einem plötzlichen Ruck zusammenknüllte und wegwarf.
Hier das gleiche wie wohl in anderen Fächern auch: Es gelang ihm nichts mehr. Am Spaß der anderen hatte er kaum teil. Statt dessen immer wieder der Blick in Richtung Lehrer, hilfesuchend, zugleich aber kaum noch mit Hilfe rechnend. Seine Lebensumstände waren so, daß jede Erwartung, er könne – für zwei Stunden zwischen drei und fünf Uhr nachmittags – kreativ sein, eigentlich nur noch zynisch war.
Und der Lehrer? Verständnisvoll, freundlich, aber letztlich hilflos. Wissend, daß er die Kräfte des Familientherapeuten, Psychologen, Sozialarbeiters und Fachlehrers nie und nimmer in einer Person würde vereinigen können. Erfahrungen der Nutzlosigkeit fachlicher Anregung, mit Hilfsangeboten behutsam offeriert. Gesprächsanfänge unter Zeitdruck mit wohlfeilen Tips, sich bei geschulten Helfern für Lebensbewältigung Rat zu holen. Ein persönliches Desaster des Schülers vor Augen, schließlich nur noch die Erkenntnis, daß ein einzelner gegen diese Wegwerfgesellschaft nicht ankommt.
Inzwischen hat auch die Schule den Schüler in einem ihrer finalen Akte „entsorgt". Er ist – so heißt es im dürren Amtsdeutsch – abgegangen. Institutionelle Abtreibung. Mangels Zuständigkeit für Lebensbewältigung.

(bre)

Entschuldigung

Die schrillen Stimmen der Kinder drangen in sie ein und taten ihr weh. „Seid jetzt endlich ruhig", rief sie scharf in die Klasse, „oder ich muß euch eine Aufgabe stellen, während ich mich hier um das Organisatorische kümmere"
Für eine Weile verebbten die scharrenden, raschelnden Geräusche, und die kichernd ausgestoßenen Wortfetzen verstummten. Sie wandte sich wieder dem Klassenbuch zu: a.) fehlende Schüler, Demandt, stand da unter einem Datum der vorigen Woche.
„Dennis, ich warte immer noch auf die Entschuldigung für dein Fehlen am letzten Donnerstag", stieß sie aus und machte ein paar Schritte auf den Jungen zu.
Im Vorbeigehen erschien ihr Gesicht kurz im Spiegel, der über einem fleckigen weißen Waschbecken in einer Nische hing, die keinerlei Ein-

druck von Intimität vermittelte. Sie sah ein rundes, recht großflächiges Gesicht, das den mürrischen Ausdruck eines enttäuschten Säuglings trug. Unter den rot und grau gescheckten Löckchen blickten wäßrige blaue Augen auf die dreißig Kinderköpfe vor ihr. Dumpf spürte sie das Anfangsbohren eines Migräneanfalls in den Augenhöhlen einsetzen. Schon wieder brachen Laute hervor, Haare wurden lachend nach hinten geworfen, und eine Papierkugel durchschnitt den Rand ihres Blickfelds.
„Also, Dennis, wo ist die Entschuldigung der Erziehungsberechtigten!"
Mit Abscheu bemerkte sie, wie sich ein Schaumspritzer auf dem Heft des Schülers absetzte und die Buchstaben eines Wortes ein wenig verwischte. Während sie mit dem Finger die ungelenke Schrift betupfte, schleuderte sie den anderen ihr Gesicht entgegen.
„Ich wüßte nicht, was es zu grinsen gibt, Evelyn!"
Aspirin, am besten gleich in der Pause und heute nachmittag hinlegen, lesen, die Augen zumachen, Musik hören. Die Korrekturen müßten dann eben noch einmal verschoben werden.
„Also, was ist jetzt? Wird's bald! Oder hat der Herr gestern nacht wieder zu lange ferngesehen und keine Zeit gehabt, seine Sachen ordentlich zu packen?" Der Schüler beugte den Kopf und kramte in seinem Benetton-Rucksack, klappte mehrere Bücher auf, durchwühlte fahrig die Federmappe. Dann gab er auf und murmelte: „Mein Vater ist nicht mehr zu Hause".
Mechanisch nahm sie dem neben ihm sitzenden Kind das Lineal aus der Hand, mit dem es gespielt hatte, und ließ es auf das Schülerpult peitschen.
„Eine Entschuldigung deiner Mutter reicht ja wohl, ich brauche die Nachricht eines Erziehungsberechtigten, das wißt ihr doch genau." Ein dumpfer Knall hinter dem Schulgelände ließ ihre Schläfen aufhämmern.
„Be quiet; oh, stop it now", schrie sie plötzlich der vorletzten Sitzreihe zu. Und war sich sofort der Lächerlichkeit ihrer Worte bewußt.
Der Junge fing an zu weinen, wobei gleichzeitig ein grollender Ton aus seinem Mund hervorkam. Die anderen Kinder drehten sich zu ihm um. In ihren Augen fand sie nur kalte Neugier.
„Ich kann dich nicht hören! Lauter!" schnappte ihre Stimme durch die erwartungsvolle Klasse. „Was ist mit deiner Mutter?"
„Meine Mutter kann ...", flüsterte der Junge und brach dann ab. Die anderen beugten ihre Hälse immer näher heran, es herrschte Ruhe. Plötzlich drehte er sein Gesicht zu ihr, aus seinen Augen sprang Haß auf sie zu, duckte sich und kroch zurück.
„Meine Mutter, sie ... kann nicht schreiben!"
Ihre feucht-kalten Hände blieben in der Luft hängen.
„Entschuldigung, Dennis!" flüsterte sie.

(gün)

Verrat

Düsseldorf, Lehrerzimmer, Sommer 1990:
„Von Ihnen laß ich mich doch nicht vom Sockel stoßen!" – „Warum stellen Sie sich denn überhaupt erst auf einen Sockel? Offenbar haben Sie das nötig!"
Diese Äußerung Frau K.s bezog sich nicht auf die bescheidene Körpergröße des Kollegen Dr. B., doch das allgemeine Gelächter der Zuhörer, das ihr folgte, ließ sie zu solch einer geschmacklosen Anspielung werden. Dr. B. war verletzt, an seiner schwächsten Stelle verwundet.
Es folgten Monate, in denen Frau K. und Herr Dr. B. sich bei jeder Begegnung verbal anspuckten, bis sie sich dann entschlossen, einander zu ignorieren. Nicht nur, daß sie nun nicht mehr miteinander sprachen, sie nahmen sich erst gar nicht wahr, existierten füreinander nicht. So ließ Herr Dr. B. die Tür des Lehrerzimmers hinter sich ins Schloß fallen, selbst wenn Frau K. nur einen Schritt hinter ihm folgte, und Frau K. blies den Rauch ihrer Zigarette Herrn Dr. B. mitten ins Gesicht, wobei sie durch ihn hindurchzusehen schien.
An der Straße des entlegenen Bergdorfes Camoldoni in der Toskana, Sommerferien 1993:
Seit knapp einer halben Stunde wartete Frau K. darauf, daß ein Auto anhalten möge, um sie und ihren Rucksack mitzunehmen, doch die Straße war autofrei.
Da, ein schwarzer Mercedes biegt um die Ecke, fährt langsamer, hält an. Düsseldorfer Kennzeichen. Frau K. traut ihren Augen kaum, als sie Herrn Dr. B. erkennt. Was nun? Verlegenheit auf beiden Seiten. Unbeholfenes Lächeln. Frau K. steigt ein. Kollege Dr. B. redet, redet, redet. Wo es den besten Wein gebe, über die Einfachheit der Landbevölkerung, über die Preise der Hotels. Frau K. redet, redet, redet. Über das Wetter, die Landschaft, die schlechten Verkehrsverbindungen. Sie hat den Eindruck, sie redet sich um ihre Seele. Als sie aussteigt, schüttelt sie ihre Maske mit dem festgefrorenen Lächeln ab. Sie spielt in Gedanken Alternativen zu ihrem Verhalten durch, durch die sie vielleicht weniger Schaden genommen hätte. Doch die Chance ist vertan.
Düsseldorf, Lehrerzimmer, nach den Sommerferien 1993:
Vor der Konferenz am ersten Schultag stehen die Kollegen zusammen und erzählen von ihrem Urlaub. „Können Sie sich das vorstellen – nur Regen, und das auf Mauritius im August." – „Sylt wird auch immer proletarischer." – Plötzlich, Herr Dr. B. geht mit zielsicherem Schritt auf Frau K. zu. Er lächelt sie an. Die Kollegen wenden die Köpfe, um den schier unglaublichen Vorgang zu verfolgen. Steht eine Versöhnung der

Erzfeinde bevor? Oder ein neuer Angriff, und das Lächeln ist die blanke Ironie? Als Dr. B. Frau K. anspricht, verstummt es in allen Ecken. Niemand will die Worte verpassen.
Herr Dr. B. greift in seine Jackentasche, holt eine Sonnenbrille heraus und reicht sie Frau K. „Hier – die haben Sie in meinem Auto liegenlassen."
Frau K. weiß, dieser Irrtum in den Köpfen des Kollegiums wird sich niemals restlos aufklären lassen, und sie bittet um Versetzung.

(roo)

Die letzten vier Texte wurden als „Bestellte Texte" geschrieben:
Alle, die mitschreiben, sitzen um einen großen Tisch herum. Jeder überlegt sich drei Überschriften zu erzählenden Texten, die er schreiben könnte. Der zu erwartende Inhalt soll durch die Überschrift höchstens angedeutet werden.
Die Überschriften werden notiert und dann reihum vorgelesen. Der jeweils Gegenübersitzende darf entscheiden, welche Geschichte geschrieben werden soll. Er stellt sich dabei vor, was wohl Gegenstand der Geschichte sein wird.
In einem vereinbarten Zeitraum (30–45 Minuten) wird die „bestellte" Geschichte dann geschrieben. Erlebnisse können dabei durchaus fiktionalisierend zugespitzt und ausgestaltet werden.
Anschließend wird reihum vorgelesen. Dabei äußert zunächst der Gegenübersitzende, der „Besteller" des Textes also, Vermutungen zum voraussichtlichen Inhalt der Geschichte. Diese Spekulation wird dann mit dem geschriebenen Text konfrontiert. Viele der vorgelesenen Texte können Gesprächsanlässe sein.

B Höhepunkte im Jahr – Tips für Projekte, Fahrten, Feste

Viele Monate ist man in Alltagsgeschäfte versunken, mit Unterrichtsvorbereitungen, Klassenarbeiten und Klausuren beschäftigt, aber irgendwann – spätestens mit der nächsten Kursfahrt – steht ein besonderes Ereignis vor der Tür. Die Lehrer- oder die Schulkonferenz hat es beschlossen, und die Fachlehrer sollen sich etwas einfallen lassen. Im folgenden Kapitel finden Sie Ideen und Materialien, mit denen Sie solche außergewöhnlichen fachlichen Herausforderungen gelassener angehen können.

1. Klassenübergreifende Projekte

Lesenacht, Jugendbuchwoche, Filmnacht

Lesenacht *5*

Die Schmökernacht wurde als eine Methode der Leseförderung in der Schule vielfach erprobt. Ein denkbares Verfahren: Alle oder einige Parallelklassen der Jahrgangsstufe 5 treffen sich nach dem Abendessen in der Schulbibliothek bzw. in Klassenräumen, in denen unterschiedlichste Bücher ausgestellt sind.
Spielregeln:
- Jeder kann lesen, was er will und solange er will.
- Keiner darf beim Lesen gestört werden.
- Jeder darf Kontakt mit Mitschülerinnen und Mitschülern aufnehmen, um sich Lesetips zu holen, oder Gespräche über eine gerade interessierende Textstelle aufnehmen, Lesetips geben usw.
- Jeder darf jederzeit schlafen. Es sollte Schlafmöglichkeiten in mehreren Räumen der Schule geben.

Die Deutschlehrer/innen und/oder Klassenlehrer/innen sind anwesend. Oder die Mentoren aus der Oberstufe organisieren die Schmökernacht. Am Morgen bereiten Eltern ein gemeinsames Frühstück für alle Beteiligten in der Schule. Evtl. erscheint um Mitternacht ein Schmökergeist.
Zielkonflikt: Das ungewohnte Zusammensein mit den Mitschülerinnen und Mitschülern in der Nacht weckt Interessen an Interaktionen, die in Gegensatz zu dem individuellen Versinken im Leseprozeß stehen können.
Generelle Erfahrung: Allen Schülerinnen und Schülern wird die Schulbibliothek auf ungewohnte Weise intensiv vertraut, viele Schüler schmökern vieles, der Wert des Lesens wird durch das Verfahren unterstrichen, und Autoren, Texte und das Lesen selbst werden zum Diskussionsgegenstand. Das Ganze macht den Schülern viel Spaß. Der organisierenden Schülervertretung, den Lehrern, Lehrerinnen und Eltern wird organisatorisches Geschick, etwas Humor und Verzicht auf Schlaf abgefordert. Die örtliche Presse berichtet gerne über solche Schmökernächte.
Als Fazit der Aktion kann eine Lesenacht-Hitliste zusammengestellt und in der Schule ausgestellt werden.
(Aus: Gerd Brenner/Hans Jürgen Kolvenbach: Jugendbücher. In: Franz Hebel (Hrsg.): Lesen Darstellen Begreifen. Lehrerhandbuch. A 5, Berlin 1993, S. 153)

Jugendbuchwoche *5–10*

In einer Woche werden mehrere Veranstaltungen rund um das Buch angeboten. Damit kann u. a. auf das Angebot der Schülerbücherei hingewiesen werden. Ein thematischer Schwerpunkt ist oft sinnvoll, da die Woche sonst kein Profil gewinnt. Erreicht werden sollen Schüler verschiedener Altersstufen, eventuell auch ihre Eltern und Verwandte. Kollegen anderer Fachrichtungen können ebenfalls angesprochen werden.

Manchmal liegt es nahe, die Jugendbuchwoche zeitlich mit dem „Tag des Buches", einem wichtigen landesweiten Gedenktag (z. B. dem Jahrestag der Bücherverbrennung im Jahr 1933), der Frankfurter bzw. Leipziger Buchmesse oder mit regionalen Veranstaltungen zu kombinieren. Dies verschafft zusätzliche Aufmerksamkeit.

Als Kooperationspartner kommen die lokale Jugendarbeit, Kirchengemeinden, Gewerkschaften (GEW), Bibliotheken, Volkshochschulen und sonstige außerschulische Bildungseinrichtungen sowie Buchhandlungen in Frage. Je aufwendiger das Programm ist, desto frühzeitiger muß die Planung einsetzen.

Eine Buchwoche kann folgende Elemente umfassen:

Schreibwerkstatt

Jugendliche werden angeregt, selbst Texte zu schreiben.

Literaturhinweis: Gerd Brenner: Kreatives Schreiben. Ein Leitfaden für die Praxis. Cornelsen Verlag Scriptor, Frankfurt/M. 3. Aufl. 1994.

Bücher-Tauschbörse

Zu vorher bekanntgegebenen Zeiten können die Teilnehmer Bücher, die sie bereits gelesen haben und abgeben wollen, gegen andere eintauschen.

Spielfilme

Viele Jugendbücher sind inzwischen verfilmt worden (→ Lektüreempfehlungen, Seite 54 ff.). Einige dieser Filme können bei Landesfilmstellen oder anderswo besorgt und in das Programm der Buchwoche aufgenommen werden. Zusätzlich können Filmangebote der Stiftung Lesen (→ Seite 50) gezeigt werden.

Buchausstellungen

Thematische Zusammenstellungen von Neuerscheinungen, aber auch von wichtigen älteren Titeln (als preiswerte Taschenbuchausgaben), können von lokalen Buchhandlungen erstellt werden. (Weitere Tips im Kapitel „Anregungen zur Leseförderung", → Seite 46.)

Thematische Ausstellung
Falls ein Schwerpunktthema gewählt wurde, kann dazu eine Ausstellung arrangiert werden, die – angesichts der vielen Bücher – vor allem ein visuelles Angebot machen sollte. Hier bietet sich eine Kooperation mit den Kollegen des Faches Kunst an.

Lesung
Ein Jugendbuchautor wird in die Schule eingeladen. (→ „Lesungen von Schriftstellerinnen und Schriftstellern", Seite 215)

Lesenacht *(s. o.)*

Gründung eines Leseclubs *(→ Seite 51)*
Die „Deutsche Lesegesellschaft" und die „Stiftung Lesen" (→ Seite 49) bieten Hilfen zur Gestaltung einer Jugendbuchwoche an.

Filmnacht *8–13*

Nach wie vor ist für Jugendliche der Film ein besonders attraktives Medium. In manchem Keller oder Jugendzimmer findet – von Cliquen arrangiert – eine Videonacht statt, in der freilich oft Filme gesehen werden, deren künstlerischer Wert fragwürdig ist. Bieten Pädagogen Filmnächte an, so sollten sie die von Jugendlichen selbst entwickelten Formen der Geselligkeit aufgreifen[1]. In einer Filmnacht suchen Jugendliche in der Regel ein Gruppenerlebnis; sie wollen zusammen Spaß haben oder sich mit besonderen Herausforderungen konfrontieren, die in der Gruppe leichter zu bewältigen sind als in einer monologischen Rezeptionssituation. Entsprechend sollten die Filme ausgewählt werden. An dieser Auswahl sollten die Schüler maßgeblich beteiligt sein. Um eine intensive Gruppenkommunikation um die Filme herum zu ermöglichen, können Filmnächte in Kleingruppen (eventuell mehrere mit bis zu zehn Schülern) organisiert werden. Über die Filmrezeption hinaus sollte die Filmnacht eine Reihe von Angeboten machen, die eine Feten-Atmosphäre aufkommen lassen. Als Ort der Veranstaltung eignen sich am besten Hütten oder auch Schulräume, in denen anschließend ein paar Stunden geschlafen werden kann.

1 Vgl. Waldemar Vogelgesang: Jugendliche Video-Cliquen. Eine ethnographische Analyse. In: deutsche jugend – Zeitschrift für die Jugendarbeit, 7–8/1992, S. 326–334

Ideen für Projektwochen, Projekttage, Landschulheimaufenthalte

Exkursion

Wenn Sie die literarische Topographie Deutschlands bei der Wahl von Exkursionszielen einbeziehen wollen, finden Sie im nachfolgenden Kapitel „Ideen für Klassen-, Kurs- und Studienfahrten" viele Anregungen. In der Nähe fast jeden Schulstandortes gibt es literarische Gedenkstätten und Ausstellungen, die in ein Projekt einbezogen werden können. Einige von ihnen bieten spezielle Programme für Klassen an.

Videofilm-Projekt *(Jürgen Marx)* *7–10*

1. Warum ein Videofilm-Projekt durchführen?

Ein drei- bis fünftägiger Landheimaufenthalt oder eine entsprechend lange Projektwoche bieten gute Möglichkeiten, mit einer Klasse ein Videofilm-Projekt zu realisieren. Viele sonst nur schwer umsetzbare Unterrichts- und Erziehungsziele lassen sich im Rahmen eines solchen Vorhabens motivierter erreichen. So lernen Schüler durch die Übernahme einzelner Funktionen (Kameraführung, Regie etc.), Verantwortung für das Gesamtprojekt wahrzunehmen, und gewinnen Erfahrung, im Team koordiniert zusammenzuarbeiten. Oft schwer einzufordernde Verhaltensweisen wie Konzentration, Zuverlässigkeit, Durchhaltevermögen und Disziplin werden vor laufender Kamera als notwendige Voraussetzungen zum effektiveren Gelingen eines Films erfahren. Vielfältige Entscheidungsanlässe von der Themenfindung bis zur Szenenbeurteilung bieten Gelegenheit zum folgerichtigen und überzeugenden Argumentieren. Wählt eine Lerngruppe einen selbst durchlebten Konflikt oder ein in der Klasse auftauchendes Problem zum Thema, kann der Film zusätzlich zum hilfreichen Medium pädagogischer Konfliktbewältigung werden.

2. Welche Ausrüstung benötigt man?

Falls die Schule keinen Camcorder besitzt, kann dieser von einer Bildstelle ausgeliehen werden. Diese stellt auch Schnittplätze für die Nachbearbeitung des Films (Schnitt, Nachvertonung), falls die Schule selbst über keine geeigneten Überspielmöglichkeiten verfügt. Zur Verbesserung der Tonqualität sollte ein externes Richtmikrofon eingesetzt werden. Auch zusätzliche Scheinwerfer (ideal sind drei) verbessern die Bildqualität. Hierbei können ebenfalls Bildstellen, eventuell auch Eltern aushelfen.

3. Wie läuft das Filmprojekt ab?

Eine Schlüsselrolle kommt der Themenfindung zu, gilt es doch, einen Filmstoff zu finden, der die Klasse langfristig interessiert und der filmisch

auch realisierbar ist. Folgende Aspekte sollten bei der Themenauswahl bedacht werden: Darstellungsabsicht, Adressatenbezug, Voraussetzungen (Ortsbedingungen, z. B. Räume, Witterung; Schüleralter etc.), Realisierbarkeit (Aufwand für das Filmen und die Nachbearbeitung nicht unterschätzen, daher ist ein Fünfminutenfilm sinnvoller als ein überforderndes Zweistundenprojekt), optimale Einbeziehung möglichst aller Schüler der Klasse.
Vor allem, wenn die Schüler nicht von der Umgestaltung einer Textvorlage als Filmstoff ausgehen, sondern eigenständig ein Thema entwickeln, empfiehlt es sich, mit den Vorarbeiten bereits im regulären Unterricht vor dem Landheimaufenthalt zu beginnen.
Ausgehend von der Grundidee (Exposé), sollten die Schüler gemeinsam oder arbeitsteilig ein Drehbuch erarbeiten. Voraussetzung hierfür ist jedoch, daß die Lerngruppe Grundelemente der Filmsprache (Einstellungsgrößen, Perspektiven, Bewegungen der Kamera, Montageprinzipien etc.) kennenlernt. Am besten geschieht dies durch Analyse von Filmbeispielen (vgl. die Angebote der Bildstellen). Das zu erarbeitende Drehbuch muß nicht die Perfektion eines professionellen anstreben. Da beim Videofilmen – anders als beim herkömmlichen Film – jede aufgenommene Szene direkt vor Ort kontrolliert werden kann, ist es möglich, mit der gestalterischen Feinarbeit bis zu diesem Zeitpunkt zu warten. Allerdings sollten einzelne Gestaltungselemente im Drehbuch bereits vorbedacht sein. So ist es zum Beispiel hilfreich, zentrale Dialogpartien durch Großaufnahmen der Akteure auch visuell herauszuheben. Folgende Kategorien helfen, den Aufbau des Drehbuchs zu strukturieren:

Nr.	Sequenz, Einstellung	Ort/Handlung	Kamera	Text/Ton

Die Erarbeitung des Drehbuchs sollte spätestens am ersten Projekttag abgeschlossen sein. Vor Beginn der Dreharbeiten gilt es, die Mitwirkenden vor und hinter der Kamera festzulegen. Folgende Funktionen sollten besetzt werden: Regie (1–2 Personen), Skript (Drehprotokoll), Aufnahmeleitung und Helfer (Organisation der Dreharbeiten, Bereitstellung der Requisiten etc.), Kamera (1–2 Personen), Ton (Qualitätskontrolle durch Kopfhörer unabdingbar), Licht (1–3 Personen), Maske (Pudern der Schauspielergesichter zur Vermeidung von Glanzeffekten beim Lichteinsatz, Maskeneffekte), Schauspieler (eventuell Probesprechen vor der endgültigen Entscheidung).
Der Drehplan organisiert den Ablauf der Dreharbeiten. Da die endgültige Montage erst beim Schnitt des Films erfolgt, sollten alle Einstellun-

gen, die an einem Handlungsort spielen, möglichst hintereinander abgedreht werden, um zeitaufwendigen Drehplatzwechsel zu vermeiden.

Den Schwerpunkt der Projekttage nehmen die eigentlichen Dreharbeiten ein, deren Dauer meist unterschätzt wird. Da die Szenen oft erst nach mehrfachen Versuchen zufriedenstellend gelingen, sollte zur Erleichterung der Endmontage ein Drehprotokoll angefertigt werden. Damit alle Elemente anschließend schnell gefunden werden können, empfiehlt es sich, vor jeder Szene ein Orientierungsblatt mit den nötigen Angaben aufzunehmen. Es ersetzt die Filmklappe der Profis und gibt an, zu welchem Teil des Films die Einstellung gehört und um den wievielten Versuch es sich handelt. Dieses Verfahren garantiert auch eine ausreichende Vorlaufzeit (6–10 Sekunden) vor Beginn der eigentlichen Szene. Dies ist für das Gelingen der Überspielung bei der Endmontage sehr wichtig, da Abspiel- und Aufnahmerecorder ihre Laufzeiten angleichen müssen.

Da bei den Dreharbeiten nicht immer alle Schüler im Einsatz sind, können die anderen wichtige Vorbereitungsaufgaben übernehmen (Gestaltung von Titel und Abspann, Auswahl der Filmmusik etc.) oder durch sinnvolle Begleitaufgaben projektbezogen eingesetzt werden: Planung der Filmwerbung (Plakate, Werbezettel), Entwurf eines Programmhefts mit Reportagen zur Filmentstehung, Dia-Ton-Reportagen zum Ablauf des Filmprojekts.

Die Nachbearbeitung sollte im Zeitaufwand nicht unterschätzt werden. Je nach Film, Geräteausrüstung und Vorerfahrung ist von einer Dauer von ca. einer Stunde pro Filmminute auszugehen. Stehen während des Landheimaufenthalts geeignete Überspielgeräte nicht zur Verfügung, kann eine kleine Schülergruppe den Film anschließend auf der Anlage einer Bildstelle schneiden und nachvertonen. Einweisung und Hilfestellung leistet, den eventuell weniger erfahrenen Lehrer entlastend, das Fachpersonal der Medienstelle. Bei realistischer Begrenzung des Videofilmprojekts (5 Minuten, bei 3–4 Projekttagen) kann allerdings durchaus die Fertigstellung noch während des Landheimaufenthalts gelingen.

Ohne das Erfolgserlebnis zu zerreden, sollte die Auswertung des Projekts über die selbstkritische Wirkungsanalyse des Films hinaus die Gruppenerfahrungen einbeziehen. Für den regulären Unterricht oder längerfristigen Landheimaufenthalt können begleitend oder im Anschluß an das Videoprojekt Aspekte der Filmgestaltung und Filmanalyse vertiefend behandelt werden. Anregungen dazu vermitteln die Ausleihverzeichnisse der Medienstellen und die Taschenbuchreihen von Fischer und Rowohlt zum Thema Film.

4. Zu viele Schwierigkeiten? Welche Hilfen gibt es?
Die bisherigen Hinweise sollten das Wichtigste bei einem Videoprojekt nicht verdecken, nämlich die Gestaltungsfreude, die ein Videoprojekt bei Schülern und Lehrern in der Regel weckt. Gerade wenn der Lehrer über geringe Vorerfahrungen verfügt und auf Schülerexperten zurückgreift, wirken sich der gemeinsame Lernprozeß und die erhöhte Selbständigkeit der Schüler pädagogisch vorteilhaft aus. Als Hilfe zur Projektvorbereitung, Begleitung oder Vertiefung seien aus der Fülle der Literatur zwei praxisorientierte Bücher kurz vorgestellt:
D. v. Ribbeck: Filmproduktion verstehen. München 1990: Der Autor führt anschaulich in die Welt der professionellen Filmproduktion ein und vermittelt gleichzeitig konkrete Anregungen und Arbeitshilfen für die aktive Videoarbeit von Schul- oder Jugendgruppen.
A. Acker/O.-M. Nann: Film-Fernsehen-Video. Ein Leitfaden für die Praxis. München 1986: Dieser Praxisleitfaden verdeutlicht, wie man von der Idee zur Drehvorlage gelangt und welche filmischen Gestaltungsgrundsätze wichtig sind.

Schreiben im Museum *(Antje Feilke)* *5–10*

Auch wenn das Thema „Bildbeschreibung“/„Bildschilderung“ seit einigen Jahren keine große Rolle mehr spielt, so kann doch ein Museumsbesuch verschiedene von den Schülern gern angenommene Schreibanlässe bieten. Jüngeren Schülern (Klasse 5/6) kann man etwa die Aufgabe stellen, sich nach einem Rundgang durch eine Ausstellung ein Bild zu wählen und dazu eine Geschichte zu erzählen.
Mit Schülern einer achten Klasse besuchte ich auf ihren Wunsch hin das Museum Abteiberg in Mönchengladbach. Sie ließen sich allein oder zu mehreren vor einem Kunstwerk ihrer Wahl nieder, um es einerseits möglichst genau zu beschreiben und andererseits ihre Gedanken dazu zu formulieren – was bei zeitgenössischer Kunst eine besondere Herausforderung sein kann.
Nach Ablauf der Schreibzeit bietet es sich an, vor dem einen oder anderen Kunstwerk zusammenzukommen und die hierzu verfaßten Geschichten oder Beschreibungen/Interpretationen vorzulesen.
Vgl. Praxis Deutsch 113/1992 (Schwerpunkt: Schreiben zu Bildern)

Unsichtbares Theater *8–13*

Das „Theater der Unterdrückten“ von Augusto Boal operiert u. a. mit dem „Unsichtbaren Theater“. Es heißt so, weil es für die Zuschauer zunächst nicht als Theater erkennbar ist; diese wähnen sich in einer Ernstsituation, in der sie sich irgendwie verhalten müssen. Zwei Beispiele:

Beispiel 1
„Ist das Thema der Szene z. B. ‚Die neue Armut in Deutschland', ist ein Supermarkt natürlich hervorragend geeignet, um etwa einen Akteur vor den Lebensmittelregalen vor Hungersschwäche zusammenbrechen zu lassen: Aufgrund seiner Arbeitslosigkeit hat er kein Geld, sich Lebensmittel zu kaufen. Was machen die Umstehenden mit ihren aus den Regalen genommenen Lebensmitteln? Ein angeblicher Freund des Zusammengebrochenen, dem das alles offensichtlich peinlich ist, bittet Umstehende, dabei zu helfen, seinen Freund ohne viel Aufsehen hinauszuschleppen" (Mike Büttner: Kommunikation und Konfrontation: das Unsichtbare Theater. In: Bernd Ruping (Hrsg.): Gebraucht das Theater. Die Vorschläge von Augusto Boal. Lingen/Remscheid (Bundesvereinigung Kulturelle Jugendbildung) 1991, S. 108–115; hier S. 112).

Beispiel 2
„Die Jungen und Mädchen betraten ... ein Lokal. Demonstrativ steuerten die Mädchen als erste auf einen Tisch zu, die Jungen trotteten hinterdrein. Dann rückten die Mädchen den Jungen die Stühle zurecht, die sie für sie ausgesucht hatten, natürlich erst nachdem sie (die Mädchen) ihnen (den Jungen) aus den Mänteln geholfen hatten, die sie zu diesem Zweck heute angezogen hatten. Die Mädchen tranken ein Bier, die Jungen nippten mit schmalen Lippen an einer Limo. Umsitzende Lokalbesucher wurden aufmerksam, bekamen – angesichts dieses Rollentauschs – große Augen oder grinsten. Nach den ersten Auftritten zeigten einige Gruppenmitglieder Mut für weitere Rollentauschvarianten: Sie versuchten, die Rollen von Herr und Knecht auszuwechseln. Wer in eine Gaststätte geht, so stellten sie fest, spielt die Herrenrolle; er läßt sich bedienen wie einst die Adeligen von ihrer Dienerschaft. Der Unterschied ist nur, daß man sich nicht im eigenen Haus bedienen läßt (das wäre zu teuer); außerdem hat man meist nur einen einzigen Bediensteten zur Verfügung: die zuständige Bedienung. Die Jugendlichen fingen an, die Herr/Knecht-Rollen zu verfremden. Ein Junge stand auf, als die Bedienung mit ihrem Tablett um die Ecke bog, lief ihr entgegen, begrüßte sie freundlich und machte Anstalten, die Limo, die sie servieren wollte, selbst zu tragen. Die Bedienung war verdutzt" (Gerd Brenner/Franz Grubauer (Hrsg.): Typisch Mädchen? Typisch Junge? Persönlichkeitsentwicklung und Wandel der Geschlechterrollen. Weinheim/München 1991, S. 94 f.).

Das „Unsichtbare Theater" ist reizvoll, weil es
– auf mehreren Ebenen mit Zuschauern „spielt";
– die Zuschauer mehr als in anderen Theaterformen aktiviert, sie durch

situative Arrangements zum intensiven Nachdenken bringt und zum Mithandeln veranlaßt;
- eine intensive Kommunikation auslösen kann;
- in die alltägliche Öffentlichkeit einer Stadt (Marktplatz, Supermarkt, Straßenbahn etc.) hineingetragen werden kann;
- auf kurze, aber wirkungsvolle Auftritte beschränkt werden kann.

Bei der Vorbereitung solcher Auftritte im Rahmen des „Unsichtbaren Theaters" sollten die folgenden Fragen geklärt werden:
- Welches Thema soll behandelt werden?
- An welchem Ort kann das Thema am besten umgesetzt werden?
- Ist dieser Ort überschaubar?
- Welcher Handlungskern soll gewählt werden?
- Wie viele Akteure werden dabei benötigt?
- Wie viele andere sichern die Szene ab?
- Welche Reaktionen der „Zuschauer" sind zu erwarten?
- Wie kommt man an dem gegebenen Ort aus der „Szene" wieder heraus?
- Ist eine akzeptable Form der Beendigung zu erwarten?

Bei der „Aufführung" müssen natürlich Gesetze eingehalten und solche „Inszenierungen" vermieden werden, die gewaltsame Entwicklungen erwarten lassen. Den optimalen Ablauf eines „Unsichtbaren Theaters" beschreibt Büttner so:
„Der Beginn der Szene ist oft kein Problem. Ein öffentlicher, außergewöhnlicher Vorfall weckt die Neugier und Sensationsgier der Zuschauer, da der Vorfall als real wahrgenommen wird. Ist die Aufmerksamkeit für die Szene geweckt, sollte der Zuschauer ins Spiel einbezogen werden: entweder durch direktes Ansprechen oder durch provozierende Handlungen, die ihm ein Nicht-Eingreifen unmöglich machen. Dem Zuschauer darf dabei selbstverständlich keine Angst eingeflößt werden. Er soll vielmehr Mut schöpfen und Hemmschwellen zum Handeln überwinden" (Mike Büttner, ebd., S. 114).
Ein Agieren im „Unsichtbaren Theater" fällt Schülern außerhalb des eigenen Wohnumfeldes, also z. B. während eines Landschulheimaufenthaltes, leichter.

Weitere Ideen

Für Projekttage u. ä. finden Sie weitere Ideen im Kapitel „Deutsch-Projekte in der Kommune oder Region" (→ Seite 212 ff.). Klassenübergreifend sind auch Vorlesewettbewerbe (→ Seite 220 f.).

2. Ideen für Klassen-, Kurs- und Studienfahrten

Die folgenden Seiten laden Sie ein zur Erkundung der literarischen Topographie des deutschsprachigen Raumes sowie einiger angrenzender Gebiete, die für die deutschsprachige Literatur besonders wichtig gewesen sind. Darüber hinaus haben diese Seiten einen praktischen Zweck: Wann immer Sie eine Kurs- oder Studienfahrt planen müssen, werden Sie hier schnell fündig – und auf erste vage Reisezielvorstellungen von Schülerinnen und Schülern können Sie sofort reagieren.
Die Reisevorschläge berücksichtigen Zielorte, die von besonderem literarischen Interesse sind. Neben kurzen literaturgeschichtlichen Notizen zu diesen Orten finden Sie Hinweise zu möglichen literarischen Erkundungen und Besichtigungen. Außerdem wird auf besondere kulturelle Attraktionen und auf Unterkünfte hingewiesen.
Um eine schnelle Übersicht zu ermöglichen, werden vorab wichtige Autorinnen und Autoren aus der deutschen Literaturgeschichte genannt, die mit den aufgeführten Städten in besonderer Weise verbunden sind und deren Lebensspuren Gegenstand von Erkundungen sein können. So läßt sich rasch überprüfen, welche Zielorte mit laufenden oder noch geplanten Unterrichtsvorhaben verbunden werden können. Bei längerfristiger Planung kann man den Unterricht gezielt auf Kurs- und Studienfahrten hin anlegen. Fachbezogene Ideen zur methodischen Gestaltung von Klassen- und Kursfahrten finden Sie u. a. zu den Städten Berlin (Lyrische Litera-Tour), Köln (Lyrische Litera-Tour, Historische Litera-Tour, Kreatives Schreiben/Kontrasterfahrungen) und Mittelrhein (Lyrische Litera-Tour).
Schülerinnen und Schüler der Sekundarstufe II wählen oft Großstädte als Ziele für ihre Fahrten. Das Großstadtflair, das Bummeln in urbanen Landschaften und ausgefallene (sub-)kulturelle Angebote von Metropolen haben vor allem für Schülerinnen und Schüler aus kleineren Städten und ländlichen Gebieten einen besonderen Reiz. Im bewußten Kontrast dazu umfaßt die folgende Zusammenstellung auch kleinere Orte. Damit soll deutlich gemacht werden, daß die deutsche Literatur sich nicht nur in wenigen Zentren abgespielt hat und es durchaus lohnend sein kann, auch einmal die sogenannte Provinz zu erkunden. Oft sind zudem Großstädte in erreichbarer Nähe, wenn man in die „Provinz" fährt.

Deutsche Bundesländer

Baden-Württemberg

- ***Biberach a. d. Riß***

Christoph Martin Wieland/Sophie von La Roche

Notizen aus der Literaturgeschichte: Wieland wuchs in einem Haus in der Altstadt der ehemaligen Freien Reichsstadt auf. Im Komödienhaus der Stadt brachte er 1761 Shakespeares „Der Sturm" in eigener Übersetzung auf die Bühne; es war die erste originalgetreue Wiedergabe eines Werkes von Shakespeare in Deutschland.

Tips für eine Litera-Tour: Komödienhaus; Wieland-Gartenhaus (hier entstanden Märchen und die „Geschichte des Agathon"; Ausstellung „Gärten in Wielands Welt"); Wielandhaus (Wieland-Schauraum mit Informationen zum literarischen Leben in der zweiten Hälfte des 18. Jahrhunderts, Anregungen zum eigenen Schreiben; Wieland-Archiv). In der Nähe: Schloßmuseum Warthausen mit Erinnerungen an Wieland und Sophie von La Roche.

Weitere Attraktionen: Historische Altstadt mit Museum (bietet lehrplanorientierten Unterricht an), Rathäuser aus dem 15. und 16. Jahrhundert; Handwerkerhaus von 1315; Station der Oberschwäbischen Barock- und der Schwäbischen Dichterstraße. In der Nähe: Ulm (s. u.); Bodensee.

Unterkunft: Jugendherberge Biberach, Heusteige 40, 88400 Biberach, Tel.: 07351/218 85 (am Stadtrand in einem kleinen Wald gelegen)

Wichtige Adresse: Städtische Fremdenverkehrsstelle, Theaterstr. 6, 88400 Biberach, Tel.: 07351/514 83

Weiterführende Literatur: Heinrich Bock/Hans Radspieler: Gärten in Wielands Welt. Reihe „Marbacher Magazin" der Deutschen Schillergesellschaft (s. u.), 1986;
Heinrich Bock: Wieland in Biberach und Weimar. Reihe „Literaturreisen", Klett, Stuttgart 1990

- ***Blaubeuren/Ulm***

Heinrich von Rugge/Heinrich Seuse/Christian Friedrich Daniel Schubart/Wilhelm Hauff/Eduard Mörike

Notizen aus der Literaturgeschichte: Im 12. Jahrhundert wirkte auf der Burg Ruck in der Nähe von Blaubeuren der Minnesänger Heinrich von Rugge. Für die deutsche Kulturgeschichte bedeutsam ist außerdem die 1556 gegründete Klosterschule, die am Anfang des 19. Jahrhunderts in ein evangelisch-theologisches Seminar umgewandelt wurde. Hier stu-

dierten u. a. W. Hauff, Friedrich Theodor Vischer und David Friedrich Strauß. 1777 wurde der Dichter C. F. D. Schubart in B. verhaftet und anschließend auf Befehl des württembergischen Herzogs ohne Urteil zehn Jahre auf dem Hohenasperg eingesperrt. Den Blautopf, einen verzweigten Höhlensee bei B., machte E. Mörike zum Gegenstand seiner „Historie von der schönen Lau".
In Ulm wirkte im 14. Jahrhundert eine Hauptfigur der Deutschen Mystik, H. Seuse. Im 15. Jahrhundert war die Stadt ein Zentrum des Meistersangs.

Tips für eine Litera-Tour: Blaubeuren: Burgruine Ruck; Blautopf (beim Kloster), Klosterschule, Schubart-Stube im Amtshaus des Klosters mit Ausstellungen zu Schubart und Mörike; Ulm: Ulmer Theater (Großes Haus, Podium).

Weitere Attraktionen: Blaubeuren: Heimat- und Urgeschichtliches Museum; Ulm: Münster (Besteigung des höchsten Kirchturms der Welt); Fischerviertel an der Donau.

Unterkunft: Jugendherberge Blaubeuren, Auf dem Rucken 69, 89143 Blaubeuren, Tel.: 07344/64 44

Wichtige Adresse: Bürgermeisteramt Blaubeuren, 89143 Blaubeuren, Tel.: 07344/13 17

Weiterführende Literatur: Herbert Hummel/Thomas Scheuffelen: Schubarts Verhaftung in Blaubeuren. Reihe „Spuren" der Deutschen Schillergesellschaft (s. u.), Marbach 1990;
→ Ludwigsburg

• *Calw*

Hermann Hesse

Notizen aus der Literaturgeschichte: In Calw verbrachte Hermann Hesse seine Kindheit und Jugend. Die Stadt spielt in vielen seiner Werke eine große Rolle.

Tips für eine Litera-Tour: Hermann-Hesse-Museum (Darstellung von Leben und Werk). In der Nähe: Faust-Museum und Faust-Archiv in Knittlingen (Dokumente vom historischen Faust, der hier geboren wurde, bis zu neuesten Bearbeitungen des Faust-Themas in Literatur, Kunst und Musik).

Weitere Attraktionen: Malerisches Stadtbild; Lage am Rand des Schwarzwaldes. In der Nähe: Stuttgart (s. u.), Tübingen (s. u.) und Rottenburg; Kloster Hirsau (Wandermöglichkeit); Neubulach (Silberbergwerk), Bauernhausmuseum Altenburg; Kepler-Museum in Weil der Stadt (Erläuterung naturwissenschaftlicher Entdeckungen anhand von Modellen).

Unterkunft: Jugendherberge Calw, Im Zwinger 4, 75365 Calw, Tel.: 07051/126 14 (am Rand der Altstadt gelegen)

Wichtige Adresse: Verkehrsamt Calw, Aureliusplatz 10, 75365 Calw-Hirsau, Tel.: 07051/56 71

Weiterführende Literatur: Herbert Schnierle-Lutz: Auf den Spuren Hermann Hesses von Calw nach Montagnola. Reihe „Literaturreisen", Klett, Stuttgart;
Heinz Finke/Mathias Jung: Schwärmereien über den Schwarzwald. Mit literarischen Texten. Harenberg Verlag, Dortmund;
F. Oberhauser/H. Bender (Hrsg.): Schwarzwald und Oberrhein. Literarischer Führer. (Insel TB);
Siegfried Greiner: Hermann Hesse. Jugend in Calw. Berichte, Bild- und Textdokumente und Kommentar zu Hesses Gerbersau-Erzählungen. Jan Thorbecke-Verlag, Sigmaringen 1981

- ***Heidelberg***

Johannes Reuchlin/Conrad Celtis/Philipp Melanchthon/Martin Luther/Martin Opitz/Georg Rudolf Weckherlin/Julius Wilhelm Zincgref/Johann Wolfgang Goethe/Friedrich Schiller/Achim von Arnim/Clemens Brentano/Joseph Freiherr von Eichendorff/Nikolaus Lenau/Friedrich Hebbel/Fritz Reuter/Stefan George/Anna Seghers/Ernst Jünger

Notizen aus der Literaturgeschichte: An der 1386 gegründeten Universität studierten und wirkten die neulateinischen Humanisten Reuchlin und Celtis sowie Melanchthon. Luther stellte sich 1518 hier der „Heidelberger Disputation". Während seines Studiums in H. arbeitete Martin Opitz, der spätere „Gesetzgeber" der deutschen Literatur, mit dem frühbarocken Heidelberger Dichterkreis (Schede, Zincgref, Weckherlin) zusammen. Seit dieser Zeit taucht die Stadt in den Literatur- und Philosophiegeschichten immer wieder auf. Mit Samuel Freiherr von Pufendorf wirkte in H. ein wichtiger Vertreter der frühen Aufklärung. Goethe und Schiller hielten sich mehrfach hier auf. Die Philosophie des Idealismus war in H. mit einem ihrer wichtigsten Denker, Georg Wilhelm Friedrich Hegel, vertreten. Anfang des 19. Jahrhunderts war H. ein Zentrum der Romantik; um Arnims „Zeitung für Einsiedler" sammelten sich Autoren wie Brentano und Eichendorff. Stark angeregt von der Heidelberger Romantik wurde die „Schwäbische Schule" um Uhland, Schwab und Kerner. In der romantischen Epoche hielt Joseph von Görres an der Universität H. die erste germanistische Vorlesung (1806). Lenau, Hebbel und Reuter studierten und schrieben hier. Der George-Kreis hatte hier ein Domizil. Ernst Jünger wurde in H. geboren.

Tips für eine Litera-Tour: Universitätsbibliothek (Ausstellung „Mit der Zeit“, u. a. der „Codex Manesse“ von 1 300 mit 5 000 Strophen mittelalterlicher Liedpoesie, Otfrids „Evangelienbuch“ aus dem 9. Jahrhundert und der „Parzival“ des Wolfram von Eschenbach; Informationen zur Herstellung von Pergament, Tinten und Farben im Mittelalter; Videovorführungen); Theater der Stadt (Städtische Bühne, Studio, Jugendtheater).

Weitere Attraktionen: Schloß; Schiffsfahrt auf dem Neckar zum Vierburgenstädtchen Neckarsteinach. In der Nähe: Speyerer Dom (Haus- und Grabeskirche der salischen Kaiser, bedeutendster erhaltener Kirchenbau der romanischen Epoche in Deutschland; Domschatzkammer); Weinmuseum Speyer.

Unterkunft: Jugendherberge Heidelberg, Tiergartenstr. 5, 69120 Heidelberg, Tel.: 06221/41 20 66

Weiterführende Literatur: Der Neckar. Reihe „Literaturreisen“, Klett, Stuttgart; Elmar Mittler/Wilfried Werner: Mit der Zeit – die Kurfürsten von der Pfalz und die Heidelberger Handschriften der Bibliotheca Palatina. Wiesbaden 1986; Hölderlin: Heidelberg (Gedicht)

- ***Konstanz/Bodensee***

Annette von Droste-Hülshoff/Joseph Freiherr von Eichendorff/Gustav Freytag/Hermann Hesse/Martin Walser

Notizen aus der Literaturgeschichte: Bereits vor mehr als einem Jahrtausend schrieb der Mönch Strabo auf der Insel Reichenau lateinische Verse. Im 15. Jahrhundert fand in Konstanz ein wichtiges Konzil statt; Johannes Hus wurde hier verurteilt. In späterer Zeit hielten sich z. B. C. F. Meyer, Hölderlin, Mörike und H. Hesse am Bodensee auf. A. von Droste-Hülshoff lebte längere Zeit bei Meersburg. In neuerer Zeit ist das Werk von M. Walser eng mit der Region verbunden.

Tips für eine Litera-Tour: Konzil; Hus-Haus; Theater in Konstanz (Stadttheater, Werkstatt, Inselgasse; Lokschuppen). Die Tourist-Information Konstanz bietet eine Literaturreise um den Bodensee an, einen Kulturausflug durch ein Jahrtausend.
In der Nähe: Meersburg mit Droste-Museum im Fürstenhäusle; Deutsches Eichendorff-Museum (umfangreiche Sammlung, u. a. Nachlaß des Dichters) und Gustav-Freytag-Museum und -Archiv in Wangen im Allgäu.

Weitere Attraktionen: Bodensee; 900jähriges Münster; Bodensee-Naturmuseum; Archäologisches Landesmuseum Baden-Württemberg; Insel

Mainau; Insel Reichenau. In der näheren Umgebung: Deutsches Zeitungsmuseum in Meersburg (Museum für die Frühgeschichte der deutschsprachigen Presse); Friedensmuseum in Lindau-Bad Schachen (einzigartig in Europa); Ausstellung mechanischer Musikinstrumente im Haus zum Cavazzen in Lindau; Fahrt mit der Seilbahn von Bregenz auf den Pfänder.

Unterkunft: Jugendherberge „Otto-Möricke-Turm“, Zur Allmannshöhe 18, 78464 Konstanz, Tel.: 07531/322 60

Weiterführende Literatur: Bodensee. Reihe „Literaturreisen“, Klett, Stuttgart;
Hans Leip u. a.: dtv MERIAN reiseführer Bodensee;
D. Jost (Hrsg.): Bodensee. Reisebuch. (Insel TB);
Heinz Finke/Mathias Jung: Geliebter Bodensee. Mit literarischen Texten. Harenberg Verlag, Dortmund;
Herbert Schnierle-Lutz: Auf den Spuren Hermann Hesses von Calw nach Montagnola. Reihe „Literaturreisen“, Klett, Stuttgart

- ***Ludwigsburg/Marbach/Stuttgart***

Georg Rudolf Weckherlin/Johann Valentin Andreae/Justinus Kerner/Friedrich Schiller/Christian Friedrich Daniel Schubart/Eduard Mörike/Ludwig Uhland/Wilhelm Hauff/Gustav Schwab/Georg Herwegh/Wilhelm Raabe/Robert Musil/Günter Herburger

Notizen aus der Literaturgeschichte: Ludwigsburg am Neckar gilt als „schwäbische Poetenwiege“. J. Kerner, das Haupt der Schwäbischen Dichterschule, wirkte hier. F. Schiller und E. Mörike wuchsen hier auf. C. F. D. Schubart war Musiklehrer am Ludwigsburger Hof. Stuttgart hatte bereits im 15. Jahrhundert einen humanistisch aktiven Fürstenhof. Im 17. Jahrhundert war es ein Zentrum barocker Literatur (Weckherlin, Andreae) und ein Standort englischer Komödianten. Schiller studierte hier Jura und Medizin. Schubart war hier Theaterdirektor. Später entwickelte sich in der Stadt die „Schwäbische Schule“ der Romantik (Uhland, Schwab, Hauff, Mörike). Mörike war längere Zeit Literaturlehrer in St. Herwegh; Raabe lebte hier längere Zeit; Musil studierte hier Maschinenbau.

Tips für eine Litera-Tour: Ludwigsburg: Geburtshäuser von Mörike, Kerner, dem Maler David Fr. Strauß, Wohnhäuser von Schiller und Schubart; Kulturzentrum im Städtischen Museum (Bilder, Handschriften und Bücher von Kerner, Mörike u. a.); Ludwigsburger Schloßfestspiele. Marbach: Schiller-Geburtshaus (Ausstellung), Schiller-Nationalmuseum (Darstellung der großen Gestalten der klassischen Literatur in ihrem geistesgeschichtlichen Kontext; ständige Ausstellungen zu Autoren des 18. bis 20. Jahrhunderts, u. a. Wieland, Schubart, Schiller, Hölderlin,

Kerner, Uhland, Mörike, zur literarischen Arbeit des Cotta-Verlages; umfangreiche Sammlung zur Literatur des 20. Jahrhunderts, gegliedert nach Schulen und Zentren; Hesse-Archiv); Deutsches Literaturarchiv (Forschungsstätte für neuere deutsche Literatur); in der Nähe: Schloß Solitude (Standort der von Schiller besuchten Militär-Pflanzschule). Stuttgart: Württembergisches Staatstheater (Großes und Kleines Haus, Theater im Depot), Altes Schauspielhaus; Komödie im Marquardt; Theater tri-bühne, Theater der Altstadt; Theaterhaus Stuttgart; Figurentheater Stuttgart; Stadtgeschichtliche Sammlungen Wilhelmspalais (Mörike-Ausstellung); Hoppenlau-Friedhof (s. u.). In der Nähe: Calw (s. o.); Jagsthausen mit Schloßmuseum in der Götzenburg (Geburtshaus Götz von Berlichingens mit Quellen zu Goethes Dramatisierung).

Weitere Attraktionen: Ludwigsburg: Residenzschloß (größtes deutsches Barockschloß, Barock-Ausstellung); Jagd- und Lustschloß Favorite; Seeschloß Monrepos; Ludwigsburger Porzellan-Manufaktur. Stuttgart: Hegel-Haus (Hegels Geburtshaus mit Ausstellung zu Kultur und Literatur zu Beginn des 19. Jahrhunderts); Staatsgalerie Stuttgart; Württembergischer Kunstverein Stuttgart/Kunstgebäude am Schloßplatz; Forum für Kulturaustausch im Institut für Auslandsbeziehungen; Automobilmuseum/Daimler Benz. In der Nähe: Melanchthonhaus in Bretten (Gedächtnisstätte für den Gelehrten und die Geschichte der Reformation).

Unterkunft: Jugendgästehaus/Jugendherberge Ludwigsburg, Gemsenbergstr. 21, 71640 Ludwigsburg, Tel.: 07141/515 64; Jugendherberge Stuttgart, Haußmannstr. 27, 70188 Stuttgart, Tel.: 0711/24 15 83

Wichtige Adressen: Fremdenverkehrsamt Ludwigsburg, Wilhelmstr. 12, 71638 Ludwigsburg, Tel.: 07141/91 02 52; Schiller-Nationalmuseum, Schillerhöhe 8–10, 71672 Marbach, Tel.: 07144/60 61

Weiterführende Literatur: Hartmut Müller: Mörike in Schwaben. Reihe „Literaturreisen", Klett, Stuttgart;
Der Neckar. Reihe „Literaturreisen", Klett, Stuttgart;
Albrecht Bergold/Friedrich Pfäfflin: Schillers Geburtshaus in Marbach am Neckar. Reihe „Marbacher Magazin", Marbach 1988;
Horst Brandstätter/Jürgen Hohlwein (Hrsg.): Dichter sehen eine Stadt. Stuttgart 1989;
Waltraud und Friedrich Pfäfflin: Der Hoppenlau-Friedhof zu Stuttgart als Literarisches Denkmal. Reihe „Marbacher Magazin", Marbach 1991

• *Tübingen*

Christoph Martin Wieland/Friedrich Hölderlin/Eduard Mörike/Hermann Hesse/Gerd Gaiser/Ernst Block/Walter Jens

Notizen aus der Literaturgeschichte: Im 15. Jahrhundert war die Universitätsstadt ein Zentrum des Humanismus. Melanchthon wirkte hier. Wieland, ein wichtiger Vertreter der Aufklärung, studierte in Tübingen; und am Tübinger Stift betrieben Hegel, Schelling und Hölderlin gemeinsam theologische Studien, bevor sich ihre Wege trennten. Die letzten Jahrzehnte seines Lebens verbrachte Hölderlin zurückgezogen in einem Haus am Neckar. Einige Jahrzehnte später gab es im Tübinger Stift erneut eine Gruppe bedeutender Geister. Zusammen mit Mörike studierten hier der spätere Philosoph und Theologe David Friedrich Strauß und der spätere Ästhetiker Friedrich Theodor Vischer.

Tips für eine Litera-Tour: Poetische Spaziergänge durch die Altstadt; Hölderlin-Turm am Neckar (ständige Ausstellung der Marbacher Arbeitsstelle für literarische Museen, Archive und Gedenkstätten); Tübinger Stift („Literaturschule" Württembergs); Stadtmuseum (Erinnerungen an Tübinger Dichter); Landestheater (Großer Saal, Zimmertheater). In der Nähe: Wilhelm-Hauff-Museum in Lichtenstein-Honau (Präsentation des Gesamtwerks); Schloß Lichtenstein über dem Echaztal (wurde Hauffs Beschreibungen im gleichnamigen Roman nachgebaut); Nürtingen mit Ausstellung „Hölderlin in Nürtingen" im Salemer Hof (u. a. Informationen über die Lateinschule und ihre Schüler Hölderlin und Schelling); Renchen (Simplicissimus-Haus mit Erinnerungen an Hans Jakob Christoffel von Grimmelshausen) und Oberkirch (Grimmelshausen-Gedenkstätte im Heimatmuseum); Stuttgart (s. o.).

Weitere Attraktionen: Altstadt; Stocherkahnfahrt auf dem Neckar; Karzerführung; Zoologische Schausammlung.

Unterkunft: Jugendherberge Tübingen, Gartenstr. 22/2, 72074 Tübingen, Tel.: 07071/230 02

Weiterführende Literatur: Der Neckar. Reihe „Literaturreisen", Klett, Stuttgart; Werner Volke: Hölderlin in Tübingen. Reihe „Marbacher Magazin", 3. Aufl., Marbach 1990;
Friedrich Pfäfflin: Wilhelm Hauff und der Lichtenstein. Reihe „Marbacher Magazin", Marbach 1981

Bayern

- ***Augsburg***

Bertolt Brecht

Notizen aus der Literaturgeschichte: Augsburg hat eine alte literarische Tradition. Im 15. Jahrhundert war die Stadt ein Zentrum der Humanisten. Für 1450 ist die erste städtische Singschule im deutschsprachigen Raum bezeugt, an der „Meistersinger“ ausgebildet wurden. 1454 entstand das „Augsburger Liederbuch“. Im 20. Jahrhundert ist der Name B. Brechts mit der Stadt verbunden. Brecht verbrachte die meiste Zeit seines Lebens in A. Auch nach seiner Übersiedlung nach Berlin kam er noch oft in seine Geburtsstadt, um sich von der Hektik der Metropole zu erholen und im Haus seiner Eltern an seinen Werken zu arbeiten.

Tips für eine Litera-Tour: Bert-Brecht-Gedenkstätte im Geburts- und Wohnhaus Brechts; Stadttheater (über Aufführungen in diesem Theater schrieb Brecht als Student Kritiken).

Weitere Attraktionen: Fuggerei (älteste Sozialsiedlung der Welt); Haus der Bayerischen Geschichte; Dom; Synagoge; Lech-Altstadt; Romantische Straße (führt durch A., jetzt auch auf 420 km fast abgasfrei, für Radfahrer ausgeschildert).

Unterkunft: Jugendherberge Augsburg, Beim Pfaffenkeller 3, 86152 Augsburg, Tel.: 0821/339 09

Wichtige Adresse: Touristik- & Kongreß-Service, Bahnhofstr. 7, 86150 Augsburg, Tel.: 0821/50 20 70

Weiterführende Literatur: W. Brecht: Unser Leben in Augsburg, damals.

- ***Bamberg***

E. T. A. Hoffmann/Karl May

Notizen aus der Literaturgeschichte: Die Jugendherberge der Stadt bietet einen Videofilm „Romantisches Bamberg“ an. Der bekannteste Romantiker, dessen Namen sich mit B. verbindet, ist E. T. A. Hoffmann, der z. B. in der Altenburg über der Stadt seine Zauberoper „Undine“ schrieb. In der Stadt sind mehrere Wohnhäuser Hoffmanns zugänglich.

Tips für eine Litera-Tour: E. T. A.-Hoffmann-Theater; E. T. A.-Hoffmann-Haus; Altenburg mit E. T. A.-Hoffmann-Klause; Karl May-Museum.

Weitere Attraktionen: Viertürmiger Kaiserdom; Alte Hofhaltung; Altenburg; Hafenrundfahrten; Katakombenführung. In der Nähe: Nürnberg (s. u.); Würzburg (Residenz von Balthasar Neumann, eines der schönsten Barockschlösser Europas); 14-Heiligen, Schloß Banz; Fränkische Schweiz (Besuch einer Tropfsteinhöhle möglich).

Unterkunft: Jugendherberge Wolfsschlucht, Oberer Leinritt 70, 96049 Bamberg, Tel.: 0951/560 02 (am südlichen Stadtrand direkt an der Regnitz, 2 km von der Altstadt entfernt; Bootsverleih)

Wichtige Adresse: Fremdenverkehrsamt Bamberg, Geyerswörthstr. 3, 96047 Bamberg, Tel.: 0951/87 11 61 (bietet u. a. die Broschüre „Auf poetischen Spuren in Bamberg“ an)

- ***München***

Clemens Brentano/Heinrich Heine/Ludwig Ganghofer/Paul Heyse/Emanuel Geibel/Heinrich Mann/Thomas Mann/Ricarda Huch/Stefan George/Carl Sternheim/Ernst Toller/Bertolt Brecht/Karl Valentin/Joachim Ringelnatz/Lion Feuchtwanger/Georg Britting/Frank Wedekind/Alfred Andersch/Carl Amery/Wolfgang Koeppen/Hans Werner Richter/Hans Magnus Enzensberger/Günter Herburger/Heinar Kipphardt/Renate Rasp/Tankred Dorst/Franz Xaver Kroetz/Rainer Werner Faßbinder/Angelika Mechtel/Manfred Bieler

Notizen aus der Literaturgeschichte: Der Fürstenhof von München, bereits im 15. Jahrhundert ein Zentrum der Humanisten, hat im Zeitalter des Feudalismus immer wieder literarische Aktivitäten gefördert. Später war M. Wirkungsstätte von Autoren wie H. Heine und des „Münchener Dichterkreises“ um P. Heyse und E. Geibel. Eine Gruppe von Autoren um Michael Georg Conrad und seine Zeitschrift „Die Gesellschaft“ gab dem Naturalismus in Deutschland wichtige Impulse. Brecht, Dramaturg an den Münchener Kammerspielen, schrieb in M. einige seiner frühen Stücke und arbeitete dabei mit L. Feuchtwanger zusammen, der sich nachher zum Erneuerer des historischen Romans entwickelte. Th. Mann, zeitweise Redakteur der Zeitschrift „Simplizissimus“, lebte und arbeitete lange Zeit an der Isar, ebenso sein Bruder H. Mann. In neuerer Zeit haben viele westdeutsche Schriftstellerinnen und Schriftsteller – darunter einige bedeutende Dramatiker – in M. ihren Wohnsitz genommen.

Tips für eine Litera-Tour: Internationale Jugendbibliothek in Schloß Blutenburg (eine halbe Mio. Kinder- und Jugendbücher in über 120 Sprachen; Aktivitäten für Kinder und Jugendliche wie Buchdiskussionen, Klassenführungen, Autorenlesungen, Kinder- und Jugendtheater etc.); Puppentheatersammlung im Stadtmuseum; Bayerische Staatsbibliothek (50 000 Handschriften, u. a. Wessobrunner Gebet, Carmina Burana); Theatermuseum (Sammlung zur Geschichte des Theaters); Bayerische Staatsoper; Staatstheater am Gärtnerplatz; Bayerisches Staatsschauspiel (Residenztheater, Theater im Marstall); Münchener Kammerspiele (Schauspielhaus, Werkraum); Theater der Jugend; Münchener Volkstheater; Theater rechts der Isar.

Weitere Sehenswürdigkeiten: Deutsches Museum (größtes Technikmuseum Europas); Staatliches Museum für Völkerkunde; Prähistorische Staatssammlung; Stadtmuseum (u. a. Film- und Fotomuseum); Siemensmuseum; BMW-Automobilmuseum; Museum Reich der Kristalle; Nachttopf-Museum; Esoterisches Museum; Bayerische Akademie der schönen Künste/Königsbau der Residenz; Neue Pinakothek (im Untergeschoß: Staatliche graphische Sammlung); Kinder- und Jugendmuseum; Nymphenburger Schlösser; Tierpark Hellabrunn; Bavaria-Filmstadt Geiselgasteig; Deutsche Journalistenschule; Olympiagelände; Volkssternwarte mit Planetarium. In der Nähe: KZ Dachau.

Unterkunft: Jugendherberge München, Wendl-Dietrich-Str. 20, 80634 München, Tel.: 089/13 11 56; Jugendgästehaus, Miesingstr. 4, 81379 München, Tel.: 089/723 65 50

Wichtige Adresse: Fremdenverkehrsamt München, Sendlinger Str. 1, 80331 München, Tel.: 089/23 91-1

Weiterführende Literatur: Wolfgang Lauter: München leuchtet. Mit literarischen Texten. Harenberg Verlag, Dortmund;
Carl Amery/Marina Bohlmann: dtv MERIAN reiseführer München;
Heide Marie Karin Geiss: München. (DuMont Reise-Taschenbücher);
W. Schmitz (Hrsg.): Die Münchner Moderne. Die literarische Szene in der „Kunststadt" um die Jahrhundertwende. Reclam;
Eva-Maria Ledig: Eine Idee für die Kinder. Die Internationale Jugendbibliothek. Erasmus Grasser Verlag, München 1988

- ***Nürnberg***

Hans Sachs/Hans Folz/Georg Philipp Harsdörffer

Notizen aus der Literaturgeschichte: Nürnberg hat eine lange literarische Tradition. Im 16. Jahrhundert machte der Meistersinger H. Sachs die Meistersingerschule seiner Heimatstadt zur bedeutendsten in ganz Deutschland (vgl. Richard Wagners „Meistersinger von Nürnberg"). Der „Poetische Trichter", eine der wichtigsten deutschen Barockpoetiken, wurde von dem Nürnberger Patrizier G. P. Harsdörffer verfaßt, einem führenden Mitglied der Nürnberger Dichtergruppe und Sprachgesellschaft der „Pegnitzschäfer".

Tips für eine Litera-Tour: Germanisches Nationalmuseum (Deutschlands größte Sammlung von Kunst und Kultur, u. a. Bibliothek mit alten Handschriften); Nürnberger Theater (Opernhaus; Schauspiel; Kammerspiele); Wohnort von Kaspar Hauser, dessen Schicksal in vielen literarischen Werken thematisiert wird (Gedenktafel am Unschlittplatz, Sterbehaus im nahen Ansbach).

Weitere Attraktionen: Verkehrsmuseum (insbes. Eisenbahn); Kaiserburg; Albrecht-Dürer-Haus; Handwerkerhof; Kunsthalle Nürnberg; KOMM (Kommunikationszentrum für junge Leute); Tour durch das dreistöckige Kellersystem der Stadt; ehemaliges Reichsparteitagsgelände (Ausstellung „Faszination und Gewalt").

Unterkunft: Jugendgästehaus „Kaiserstallung", Burg 2, 90403 Nürnberg, Tel.: 0911/22 10 24 u. 24 13 52

Wichtige Adressen: Congress- und Tourismus-Zentrale Nürnberg, Postfach 4248, 90022 Nürnberg, Tel.: 0911/23 36-0; Verein Geschichte für alle, Steinstr. 21, 90419 Nürnberg, Tel.: 0911/33 27 35 (bietet thematische Führungen an)

Weiterführende Literatur: Richard Wagner: Die Meistersinger von Nürnberg; die Städte Nürnberg und Ansbach haben einen Prospekt „Kaspar Hauser" herausgegeben, der neben Führungen „Auf den Spuren Kaspar Hausers" weitere Informationen bietet.

Brandenburg/Berlin

Vgl. Eine Lesereise durch Brandenburg und Berlin. Klett, Stuttgart 1993 (für die Klassen 5 bis 13); Günter de Bruyn: Mein Brandenburg, S. Fischer Verlag, Frankfurt/M. 1993

- ***Berlin***

Paul Gerhardt/Friedrich Nicolai/Gotthold Ephraim Lessing/Karl Philipp Moritz/Brüder Schlegel/Rahel Varnhagen von Ense/Achim von Arnim/Clemens Brentano/Joseph von Eichendorff/E. T. A. Hoffmann/Heinrich Heine/Theodor Storm/Theodor Fontane/Richard Dehmel/August Strindberg/Arno Holz/Julius Hart/Robert Musil/Franz Kafka/Jakob von Hoddis/Georg Heym/Gottfried Benn/Heinrich Mann/Alfred Döblin/Kurt Tucholsky/Carl von Ossietzky/Nelly Sachs/Hans Fallada/Bertolt Brecht/Anna Seghers/Arnold Zweig/Günter Eich/Uwe Johnson/Günter Grass/Peter Weiss/Johannes Bobrowski/Peter Huchel/Günter de Bruyn/Franz Fühmann/Peter Hacks/Jurek Becker/Günter Kunert/Heiner Müller/Peter Schneider/Friedrich Christian Delius/Botho Strauß

Notizen aus der Literaturgeschichte: Berlin ist seit Jahrhunderten ein Zentrum des literarischen Schaffens in Deutschland. Unter Friedrich dem Großen zog die Stadt bedeutende deutsche und ausländische Vertreter der Aufklärung an (z. B. Voltaire). Aktive Teile des Bürgertums unterstützten aufklärerische Zeitschriften um F. Nicolai, Christian Felix Weisse, Moses Mendelssohn und G. E. Lessing. Kleist, der sich mehrfach in B. niederließ, gab in der Stadt die „Berliner Abendblätter" heraus. In der Frühromantik bildete sich um die Brüder A. W. und F. Schlegel ein Berliner Kreis. Nach 1800 war B. ein Zentrum der Spätromantik; in der von A. von Arnim gegründeten „Christlich-deutschen Tischgesellschaft" trafen sich Eichendorff, Chamisso, Fouqué, Brentano und Müller. Der Berliner Salon von Rahel Varnhagen stellte ein geistiges Zentrum der

Zeit dar. Eichendorff arbeitete hier im Kultusministerium. An der Spree schrieb der international bekannteste deutsche Romantiker, E. T. A. Hoffmann, Werke wie „Die Elixiere des Teufels“ und „Die Serapionsbrüder“. Mitte des 19. Jahrhunderts stellte der Berliner „Tunnel über der Spree“ (Storm, Fontane u. a.) einen wichtigen Dichterkreis des deutschen Realismus dar. Im 20. Jahrhundert war B. mit den Dichtergruppen „Der Sturm“ und „Die Aktion“ wichtiges Zentrum des Expressionismus. Benn praktizierte hier als Arzt. Das von Erwin Piscator inspirierte Theaterschaffen von B. Brecht hatte vor und nach dem Nationalsozialismus in B. sein Zentrum. C. von Ossietzky war hier Sekretär der Deutschen Friedensgesellschaft. In neuerer Zeit hat (Ost-)Berlin einen Großteil der Schriftsteller der DDR angezogen.

Tips für eine Litera-Tour: Gedenkstätte der Akademie der Künste (B. Brecht/H. Weigel); Erinnerungsstätte für die Bücherverbrennung am 10. Mai 1933 (auf dem Opernplatz); Kurt-Tucholsky-Haus in Moabit; Gerhart-Hauptmann-Museum in Berlin-Erkner (u. a. literarische Abendstunden); Johannes-R.-Becher-Haus; Ausstellung zur Berliner Theatergeschichte im Märkischen Museum; Deutsche Staatsoper; Komische Oper; Schaubühne am Halleschen Ufer; Deutsches Theater; Maxim-Gorki-Theater; Theater am Kurfürstendamm; Schloßpark-Theater; Volksbühne am Rosa-Luxemburg-Platz; Grips-Theater (Jugendtheater); Renaissance-Theater; Hebbel-Theater; Kabarett „Die Stachelschweine“; Berliner Kabarett-Theater „Die Wühlmäuse“; Berliner Kabarett-Theater Distel.

Erkundungen am Gendarmen Markt: Der Berliner Platz, der vom Schauspielhaus, dem Französischen und Deutschen Dom umgeben ist, gilt als einer der schönsten der Welt. Das geistig-kulturelle Leben des Platzes kann mit Hilfe des Buches – Peter Auer: Die Großen vom Gendarmen Markt. Biographie eines Platzes. Diederichs Verlag, München 1992 – erschlossen werden. In einer Rezension schreibt Claudia Becker: „Monarchen und Literaten, Schauspieler und Maler, Baumeister, Komponisten und Bildhauer. Von ihnen zeichnet Auer ein so lebendiges und detailliertes Bild, als hätte er August Wilhelm Iffland nach einer ‚Wallenstein‘-Aufführung in der Garderobe des Schauspielhauses aufgesucht, Adolf Menzel beim Skizzieren am Französischen Dom angesprochen, mit E. T. A. Hoffmann im ‚Lutter & Wegener‘ ein Saufgelage veranstaltet und sich mit Heinrich Heine im neueröffneten ‚Café

Möhring' am Gendarmen Markt zum Interview getroffen. Anstelle des ‚Café Möhring' stand einst die Konditorei Stehely, Brutstätte für revolutionäres Gedankengut im Vormärz. Marx und Engels blätterten hier in der aufmüpfigen *Augsburger Allgemeinen Zeitung*, eine von den achtzig Gazetten, die im Roten Salon ausgelegt waren. Auch Heinrich Heine verbrachte in Gesellschaft von Gelehrten, Politikern und Künstlern viel Zeit in dem gastronomischen Blätterwald" („Die Zeit" vom 26. 2. 93).

Weitere Attraktionen: Philharmonie; Deutsches Historisches Museum (Zeughaus, Unter den Linden); Ägyptisches Museum; Antikensammlung im Alten Museum (Museumsinsel); Völkerkunde-Museum; Gedenkstätte Deutscher Widerstand (ständige Ausstellung „Widerstand gegen den Nationalsozialismus", kostenlose Führungen mit Filmvorführungen, halb- oder ganztägige Seminare); Deutsches Rundfunkmuseum; Nationalgalerie; Pergamon-Museum (u. a. Islamisches Museum, Ostasiatische Sammlung und Antikensammlung); Museum für Naturkunde der Humboldt-Universität (Entwicklungsgeschichte der Erde und der Organismen, viele präparierte Lebewesen, u. a. Saurier-Skelette); Werkbund-Archiv/Museum der Alltagskultur des 20. Jahrhunderts; Französischer und Deutscher Dom; Wannsee; Brandenburger Tor; Schloß Charlottenburg; Gedächtniskirche; Reichstagsgebäude (Ausstellung „Fragen an die deutsche Geschichte von 1800 bis zur Gegenwart"); Bummel über den Kurfürstendamm. In der Nähe: Potsdam und Schloß Sanssouci; Naturpark „Märkische Schweiz".

Unterkunft: Jugendgästehaus Berlin, Kluckstr. 3, 10785 Berlin, Tel.: 030/261 10 97; Jugendgästehaus am Wannsee, Badeweg 1, 14129 Berlin, Tel.: 030/80 32 034; Jugendherberge Ernst Reuter, Hermsdorfer Damm 48–50, 13467 Berlin, Tel.: 030/40 41 610
Wichtige Adresse: Öffentliche Verkehrsmittel: BVG-Kundendienst, Potsdamer Platz 18, 10785 Berlin, Tel.: 030/216 50 88

Lyrische Litera-Tour: Gedichte, deren Aussage in der Topographie Berlins nachgegangen werden kann (vgl. Wien):
Julius Hart: Berlin; Auf der Fahrt nach Berlin;
Paul Boldt: Auf der Terrasse des Café Josty (Potsdamer Platz); Friedrichstraßendirnen;

Georg Heym: Berlin I; Berlin II; Berlin VIII; Die Vorstadt; Die Fahrt nach der Irrenanstalt I;
Ernst Blass: Ende;
Gottfried Benn: Nachtcafé; D-Zug;
Erich Kästner: Besuch vom Land.
Weitere Berlin-Gedichte in: Hanns Kristian Schlosser (Hrsg.): Berlin. 100 Gedichte aus 100 Jahren. Berlin/Weimar 1987;
H.-M. Speier (Hrsg.): Berlin! Berlin! Eine Großstadt im Gedicht. Reclam (Universal-Bibliothek);
Barbara und Walter Laufenberg (Hrsg.): Berlin im Gedicht, Frankfurt/M. 1987 (Insel TB)

Weiterführende Literatur: Derek Glass/Dietmar Rösler/John J. White (Hrsg.): Berlin. Literary Images of a City. Eine Großstadt im Spiegel der Literatur. Berlin 1989;
Barbara und Walter Laufenberg (Hrsg.): dtv Reise Textbuch Berlin. Ein literarischer Begleiter auf den Wegen durch die Stadt. München 1987;
F. Oberhauser/N. Henneberg: Berlin. Literarischer Führer. (Insel TB);
Der Deutschunterricht, 5/1992 (Schwerpunkt: Literarische Topographie Berlins);
Klaus Siebenhaar (Hrsg.): Das poetische Berlin. Deutscher Universitäts-Verlag, Wiesbaden 1992;
Holger Funk: Die Erfahrung der Stadt und ihre literarische Repräsentation. Wie Schriftsteller Berlin erleben und beschreiben. In: ders./Reinhard G. Wittmann: Literaturhauptstadt. Schriftsteller in Berlin heute. Berlin 1983;
Joachim Nawrocki/Günter Kunert u. a.: dtv MERIAN reiseführer Berlin.;
Petra Dubilski: Berlin. (DuMont Reise-Taschenbücher);
Wolfgang Gottschalk: Südwestfriedhof Stahnsdorf/Garnisonsfriedhof und Invalidenfriedhof/Die Friedhöfe der St.-Hedwig-Gemeinde zu Berlin. 3 Bde., Dirk Nishen Verlag, Berlin 1991 und 1992;
Alfred Döblin: Berlin Alexanderplatz. (div. Ausgaben)

- ***Buckow/Märkische Schweiz***

Adelbert von Chamisso/Theodor Fontane/Bertolt Brecht

Notizen aus der Literaturgeschichte: Die Kleinstadt Buckow im Naturpark „Märkische Schweiz“, am Schermützelsee gelegen, war nach dem 2. Weltkrieg B. Brechts bevorzugter Aufenthaltsort im Sommer („Bukkower Elegien“). Die Märkische Schweiz wurde auch von anderen Autoren wie A. von Chamisso und Th. Fontane sehr geschätzt.

Tips für eine Litera-Tour: Brecht-Weigel-Haus mit dem Wagen aus „Mutter Courage“, einer der berühmtesten Requisiten der Theatergeschichte. In der Nähe: Kleist-Gedenk- und Forschungsstätte in Frankfurt an der Oder (Geburtsstadt Heinrich von Kleists).

Weitere Attraktionen: Naturpark „Märkische Schweiz“; Tagesfahrten nach Berlin.

Unterkunft: Jugendherberge Buckow, Berliner Str. 36, 15377 Buckow, Tel.: 033433/286 (am Stadtrand, in der Nähe mehrerer Seen)

Wichtige Adresse: Fremdenverkehrsamt „Märkische Schweiz“, Königstr. 12, 15377 Buckow, Tel.: 033433/575 00

Weiterführende Literatur: Jürgen Wolff: Mit Fontane durch die Mark Brandenburg und den Harz. Reihe „Literaturreisen“, Klett, Stuttgart;
Christian Graf von Krockow: Fahrten durch die Mark Brandenburg. Wege in unsere Geschichte. Deutsche Verlags-Anstalt, Stuttgart;
Bertolt Brecht: Buckower Elegien

• *Potsdam*

Voltaire/Heinrich von Kleist/Theodor Storm/Peter Huchel

Notizen aus der Literaturgeschichte: Unter Friedrich dem Großen ist der Potsdamer Hof ein Zentrum der Aufklärung gewesen (Voltaire). Kleist hat hier zeitweise gelebt.

Tips für eine Litera-Tour: Filmmuseum; Hans-Otto-Theater.
→ Berlin

Weitere Attraktionen: Museum für Ur- und Frühgeschichte; Schloß Cecilienhof (historische Gedenkstätte des Potsdamer Abkommens); Bildergalerie im Park Sanssouci (ital. und fläm. Meister); Neues Palais im Park Sanssouci (200 Repräsentations- und Wohnräume, eine der schönsten Bühnen des Rokoko); Armeemuseum.

Unterkunft: Inselparadies Petzow Hohenwerder, Grelle 12/15, 14542 Werder/Petzow, Tel.: 03327/27 42 (eigener Badestrand und Ruderbootverleih)

Weiterführende Literatur: Karl Voß: Potsdam-Führer für Literaturfreunde. arani-Verlag, Berlin 1993;
Friedrich Nicolai: Beschreibung der königlichen Residenzstadt Potsdam und der umliegenden Gegend – Eine Auswahl. Hrsg. von Karlheinz Gerlach, Reclam Verlag, Leipzig 1993;
Inge Hoeftmann/Waltraud Noack: Potsdam in alten und neuen Reisebeschreibungen. Droste Verlag, Düsseldorf 1992;
Detlef Kotsch: Potsdam – Die preußische Garnisonsstadt. Westermann, Braunschweig 1992

Hessen

• *Darmstadt*

Matthias Claudius/Georg Christoph Lichtenberg/Johann Wolfgang Goethe/Georg Büchner/Ferdinand Freiligrath/Kasimir Edschmid/Stefan George/Elisabeth Langgässer/Arno Schmidt/Ernst Kreuder/Karl Krolow/Gabriele Wohmann

Notizen aus der Literaturgeschichte: Von 1771 bis 1775 sammelte die Landgräfin Caroline in Darmstadt einen Kreis der Empfindsamen um sich, in dem sich u. a. Goethe, Klopstock, Herder und Wieland ab und zu aufhielten. Büchner ging hier zur Schule und schrieb – von der Polizei bespitzelt – „Dantons Tod". K. Edschmid, ein Wortführer des Expressionismus, wohnte in der Darmstädter Künstlerkolonie im Park Rosenhöhe. In neuerer Zeit haben sich K. Krolow und G. Wohmann dort niedergelassen. Die Deutsche Akademie für Sprache und Dichtung in D. vergibt jedes Jahr im Herbst den Georg Büchner-Preis, den bedeutendsten Literaturpreis Deutschlands. Die Stadt D. selbst vergibt zwei weitere Literaturpreise: den vom Lyriker Wolfgang Weyrauch gestifteten Leonce-und-Lena-Preis, den bedeutendsten Preis für junge Lyriker, und den Ricarda-Huch-Preis für politische Literatur.

Tips für eine Litera-Tour: Hessische Landes- und Hochschulbibliothek (fast 1 Mio. Bände, alte Handschriften, Dokumente zur Theatergeschichte); Staatstheater Darmstadt.

Weitere Attraktionen: Schloß mit Schloßmuseum; Landesmuseum; Kunsthalle.

Unterkunft: Jugendherberge Darmstadt, Landgraf-Georg-Str. 119, 64287 Darmstadt, Tel.: 06151/470 34

Wichtige Adresse: Verkehrsamt, Luisenplatz 5, 64283 Darmstadt, Tel.: 06151/13 27 82

• *Frankfurt/Main*

Heinrich Leopold Wagner/Friedrich Maximilian Klinger/Johann Wolfgang Goethe/Friedrich Hölderlin/Clemens Brentano/Ludwig Börne/Heinrich Heine/Karl Gutzkow/Arthur Schopenhauer/Peter Suhrkamp/Theodor W. Adorno/Marie Luise Kaschnitz/Peter Härtling/Franz Mon/Ror Wolf

Notizen aus der Literaturgeschichte: Mit der Frankfurter Buchmesse, der größten Buchfachmesse der Welt, ist die Mainmetropole jährlich ein Schaufenster nicht nur der deutschsprachigen Literatur. Schon früh entwickelten Bürger der Stadt verlegerische Aktivitäten. So vereinigte der Frankfurter Verleger Feyerabend bereits 1587 einige der damals beliebtesten romanhaften Prosaerzählungen zu einem frühen „Bestseller“ mit dem Titel „Buch der Liebe“. Bereits in der frühen Neuzeit gab es in F. eine Buchmesse. Anfang des 19. Jahrhunderts entwarfen die Frankfurter R. Brönner und K. Jügel das moderne Urheberrecht. In F. residieren heute viele bedeutende Verlage. In neuerer Zeit haben sich einige Autoren (Härtling/Mon) als Verlagslektoren in F. niedergelassen. Der bedeutendste Autor, dessen Name sich mit F. verbindet, ist J. W. Goethe. Zu seiner Zeit war F. ein literarisches Zentrum der „Stürmer und Dränger“ (Wagner, Klinger). Später haben F. Hölderlin und H. Heine hier zeitweise gelebt.

Tips für eine Litera-Tour: Freies Deutsches Hochstift – Frankfurter Goethemuseum (125 000 Bände zur deutschen Dichtung zwischen 1750 und 1850; Gemäldegalerie mit Bezug zu Goethe; u. a. Ausstellungen zu Goethes Frankfurter, Leipziger und Weimarer Zeit, zu den italienischen Reisen, zu Landschaftsmalern um Goethe); Goethe-Haus (großbürgerliches Wohnhaus der Goethes); Deutsche Bibliothek (gesamtes deutsches und im Ausland erschienenes deutschsprachiges Schrifttum seit 1945, mehrere Mio. Titel); Buchmesse (im Herbst); Oper; Schauspielhaus; Theater am Turm (TAT); Satirisches Theater „Die Schmiere“; die katakombe; Kommunales Kinder- und Jugendtheater. In der Nähe: Darmstadt (s. o.).

Weitere Attraktionen: Paulskirche (dt. Nationalversammlung); führende überregionale Zeitungen („Frankfurter Allgemeine“, „Frankfurter Rundschau“); Bankenviertel; Deutsches Architekturmuseum (Dauerausstellung „Von der Urhütte zum Wolkenkratzer“); Deutsches Filmmuseum; Museum für Moderne Kunst (zeitgenössische Kunst von 1960 bis heute); Schirn Kunsthalle Frankfurt; Museum für Völkerkunde; Museum Judengasse; Museum für Kunsthandwerk; Deutsches Postmuseum (u. a. kostbare Briefmarken); Städelmuseum (umfangreiche Gemäldesammlung der klassischen Moderne); Ikonenmuseum (im Deutschherrenhaus); Museum alter Plastik (Liebighaus); Römer (altes Rathaus); Dom; Messeturm (265 m hoch, höchstes Bauwerk Europas); Ausflugsfahrt über den Main vom „Eisernen Steg“ aus. (Die „Frankfurt Card“ erlaubt für einen Tag die Benutzung aller öffentlichen Verkehrsmittel sowie freien Eintritt in zwei Museen.)

Unterkunft: Jugendherberge/Jugendgästehaus Frankfurt, Deutschherrnufer 12, 60594 Frankfurt, Tel.: 069/61 90 58 (mit 500 Betten die größte Herberge im Westen Deutschlands). Mit S-Bahn-Verbindung nach F.: Jugendherberge Bad Homburg, Meiereiberg 1, 61348 Bad Homburg, Tel.: 06172/239 50 (relativ kleine Herberge)

Wichtige Adressen: Tourist Information am Hauptbahnhof (gegenüber Gleis 23), Tel.: 069/212-388 49/51; Tourist Information Römer, Römerberg 27, 60311 Frankfurt/M., Tel.: 069/212-387 08/09

Weiterführende Literatur: Der Main. Reihe „Literaturreisen“, Klett, Stuttgart;
Jürgen Engelhardt (Hrsg.): Frankfurt zu Fuß – 20 Rundgänge durch Geschichte und Gegenwart. VSA-Verlag;
Horst Krüger u. a.: dtv MERIAN reiseführer Frankfurt;
H. Heckmann (Hrsg.): Frankfurt, Reisebuch. (Insel TB);
Jost Schilgen: Das neue Frankfurt. Vom Funktionalismus zur Postmoderne. Harenberg Verlag, Dortmund

• *Marburg*

Johann Heinrich Jung-Stilling/Brüder Grimm/Clemens Brentano/Bettina Brentano/Achim von Arnim/Caroline Michaelis-Böhmer-Schlegel-Schelling/Karoline von Günderode/Gottfried Benn

Notizen aus der Literaturgeschichte: J. H. Jung-Stilling war Professor an der Marburger Universität. Um 1800 war die Stadt ein Zentrum der romantischen Bewegung („Marburger Romantik“). Benn studierte hier.

Tips für eine Litera-Tour: In der Stadt werden literarische Spaziergänge angeboten (s. Verkehrsamt). Nordhessisches Landestheater (Theater im Afföller; Deutschhauskeller; Fürstensaal).

Weitere Attraktionen: Älteste protestantische Universität der Welt; Landgrafenschloß; Universitätsmuseum für Bildende Kunst.

Unterkunft: Emil-von-Behring-Jugendherberge, Jahnstr. 1, 35037 Marburg, Tel.: 06421/234 61

Wichtige Adresse: Verkehrsamt Marburg, Neue Kasseler Str. 1, 35039 Marburg, Tel.: 06421/20 12 62

Mecklenburg-Vorpommern

Vgl. Eine Lesereise durch Mecklenburg-Vorpommern. Klett, Stuttgart 1993 (für die Klassen 5 bis 8)

• *Rostock/Güstrow*

Johann Lauremberg/Fritz Reuter/John Brinckman/Ernst Barlach/Uwe Johnson/Walter Kempowski

Notizen aus der Literaturgeschichte: Im 15. Jahrhundert gab es in Rostock, wo 1419 die erste Universität Nordeuropas gegründet worden war, einen Humanistenzirkel. Zugleich war die Hansestadt ein norddeutsches Zentrum für handschriftliche Liedtradition und Meistersang. Der Rostocker J. Lauremberg war in der Epoche des Barock ein früher Vertreter der literarischen Satire. In neuerer Zeit sind Werke von E. Barlach („Die Echten Sedemunds"), U. Johnson („Ingrid Babendererde", „Mutmaßungen über Jakob" und „Jahrestage") und W. Kempowski eng mit der Gegend von Güstrow und Rostock verbunden.

Tips für eine Litera-Tour: Güstrow: Ernst-Barlach-Museum; Rostock: Volkstheater. In der Nähe: Fritz-Reuter-Literaturmuseum in Stavenhagen; Fahrt nach Hiddensee (Badeinsel) zur Gerhart-Hauptmann-Gedenkstätte.

Weitere Attraktionen: Rostock: St. Petri und St. Marien (zwei der mächtigsten Backsteinkirchen der Welt); Kulturhistorisches Museum; Kunsthalle (Kunst des Ostseeraums); Schiffahrtsmuseum; Hafen. Güstrow: Renaissance-Schloß (zeitweise Residenz Wallensteins; einer der bedeutendsten Renaissance-Bauten); Dom (mit dem schwebenden Bronzeengel von E. Barlach, Mahnmal gegen den Krieg); Stadt- und Schloßmuseum; Georg-Friedrich-Kersting-Museum (romantischer Maler). Tagestour: Technisches Museum zur Geschichte Peenemündes („Wiege" der Raumfahrt).

Unterkunft: Jugendgästeschiff „Traditionsschiff" Rostock-Schmarl, Postfach 48, 18106 Rostock, Tel.: 0381/71 62 24: Jugendherberge Rostock-

Warnemünde, Parkstr. 31, 18119 Rostock-Warnemünde, Tel.: 0381/ 523 03

Wichtige Adressen: Güstrow-Information, Gleviner Str. 33, 18273 Güstrow, Tel.: 03843/610 23; Landesfremdenverkehrsverband Mecklenburg-Vorpommern, Platz der Freundschaft 1, 18059 Rostock, Tel.: 0381/44 84 24

Weiterführende Literatur: Bernd Wurlitzer: Mecklenburg-Vorpommern. Hansestädte und Backsteingotik an der Ostseeküste bis Rügen und Usedom – Das Hinterland mit seiner Seenplatte. (DuMont Kunst-Reiseführer);
dtv MERIAN reiseführer Deutsche Ostseeküste

Niedersachsen/Bremen

- ***Braunschweig/Wolfenbüttel***

Anton Ulrich Herzog von Braunschweig-Lüneburg/Gottfried Wilhelm Leibniz/Gotthold Ephraim Lessing/Wilhelm Raabe

Notizen aus der Literaturgeschichte: Im 12. Jahrhundert wurde die „Braunschweigische Reimchronik", eine der ältesten deutschen Stadtgeschichten, geschrieben. Später gab es hier einen Humanistenzirkel und am Wolfenbütteler Hof einen Standort englischer Komödianten, die das Festland bereisten. Im 17. Jahrhundert entwickelte sich um den Romanautor Herzog Anton Ulrich in B. und W. ein Zentrum der Barockliteratur. Für ihre Bibliotheken verpflichteten die Braunschweiger Herzöge immer wieder bedeutende Geister, u. a. Leibniz und Lessing. W. Raabe, in B. geboren, lebte und arbeitete immer wieder hier und in W.

Tips für eine Litera-Tour: Braunschweig: Wilhelm-Raabe-Gedächtnisstätte; Staatstheater (Großes und Kleines Haus, Gebr. Wichmann Theaterhalle, Theaterspielplatz).
Wolfenbüttel: Lessinghaus, Schülerseminare in der Herzog-August-Bibliothek (meist lange Wartezeiten).

Weitere Attraktionen: Braunschweig: Herzog-Anton-Ulrich-Museum (Rembrandt, Rubens, van Delft u. a.); Staatl. Naturhistorisches Museum.

Unterkunft: Jugendgästehaus Braunschweig, Salzdahlumer Str. 170, 38126 Braunschweig, Tel.: 0531/622 68

Weiterführende Literatur: Urte von Kortzfleisch: Schülerseminare in der Herzog August Bibliothek Wolfenbüttel. Ein Modell zum Thema „Lessings Wolfenbütteler Schriften". In: Diskussion Deutsch, Heft 131, 6/1993, S. 228–231

- ***Göttingen***

Albrecht von Haller/Johann Heinrich Voß/Christian Graf zu Stolberg/Ludwig Heinrich Christoph Hölty/Georg Christoph Lichtenberg/Heinrich Heine/Brüder Grimm/Karl Krolow

Notizen aus der Literaturgeschichte: In Göttingen haben sich viele literarische Strömungen entwickelt und bekämpft; kaum eine andere deutsche Stadt mittlerer Größe hat so viele Literaten beherbergt. Die Universitätsstadt war ein Zentrum der deutschen Aufklärung; z. B. begründete A. von Haller hier die dauerhafteste, bis heute arbeitende wissenschaftliche Zeitschrift, die „Göttingischen Gelehrten Anzeigen" (seit 1739). Im 18. Jahrhundert war G. dann auch ein Zentrum der Empfindsamkeit; im Göttinger „Hainbund" sammelten sich Autoren wie Voß, Stolberg und Hölty. U. a. gegen Empfindsamkeit und Geniekult richtete dann der Göttinger Professor G. C. Lichtenberg seine bissigen Aphorismen. Auch in der Romantik war G. ein Zentrum des literarischen Schaffens (von Arnim/Brentano). Die renommierte Universität zog H. Heine ebenso an wie die Brüder Grimm. Diese gehörten zu den „Göttinger Sieben", die 1837 gegen die Aufhebung einer liberalen Verfassung durch König Ernst August von Hannover protestierten und deswegen des Landes verwiesen wurden. Die „Göttinger Sieben" stärkten die liberale Bewegung in Deutschland und wurden 1848 ins Frankfurter Paulskirchenparlament entsandt.

Tips für eine Litera-Tour: Stadt-Museum (u. a. Erinnerungen an den Hainbund); Deutsches Theater; Junges Theater. In der Nähe: Brüder Grimm-Museum im Palais Bellevue in Kassel; Wilhelm-Busch-Museum in Ebergötzen.

Weitere Attraktionen: In der Nähe: Harz (in Thale z. B. „Exkursion Cécile" auf den Spuren des gleichnamigen Romans von Theodor Fontane).

Unterkunft: Jugendherberge Göttingen, Habichtsweg 2, 37075 Göttingen, Tel.: 0551/576 22

Wichtige Adresse: Thale-Information, Rathausstr. 1, 06502 Thale, Tel.: 03947/25 97

Nordrhein-Westfalen

- ***Brakel***

Brüder Grimm/Annette von Droste-Hülshoff

Notizen aus der Literaturgeschichte: Die Gegend um Brakel ist Schauplatz der Novelle „Die Judenbuche" von A. von Droste-Hülshoff. In

Schloß Bökerhof sammelte die Dichterin für ihre hier oft weilenden Freunde Jacob und Wilhelm Grimm eine Reihe von Märchen.

Tips für eine Litera-Tour: Brüder-Grimm-Weg (Wanderung auf den Spuren der Brüder Grimm von Schloß Bökendorf über die Hinnenburg bis Brakel; ca. 5 km; Prospekt bei der Tourist Information Brakel); das Verkehrsamt der Stadt bietet für Gruppen Erkundungen auf den Spuren der „Judenbuche“ an.

Weitere Attraktionen: Externsteine; Adlerwarte Berlebeck; Hermannsdenkmal bei Detmold; Glashütte Bad Driburg.

Unterkunft: In der Nähe: Osning-Jugendherberge Bad Driburg, Schirrmannweg 1, 33014 Bad Driburg, Tel.: 05253/25 70 (inmitten des Naturparks Eggegebirge im südlichen Teutoburger Wald)

Wichtige Adresse: Tourist Information Brakel, Am Markt 5, 33034 Brakel/Westf., Tel.: 05272/60 92 69

• *Detmold*

Christian Dietrich Grabbe/Ferdinand Freiligrath

Notizen aus der Literaturgeschichte: Zwei wichtige Autoren des Jungen Deutschland sind in Detmold geboren: Grabbe und Freiligrath. Grabbe hat die meisten Jahre seines kurzen Lebens in der Stadt gelebt und gearbeitet.

Tips für eine Litera-Tour: Grabbe-Geburtshaus (Ausstellungen, Theaterort); Freiligrath-Geburtshaus.

Weitere Attraktionen: Residenzschloß; in der Nähe: Hermannsdenkmal; Adlerwarte.

Unterkunft: Jugendherberge Detmold, Schirrmannstr. 49, 32756 Detmold, Tel.: 05231/247 39

Wichtige Adresse: Verkehrsamt Detmold, 32754 Detmold, Tel.: 05231/97 70

• *Düsseldorf*

Friedrich Spee von Langenfeld/Wilhelm Heinse/Brüder Jacobi/Heinrich Heine/Karl Leberecht Immermann/Christian Dietrich Grabbe/Günter Grass/Heinar Kipphardt/Günter Seuren/Peter Handke

Notizen aus der Literaturgeschichte: Der Barock-Dichter F. Spee, auch als geistlicher Beistand in Hexenprozessen bekannt, wurde 1591 in Düsseldorf geboren. Der berühmteste Sohn der Stadt ist der 1797

geborene Harry (später: Heinrich) Heine. Vorher hatten bereits die beiden Sturm-und-Drang-Poeten W. Heinse und J. G. Jacobi in D. gewirkt. Das Haus der Brüder Jacobi zog viele bekannte Geister, mehrmals u. a. auch Goethe, in die Stadt. Tradition hat auch die Theaterarbeit in D.: In der Restaurationsepoche wirkte der Romanschriftsteller K. L. Immermann als Leiter des Düsseldorfer Schauspielhauses; er bot dem Dramatiker C. D. Grabbe eine Dramaturgenstelle an. Mehr als ein Jahrhundert später sammelten H. Kipphardt und P. Handke am Düsseldorfer Schauspielhaus Erfahrungen für ihr dramatisches Schaffen. G. Grass studierte an der Kunstakademie in D. und sammelte dabei Stoff für seinen Roman „Die Blechtrommel".

Tips für eine Litera-Tour: Geburtshaus H. Heines (darin: Literarisches Café; Literaturbüro NRW; Heinrich-Heine-Gesellschaft); Heinrich-Heine-Institut (ständige Gedenkausstellung; Diareihen u. a. zu Heines politischer Lyrik, Deutschlandreisen, Jungem Deutschland; Schallplatten; Drucksachen); Goethe-Museum im Schloß Jägerhof (ständige Ausstellung „Goethe in seiner Zeit"; neben Weimar und Frankfurt die wichtigste Goethe-Gedenkstätte; Diareihen zu Weimar in der Goethe-Zeit, Werther, Wörlitzer Park, Hermann und Dorothea; Schallplatten; Arbeitstexte in Klassensätzen; Materialien zu Schillers Dramen); Deutsche Oper am Rhein; Schauspielhaus; Kammerspiele Düsseldorf; Kom(m)ödchen (Kabarett); Kinder- und Jugendtheater; Marionettentheater. Die Stadt gibt einen kostenlosen literarischen Stadtführer ab. In der Nähe: ständige Eichendorff-Ausstellung im Oberschlesischen Landesmuseum in Ratingen.

Weitere Attraktionen: Kunstsammlung Nordrhein-Westfalen; Kunstmuseum Düsseldorf; Kunstpalast; Filmmuseum Düsseldorf (u. a. nachgebautes Filmstudio zum Anfassen, Ausprobieren von Kamerawagen, Windmaschine usw., Versuchsanordnungen an Schneidetischen; Wechselausstellungen); Altstadt mit vielen touristischen Angeboten; Kö (Königsallee, eine der bekanntesten und teuersten Einkaufsmeilen der Welt); Aquazoo (lebendige Darstellung der Evolutionsgeschichte); Museum „Volk und Wirtschaft"; Rheinische Börse; Fernsehturm; größte japanische Kolonie Europas (rund um die Immermannstraße); Rheinufer; Kaiserswerth (mit Ruine der Kaiserpfalz). In der Nähe: Wilhelm-Lehmbruck-Museum in Duisburg; Städtisches Museum Abteiberg in Mönchengladbach; Museum Folkwang in Essen.

Unterkunft: Jugendgästehaus Düsseldorf, Düsseldorfer Str. 1, 40545 Düsseldorf, Tel.: 0211/55 73 10 (nicht weit von der Innenstadt)

Wichtige Adresse: Werbe- und Wirtschaftsförderungsamt, Mühlenstr. 29, 40213 Düsseldorf, Tel.: 0211/899-38 25

Weiterführende Literatur: Kulturamt der Landeshauptstadt Düsseldorf (Hrsg.): Literaturmuseen machen Schule. Curriculare Möglichkeiten des Literaturunterrichts, entwickelt an den Sammlungen der Düsseldorfer Literaturmuseen. Düsseldorf o. J.;
Hubert Winkels: dtv MERIAN reiseführer Düsseldorf.

• ***Köln***

Meister Eckhart/Johannes Tauler/Heinrich Seuse/Friedrich Schlegel/Karl Marx/Heinrich Böll/Rolf Dieter Brinkmann/Dieter Wellershoff/Jürgen Becker/Günter Herburger/Günter Wallraff

Notizen aus der Literaturgeschichte: Köln zählt zu den Städten mit der ältesten literarischen Tradition in Deutschland. Das frühmittelhochdeutsche „Annolied“ (um 1085), konzentriert auf die Figur des heiligen Anno und die Bischofsstadt K., stellt die geschichtliche Entwicklung als Heilsgeschichte dar. Zum ersten Mal in der Wortgeschichte bedeutet *diutsch* im Annolied *deutsch* im politischen Sinne. 1287 wird in K. von G. Hagen eine der ersten deutschen Städtechroniken geschrieben. Im 14. Jahrhundert ist die Stadt mit Meister Eckhart, J. Tauler und H. Seuse ein wichtiges Zentrum der deutschen Mystik. Die Kölner Universität zog immer wieder wichtige Geistesgrößen an, z. B. den Romantiker F. Schlegel. K. Marx arbeitete hier für die linksliberale „Rheinische Zeitung“; später gab er hier die „Neue Rheinische Zeitung“ heraus. In neuerer Zeit ist K. durch das Werk von H. Böll weltweit bekannt geworden. K. ist – neben Berlin – eine Stadt, die in der modernen Großstadt-Lyrik intensiv vergegenwärtigt ist. Von Stadler über Böll bis zu R. D. Brinkmann haben viele Lyriker dieses Jahrhunderts die Kölner Szenerie lyrisch umgesetzt (s. u.). Besonders Brinkmann, der einen Teil seines Lebens in K. verbrachte, spiegelt in seiner Lyrik Großstadterfahrungen sehr intensiv, vielschichtig und formal avantgardistisch. Im Bereich der Prosa machte die „Kölner Schule“ um D. Wellershoff (Born, Herburger u. a.) von sich reden; sie wollte einen „Neuen Realismus“ durchsetzen.

Tips für eine Litera-Tour: Theatermuseum des Instituts für Theaterwissenschaft der Universität K. (Sammlung zur Theatergeschichte); Oper; Kölner Schauspiel (Schauspielhaus; Kammerspiele; Schlosserei); Theater am Dom; Theater „Der Keller“; Theater im Bauturm.

Weitere Attraktionen: Römisch-Germanisches Museum; Kölner Dom (u. a. römische Ausgrabungen tief unter der Domplatte; Domschatzkammer); Wallraf-Richartz-Museum; Museum Ludwig; Josef-Haubrich-Kunsthalle; Rautenstrauch-Joest-Museum für Völkerkunde; Käthe-Kollwitz-Museum; Erzbischöfliches Diözesanmuseum; Schiffstouren auf dem Rhein.

Unterkunft: Jugendherberge Köln-Deutz, Siegestr. 5a, 50679 Köln-Deutz, Tel.: 0221/81 47 11; Jugendgästehaus Köln-Riehl, An der Schanz 14, 50735 Köln-Riehl, Tel.: 0221/76 70 81

Wichtige Adresse: Verkehrsamt der Stadt Köln, Unter Fettenhennen 19, 50667 Köln, Tel.: 0221/221 33 45

Lyrische Litera-Tour: Gedichte, mit denen man die Topographie Kölns literarisch erschließen kann:
Heinrich Heine: Deutschland – Ein Wintermärchen, Caput IV; Caput V;
Ernst Stadler: Fahrt über die Kölner Rheinbrücke bei Nacht;
Heinrich Böll: Köln I; Köln II; Köln III (in: H. Böll/Klaus Staeck: Gedichte/Collagen, Labbé & Muta Verlag, Köln 1975);
R. D. Brinkmann: Unter dem Dom; Samstagmittag; Rolläden; Heute (in: Standphotos. Gedichte 1962–1970, Rowohlt, Reinbek 1980); Chevaux de Trait; Einen jener klassischen; Schlaf, Magritte; Sonntagsgedicht; Lied am Samstagabend in Köln; D-Zug (Teiltexte: Einige sehr populäre Songs, Nr. 4); Guten Morgen in Köln (in: Westwärts 1 & 2. Gedichte. Rowohlt, Reinbek 1975);
Jürgen Becker: Kölner Fernseh-Gedicht; Der März in der Luft des Hochhauses; Ein ganzer Freitag; Gedicht aus Köln (in: Gedichte 1965–1980. Suhrkamp, Frankfurt/M. 1981);
Projekt-Idee: Zu einigen dieser Gedichte passende Fotos machen; mit Zitaten aus Gedichten und Fotos ein „Stadtbild" entwerfen.

Historische Litera-Tour: Am 4. 9. 1842 fand das Kölner Dombaufest statt, eine mit viel Prominenz (Friedrich Wilhelm IV. von Preußen, Metternich u. a.), festlichem Gepränge und erheblichem nationalen Pathos begleitete Grundsteinlegung für die Vollendung des 1248 begonnenen, aber seit dem 16. Jahrhundert ruhenden Baus der Kathedrale. Eine Reihe von Dichtern begleitete das Fest und seine Vorgeschichte mit nationalen Kampfideen, andere reagierten sehr skeptisch.

Textvorschläge für ein Projekt „Kölner Dom“:
Schneckenberger: Die Wacht am Rhein;
Nikolaus Becker: Rheinlied;
Franz Grillparzer: Kölner Dombau. (in: ders.: Sämtliche Werke, Bd. I, Hanser, München 1960, S. 279 f.);
Annette von Droste-Hülshoff: Die Stadt und der Dom. Eine Carricatur des Heiligsten. (in: dies.: Historisch-kritische Ausgabe. Gedichte zu Lebzeiten. Max Niemeyer Verlag, Tübingen 1985, S. 7–10);
Theodor Fontane: Korrespondenzbericht der Zeitschrift „Eisenbahn“ am 3. 10. 1842
Kreatives Schreiben: Köln bietet eine Reihe von Möglichkeiten, krasse Kontraste zu erfahren. Schüler können auf solche „Kontrasterfahrungen“ hingewiesen werden. Anschließend werden persönliche Schilderungen verfaßt. Ein Text zur Anregung:

Aus Köln

Der Kölner Dom: ergreifend. Eine Unmenge von Steinen, eingesperrt, gepeinigt, in ein monströses Korsett der Formen, Linien, Säulen gezwängt. Ein Stalagmit, der durch seine dichte Kraft und Größe in Erstaunen versetzt. Ein aufgetürmter Dschungel von Gesimsen, Bögen, Ornamenten. Eine Masse, die uns lähmt, niederdrückt, auf die Knie zwingt.
Das Innere: völlig leer; eisige, kühle Wüste.
Es kommt fast niemand hierher. Manchmal betritt eine Gruppe den Dom, um einen Blick auf den Altar zu werfen, auf die Figuren, auf die Glasfenster. Ein grauhaariger Meßdiener geht mit einer Büchse von Säule zu Säule, im Gleichschritt, hin und her, wie ein Wachsoldat. Er schüttelt die Dose – die Dose ist leicht, leer und gibt keinen Ton von sich.
Wir lassen die eisige Mystik des Doms und den radikalen Protest der Streiter, die Gebete und Kämpfe hinter uns und tauchen ein in die Menge. Denn durch die Hohestraße strömen Massen, unzählbar, unüberschaubar, ameisengleich. Wälzt sich eine Prozession – ein Strom. Die Menschen drängen geschäftig, eifrig. Man spürt, daß sie alle dieselben Erwartungen, dieselben Bedürfnisse verbinden.
Diese Prozession dringt nie vor bis zum Dom, obwohl der Dom gleich nebenan steht. Doch diese Prozession findet zu Ehren anderer Götter statt, deren weitläufiger und reicher Pantheon von Neonlichtern, Scheinwerfern, Spiegeln, Messing und Nickel blitzt und glänzt. Seine Tempel erstrecken sich über die ganze Straßenfront.

C&A Kaufhalle Hansen Boecker Paris-Cop Malkowsky Fotoquelle Dugena Langharot Gettner
Im Gegensatz zum menschenleeren Dom finden wir in diesen Basiliken Drängen, Fieber, eine innere Erregung der Menschen, die sich voll und ganz dem Einkaufskult hingeben, an nichts anderes denken können.
Die Religion der Konsumwelt, ihre Triebkraft und Liturgie, ihr ständig von neuem gesprochenes Stoßgebet.
Erst hier kann man sagen, was die Menschen zur wirkungsvollen Arbeit antreibt, zur Anstrengung, zur Teilnahme an dem Wettlauf, mehr, besser, effektiver zu arbeiten: der Anblick der Waren.
Nicht das Versprechen der Ware, sondern ihr Anblick, ihre materielle, greifbare Anwesenheit, ihre Formen und Farben, ihre Fülle, Eruption, Lawine: die Tatsache, daß sie in solcher Fülle bei der Hand ist, daß einem der Kopf schwirrt, daß man sich diesem stetigen Wochenrhythmus hingibt – fünf Tage eifrig und schwer zu arbeiten, um am Morgen des sechsten Tages, am Samstag, am Einkaufsmysterium teilhaben zu können.
Einkaufen als Form gesellschaftlichen Lebens, als eine Art Unterhaltung und Entspannung. Als Spiel.
Nachmittags leert sich die Hohestraße.
Die Prozession verschwindet.
Die Verkäuferinnen schließen die Warenhäuser, die Besitzer machen ihre Läden dicht. Es verschwinden die Drehorgelspieler, es verschwinden die Maler, die ihr Geld damit verdienen, das Antlitz Jesu auf das Pflaster zu zeichnen, es verschwindet der Geiger, der stets nur Mendelssohn spielt, und die Rockband, die ein Konzert auf Glasscherben gibt. Man sieht keine mit Paketen beladenen Menschen mehr, keine Maroniverkäufer, hört keine Tramways.
Köln hört auf zu existieren.

Ryszard Kapuscinski (1984)

(Aus: R. Kapuscinski: Lapidarium. Frankfurt/M., S. 96–100)

Weiterführende Literatur: Böll und Köln. Hrsg. und mit einem Vorwort versehen von Viktor Böll, Emons Verlag, Köln 1990;
Dieter Wellershoff: Pan und die Engel. Ansichten von Köln. Kiepenheuer & Witsch, Köln 1990;
Dieter Thoma/Dieter Lattmann u. a.: dtv MERIAN reiseführer Köln/Bonn

- ***Münster***

Annette von Droste-Hülshoff/August Stramm

Notizen aus der Literaturgeschichte: Münster, Stadt des „Westfälischen Friedens“, war im 15. Jahrhundert ein Zentrum des Humanismus. A. von Droste-Hülshoff setzte ihrer Heimat besonders in einer Reihe von Balladen literarische Denkmäler.

Tips für eine Litera-Tour: Burg Hülshoff (Wasserburg, Geburtsort von A. von Droste-Hülshoff); Rüschhaus (hier entstand die „Judenbuche“).

Weitere Attraktionen: Westfälisches Landesmuseum für Kunst und Kulturgeschichte; Aa-See (Stadtmitte); Rathaus (mit Friedenssaal, in dem 1648 am Ende des Dreißigjährigen Krieges der Westfälische Friede besiegelt wurde); Lambertikirche (mit drei Eisenkäfigen, in denen 1536 die Anführer der „Wiedertäufer“ hingerichtet und ausgestellt wurden); Fürstbischöfliches Schloß; 240 km Radwege in der Stadt (Fahrräder u. a. am Gepäckschalter des Hauptbahnhofes ausleihbar).

Unterkunft: Jugendgästehaus Aasee, Bismarckallee 31, 48151 Münster, Tel.: 0251/53 24 70-77

Wichtige Adresse: Stadtwerbung und Touristik, Berliner Platz 22, 48143 Münster (gegenüber Hauptbahnhof), Tel.: 0251/510 18-0

Weiterführende Literatur: Wolfgang Neumann/Ralf Schaepe: Münster – Ein Stadtführer. NW-Verlag, Münster 1992;
Josef Bieker: An stillen Wassern. Schlösser im Münsterland. Harenberg Verlag, Dortmund;
Otto Steinbicker: Radtouren im Münsterland. BLV Verlagsgesellschaft, München

Rheinland-Pfalz/Saarland

- ***Mainz***

Hrabanus Maurus/Clesse Reise/Johannes Gutenberg/Sophie von La Roche/Johann Jakob Wilhelm Heinse/Georg Forster/Anna Seghers

Notizen aus der Literaturgeschichte: Von Mainz sind mehrfach wichtige literarisch-kulturelle Impulse ausgegangen. Im 8. Jahrhundert war die „Mainzer Kanzlei“ an der Formierung der deutschen Schreibsprache maßgeblich beteiligt. Auch in der Überlieferungsgeographie des 9. Jahrhunderts ist Mainz, ein Ausgangspunkt der Sachsenmissionierung, ein wichtiger Ort (altsächsisches Taufformular). 1184 findet das „Mainzer Hoffest“ Kaiser Barbarossas statt, das viele Minnesänger aus ganz Europa zusammenbringt, viele kulturelle Kontakte stiftet und die Literatur der Zeit stark beeinflußt. Im 15. Jahrhundert schreibt C. Reise in

M. eine der ersten deutschen Stadtgeschichten. Von nachhaltiger Bedeutung für die Entwicklung nicht nur der deutschen Literatur ist die Erfindung des Buchdrucks in M. (Gutenberg) um 1450. Im 18. Jahrhundert ist die Mainzerin S. von La Roche eine wichtige Figur der Empfindsamkeitsliteratur. Heinse ist Ende des 18. Jahrhunderts Vorleser und Bibliothekar des Erzbischofs und Kurfürsten von M.. G. Forster, Begründer der künstlerischen Reisebeschreibung, ist Ende des 18. Jahrhunderts Abgeordneter der Mainzer Republik, die mit der Französischen Revolution sympathisiert. Eine der bedeutendsten Schriftstellerinnen des 20. Jahrhunderts, A. Seghers, wurde in M. geboren.

Tips für eine Litera-Tour: Gutenberg-Museum; Akademie der Wissenschaften und der Literatur (u. a. Lion-Feuchtwanger-Gedächtnisraum als Arbeitsstätte für Exilliteratur); Staatstheater (Großes Haus, TIC).
In der Nähe: Worms (Das Nibelungenlied spielt zum großen Teil in und um Worms; an der Schwelle des Wormser Domes ließ Hagen Siegfrieds Leiche niederlegen.)

Weitere Attraktionen: Römisch-Germanisches Zentralmuseum; Landesmuseum; Bischöfliches Dom- und Diözesanmuseum; Veranstaltungen des Mainzer Karnevals.

Unterkunft: Jugendgästehaus Mainz, Otto-Brunfels-Schneise 4, 55130 Mainz, Tel.: 06131/853 32

- ***Mittelrhein/Bacharach/Oberwesel/St. Goar***

Clemens Brentano/Karl Simrock/Heinrich Heine

Notizen aus der Literaturgeschichte: Besonders in der Romantik hat der Rhein viele Schriftsteller fasziniert. Eichendorff (z. B. in „Ahnung und Gegenwart") läßt seine umherstreifenden Helden am Rhein auskommen; Clemens Brentano schrieb Rheinmärchen; und am Ausgang der Romantik besingt auch H. Heine in ironischer Brechung den Rhein. Die Loreley (Lore auf der Ley) ist eine literarische Erfindung C. Brentanos.

Weitere Attraktionen: Burgenwanderungen (Schloß Stolzenfels, Katz und Maus, Feindliche Brüder); Deutsches Burgenforschungsinstitut in der Marksburg, Loreley bei St. Goarshausen (nach K. Marner, 13. Jahrh., Aufbewahrungsort des Nibelungenhortes); Schiffstour auf dem Rhein.

Unterkunft: Jugendgästehaus Oberwesel, Auf dem Schönberg, 55430 Oberwesel, Tel.: 06744/70 46; Jugendherberge Bacharach, Burg Stahleck, 55422 Bacharach, Tel.: 06743/12 66; Jugendherberge St. Goar, Bismarckweg 17, 56329 St. Goar, Tel.: 06741/388

Tips für eine Litera-Tour: Lyrische Litera-Tour am Mittelrhein: Gedichte, mit denen man die Topographie des Mittelrheins literarisch erschließen kann:
Loreley-Gedichte
Clemens Brentano: Lore Lay (Ballade im Roman „Godwi")
Heinrich Heine: Ich weiß nicht, was soll es bedeuten ... (viele Vertonungen)
Erich Kästner: Der Handstand auf der Loreley
(Inzwischen gibt es etwa 50 Loreley-Opern.)
Sonstige Gedichte
Heinrich Heine: Berg' und Burgen schaun herunter
Deutschland Ein Traum
Lektüre von Rheinsagen (u. a. von Karl Simrock)
Weitere Hinweise in: W.-D. Gumz/F. J. Hennecke: Rheinreise. Gedichte und Lieder, Reclam

Weiterführende Literatur: Helmut J. Schneider (Hrsg.): Der Rhein. Seine poetische Geschichte in Texten und Bildern. Insel Verlag, Franfurt/M.;
Karl Baedeker. Rheinreise von Basel nach Düsseldorf. Nach der Ausgabe von 1849, Harenberg Verlag, Dortmund;
Clemens Brentano: Rheinmärchen. (div. Ausgaben);
Heinrich Heine: Der Rabbi von Bacharach. (div. Ausgaben)

Sachsen

Vgl.: Eine Lesereise durch Sachsen. Klett, Stuttgart 1993 (für die Klassen 5 bis 8)

- ***Dresden***

Friedrich Schiller/Heinrich von Kleist/Adam Müller/Karl May/Gerhart Hauptmann

Notizen aus der Literaturgeschichte: Dresden, auch „Elbflorenz" genannt, hat in mehreren Epochen bedeutende Literaten angezogen. In D. verfaßte Schiller eine Reihe von Werken. Zu Zeiten von Kleist und A. Müller war D. ein Nebenzentrum der Romantik; beide gaben hier ihre Zeitschrift „Phöbus" heraus.

Tips für eine Litera-Tour: Museum der Dresdner Frühromantik (Kügelgen-Haus, u. a. Brüder Schlegel, Tieck, Kleist, C. D. Friedrich, romantische Musik); Schillerhaus (Schiller schrieb hier „Don Carlos" und „An die Freude"); Buchmuseum; Theater der Jungen Generation; Puppentheater; Semper-Oper; Staatsschauspiel. In der Nähe: Lessingmuseum in Kamenz (Geburtsort Lessings).

Weitere Attraktionen: Zwinger; Residenzschloß Augusts des Starken; Sempergalerie (Gemäldegalerie Alte Meister, 700 Kunstwerke, eine der bedeutendsten Kunstsammlungen der Welt, u. a. die „Sixtinische Madonna" Raffaels); Albertinum (Gemäldegalerie Neue Meister; eine der umfangreichsten Romantiker-Sammlungen in Deutschland; Caspar David Friedrich und Ludwig Richter wirkten in der und um die Stadt; Malerei vom Biedermeier bis zur Gegenwart); Grüne Galerie im Albertinum (eine der bedeutendsten Schatzkammern Europas; Gefäße, Schmuck und Plastiken etc. aus Gold, Silber, Edelsteinen und Elfenbein aus dem 14. bis 16. Jahrhundert); Skulpturensammlung und Münzkabinett im Albertinum (ca. 200 000 Objekte); Porzellansammlung im Zwinger (neben der Sammlung des Serail in Istanbul die größte der Welt); Historisches Museum im Zwinger (10 000 Waffen aller Art); Verkehrsmuseum (Ausstellungen aller Verkehrszweige); Landesmuseum für Vorgeschichte und Museum für Völkerkunde im Japanischen Palais; Mathematisch-Physikalischer Salon (u. a. 500 Jahre Zeitmessung); Staatliches Museum für Tierkunde (ständige Ausstellung „Das Tier in der Kulturgeschichte", Tiere als Fabelwesen und Märchengestalten, Sammlung von 5,5 Mio. Tieren); Staatliches Museum für Mineralogie und Geologie (ständige Ausstellungen „Das Alter der Erde" und „Der Kreislauf der Gesteine"); Technisches Museum; Bunte Republik Neustadt (Gründerzeit- und Jugendstilhäuser mit vielen Szenekneipen); Deutsches Hygiene-Museum (weltgrößtes Museum für Gesundheitspflege). In der Nähe: Elbsandsteingebirge (Sächsische Schweiz, Wanderungen); Moritzburg (barockes Wasserschloß 15 km nordwestlich von D.).

Unterkunft: Jugendherberge Dresden, Hübnerstr. 11, 01069 Dresden, Tel.: 0351/471 06 67; Jugendherberge Dresden-Oberloschwitz, Sierksstr. 33, 01326 Dresden, Tel.: 0351/366 72; Jugendherberge Dresden-Radebeul, Weintraubenstr. 12, 01445 Radebeul, Tel.: 0351/747 86

Wichtige Adressen: Tourist-Info, Prager Str. 10/11, 01069 Dresden, Tel.: 0351/495 50 25; Fremdenverkehrsverband Sächsische Schweiz, Zehistaer Str. 9, 01796 Pirna, Tel.: 03501/88 54 55

Weiterführende Literatur: Matthias Gretzschel (Hrsg.): dtv Reise-Textbuch Dresden;
Cornelia Franz u. a.: dtv MERIAN reiseführer Dresden;
Walter Fellmann: Sachsen. Kultur und Landschaft zwischen Dresden, Leipzig und Chemnitz. (DuMont Kunst-Reiseführer);
K. Nitschke: Dresden. Ein Reiselesebuch. (Insel TB);
Hagen Bächler u. a.: Führer zum Barock in Dresden. Harenberg Verlag, Dortmund

• ***Leipzig***

Christian Reuter/Johann Christoph Gottsched/Gotthold Ephraim Lessing/Johann Wolfgang Goethe/Jean Paul/Heinrich Laube/Kurt Pinthus/Franz Werfel/Reiner Kunze

Notizen aus der Literaturgeschichte: Leipzig, eine der bedeutendsten deutschen Musikstädte (Johann Sebastian Bach, Georg Philipp Telemann, Felix Mendelssohn Bartholdy, Robert Schumann u. a. wirkten hier), ist auch ein wichtiges Literaturzentrum. Im 17. Jahrhundert (Barock) war hier eine der bedeutendsten Sprachgesellschaften der Zeit, die „Deutschübende Poetische Gesellschaft", aktiv. Der Leipziger C. Reuter schrieb Ende des 17. Jahrhunderts den kritisch-satirischen Roman „Schelmuffsky". Im 18. Jahrhundert stieg L. als wirtschaftliches Zentrum zur kulturellen Metropole Deutschlands auf. Bach wirkte hier als Thomaskantor. In der Epoche der Aufklärung war L. ein Zentrum des literarischen Schaffens. Gottsched war hier Vorsitzender der „Deutschen Gesellschaft" und Mitarbeiter wichtiger „Moralischer Wochenschriften"; und die Leipziger Schauspielertruppe um Caroline Neuber hatte nachhaltigen Einfluß auf die Theaterszene in Deutschland. Lessing studierte und dichtete hier, ebenso Goethe. H. Laube leitete hier die „Zeitung für die elegante Welt" und das Stadttheater. Lange Zeit war L. ein wichtiger Verlagsort. 1650 erschien hier die erste Tageszeitung der Welt. Die Leipziger Buchmesse ist neben der in Frankfurt am Main ein wichtiger Umschlagplatz für Literatur. Hier wurden wichtige Verlage gegründet, beispielsweise die für den Expressionismus bedeutsamen Verlage Rowohlt und Wolff, bei denen z. B. Pinthus und F. Werfel Lektoren waren.

Tips für eine Litera-Tour: Deutsche Bücherei (u. a. Deutsches Buch- und Schriftmuseum); Auerbachs Keller (Weinausschank in der heutigen Mädlerpassage, in dem sich Goethe zum Faust-Stoff inspirieren ließ; 1525 soll Doktor Faustus hier auf einem gefüllten Faß die Treppe hinaufgeritten sein); Buchmesse; Verlagsviertel; Neue Oper; Schauspiel Leipzig (Schauspielhaus; TaT; Neue Szene; Kellertheater); Pfeffermühle (Kabarett). In der Nähe: die Joachim-Ringelnatz-Gedenkausstellung in Wurzen.

Weitere Attraktionen: Gewandhaus (Orchester); Nicolaikirche (ein Ausgangspunkt der friedlichen Revolution in der DDR); Thomaskirche (Wirkungsstätte von J. S. Bach, Thomaner-Chor); Johann-Sebastian-Bach-Museum; Museum der bildenden Künste (u. a. deutsche Kunst von 1900 bis zur Gegenwart, museumspädagogische Angebote); Museum für Völkerkunde (eines der größten ethnographischen Museen zur Kultur außereuropäischer Völker); Museum des Kunsthandwerks; Musikinstrumenten-Museum; Völkerschlachtdenkmal (Deutschlands größte Denkmalanlage); größter Kopfbahnhof Europas.

Unterkunft: Jugendherberge Leipzig-Centrum, Käthe-Kollwitz-Str. 64, 04109 Leipzig, Tel.: 0341/4705 30; Jugendherberge „Am Auensee", Gustav-Esche-Str. 4, 04159 Leipzig, Tel.: 0341/57 189

Wichtige Adresse: Leipzig-Information, Sachsenplatz, 04109 Leipzig, Tel.: 0341/79 59-340

Weiterführende Literatur: Wolfgang Schneider (Hrsg.): Leipzig. Dokumente und Bilder zur Kulturgeschichte. Gustav Kiepenheuer Verlag, Leipzig 1991;
Leipzig. Ein Städte-Lesebuch. Insel Verlag, Frankfurt/M. 1989;
Erich Loest: Völkerschlachtdenkmal. dtv, München 1987;
→ Dresden

Sachsen-Anhalt

Vgl. Eine Lesereise durch Sachsen-Anhalt. Klett, Stuttgart 1993 (für die Klassen 5 bis 8)

• *Dessau*

Friedrich Gottlieb Klopstock/Johann Gottfried Herder/Johann Wolfgang Goethe/Jean Paul

Notizen aus der Literaturgeschichte: Landschaft und Landschaftsgartenbau um Dessau haben in der Klassik eine Reihe von Autoren (z. B. Goethe) inspiriert.

Tips für eine Litera-Tour: Dessau-Wörlitzer Anlagen (berühmte Landschaftsgärten des Aufklärerfürsten Leopold Friedrich Franz von Anhalt-Dessau, die u. a. auf Goethe gewirkt haben; z. B. Nachgestaltung des „Neuen Begräbnisplatzes" in den „Wahlverwandtschaften"); Georg-Forster-Stätte; Herderinsel.

Weitere Attraktionen: Bauhaus (1926 von Gropius errichteter Stahlbetonbau); Staatliche Galerie Dessau (deutsche und europäische Malerei vom 15. bis 20. Jahrhundert; fast das ganze druckgrafische Werk Albrecht Dürers); Biosphärenreservat Mittlere Elbe.

Unterkunft: Jugendherberge Dessau, Waldkaterweg 11, 06846 Dessau, Tel.: 0340/61 94 52

• *Halle*

Christian Weise/Christian Wolff/Wilhelm Ludwig Gleim/Johann Peter Uz/Heinrich Laube/Samuel Gotthold Lange/Immanuel Jakob Pyra/Achim von Arnim/Clemens Brentano/Joseph von Eichendorff/Ludwig Tieck/Christa Wolf/Sarah Kirsch/Erik Neutsch

Notizen aus der Literaturgeschichte: Die 1694 gegründete Universität Halle war ein Zentrum des Pietismus und der Frühaufklärung. Ende des 17. Jahrhunderts schrieb C. Weise in H. eine Reihe satirischer Romane mit frühaufklärerischen Zügen. In der ersten Hälfte des 18. Jahrhunderts lehrte an der Hallenser Universität eine der wichtigsten Figuren der Aufklärung: Ch. Wolff. Der Hallesche Freundeskreis um W. L. Gleim und J. P. Uz war Zentrum der „preußischen Anakreontik". In späterer Zeit wirkten hier einige wichtige Vertreter der Empfindsamkeitsliteratur (Lange, Pyra). In H. studierten die Romantiker Arnim, Brentano, Eichendorff und Tieck. Christa Wolf war Lektorin des Mitteldeutschen Verlages in H.. S. Kirsch und E. Neutsch lebten und arbeiteten längere Zeit in der Stadt.

Tips für eine Litera-Tour: Franckesche Stiftung (Bibliothek mit 100 000 z. T. sehr seltenen Bänden und barockem Magazinsaal; Internationales Zentrum für Europäische Aufklärungs- und Pietismusforschung).
In der Nähe: Goethe-Theater in Bad Lauchstädt (früheres Luxus- und Moorbad; Theater, das nach Plänen von Goethe und unter seiner Leitung entstand; Aufführungen verschiedener Ensembles); Eisleben (Gedenkstätten in Luthers Geburts- und Sterbehaus); Merseburg („Merseburger Zaubersprüche", in der Domstiftsbibliothek der Stadt entdeckt; Walter-Bauer-Bibliothek; Dom und Schloß).

Weitere Attraktionen: Händel-Haus (Ausstellung zu Leben und Werk G. F. Händels, der hier wirkte; Musikinstrumentenausstellung); Raumflugplanetarium; Staatliche Galerie Moritzburg (bedeutende Sammlung der deutschen Kunst des 19. und 20. Jahrhunderts; Plastik- und kunsthandwerkliche Sammlung); Landesmuseum für Vorgeschichte (von der Eiszeit bis ins Mittelalter); Geiseltalmuseum (Tier- und Pflanzenwelt vor 50 Mio. Jahren).

Unterkunft: Jugendherberge Halle, August-Bebel-Str. 48a, 06108 Halle, Tel.: 0345/247 16 (im Zentrum; 10 Min. vom Marktplatz entfernt)

Weiterführende Literatur: Norbert Eisold/Edeltraud Lautsch: Sachsen-Anhalt. Kultur, Geschichte und Landschaft an Elbe und Saale. (DuMont Kunst-Reiseführer)

- ***Quedlinburg***

Friedrich Gottlieb Klopstock

Notizen aus der Literaturgeschichte: Quedlinburg, Metropole der ottonischen Könige, hat einen berühmten Sohn: F. G. Klopstock wurde 1724 hier geboren.

Tips für eine Litera-Tour: Klopstockmuseum.
In der Nähe: Gottfried-August-Bürger-Gedenkstätte in Molmerswende (Lebens- und Schaffensbedingungen des Sturm-und-Drang-Dichters; Münchhausen-Zimmer); Bergtheater und Walpurgishalle in Thale.

Weitere Attraktionen: Dom mit Domschatz (von deutschen Kaisern und Königen gesammelte Kostbarkeiten); historische Altstadt mit 1 500 Fachwerkhäusern aus sechs Jahrhunderten (größtes Flächendenkmal dieser Art in Deutschland); Fachwerkbaumuseum; Lyonel-Feininger-Galerie; Straße der Romantik, die durch Q. führt.

Unterkunft: In der Nähe: Jugendherberge Blankenburg/Harz, Am Heidelberg 14, 38889 Blankenburg, Tel.: 03944/39 78; Jugendherberge Thale, Musestieg 5, 06502 Thale, Tel.: 03947/28 81 u. 23 67

Wichtige Adresse: Quedlinburg-Information, Markt 12, 06484 Quedlinburg, Tel.: 03946/28 66

- ***Wittenberg***

Martin Luther/Philipp Melanchthon/Gotthold Ephraim Lessing

Notizen aus der Literaturgeschichte: Die 1502 gegründete Universität Wittenberg machte die Stadt bald zu einem geistigen Zentrum Deutschlands. 1511–45 lebte und arbeitete Luther in der Stadt; hier war er Professor für Theologie und schlug seine 95 Ablaß-Thesen an. Der Humanist Melanchthon, „Praeceptor Germaniae“ (Lehrer Deutschlands) genannt, machte die Universität in ganz Europa bekannt, so daß sie zwischen 1520 und 1580 die meistfrequentierte Hochschule in Deutschland war. Im 16. Jahrhundert wurde die intellektuelle Elite Schwedens hier ausgebildet. Bereits 1730 studierte der erste Schwarzafrikaner in der Stadt. Lessing machte hier seinen Magister.

Tips für eine Litera-Tour: Stadtkirche (Mutterkirche der Reformation; Luthers Predigtstätte; hier wurde erstmals die Messe in deutscher Sprache gehalten; Flügelaltar von Lucas Cranach); Schloßkirche (Thesenanschlag, Grabstätten Luthers und Melanchthons); Melanchthonhaus (u. a. Scholarenzimmer).

Weitere Attraktionen: Cranach-Häuser (Cranach-Apotheke mit Atelierräumen); Lutherhalle (Wohn- und Arbeitsstätte Luthers; größtes reformatinsgeschichtliches Museum der Welt).

Unterkunft: Jugendherberge Wittenberg, Schloß, 06886 Wittenberg, Tel.: 03491/32 55

Schleswig-Holstein/Hamburg

• *Hamburg*

Barthold Hinrich Brockes/Gotthold Ephraim Lessing/Friedrich Gottlieb Klopstock/Matthias Claudius/Heinrich Heine/Friedrich Hebbel/Ernst Barlach/Wolfgang Borchert/Hans Henny Jahnn/Hans Erich Nossack/Siegfried Lenz/Arno Schmidt/Günther Weisenborn/Walter Jens/Helmut Heißenbüttel/Peter Rühmkorf/Hubert Fichte/Franz Josef Degenhardt/Wolf Biermann

Notizen aus der Literaturgeschichte: Die Hansestadt Hamburg hat von frühen Humanistenzirkeln in der Renaissance bis zur Gegenwart viele Dichter und Denker in ihren Mauern beherbergt. Im 17. Jahrhundert entwickelte sich hier um eine Sprachgesellschaft, die 1642 gegründete „Teutschgesinnte Genossenschaft“, eine norddeutsche Spielart des Bürgerbarock (Andreas Heinrich Buchholtz u. a.). Anschießend konnte auch die Aufklärung in Hamburg Fuß fassen (Brockes). Hier erschien die erste moralische Wochenschrift in deutscher Sprache, „Der Vernünftler“. Lessings „Hamburgische Dramaturgie“, im Zusammenhang mit seiner Dramaturgentätigkeit in der Hansestadt verfaßt, gilt als einer der wichtigsten Beiträge zur Dramentheorie. Auch die Literatur der Empfindsamkeit (Klopstock in Altona und Claudius in Wandsbeck) hatte im Hamburger Raum ein Zentrum. H. Heine und F. Hebbel nahmen hier mehrfach ihren Wohnsitz, ebenso wie in neuerer Zeit viele andere Autoren (s. o.).

Tips für eine Litera-Tour: Hamburgische Staatsoper; Thalia Theater; Deutsches Schauspielhaus; Ernst-Deutsch-Theater; Theater im Zimmer; Neue Flora (Musicals); Operettenhaus (u. a. Musicals); Komödie Winterhuder Fährhaus; Ernst-Barlach-Haus; Ernst-Barlach-Museum.

Weitere Attraktionen: Fabrik (Szene-Treff); Hamburgisches Museum für Völkerkunde (u. a. Südsee, Indien, Alt-Arabien); Museum für Hamburgische Geschichte (mehrere kulturgeschichtliche Dauerausstellungen, u. a. Hafen und Schiffahrt, Wohnkultur im Barock, Hamburg im Mittelalter und in der Frühen Neuzeit, Mode und Kleidung); Hamburger Museum für Archäologie und die Geschichte Harburgs; Hamburger Kunsthalle (u. a. C. D. Friedrich, A. von Menzel, M. Liebermann, L.

Corinth; eine der größten Expressionismus-Sammlungen in Deutschland); Deichtorhallen Hamburg (Kunstausstellungen); Erotic Art Museum; Altonaer Museum (Landes- und Kulturgeschichte Norddeutschlands; Puppensammlung); Museum der Arbeit; Museum für Kunst und Gewerbe (u. a. umfangreiche Jugendstilabteilung); Stadtrundfahrten des Landesjugendrings Hamburg (u. a. die „andere" Hafenrundfahrt in Kooperation mit der KZ-Gedenkstätte Neuengamme; Fahrradrundfahrt über den Ohlsdorfer Friedhof in Kooperation mit der Willi-Bredel-Gesellschaft); Luftwaffenmuseum Uetersen; Hafenanlagen; historische Speicherstadt am Hafen; Klinker-Expressionismus im Kontorhausviertel; Villen an der Elbchaussee.

Unterkunft: Jugendgästehaus „Horner Rennbahn", Rennbahnstr. 100, 22111 Hamburg, Tel.: 040/651 16 71; Jugendherberge „Auf dem Stintfang", Alfred-Wegener-Weg 5, 20459 Hamburg, Tel.: 040/31 34 88 (mit Blick auf Elbe und Hafen)

Wichtige Adresse: Tourismus-Zentrale Hamburg, Burchardstr. 14, 20095 Hamburg, Tel.: 040/30 05 12 53

Weiterführende Literatur: Manfred Sack u. a.: dtv MERIAN reiseführer Hamburg;
Ulrike Krause/Enno Wiese: Hamburg. (DuMont Reise-Taschenbücher);
Barlach in Wedel, Hamburg, Ratzeburg und Güstrow. Reihe „Literaturreisen", Klett, Stuttgart;
E. Kleßmann: Hamburg. (Insel TB);
Werner Skrentny (Hrsg.): Hamburg zu Fuß. VSA-Verlag, Hamburg

- ***Husum***

Theodor Storm

Noitzen aus der Literaturgeschichte: Storms „Graue Stadt am Meer" und die Umgebung von Husum, z. B. die Hattstedter Marsch („Schimmelreiter"), sind in den Novellen Theodor Storms, aber auch in seiner Lyrik auf vielfältige Weise literarisch verarbeitet worden.

Tips für eine Litera-Tour: Da die meisten Storm-Novellen H. oder die umliegenden Dörfer zum Schauplatz haben, kann man sich die literarische Topographie der Werke Storms leicht erwandern. Storm-Geburtshaus (am Markt); Storm-Haus (Wohnhaus des Dichters, heute Museum); Pole-Poppenspäler-Haus (Süderstraße); Hattstedter Marsch.

Weitere Attraktionen: Malerischer Hafen mit Krabbenkutterflotte.

Unterkunft: Jugendherberge Husum, Schobüller Str. 35, 25813 Husum, Tel.: 04841/27 14

Wichtige Adresse: Tourist Information, Rathaus, 25813 Husum, Tel.: 04841/669 91

Weiterführende Literatur: Dieter Caspar: Exkursion „Schimmelreiter". Auf den Spuren der Stormnovelle in Husum und Nordfriesland. Verlag Ruth Koch, Nordhorn;
Susanne Leiste-Bruhn: Exkursion „Aquis submersus". Auf den Spuren der Novelle in Husum und Nordfriesland. Mit Novellentextheft, Verlag Ruth Koch, Nordhorn;
Dietmar Albrecht: Storm in Schleswig und Holstein. Reihe „Literaturreisen", Klett, Stuttgart;
→ Lübeck

- ***Lübeck***

Johannes Rode/Heinrich Mann/Thomas Mann

Notizen aus der Literaturgeschichte: Von der Stadtchronik Johannes Rodes im 14. Jahrhundert bis zu Th. Manns „Buddenbrooks" hat sich das Bürgertum der Hansestadt Lübeck eine Reihe literarischer Denkmäler gesetzt. Im 15. Jahrhundert entwickelte sich in L. ein Zentrum des Fastnachtsspiels. Der Lübecker „Elbschwanenorden" war eine der wichtigen Sprachgesellschaften in der Epoche des Barock, mit denen sich die noch junge deutsche Hochsprache gegen die Dialekte durchsetzte. Die beiden bedeutendsten Autoren, deren Namen mit der Stadt verbunden werden, sind die Brüder H. und Th. Mann.

Tips für eine Litera-Tour: Buddenbrookhaus (hier siedelte Th. Mann seine Familiensaga an; beherbergt Heinrich- und Thomas Mann-Zentrum, Dauerausstellung im Erdgeschoß; literarische Veranstaltungen; Spezialbibliothek zu den Werken der Brüder Mann); Bühnen der Hansestadt Lübeck (Bullenstall, Theaterhaus). In der Nähe: Eutin (u. a. Wirkungsstätte von Johann Heinrich Voß, der u. a. Homers Ilias und Odyssee übersetzte; Voß-Haus).

Weitere Attraktionen: Holstentor; Backsteindom; mittelalterliches Rathaus; mittelalterlicher Markt; Backsteingotik des Altstadtkerns seit 1987 auf der UNESCO-„Liste des Welterbes"; Naturhistorisches Museum; Völkerkundesammlung; die nahe Ostsee; Schiffsrundfahrten auf der Trave.

Unterkunft: Jugendgästehaus Lübeck, Mengstr. 33, 23552 Lübeck, Tel.: 0451/702 03 99; Jugendherberge Lübeck, Am Gertrudenkirchhof 4, 23568 Lübeck, Tel.: 0451/334 33. In der Nähe: Jugendherberge Scharbeutz-Klingberg, Uhlenflucht 28–30, 23684 Scharbeutz, Tel.: 04524/428 (in der Nähe des Pönitzer Sees in einem Waldgebiet, nur 4 km von der Ostsee entfernt)

Wichtige Adresse: Amt für Lübeck-Werbung und Tourismus, Beckergrube 95, 23552 Lübeck

Weiterführende Literatur: Wolfgang Tschechne: Thomas Manns Lübeck. Ellert & Richter Verlag, Hamburg;
Joachim und Jutta Kürtz: dtv MERIAN reiseführer Schleswig-Holstein

Thüringen

Vgl.: Eine Lesereise durch Thüringen. Klett, Stuttgart 1993 (für Klassen 5 bis 8)

- ***Eisenach/Thüringer Wald/Wartburg***

Wolfram von Eschenbach/Walther von der Vogelweide/Heinrich von Veldeke/Herbort von Fritzlar/Hannes Rothe/Martin Luther/Fritz Reuter

Notizen aus der Literaturgeschichte: Die Wartburg war im Mittelalter der berühmteste Musenhof; Wolfram von Eschenbach („Parzival"), Walther von der Vogelweide, Heinrich von Veldeke („Eneid") und Herbort von Fritzlar („Liet von Troie") wirkten hier. Bereits ganz früh hat auch das nahe Eisenach Schriftsteller hervorgebracht. Vor 1322 entstand das „Eisenacher Zehn-Jungfrauen-Spiel", ein geistliches Schauspiel der Deutschen Mystik. Um 1410 schrieb Hannes Rothe in E. einen „Ritterspiegel" (Lehrdichtung) und eine Sittenlehre für Ratsleute („Des Rates Zucht"). Auf der Wartburg übersetzte Luther 1521/22 das Neue Testament ins Deutsche.

Tips für eine Litera-Tour: Wartburg (s. o.; Palas, einer der besterhaltenen romanischen Profanbauten nördlich der Alpen; Kemenate der Hl. Elisabeth mit farbenprächtigem Glasmosaik; Sängersaal mit Fresko Moritz von Schwinds; Ort des Wartburgfestes der deutschen Studentenschaft im Jahr 1817); Eisenach: Fritz Reuter- und Richard Wagner-Museum; Landestheater.

Weitere Attraktionen: Eisenach: Lutherhaus (reformations- und kulturgeschichtliche Sammlung); Bachhaus; Gedenkstätte „Eisenacher Parteitag 1869" (u. a. Erinnerung an die Gründung der Sozialdemokratischen Arbeiterpartei). In der Nähe: Suhl (Waffenmuseum).

Unterkunft: Jugendherberge Eisenach, Mariental 24, 99817 Eisenach, Tel.: 03691/20 36 13

Wichtige Adresse: Fremdenverkehrsamt Eisenach, Bahnhofstr. 3–5, 99817 Eisenach,Tel.: 03691/48 95

Weiterführende Literatur: Jürgen Wolff: Thüringer Wald. Reihe „Literaturreisen", Klett, Stuttgart

• *Erfurt*

Meister Eckart/Eobanus Hessus/Johann Wolfgang Goethe/Christoph Martin Wieland

Notizen aus der Literaturgeschichte: Meister Eckart hielt in Erfurt um 1300 seine ersten deutschsprachigen Predigten und machte die Stadt zum Zentrum der deutschen Mystik. Im 15. Jahrhundert beherbergte E. einen Humanistenzirkel, der sich um die 1392 gegründete Universität bildete (u. a. E. Hessus). Im Kaisersaal der Stadt gastierte Goethe öfter mit der von ihm geleiteten Weimarer Schauspieltruppe; Wieland war Professor an der Erfurter Universität.

Tips für eine Litera-Tour: Theater Erfurt (Opernhaus, Schauspielhaus, Kabarett); Puppentheater (eine der besten Puppenbühnen Deutschlands).

Weitere Attraktionen: Museum für Thüringer Volkskunde; Gartenbaumuseum (u. a. Gartenkunst vom Mittelalter bis zur Gegenwart); Dom zu St. Marien.

Unterkunft: Jugendherberge Erfurt, Hochheimerstr. 12, 99094 Erfuhrt, Tel.: 0361/562 67 05

Wichtige Adresse: Erfurt-Information, Bahnhofstr. 37, 99084 Erfurt, Tel.: 0361/562 62 67

• *Jena*

Friedrich Schiller/Johann Wolfgang Goethe/Friedrich Hölderlin/Ludwig Tieck/Novalis/August Wilhelm Schlegel/Friedrich Schlegel/Clemens Brentano

Notizen aus der Literaturgeschichte: Von etwa 1790 bis 1800 versammelten sich in der Universitätsstadt Jena für wenige Jahre so viele führende Vertreter der deutschen Kulturszene wie nie zuvor in einer Stadt mittlerer Größe, und zwar Vertreter der Klassik ebenso wie Studenten, die später im Zentrum der romantischen Bewegung stehen sollten, außerdem weitere Größen der deutschen Geistesgeschichte: Goethe, Schiller, Höderlin, A. W. Schlegel, Tieck, Novalis (Friedrich von Hardenberg), Brentano, Schelling, Schleiermacher, Fichte, Wilhelm von Humboldt u.a. Schiller wirkte ab 1789 zehn Jahre lang in J. als Geschichtsprofessor; hier schrieb er „Maria Stuart" und „Wallenstein" und schloß Freundschaft mit Goethe. Dieser hielt sich insgesamt etwa fünf Jahre im Umfeld der Universität auf, für die er als Minister zuständig war; hier pflegte er seine naturwissenschaftlichen Ambitionen. Fichte und Schiller förderten hier das literarische Schaffen Hölderlins. 1789 wurde A. W. Schlegel Professor an der Universität. Die Burschenschaften nahmen von J. ihren Ausgang.

Tips für eine Litera-Tour: Goethe-Gedenkstätte im Botanischen Garten (naturwissenschaftliche Studien Goethes); Schiller-Gedenkstätte; Stadtmuseum (Romantiker-Gedenkstätte).

Weitere Attraktionen: Stadtmuseum „Göhre"; Optisches Museum (Geschichte der Brille, des Fernrohrs, des Mikroskops etc.); Zeiss Planetarium (tägliche Vorführungen; eines der größten Planetarien Europas; Lasershows); Phyletisches Museum der Friedrich-Schiller-Universität (stammesgeschichtliche Entwicklung der Organismen einschließlich des Menschen; Originalpräparate, Fossilien etc.); viele architektonische Zeugnisse des Jugendstils. In der Nähe: Dornburger Schlösser (hier arbeitete Goethe an „Iphigenie" und „Egmont"); Naumburger Dom.

Unterkunft: Schullandheim „Stern" Jenaer Forst, Postfach 100 226, 07702 Jena, Tel.: 0364/241 95; in der Nähe: Jugendherberge Leuchtenburg, 07768 Seitenroda, Tel.: 036424/232 16 (in einer alten Burg)

Wichtige Adresse: Fremdenverkehrsamt, Löbderstr. 9, 07743 Jena, Tel.: 03641/246 71

Weiterführende Literatur: Thomas Kopfermann/Dietrich Steinbach: Weimar – Jena. Epochenzentrum um 1800. Klett, Stuttgart 1993

- ***Weimar***

Christoph Martin Wieland/Johann Gottfried Herder/Johann Wolfgang Goethe/Friedrich Schiller

Notizen aus der Literaturgeschichte: Weimar, die Stadt, in der die verfassungsgebende Versammlung der ersten deutschen Republik tagte („Weimarer Republik"), ist eine der am meisten besuchten europäischen Literatur-Metropolen. Bereits im 17. Jahrhundert, im Zeitalter des Barock, war die Stadt ein geistiges Zentrum. Hier gründete 1617 Ludwig von Anhalt-Köthen (Mitglied der Florentiner Accademia della crusca) die erste deutsche Sprachgesellschaft, den einflußreichen „Palmenorden", auch „Fruchtbringende Gesellschaft" genannt. Früh wirkten hier bereits fürstliche Mäzene und bürgerliche Dichter zusammen. In der „Weimarer Klassik" war die Stadt kultureller Mittelpunkt Deutschlands. Goethe kam 1775 auf Einladung des Herzogs Carl August nach W. und blieb der Stadt bis zu seinem Tod im Jahr 1832 schöpferisch verbunden. Zwischen 1770 und 1830 wirkten hier auch Schiller, Wieland und Herder. Besonders produktiv war der Freundschaftsbund von Goethe und Schiller. Z. B. ging das Jahr 1797 als „Balladenjahr" in die Literaturgeschichte ein (Goethe: Der Zauberlehrling; Schiller: Die Kraniche des Ibykus; u. a.).

Tips für eine Litera-Tour: Herzogin-Anna-Amalia-Bibliothek (einstige Zentralbibliothek der deutschen Klassik, von Goethe geleitet, umfaßt heute 850 000 Bände); Goethes Wohnhaus (am Frauenplan; Museum, u. a. Arbeitszimmer des Dichters, Bibliothek); Goethes Gartenhaus; Schillerhaus (Wohnhaus Schillers; Museum); Wieland-Museum (im Wittumspalais); Herderhaus; Deutsches Nationaltheater; Historischer Friedhof (mit Goethe- und Schiller-Gruft); Nietzsche-Archiv (Gedenkstätte).

Weitere Sehenswürdigkeiten: Ständige Bauhausausstellung; Bauwerke des Bauhaus-Architekten Henry van de Velde (sein Wohnhaus; Villa Dürckheim); Stadtschloß (Kunstsammlungen, u. a. Ikonen, Kunst des Mittelalters und der Renaissance); Deutschritterhaus; Cranachhaus; Museum für Ur- und Frühgeschichte Thüringens; Autonomes Kulturzentrum. In der Nähe: Schloß Belvedere (Rokokomuseum); Gedenkstätte des ehemaligen KZ Buchenwald; Kyffhäuser-Denkmal (Monument nationalistischen Deutschtums mit jährlich fast einer halben Million Besuchern).

Unterkunft: Jugendherberge „Germania“, Carl-August-Allee 13, 99423 Weimar, Tel.: 03643/20 20 76 (im Zentrum gelegen)

Weiterführende Literatur: Thomas Kopfermann/Dietrich Steinbach: Weimar – Jena. Epochenzentrum um 1800. Klett, Stuttgart 1993;

Effi Biedrzynski: Goethes Weimar. Das Lexikon der Personen und Schauplätze. Artemis und Winkler Verlag, Zürich/München 1993;
Paul Raabe: Spaziergänge durch Goethes Weimar. Arche Verlag, Zürich 1990;
I. und L. Burghoff: Reisen zu Goethe, Reisen zu Schiller;
G. Günther/M. Salzmann: Weimar – Zentrum der Klassik;
Gerhard Hendel/Paul Meßner: Weimar. (DuMont Reise-Taschenbücher), Köln 1992;
Thomas Mann: Lotte in Weimar. (u. a. Fischer TB)

Europäisches Ausland

Österreich

- ***Salzburg***

Simon Rettenpacher/Georg Trakl/Hugo von Hofmannsthal/Max Reinhardt/ Thomas Bernhard/Peter Handke

Notizen aus der Literaturgeschichte: Bereits im 14. Jahrhundert wurde in Salzburg geistliche Literatur der deutschen Mystik geschrieben, eine Traditionslinie, die sich bis H. von Hoffmannsthal verfolgen läßt. Im Barock gab es in S. einen kunstfördernden Hof, der literarisches Schaffen begünstigte. Der Mönch S. Rettenpacher begründete eine andere Traditionslinie: die des Dramas. 1920 riefen H. von Hofmannsthal, der Theaterleiter M. Reinhardt und Richard Strauss die „Salzburger Festspiele" ins Leben, die seitdem jährlich mit Hofmannsthals „Jedermann" eröffnet werden. In neuerer Zeit haben Th. Bernhard und P. Handke in Salzburg gelebt und gearbeitet.

Tips für eine Litera-Tour: Trakl-Gedächtnisstätte; Landestheater; Salzburger Festspiele; Marionettentheater (weltberühmte Puppenspielbühne).

Weitere Attraktionen: Festung Hohensalzburg (eine der wenigen vollständig erhaltenen Burgen Mitteleuropas); Dom; Stiftskirche St. Peter (romanische Basilika); Mozart-Museum in Mozarts Wohnhaus. In der Nähe: Berchtesgaden/Königssee (Besichtigung des Salzbergwerkes).

Unterkunft: Jugendgästehaus Nonntal, Josef-Preis-Allee 18, A-5020 Salzburg, Tel.: 0662/84 26 70-0; Jugendherberge, Glockengasse 8, A-5020 Salzburg, Tel.: 0662/87 62 41

- ***Wien***

Reinmar von Hagenau/Walther von der Vogelweide/Friedrich Schlegel/Franz Grillparzer/Heinrich Laube/Friedrich Hebbel/Ferdinand Raimund/Johann Nestroy/Adalbert Stifter/Hugo von Hofmannsthal/Arthur Schnitzler/Karl Kraus/Stefan Zweig/Robert Musil/Franz Werfel/Friedrich Torberg/Ilse Aichinger/Ingeborg Bachmann/H. C. Artmann/Konrad Bayer/Gerhard Rühm/Oswald

Wiener/Thomas Bernhard/Rolf Hochhuth/Ernst Jandl/Elfriede Jelinek/Peter Rosei/Gernot Wolfengruber

Notizen aus der Literaturgeschichte: Als politisches und kulturelles Zentrum der Habsburger Monarchie hat Wien mehrere Jahrhunderte lang bedeutende Literaten angezogen. F. Grillparzer, der „Klassiker Österreichs", brachte hier seine Dramen auf die Bühne, später folgten so unterschiedliche Temperamente wie H. Laube, F. Hebbel, F. Raimund, J. Nestroy, H. von Hofmannsthal, A. Schnitzler und Th. Bernhard. Das umfangreiche dramatische Schaffen dieser Autoren förderte eine vielfältige Theaterlandschaft, die auch heute noch weithin bekannt ist. Auch in anderen literarischen Bereichen sind Autoren, die in W. wirkten, immer wieder Impulsgeber gewesen. Am Wiener Hof der Babenberger gestalteten Reinmar von Hagenau und Walther von der Vogelweide um 1200 ihre Minnelyrik. Im 15. Jahrhundert war W. ein Zentrum des deutschen Frühhumanismus. Für die Spätromantik wichtig war die von F. Schlegel in W. herausgegebene Zeitschrift „Deutsches Museum". Anfang des 20. Jahrhunderts entstand die Impressionisten- und Symbolistengruppe „Jung-Wien" (Hofmannsthal, Schnitzler u. a.). In den ersten Jahrzehnten des 20. Jahrhunderts erschienen in der Wiener Zeitschrift „Die Fackel" (K. Kraus) viele Texte des Expressionismus. Aus dem 1946 gegründeten Wiener „artclub", einer Gruppe avantgardistischer Schriftsteller (Artmann, Rühm, Wiener, Jandl u. a.), entwickelte sich Ende der fünfziger Jahre die „Wiener Gruppe", in der „konkrete", visuelle bzw. abstrakte Poesie entstand.

Tips für eine Litera-Tour: Staatsoper (Fresken von M. v. Schwind); Volksoper; Burgtheater (von G. Semper); Akademietheater; Theater in der Josefstadt; Raimund Theater; Theater an der Wien; Renaissancetheater; Theater-Gruppe 80; Theater der Jugend (in der Hofburg); Österreichisches Theater-Museum; Nationalbibliothek in der Hofburg (von Fischer von Erlach, einer der großartigsten Bibliothekssäle der Welt, interessanter alter Buchbestand); Wiener Zentralfriedhof (Grabstätten vieler Dichter und Komponisten); Wiener Schule für Dichtung.

Weitere Attraktionen: Hundertwasser-Haus; KunstHaus Wien (Hundertwasser-Ausstellung); Haas-Haus; MAK – Österreichisches Museum für angewandte Kunst (Kunsthandwerk); Kunsthistorisches Museum (Ägyptische, Antiken-, Orientalische Sammlung); Naturhistorisches Museum (Prähistorische Sammlung); Museum des 20. Jahrhunderts; Pathologisch-anatomisches Bundesmuseum; Stephansdom (Turmbesteigung, Katakomben); Karlskirche; Kapuzinerkirche (Kaisergruft); Hofburg

(u. a. Museen in der Neuen Burg u. a. mit Antiken-Sammlung, Albertina mit Graphiksammlung, Museum für Völkerkunde, Spanische Reitschule); Schloß Schönbrunn (Schauplatz des Wiener Kongresses von 1814/15); Oberes Belvedere (Gemäldegalerie, Werke des 19. und 20. Jahrhunderts); Unteres Belvedere (Österr. Barockmuseum); Heeresgeschichtliches Museum; Uhrenmuseum; Zirkus- und Clownmuseum; Universität; Uno-City (mit Führungen und Video-Präsentationen); Donauturm; berühmte Wiener Cafés (Demel, Sacher etc.) und Heurigenwirtschaften (z. B. in Heiligenstadt).

Unterkunft: Jugendgästehaus Wien-Brigittenau, Friedrich-Engels-Platz 24, A-1200 Wien, Tel.: 01/33 82 94; Jugendherberge Wien-Myrthengasse 9, A-1070 Wien, Tel.: 01/5 23 63 16; Jugendherberge Wien-Wilhelminenberg, Savoyenstr. 2, A-1160 Wien, Tel.: 01/4 58 50 37 00

Kritisch-lyrische Litera-Tour: Mit Gedichten Wien entdecken, die dargestellten Orte, Szenen und Stimmungen nachempfinden und dann zu jedem Gedicht ein Foto machen oder einen eigenen Text schreiben: Joachim Ringelnatz: Wien; Michael Zeller: Wien; Uwe Berger: Wien, der Glanz; Peter Henisch: O Du mein Wien; Margarete Hannsmann: Stephanskirche, Wien; Ernst Jandl: Wien Heldenplatz; Christoph Wilhelm Aigner: Wien Kärntnerstraße; Gerhard Fritsch: Prater; Christine Busta: Auf den Stufen zum Unteren Belvedere; Ernst Waldinger: Wiener Elendsviertel; André Heller: Das Lied des unbekannten Wieners; Gerhard Rühm: Waun s; Albert Ehrenstein: Centralfriedhof
Alle Gedichte in: Gerhard C. Krischker (Hrsg.): Wien im Gedicht. Insel Verlag, Frankfurt/M. und Leipzig 1993 (Taschenbuch).

Weiterführende Literatur: Gerhard Roth: Eine Reise in das Innere von Wien. Essays. S. Fischer Verlag, Frankfurt/M. 1991 (u. a. über das Heeresgeschichtliche Museum; das Obdachlosenheim Meldemannstraße, in dem zwischen 1909 und 1913 Hitler wohnte; über Leichen- und Waffenkammern, Kerker, Keller und Kloaken);
György Sebestyén u. a.: dtv MERIAN reiseführer Wien;
Hilde Spiel: Glanz und Untergang. Wien 1866 bis 1938 (dtv TB);
Heinz Gumpelmayr (Hrsg.): dtv Reise-Textbuch Wien;
Walter M. Weiss: Wien. (DuMont Reise-Taschenbücher);
K. J. Heering (Hrsg.): Das Wiener Kaffeehaus. (Insel TB);
Die Donau von Passau bis Wien. Reihe „Literaturreisen“, Klett, Stuttgart;
Erwin Flieger: Servus Wien. Mit literarischen Texten. Harenberg Verlag, Dortmund;

Hermann Teifer: Wien. Mit Kaffeehaus-Tips. Artemis & Winkler Verlag, München/Zürich

Schweiz

Siehe: Alice Vollenweider (Hrsg.): Schweizer Reise. Literarischer Reiseführer durch die heutige Schweiz. Verlag Klaus Wagenbach, Berlin 1993

• *Basel*

Konrad von Würzburg/Nikolaus von Basel/Johannes Tauler/Erasmus von Rotterdam/Pamphilus Gengenbach

Notizen aus der Literaturgeschichte: Basel hat in der Frühphase der deutschen Literatur eine große Rolle gespielt. Im 13. Jahrhundert schreibt Konrad von Würzburg für das Baseler Großbürgertum Werke, die zwischen höfischer und bürgerlicher Kultur vermitteln. Ein Jahrhundert später ist B. ein Zentrum der Deutschen Mystik (Nikolaus von Basel, Tauler). 1460 findet in B. ein Konzil statt, das viele bedeutende Geister anzieht. Anfang des 16. Jahrhunderts schart Erasmus von Rotterdam einen oberrheinischen Humanistenkreis um sich. In seinen Fastnachtsspielen schlägt der Baseler Buchdrucker P. Gengenbach Anfang des 16. Jahrhunderts zeitkritische Töne an.

Tips für eine Litera-Tour: Theater Basel (Große Bühne, Kleine Bühne, Komödie). In der Nähe: Museum am Burghof in Lörrach (Dokumente zu Leben und Werk von Johann Peter Hebel).

Weitere Attraktionen: Kunsthalle Basel; Kunstmuseum Basel; Museum für Gegenwartskunst.

Unterkunft: Jugendherberge Basel, St.-Alban-Kirchrain 10, CH-4052 Basel, Tel.: 061/2 72 05 72

• *Zürich*

Ulrich Zwingli/Johann Jakob Bodmer/Johann Jakob Breitinger/Friedrich Gottlieb Klopstock/Martin Wieland/Johann Kaspar Lavater/Salomon Geßner/Georg Büchner/Gottfried Keller/C. F. Meyer/Frank Wedekind/Hans Arp/Thomas Mann/Max Frisch/Adolf Muschg/Otto F. Walter

Notizen aus der Literaturgeschichte: Zürich kann auf eine bewegte Kulturgeschichte zurückblicken. Im 16. Jahrhundert war die Stadt ein Zentrum der Reformation (Zwingli). Im 18. Jahrhundert stritten sich die Literaturtheoretiker Bodmer und Breitinger mit Johann Christoph Gottsched, dem Leipziger „Literaturpapst", um Prinzipien der Aufkärungsliteratur. Bodmer, nach Goethe eine „Henne für Talente", wurde in Z. von Klopstock, Wieland, Heinse, Goethe, den beiden Brüdern Stolberg

u. a. besucht. Die Literatur der Empfindsamkeit war in Z. mit Lavater und Geßner vertreten. Büchner schrieb hier einige seiner wichtigsten Werke. Das Bürgertum Alt-Zürichs schildern Kellers „Züricher Novellen“. Im Züricher „Cabaret Voltaire“ formierte sich Anfang dieses Jahrhunderts eine Gruppe literarischer Erneuerer um Wedekind und Arp. Th. Mann war während der nationalsozialistischen Herrschaft in Z. im Exil. In neuerer Zeit haben die Erzähler M. Frisch und A. Muschg in Z. gelebt.

Tips für eine Litera-Tour: Thomas Mann-Archiv der ETH (ursprüngliches Wohnhaus von J. J. Bodmer; gesamter Nachlaß Manns); Masken-Museum; Opernhaus; Schauspielhaus; Theater am Neumarkt.

Weitere Attraktionen: Völkerkundemuseum; Indianer-Museum (Kulturgut der Indianer Nordamerikas); Kunstgewerbemuseum/Museum für Gestaltung (u. a. in- und ausländische Plakate); Kunsthaus Zürich (Kunst des 19. und 20. Jahrhunderts); Museum Rietberg (Kunst aus Indien, China, Afrika etc.); Stiftung für konstruktive und konkrete Kunst; Museum der Zeitmessung Beyer (Uhren von der Antike bis zur Gegenwart); Paläontologisches Museum; Bahnhofstraße (Sitz vieler Großbanken); Zürichsee.

Unterkunft: Jugendherberge Zürich-Wolishofen, Mutschellenstr. 114, CH-8038 Zürich, Tel.: 01/4 82 35 44

Weiterführende Literatur: Jürg Bürgi/Jürg-Peter Huber: dtv MERIAN reiseführer Nord- und Ostschweiz.

Ein Theaterspielkurs als Studienfahrt *(Anne Schabhüser)*

Eine etwas andere Studienfahrt sollte die Kursfahrt in der Jahrgangsstufe 12 sein, die ich mit einem Leistungskurs Erziehungswissenschaft unternommen habe: Zentrales Element dieser Fahrt war ein Theaterspielkurs „Child Drama“ in Lützelflüh im Schweizer Emmental. Die Trainingsräume befanden sich in der „Kulturmühle Lützelflüh“, einer alten, liebevoll restaurierten Wassermühle, in der es eine „Schule für TOTALES THEATER“ gab.
Unsere Unterkunft war das Pfadfinderheim im Nachbardorf, für unsere Verpflegung mußten wir selbst sorgen. Der Fußweg zur Mühle führte jeden Morgen 20 Minuten durch den Wald und an der Emme entlang.

„Child Drama" nannte Jolanda Rodio[1] die von ihr entwickelte Arbeitsweise, in welcher Kinder, Jugendliche und Erwachsene ihre eigenen schöpferischen Fähigkeiten entdecken und durch Spiel im theatralischen Sinne verwirklichen können. In Übungen verschiedenster Art – Körperübung, Arbeit mit Stimme, Musik und Rhythmik, Akrobatik, Improvisation, Spielen und gestalterische Arbeit – soll zuerst eine „Eigenerfahrung und ein Eigengespür erarbeitet und erlebt werden. Richtige Haltung aus der Mitte, Atmung, Sprechen, Singen, Konzentration, Kommunikation, vor allem aber Wieder-Erlernen und Gebrauch der angeborenen fünf Sinne. All das sind Dinge, die man in früheren Zeitaltern sehr gut kannte und auch anwandte, die aber unter die Räder einer heute manipulierten Zivilisation geraten sind." (Jolanda Rodio)
Es werden keine konkreten Situationen, Rollen oder Texte vorgegeben. Jede Spielerin/jeder Spieler entwickelt und bearbeitet die von ihr/ihm vorgeschlagene Thematik selbst, die Gruppe einigt sich auf das zu spielende Stück.
Unseren Kurs leitete Gunhild Hamer-Bisaz[2], Theaterpädagogin und Schülerin von Jolanda Rodio. Den Abschluß bildete eine kleine Aufführung (Arbeitsdemonstration) des erarbeiteten Stücks. Publikum waren die Schülerinnen und Schüler der Schule für TOTALES THEATER.

Neben dem Theaterkurs gab es aber noch weitere interessante Möglichkeiten zur Gestaltung dieser Studienfahrt:
Im Emmental kann man reizvolle Wanderungen – nicht nur an der Emme entlang – machen. Lützelflüh im Emmental ist das Heimatdorf von Jeremias Gotthelf. An ihn erinnert eine kleine Ausstellung in der „Gotthelf-Stube" (geöffnet April bis Oktober) und eine Gedenkstätte. Sein Grab befindet sich auf dem Lützelflüher Friedhof.

---

1 Jolanda Rodio, geb. 1914 in Zürich, u. a. Sängerin, Vokallehrerin, Lehrerin für Musik und Musikgeschichte, Mitglied der Kulturkommission für Tanz und Theater des Kantons Bern, Begründerin und ehemalige Leiterin der Kulturmühle Lützelflüh und der Schule für TOTALES THEATER.

2 Kontaktadresse: Gunhild Hamer-Bisaz, An der Plattenstraße 3, CH-5712 Beinwil am See

Die Hauptstadt Bern, über die Goethe im Oktober 1779 auf seiner zweiten Schweizer Reise schrieb, sie sei die schönste Stadt, die er hier gesehen habe, ist nur ca. 30 km von Lützelflüh entfernt und leicht mit der Bahn zu erreichen. In Bern findet sich u. a. eine sehr lebendige und sehenswerte Kleintheaterszene.
Mit der Bahn erreicht man ebenfalls leicht Thun mit seiner Burg und der spätmittelalterlichen Altstadt. Berühmte Gäste dieser Stadt waren Goethe, Kleist, Rilke und Brahms. Von hier aus kann man mit dem Schiff über den Thuner See nach Interlaken fahren. Eine Fahrt auf das Jungfraujoch läßt sich gut von Interlaken aus unternehmen.

Italien

- ***Südtirol***

Walther von der Vogelweide/Oswald von Wolkenstein/Nicolaus A vancini/Norbert C. Kaser/Gerhard Kofler

Notizen aus der Literaturgeschichte: In Südtirol soll Walther geboren worden sein. In Brixen lebte Oswald von Wolkenstein (der mit dem einen Auge); einer der letzten fahrenden Ritter (Aufenthalte in ganz Europa und in Asien) und einer der größten Minnesänger des Mittelalters. Mit N. Avancini stellte Südtirol einen der bedeutendsten Wiener Hofdichter.

Tips für eine Litera-Tour: Brixen und Umgebung: Ruinen von Burg Hauenstein (Sitz Oswalds), unweit des Dorfes Seis, über einen romantischen Weg erreichbar, der durch einen verwilderten Wald führt; Bibliothek des Klosters Neustift bei Brixen (Handschriften-Sammlung; Codex der Lieder Oswalds; Faksimiles im Bibliothekssaal); Brixener Dom (mit Spuren Oswalds). Bozen: Säule mit einer Skulptur Walthers auf dem Waltherplatz.

Weitere Attraktionen: Bozen: Obstmarkt. Bergtouren in den Dolomiten, Zillertaler Alpen usw.

Unterkunft: Auskünfte über: Schullandheimverein Südtirol, c/o Gemeinde I-39030 Kiens, Tel.: 0039 474/5 54 20

Weiterführende Literatur: Kristian Sotriffer/Barbara Hartl: dtv MERIAN reiseführer Südtirol;
Dominik Jost (Hrsg.): Südtirol. Ein literarisches Landschaftsbild. (Insel TB);

Lion Feuchtwanger: Die häßliche Herzogin Margarete Maultasch. (Fischer TB; historischer Roman);
Dieter Kühn: Ich Wolkenstein. Eine Biographie. Erw. Ausg., (Insel TB), Frankfurt/M. 1988;
Gerhard Kofler: Südtiroler Extravaganzen. Wien 1981

Frankreich

• *Elsaß/Straßburg (Strasbourg)*

Reinmar der Alte/Gottfried von Straßburg/Fritsche/Closener/Meister Eckart/Johannes Tauler/Johann von Rinstetten/Heinrich von Laufenberg/Sebastian Brant/Thomas Murner/Johann Fischart/Jörg Wickram/Hans Michael Moscherosch/Heinrich Jung-Stilling/Johann Wolfgang Goethe/Michael Reinhold Lenz/Leopold Wagner/Friedrich Müller/Georg Büchner/Ernst Stadler/René Schickele/Jürgen Theobaldy

Notizen aus der Literaturgeschichte: Straßburg, eine Stadt, in der deutsche und französische Kultureinflüsse sich mischen, hat eine weit zurückreichende literarische Tradition. Einer der ältesten Texte der deutschen und zugleich der französischen Literatur sind die „Straßburger Eide“ von 842. Zu Beginn des 13. Jahrhunderts wirkt Gottfried von Straßburg, einer der bedeutendsten Epiker des Mittelalters („Tristan und Isolt“), in der Stadt. Im 14. Jahrhundert schreibt F. Closener in St. eine der ersten deutschen Stadtchroniken. Wenig später ist die Stadt ein Zentrum der Deutschen Mystik (Meister Eckart, Tauler, Rinstetten). Im 15. Jahrhundert gab es hier Humanisten, Meistersinger und mit S. Brant („Das Narrenschiff“, 1494) einen frühen Satiriker. In dieser Tradition wirken die Straßburger Bürger Th. Murner, J. Fischart und der Elsässer J. Wickram („Knabenspiegel“), im 17. Jahrhundert dann H. M. Moscherosch. 1609 steht das Straßburger Bürgertum mit der „Relation aller ... Historien“ am Beginn des deutschen Zeitungswesens. Im 18. Jahrhundert ist St. ein wichtiges Zentrum der Empfindsamkeitsdichtung (Jung-Stilling) und dann der Sturm-und-Drang-Literatur. Herder trifft hier auf den jungen Goethe und trägt zu seiner literarischen Produktivität entscheidend bei. Außerdem wirken hier die Sturm-und-Drang-Dramatiker Lenz, Wagner und F. Müller („Maler Müller“). Büchner studierte an der Straßburger Universität. Der Expressionist E. Stadler, ein Sohn der Stadt, lehrte hier deutsche Sprache und Literatur.

Tips für eine Litera-Tour: Fahrt zur Goethe-Gedenkstätte in Sesenheim; Stadttheater; Théatre Nationale de Strasbourg; Opéra du Rhin.

Weitere Attraktionen: Münster (mit Astronomischer Uhr); Musée d'Art Moderne (u. a. Klimt, Klee, Arp, Ernst); Musée Historique (Stadtgeschichte des Mittelalters und der Reformation); Musée Zoologique (Ausstellung ausgestorbener und noch lebender Tierarten); Europahaus (Voranmeldung); Bootsfahrt durch die Kanäle; Ruderbootfahrt in den Gewässern der toten Rheinarme; Jazz-Keller mit Live-Musik.

Unterkunft: Auberge de Jeunesse R. Casin, 9 Rue de l'Auberge-de-Jeunesse, Route Nationale 392, F-67000 Strasbourg, Tel.: 0033/88 30 26 46; Auberge de Jeunesse du Parc du Rhin, Rue des Cavaliers, F-67000 Strasbourg, Tel.: 0033/88 60 10 20; Begegnungsstätte CIARUS (internationales Begegnungszentrum mit eigenen Kulturprogrammen)

Wichtige Adresse: Office de Tourisme, Bureau d'Accueil, 10 Place Gutenberg, F-67000 Strasbourg, Tel.: 0033/88 32 57 07

Weiterführende Literatur: Jean Snieders: Exkursion „Sesenheim". Auf den Spuren des jungen Goethe und der Pfarrerstochter Friederike Brion in Sesenheim (Elsaß) und Umgebung. Mit Textheft „Dichtung und Wahrheit", Verlag Ruth Koch, Nordhorn;
Wolfgang Boller u. a.: dtv MERIAN reiseführer Elsaß;
Manfred Braunger: Elsaß. (DuMont Reise-Taschenbücher);
Hildegard und Heinrich Bock: Straßburg und das Elsaß. Reihe „Literaturreisen", Klett, Stuttgart;
Heinz Finke/Mathias Jung: Zum Lobe des Elsaß. Harenberg Verlag, Dortmund

Tschechische Republik

• *Prag (Praha)*

Johann von Tepl/Rainer Maria Rilke/Gustav Meyrink/Franz Kafka/Max Brod/Franz Werfel/Egon Erwin Kisch/Heinrich Mann/Anna Seghers/Peter Weiss/Manfred Bieler

Notizen aus der Literaturgeschichte: Mehrere Jahrhunderte lang gingen von Prag starke Einflüsse auf die deutsche Sprache und Literatur aus. P., die Hauptstadt Böhmens, war Sitz der ersten im Deutschen Reich gegründeten Universität. Eines der wichtigsten Werke der deutschen Renaissance-Literatur, der „Ackermann aus Böhmen", wurde von J. von Tepl geschrieben, der zeitweise Prager Stadtschreiber war. Er trug zur Verbreitung der Prager Kanzleisprache bei, die für die Entwicklung des Deutschen von großer Bedeutung war. Im 20. Jahrhundert gab es in P. Dichterkreise, die weltbekannte Autoren hervorbrachten. Von herausragender Bedeutung ist das Werk F. Kafkas, das eng mit der Prager Topographie verbunden ist. Zu Kafkas Kreis gehörten u. a. die Romanciers M. Brod und F. Werfel. Dem neuromantischen Kreis „Jung-Prag" gehörten u. a. Rilke und G. Meyrink an. Auch der „rasende Reporter" E. E. Kisch wirkte in P. Während der nationalsozialistischen Herrschaft war P. ein wichtiges Zentrum der deutschen Exilliteratur (H. Mann, A. Seghers u. a.). In jüngerer Zeit haben P. Weiss und M. Bieler in Prag gelebt.

Tips für eine Litera-Tour: Führung „Auf den Spuren Franz Kafkas in Prag"; Franz-Kafka-Gedenkstätte (1., U radnice 5); Neuer Jüdischer Friedhof (Grabstätte Kafkas); Museum des tschechischen Schrifttums im Kloster Strahov (viele alte Handschriften, Nachlässe von Schriftstellern, literarische Veranstaltungen); Nationaltheater (Schauspiel; Ballett; Oper); Laterna magika (ein weltberühmtes Multi-Media-Spektakel); Smetana-Theater; Bránicke divado pantomimy (Pantomimen-Theater); Cinoherni klub (Avantgarde-Bühne).

Weitere Attraktionen: Hradschin mit Burg (u. a. Burggalerie, Malerei des 16. und 17. Jahrhunderts), St. Veits-Dom (Architektur von der Gotik bis zum Jugendstil, Kronkammer, Königsgruft, Kapellen mit vielen Kunstschätzen) und Palais Lobkowitz (historisches Museum Böhmens); Nationalgalerie im Palais Sternberg (umfangreiche Sammlung europäischer Kunst); Heeresgeschichtliches Museum im Palais Schwarzenberg; Wenzelsplatz mit Nationalmuseum; Alter Jüdischer Friedhof; Nationalmuseum für Technik; Schiffstouren auf der Moldau; Rock Café (Narodni 20, Prag 1).

Unterkunft: CKM Jugendherberge, Zitná 10 & 12, Prag 2; Jugendhotel Strahov, Spartakiadni 5, Prag 5; Unterkunft auch in Hotels der Kategorie B möglich (über Reisebüros oder Pauschalangebot der Bundesbahn)

Wichtige Adresse: Spolecnost Franze Kafky (Franz Kafka Gesellschaft), Staromestské Nám. 17, 110 01 Praha 1

Weiterführende Literatur: Hartmut Binder: Prag. Reihe „Literaturreisen", Klett, Stuttgart;
Hartmut Binder (Hrsg.): Mit Rilke durch das alte Prag. (Insel TB);
Pavel Kohout/Albert Neumann: dtv MERIAN reiseführer Prag;
Prag. Ein Lesebuch. (Insel TB);
Ota Filip: Mein Prag. Fotografiert von Michael Schilhansl, Harenberg Verlag, Dortmund;
Thomas Lange: Reisen bildet – oder: „Ich hatte es mir schlimmer vorgestellt". Studienfahrt nach Prag: Bildung, Erfahrung und die gegenwärtige Vergangenheit. In: Diskussion Deutsch. Heft 96, 8/1987, S. 393–407

Rußland

• *Königsberg (Kaliningrad)*

Simon Dach/Heinrich Albert/Johann Christoph Gottsched/Theodor Gottlieb von Hippel/Johann Georg Hamann/Johann Gottfried Herder/Immanuel

Kant/Johann Gottlieb Fichte/E. T. A. Hoffmann/Heinrich von Kleist/Thomas Mann/Ernst Wiechert/Agnes Miegel/Marie Luise Kaschnitz

Notizen aus der Literaturgeschichte: Über mehrere Jahrhunderte hinweg bis 1945 war Königsberg eines der wichtigsten geistigen Zentren in Deutschland. Im 15. Jahrhundert gab es hier einen wichtigen Humanistenzirkel; 1544 wurde eine Universität gegründet. Um 1630 entwickelte sich in K. ein Zentrum der Barockliteratur (Dach, Albert). Gottsched, der „Literaturpapst" der Aufklärung, wurde an der Königsberger Universität ausgebildet. Auch die Dichtung der Empfindsamkeit (von Hippel) und besonders die des Sturm und Drang (Herder, Hamann) erhielten aus K. wichtige Impulse. Die Philosophie des deutschen Idealismus ist ohne den Königsberger Immanuel Kant unvorstellbar. Fichte beeinflußte von hier die Romantik; einer der bedeutendsten Romantiker, E. T. A. Hoffmann, verbrachte in der Stadt Jugend und Studium. In und um K. wirkten Kleist und Th. Mann, der in der Nähe (Nidden) ein Sommerhaus besaß.

Tips für eine Litera-Tour: Kantmuseum in der Universität.

Weitere Attraktionen: Kant-Gedenkstätte; Dom(ruine); Bernsteinmuseum; Historisches Museum; Botanischer Garten. In der Nähe: Kurische Nehrung.

Weiterführende Literatur: Irmgard von zur Münch: Als Gast in Königsberg. Bilder und Begegnungen aus dem heutigen Kaliningrad. Rautenberg Verlag, Leer 1988;
Christian Graf von Krockow: Begegnung mit Ostpreußen. Deutsche Verlags-Anstalt, Stuttgart 1994;
Ulla Lachauer: Die Brücke von Tilsit. Begegnungen mit Preußens Osten und Rußlands Westen. Rowohlt, Reinbek 1994;
Ralph Giordano: Ostpreußen ade. Reise durch ein melancholisches Land. Kiepenheuer & Witsch, Köln 1994

Weiterführende Hinweise

Buchreihen

– Die Reihe „Literaturreisen" (Klett) bietet eine Kombination aus Lesebuch und Reiseführer. Literarische Texte sind in ausführliche, auf Städte und Regionen bezogene Kommentare eingebettet. Außerdem werden Reiserouten vorgestellt, mit deren Hilfe man sich vor Ort Texte auf konkrete Weise aneignen kann. Man erlebt Orte, Landschaften und Kunstwerke aus der Sicht von Schriftstellern oder literarischer Figuren.

- Als „Fundgruben literarischer Topographie“ bezeichnet der Insel Verlag seine in Taschenbuch-Ausgaben erhältlichen Reiseführer. Mehrere Dutzend Titel sind einzelnen Städten oder Landschaften gewidmet. Angeboten werden „Städte-Lesebücher“, „literarische Landschaftsbilder“, Gedichtsammlungen zu einzelnen Städten und literarische Führer.
- „Literarische Reisebegleiter“, vom Deutschen Taschenbuch-Verlag (dtv) herausgegeben, sind in der Reihe „dtv Reise Textbuch“ erschienen.
- Unter dem Motto „Man sieht nur, was man weiß“ hat der DuMont Verlag informative und reich bebilderte kulturhistorische Einführungen zu einzelnen Städten und Regionen veröffentlicht. Die Bände enthalten in der Regel auch Hinweise zu literarischen Erkundungsmöglichkeiten.

Wichtige Einzeltitel

Sven Arnold: Literarische Gesellschaften in Deutschland. Argon Verlag, Berlin 1991;
Günther Dietel: Reiseführer für Literaturfreunde. (Brandenburg, Mecklenburg-Vorpommern, Sachsen, Sachsen-Anhalt, Thüringen), Frankfurt/M./Berlin 1990;
Werner Liersch: Dichters Ort. Ein literarischer Reiseführer. Rudolstadt 1987;
Fred und Gabriele Oberhauser: Literischer Führer durch Deutschland. Frankfurt/M. 1983 (auch als Insel TB);
Friedrich Pfäfflin/Irina Renz/Thomas Scheuffelen: Literarische Museen und Gedenkstätten in Baden-Württemberg. Hrsg. von der Deutschen Schillergesellschaft, 2. Aufl., Marbach 1991;
G. Grützmacher/Redaktion Vademecum für Lehrer: Zentralverzeichnis der Gruppenunterkünfte in Ost und West, Kallmeyer'sche Verlagsbuchhandlung, Seelze 1991;
Klaus Ludwig: Gruppenhäuser für Freizeiten, Klassenfahrten, Lehrgänge, Tagungen und, und, und ... 2 Bde., Verlag Klaus Ludwig, 3. Aufl., Gütersloh 1994;
Bildung – Begegnung – Erlebnis. Unterkünfte in den neuen Bundesländern und Berlin für Schulen, Vereine, soziale Gruppen. Zusammengestellt von der BEJ im Auftrag des Bundesministeriums für Frauen und Jugend. Berlin 1994 (kostenlos über das Bundesministerium für Familie, Senioren, Frauen und Jugend, Außenstelle Berlin, Taubenstr. 42/43, 10117 Berlin, zu beziehen);
Arbeitskreis deutscher Bildungsstätten (Hrsg.): Politische Bildung für die Demokratie. Bonn o. J. (Häuserverzeichnis; Bezug: AdB, Haager Weg 44, 53127 Bonn);

Naturfreundejugend Deutschlands (Hrsg.): Reisen auf die sanfte Tour. Ein Handbuch für Urlaubsreisen, Jugendbegegnungen & Klassenfahrten. Verlag die Werkstatt/AOL-Verlag

Service-Adressen

Deutsche Literaturlandschaften, Koppelstr. 5, 48527 Nordhorn

Unter dieser Adresse sind zu ausgewählten kleineren Orten (keine Großstädte) ausführliche thematische Reisevorschläge erhältlich. Sie umfassen jeweils drei bis vier Seiten im A 4-Format und bieten zusätzlich zu literarisch-thematischen Informationen Hinweise auf einschlägige Bücher, die bei der Vorbereitung und Durchführung von Reisen nützlich sein können. Außerdem enthalten die Blätter Hinweise auf Freizeitmöglichkeiten vor Ort und in der Umgebung. Die Beratung ist für Reiseveranstalter und Bildungseinrichtungen kostenlos. (Portokosten müssen ersetzt werden.)

Einmal jährlich publizieren die „Deutschen Literaturlandschaften" Informationen in einem Sammelband, z. B.: Deutsche Literaturlandschaften (Hrsg.): Reisevorschläge zu interessanten Stätten aus der Welt der Literatur. Nordhorn 1994.

Deutsche Schillergesellschaft/Deutsches Literaturarchiv/Arbeitsstelle für literarische Museen, Archive und Gedenkstätten in Baden-Württemberg, 71672 Marbach am Neckar

Die „Deutsche Schillergesellschaft" und die mit ihr verbundenen Arbeitsstellen haben in den letzten Jahrzehnten umfangreiche Aktivitäten zur Erschließung der literarischen Topographie insbesondere Baden-Württembergs entwickelt. Die Schillergesellschaft gibt z. B. die Reihen „Marbacher Magazin" und „Spuren" heraus. Die Broschüren weisen darauf hin, wo und wie man den Spuren deutschsprachiger Schriftsteller nachgehen kann.

Deutsches Jugendherbergswerk, DJH Hauptverband, Postfach 1455, 32704 Detmold

Das DJH bietet in jüngster Zeit vier regionale „Klassenmobile" an. Es handelt sich um je etwa 70 Seiten umfassende Hefte, in denen die Jugendgästehäuser und Jugendherbergen Süd-, West-, Nord- und Ostdeutschlands vorgestellt werden. Über die Anschriften aller Häuser hinaus sind einige Herbergen, die für Klassen und Kurse Pauschalangebote machen, besonders herausgestellt. Das DJH bietet außerdem ein „Handbuch der Jugendherbergen" an. Ausführlich werden darin die knapp 700 deutschen Jugendherbergen sowie Freizeitmöglichkeiten vorgestellt.

3. Ideen zur Öffnung der Schule

Deutsch-Projekte in der Kommune oder Region

Immer wieder sieht sich die Schule dem Vorwurf ausgesetzt, sie sei zu abgehoben, zu lebensfern, zu sehr abgeschottet vom Geschehen in ihrem sozialen Umfeld. Gerade im Deutschunterricht bieten sich viele Möglichkeiten, diesen Vorwurf zu entkräften, indem sich der Unterricht in die Stadt, die Gemeinde oder die Region hinein öffnet. Hier einige Vorschläge dazu.

Projekte für einzelne Klassen und Kurse

Zeitung *8–10*

- Im Rahmen eines Unterrichtsvorhabens zum Thema „Zeitung“ wird ein Zeitungsredakteur in die Schule eingeladen, um über sein Berufsfeld zu informieren und seine Zeitung vorzustellen. (Gibt es im Einzugsbereich der Schule konkurrierende Blätter, sollten – nacheinander – Redakteure mehrerer Blätter zu einem Gespräch gebeten werden.)
- Die Klasse besucht im Rahmen einer Unterrichtsreihe zu diesem Thema die Lokalredaktion einer Zeitung.
- Die Klasse, der Kurs vereinbart mit einer Lokalzeitung, daß – in einer einmaligen Aktion oder öfter – eine Seite der Wochenendausgabe mit Schülertexten (erzählenden Texten, Gedichten) gestaltet wird.

Radio *8–10*

Die Klasse, der Kurs besucht im Rahmen eines Unterrichtsvorhabens zum Thema „Rundfunk“ das Studio eines lokalen Rundfunksenders. In den letzten Jahren haben sich in vielen Regionen Lokalradios entwickelt, so daß die Anreise oft nicht sehr aufwendig ist. Auch mit Redaktionen solcher Radiosender kann vereinbart werden, daß Texte von Schülern publik gemacht werden.

Ausstellung *5–13*

Der Lehrer vereinbart mit der Stadt- oder Gemeindeverwaltung, mit einer Bank, mit Geschäften oder einer Buchhandlung, daß interessante Texte von Schülern öffentlich präsentiert werden. Hierbei kann mit dem Fach Kunst kooperiert werden.

Theater *5–8*

Kleine Theaterstücke oder Szenen, die in der Klasse einstudiert worden sind, werden in Kindergärten, Jugendhäusern, bei Veranstaltungen von

Pfarrgemeinden, in Altenheimen etc. vorgeführt. Der Erlös wird (in Teilen) für einen guten Zweck gespendet.

Dialekt *8–13*

Schüler erhalten den Auftrag, mit einem Kassettenrecorder auf die Suche nach Leuten zu gehen, die den Dialekt der Gegend noch richtig beherrschen. Diese werden gebeten, einige Dialektwörter zu nennen und zu erklären, die ihrer Meinung nach vom Aussterben bedroht sind. Das Bandmaterial wird im Unterricht gemeinsam angehört und in eine Unterrichtsreihe zum Thema „Sprachgeschichte" eingebracht.

Rallye *7–10*

An einem Wandertag findet eine Rallye statt, an deren Stationen Suchtexte in Form von selbstverfaßten Schilderungen bzw. Beschreibungen verwendet werden. Darin werden markante Gebäude und Landschaftselemente der Region möglichst anschaulich dargestellt. Diese Punkte sind von einer Vorbereitungsgruppe vorher angefahren und beschrieben worden. Am Rallye-Tag soll die Vorbereitungsgruppe diese Beschreibungen an den Suchstationen gut verstecken. Sie erhält dazu eine halbe Stunde Vorsprung. Der Lehrer fährt mit der Hauptgruppe. Für den Fall, daß die Klasse von den Beschreibungen nicht auf den anzusteuernden Ort schließen kann, hat er von der Vorbereitungsgruppe eine Ortsangabe „im Klartext" erhalten, die in einem verschlossenen Umschlag steckt. Dieser darf jedoch erst nach eingehender Prüfung der zugehörigen Beschreibung (mind. 15 Minuten) geöffnet werden. Die Vorbereitungsgruppe darf an einem von ihr selbst gewählten Ziel jede halbe Stunde, die die Hauptgruppe überfällig ist, auf Kosten der Klassenkasse ein Eis essen oder ein Getränk bestellen.

Stadterkundung *5–8*

Die Schüler werden am Schulort in Gruppen auf Erkundungsreise geschickt. (Dabei können evtl. Eltern oder ältere Schüler als Aufsicht beteiligt werden.) Die Erkundung kann folgende Elemente umfassen:

- In einem Stadtplan sind mehrere Kreuze eingezeichnet. An diesen Stellen sind markante Bauwerke oder sonstige Sehenswürdigkeiten zu finden. Diese sollen so interessant und genau wie möglich beschrieben werden. Die Gruppen, die die besten Beschreibungen zurückbringen, erhalten die meisten Punkte.
- Die Gruppen sollen für 10 Pfennig etwas möglichst Originelles kaufen und darüber auch noch eine möglichst originelle Quittung vorlegen, deren Text sie zusammen mit dem Verkäufer oder der Verkäuferin entwerfen sollen.

- Die Gruppen betätigen sich als Reporterteams und bringen in Erfahrung, wie der älteste Bürger und die älteste Bürgerin des Ortes heißen, wer hinter einigen Straßennamen steckt (lokale Straßennamen, die nach Personen benannt wurden) und wo der Ortsname herkommt.
- Die Gruppe soll mit älteren Einheimischen reden, sich interessante Ereignisse erzählen lassen, die früher einmal in dem Ort stattgefunden haben, und einige ausgewählte Ereignisse nach Ende der Erkundung für alle wiedergeben.

Weitere Ideen in: Gerd Brenner/Martin Nörber (Hrsg.): Jugendarbeit und Schule. Kooperation statt Rivalität um die Freizeit. Juventa Verlag, Weinheim/München 1992

Klassen- und schulübergreifende Projekte

Einige Projekte lassen sich nur im Rahmen einer ganzen Schule oder in Kooperation mit anderen Schulen verwirklichen. Hier ein Vorschlag.

Wettbewerb „Jugend schreibt" *8–13*

In mehreren Städten und Regionen sind inzwischen solche Wettbewerbe durchgeführt worden. Mit ihnen sollen Kinder und Jugendliche motiviert werden, einiges von dem aufzuschreiben, was sie bewegt. Als Orientierung können Themen oder auch Textsorten (Lyrik, Limerick, Kurzgeschichte, Brief etc.) vorgegeben werden.
Eine solche Aktion sollte, wenn sie zum erstenmal durchgeführt wird, nicht zu viele Träger umfassen und sich evtl. auf wenige Schulen und evtl. Jugendhäuser beschränken. Sinnvoll ist eine Kooperation mit den zuständigen Stellen der Kommune (Kulturamt etc.).
Der Wettbewerb wird in einer Gemeinde, Stadt oder Region öffentlich ausgeschrieben. Die Ausschreibung muß Angaben darüber enthalten, ob Textsorten oder Themen vorgegeben werden, welchen Umfang die einzureichenden Arbeiten maximal haben dürfen, an wen sie bis zu welchem Zeitpunkt zu schicken sind und was mit den Texten weiter geschieht (Beurteilung durch eine Jury, Preisverleihung, Veröffentlichung aller oder ausgewählter Texte in einer Broschüre etc.).
Die Jury sollte sich nicht der Tortur aussetzen, die Preisträger in eine Rangfolge zu bringen (erster, zweiter Sieger etc.); vielmehr sollte sie eine ganze Reihe von Texten auswählen, die durch eine intensive gedankliche Verarbeitung des Themas, besondere Sprachkraft oder kreative Strukturierung auffallen. Als Preis kann z. B. ein Seminar angesetzt werden, bei dem alle Eingeladenen ihre Texte zusammen mit

Grafikern, einem Buchhersteller, Leuten von den lokalen Zeitungen, evtl. einem Verlagslektor druckreif machen. Die Texte können dann in der Wochenendbeilage einer Zeitung, in Einzel- oder Sammeldrucken veröffentlicht und evtl. in den lokalen Buchhandlungen angeboten werden.

Lesungen von Schriftstellern

Viele Schriftstellerinnen und Schriftsteller – besonders Kinder- und Jugendbuchautoren – sind bei längerfristiger Planung bereit, zu Lesungen und Werkstattgesprächen in Schulen zu kommen. Es empfiehlt sich, solche Veranstaltungen auch für Parallelklassen anzubieten, damit die Kosten für die eigene Klasse möglichst niedrig gehalten werden können. Allerdings sollte die Gruppe der Zuhörer nicht zu groß sein. Meist lesen Autoren nicht gerne vor großen Gruppen, da sie dann oft davon ausgehen können, daß ein Großteil der Schüler gar nicht oder nur ganz oberflächlich auf den Gegenstand der Autorenlesung vorbereitet worden ist.
Lesungen und Werkstattgespräche können über den Bödecker-Kreis organisiert und zum Teil auch finanziert werden. Die Kontaktaufnahme erfolgt über den Bundesverband der Friedrich-Bödecker-Kreise (Adresse → Seite 52). Dort sind die Anschriften der Landesverbände erhältlich, die sich um die Schulen in ihrem Zuständigkeitsbereich kümmern. Die Landesverbände übernehmen etwa die Hälfte des Honorars für eine Lesung, das sich im Schnitt auf etwa 300 Mark beläuft. Die zusätzlichen Fahrtkosten für den Autor lassen sich in Grenzen halten, wenn – über den jeweiligen Bödecker-Kreis organisiert – weitere Schulen in der Nähe eine Lesung anbieten. 1992 haben die Friedrich-Bödecker-Kreise z. B. 6500 Autorenlesungen für Kinder und Jugendliche vermittelt und mitorganisiert. Sie nehmen Lehrern dabei auch leidige organisatorische Arbeiten wie die Einladung des Schriftstellers, den Vertragsabschluß oder Terminvereinbarungen ab.
Der Bundesverband der Friedrich-Bödecker-Kreise bietet ein etwa 330 Seiten umfassendes Verzeichnis mit biographischen und bibliographischen Angaben zu fast 300 Autoren aus dem deutschsprachigen Raum an. Titel: „Autoren lesen vor Schülern – Autoren sprechen mit Schülern". Die Friedrich-Bödecker-Kreise vermitteln auch Wanderausstellungen.
Über Lesungen aus eigenen Werken hinaus können Schriftsteller auch in anderer Weise tätig werden; sie können z. B.:
- mit den Schülern Texte besprechen, die diese selbst geschrieben haben;

- am Beispiel eines eigenen „work in progress“ den Schülern die Entstehung eines Buches transparent machen und Entscheidungen thematisieren, die beim Schreiben eines Buches vom Autor getroffen werden müssen.

Literaturhinweise: Bundesministerium für Bildung und Wissenschaft (Hrsg.): In Sachen Lesekultur. (146 S.), Bezug: Stiftung Lesen, Fischtorplatz 23, 55116 Mainz;
Bundesverband der Friedrich-Bödecker-Kreise (Hrsg.): Autoren lesen vor Schülern – Autoren sprechen mit Schülern. 1991 (Bezugsadresse → Seite 52);
Landesinstitut für Schule und Weiterbildung NRW (Hrsg.): Autorenlesungen in Schulen. Soester Verlagskontor, Soest 1990

Wettbewerbe für Schüler

Manchmal sind Schüler und Lehrer so richtig stolz auf ein gelungenes Produkt ihrer Arbeit. Besonders wenn in Projekten gearbeitet wird, ist die Motivation oft so stark und die Prozeßlogik des Arbeitens über Wochen hinweg manchmal so zwingend auf ein Produkt hin angelegt, daß viele vom Ergebnis schließlich positiv überrascht sind.
Und öfter taucht dann die Frage auf: Ist das etwa nur für uns selbst interessant? Lohnt das nicht eine weitere Verbreitung? Sollte man damit nicht an die Öffentlichkeit gehen?
Dabei geht es nicht darum, mit schulischen Produkten den Profis in verschiedenen beruflichen Feldern Konkurrenz zu machen. Aber es macht durchaus Sinn, in der Öffentlichkeit deutlich zu machen, was mit den begrenzten schulischen Mitteln alles zustande kommen kann.
Wer solche Gedanken hegt, sollte die folgenden Hinweise gründlich studieren. Sie machen klar, daß es in Deutschland inzwischen eine Fülle von Foren für besondere schulische Leistungen gibt, die zur Veröffentlichung – und oft auch zur weiterführenden Beratung – einladen. Was haben Sie mit Ihren Schülern gerade gemacht? Wo finden Sie jenseits des Klassen- oder Kursraumes eine Öffentlichkeit für Schülerprodukte?

Wenn Sie mit Ihrer Klasse, Ihrem Kurs einen Videofilm gedreht haben

Wettbewerb „Jugend und Video“ *5–13*
Das Bundesministerium für Familie, Senioren, Frauen und Jugend (BMFSFJ) stiftet jährlich einen Preis „Jugend und Video“. Eine unabhängige Jury aus Jugendlichen und Medienfachleuten schlägt Videofilme

zur Auszeichnung vor. Dafür steht ein fünfstelliger DM-Betrag zur Verfügung. Zur 1990 abgeschlossenen dreijährigen Pilotphase des Preises schrieb der Pressedienst des BMFSFJ: „Die Erwartungen an diesen Wettbewerb, junge Menschen zur aktiven Video-Arbeit anzuregen, sie zu befähigen, sich mit Hilfe des Mediums Video kreativ-gestalterisch auszudrücken sowie ihre Phantasie und Kommunikationsfähigkeit zu entfalten und weiterzuentwickeln, sind in vollem Umfang erfüllt worden." Für den Wettbewerb zugelassen sind selbst produzierte Videos, die nicht älter als ein Jahr sind. Im allgemeinen Wettbewerb gibt es keine Beschränkungen zu Thema, Genre oder Video-System. Zusätzlich werden jährlich Sonderthemen ausgeschrieben. Die Preisträgervideos werden auf Festivals im In- und Ausland gezeigt und in den Medienverleih aufgenommen.
Mit der Organisation und Durchführung des jährlichen Wettbewerbs ist das Kinder- und Jugendfilmzentrum in der Bundesrepublik Deutschland, Küppelstein 34, 42857 Remscheid, Tel.: 02191/794 233 o. 794 234 o. 794 283 betraut.
Das Zentrum verschickt Informationen und Dokumentationen früherer Wettbewerbe.

Schülerfilm-Festival *(Schüler machen Filme und Videos)* *5–13*
An diesem einwöchigen Festival können sich Schüler im Alter zwischen 6 und 24 Jahren beteiligen. Der Wettbewerb ist in drei Altersgruppen eingeteilt (6 bis 12, 13 bis 17 und 18 bis 24 Jahre). Themen, Genres und Video-Systeme können frei gewählt werden. Auch die Filmformate Super 8 und 16 mm sind zugelassen. Eingereichte Filme werden den drei Altersstufen zugeordnet und von einer Jury für die Festival-Präsentation ausgewählt. Ein umfangreiches Begleitprogramm umfaßt Seminare, Workshops, Kontakte mit Journalisten, Fernsehredakteuren etc. Das Schülerfilm-Festival findet seit 1982 statt. Es wird vom Bundesminister für Bildung, Wissenschaft, Forschung und Technologie vom Kultusminister des Landes Niedersachsen und der Stadt Hannover gefördert. Schirmherr ist der Bundespräsident.
Anschrift: Bundesweites Schülerfilm- und Videozentrum e. V., Lister Platz 1, 30163 Hannover

Wenn Sie mit Ihrer Klasse, Ihrem Kurs ein Theaterstück entwickelt haben

Schüler machen Theater *5–13*
An diesem Wettbewerb können alle theaterspielenden Gruppen im Schüleralter teilnehmen. Sein Ziel ist es, dem Schülertheater in Deutsch-

land Auftrieb zu geben und ihm neue Spielformen zu erschließen. Die Bewerber sollen einen Bericht über ihre Theaterarbeit einsenden. Die Organisatoren legen Wert darauf, daß die Stücke eine eigene Weltsicht der jungen Schauspieler, Regisseure und Verfasser erkennen lassen und nicht einfach „nachgemachtes Theater" darstellen. Eine Jury aus Theaterkritikern, Spiel- und Theaterpädagogen wählt zehn interessante, experimentelle Produktionen aus. Die Gruppen werden zu einem mehrtägigen Festival nach Berlin eingeladen, dem „Theatertreffen der Jugend"; die Reise ist kostenlos. Nach ihrer Aufführung in Berlin soll sich jede Gruppe der Diskussion stellen. Den Teilnehmern werden täglich Theaterwerkstätten, Diskussionen, Colloquien und Feste angeboten. Die Veranstalter streben eine Regionalisierung der Treffen an.
Ausrichter ist: Berliner Festspiele GmbH, Theatertreffen der Jugend, Budapester Str. 50, 10787 Berlin

Wenn Sie mit Ihrer Klasse, Ihrem Kurs kreative/literarische Texte geschrieben haben

Bundeswettbewerb „Schüler schreiben" *5–13*

Im Auftrag und mit Mitteln des Bundesministeriums für Bildung, Wissenschaft, Forschung und Technologie veranstaltet die Berliner Festspiele GmbH (s. o.) seit 1986 jährlich ein „Treffen junger Autoren". Seit 1987 wird es bundesweit ausgeschrieben. Im Kuratorium des Wettbewerbs sitzen Vertreter der Kultusministerien der Länder sowie von Organisationen, die sich um die Förderung der kulturellen Jugendbildung bemühen. Am Wettbewerb beteiligen können sich alle Schüler ab dem zehnten Lebensjahr. Der eingereichte Text soll möglichst nicht mehr als fünf Schreibmaschinenseiten umfassen. Aus eingereichten Arbeiten wählt eine Jury mehrere Dutzend Autoren aus, die für eine öffentliche Lesung ihrer Texte nach Berlin eingeladen werden. Für Reise, Unterkunft und Verpflegung entstehen den Teilnehmern keine Kosten. Prämierte Arbeiten werden in einer Anthologie veröffentlicht, die allen Bewerbern zugesandt und über einen Verlag allen anderen Interessierten zugänglich gemacht wird (s. u.). Bei den „Treffen junger Autoren" werden – neben den Lesungen – auch Workshops, Gespräche und Begegnungen mit Fachleuten angeboten.

„Schüler schreiben" – Projekt des Hessischen Kultusministers *7–13*

Seit 1983 veranstaltet der Hessische Kultusminister in Zusammenarbeit mit dem Hessischen Rundfunk für Schüler ab Klasse 7 den Wettbewerb

„Schüler schreiben". Inzwischen sind in ähnlicher Ausgestaltung die Wettbewerbe „Schüler malen und zeichnen" und „Schüler machen Lieder" hinzugekommen. Der Hessische Kultusminister verfolgt mit der jährlichen Ausschreibung „Schüler schreiben" das Ziel, die weit verbreiteten Schülerwettbewerbe im naturwissenschaftlich-technischen Bereich zu ergänzen und Projekte zur Förderung des literarischen Schreibens zu unterstützen. Jugendliche sollen angeregt werden, literarisches Schreiben als eine Möglichkeit der Selbstdarstellung, des freien Phantasiegebrauchs und der ästhetisch-symbolischen Auseinandersetzung mit Wirklichkeit für sich zu entdecken. Eine Jury, darunter in der Regel bekannte (Jugendbuch-)Autoren, wählt eine Reihe von Texten aus. Die jungen Autoren werden zu einem Workshop eingeladen und ihre Texte in einem Buch veröffentlicht (s. u.).

Literaturhinweise: Berliner Festspiele GmbH (Hrsg.): Kopfüber. Treffen junger Autoren '91, Anrich Verlag, Kevelaer 1992;
Berliner Festspiele GmbH (Hrsg.): Vollkommen normal. Treffen junger Autoren '90, Anrich Verlag, Kevelaer 1991;
Berliner Festspiele GmbH (Hrsg.): Ruhig Blut. Treffen junger Autoren '89, Anrich Verlag, Kevelaer 1990;
Bücher, R./Fabricius, V./Kunkel, R. im Auftrag des Hessischen Kultusministeriums (Hrsg.): Ein Käfig ging einen Vogel suchen. Texte, Bilder und Lieder von Jugendlichen. Wiesbaden (Hessisches Institut für Bildungsplanung und Schulentwicklung, Bodenstedtstr. 7, 65189 Wiesbaden) 1991;
Bundesvereinigung Kulturelle Jugendbildung (Hrsg.): Junge Leute schreiben. Aktionen, Werkstätten, Wettbewerbe. Remscheid 1986;
Hessisches Kultusministerium (Hrsg.): ... zu spüren, daß es mich gibt. Projekt „Schüler schreiben". Diesterweg Verlag, Frankfurt/Main 1984;
Hessisches Kultusministerium (Hrsg.): Finde, erfinde eine Person ... „Schüler schreiben – Schüler zeichnen". Ergebnisse der Ausschreibung des Hessischen Kultusministeriums. Wiesbaden (Hessisches Institut für Bildungsplanung und Schulentwicklung) 1987

Wenn Ihre Schüler gerne Liedtexte schreiben

Schüler machen Lieder *5–13*

Bei diesem Wettbewerb, der seit 1984 veranstaltet wird und sich an Schüler ab dem 5. Schuljahr richtet, sollten Sie mit einem Musiklehrer kooperieren. Es können sich Gruppen bis zu sechs Teilnehmern beteiligen. Eingereicht werden können musikalische Kompositionen,

bei denen Text und Musik von den Bewerbern selbst gedichtet und komponiert sein müssen. Muttersprachliche Texte werden bevorzugt. Alle Formen des Liedes sind zugelassen. Eine Reihe von Gruppen wird zum „Treffen junge Musik-Szene" nach Berlin eingeladen. Die Reise ist für die Teilnehmer kostenlos. Der Wettbewerb wird vom Bundesminister für Bildung, Wissenschaft, Forschung und Technologie der Bundesvereinigung Kulturelle Jugendbildung, dem Verband deutscher Musikschulen, dem Verband deutscher Schulmusikerzieher, dem Arbeitskreis für Jugendliteratur und von Kultusministerien der Länder gefördert.
Veranstalter: Berliner Festspiele GmbH, Treffen junger Musik-Szene, Budapester Str. 30, 10787 Berlin

Wenn Schüler in Ihrer Klasse gerne Texte vorlesen

Vorlesewettbewerb des deutschen Buchhandels *6*

Träger dieses seit 1959 existierenden Wettbewerbes, der für die 6. Klassen aller Schularten jährlich neu ausgeschrieben wird, ist der Börsenverein des deutschen Buchhandels. Der Wettbewerb soll Kinder anregen, sich über schulische „Pflichtlektüren" hinaus mit Büchern zu beschäftigen. Er möchte bei denen, die vorlesen, und denen, die zuhören, die Lust am Lesen fördern und gleichzeitig auf die Vielfalt der Kinder- und Jugendliteratur hinweisen. Bundesweit werden sämtliche Schulen zur Teilnahme an dem Wettbewerb aufgefordert; insgesamt beteiligt sich etwa ein Drittel der Schulen. Angesichts der vielen Teilnehmer ist die Wettbewerbsorganisation hierarchisch: Auf Klassenentscheide, für die alle Schulen Beurteilungsbögen und sonstige Hilfen zugeschickt bekommen, folgen Schulentscheide. Weiter geht es mit Stadt- bzw. Kreis-, Landesentscheiden und dem Bundesentscheid. In den Schulen nehmen in der Regel die Deutschlehrer die Bewertung vor. Auf den anderen Ebenen sind auch Bibliothekare, Buchhändler, Schulamts- und Elternbeiratsvertreter sowie Sieger von vorhergehenden Wettbewerben beteiligt. Es gibt Urkunden, Plaketten, Buchpreise und Bücherschecks.
Zentrale Anschrift: Börsenverein des Deutschen Buchhandels, Großer Hirschgraben 17–21, 60311 Frankfurt/Main

Plattlesewettbewerb *5–13*

Viele Schüler beherrschen den Dialekt ihrer Gegend nicht mehr. Andere jedoch wachsen durchaus noch „zweisprachig" auf. In vielen Regionen Deutschlands werden für diese Schüler schulübergreifende Plattlesewettbewerbe organisiert. An der Organisation sind oft die Redaktionen von Heimatbüchern beteiligt.

Wenn Sie mit Ihrer Klasse eine Klassenlektüre kreativ umsetzen möchten

Das lesende Klassenzimmer *5–8*

Mit wechselnden Themen wird der Wettbewerb „Das lesende Klassenzimmer“ jährlich neu ausgeschrieben. Veranstalter ist der Börsenverein des deutschen Buchhandels (s. o.). Teilnehmen können ganze Schulklassen bis zum 8. Schuljahr. Die Schüler sind aufgerufen, Literatur zu einem angegebenen Jahresthema zu lesen und das Gelesene in einer frei gewählten Form kreativ in eine Gemeinschaftsarbeit umzusetzen. Zum Beispiel kann geschrieben, gemalt oder gebastelt werden. Film- und Tonkassetten sind allerdings ausgeschlossen. Der Wettbewerb beginnt jeweils im Oktober und läuft bis zum Internationalen Kinderbuchtag des Folgejahres (2. April). Als Preise winken Bücher, Bücherschecks und Autorenlesungen. Außerdem erhält jede teilnehmende Klasse eine Urkunde und einen Dokumentationsalmanach zum Wettbewerb. Aufgrund der Zusammenarbeit der Veranstalter mit dem Buchhandel haben die Klassen z. T. Gelegenheit, Schaufenster zu gestalten. Die Teilnehmerzahl schwankt jährlich zwischen 600 und 2 000 Klassen. Der Wettbewerb wird von den Kultusministerien der Länder unterstützt und gefördert. Zu jedem Wettbewerb erscheint ein Lehrerheft mit methodisch-didaktischen Einführungen und Lesetips.

Eine Idee für Tage der offenen Tür

(Werbeveranstaltung für Viertkläßler und ihre Eltern)

Seit Jahren sind Werbeveranstaltungen für Viertkläßler und deren Eltern ein besonders sensibler Einsatzbereich für Deutschlehrer insbesondere von Gymnasien, Gesamtschulen und Realschulen. Aus der Sicht der Schulleitungen geht es an Tagen der offenen Tür darum, die Schule herauszuputzen und Einblicke in interessante Lernangebote zu eröffnen. Um das Fach Deutsch kommt man dabei nicht herum, denn schließlich gehen die allermeisten Bereiche, die auf den Grundschulzeugnissen auftauchen (Rechtschreibung, Lesen, Aufsatz etc.), in der Klasse 5 im Fach Deutsch auf. Zugleich sind die Schüler aber stärker an neuen, bislang unbekannten Fächern (Englisch, Physik, Biologie etc.) interessiert als an bekannten. Ist über die Sprachwahl noch nicht entschieden worden, so gibt es in der Regel einen besonderen Ansturm auf die Angebote in Englisch, Latein, Französisch usw.

In dieser Situation ist es nicht leicht, in einer meist nur kurzen Zeitspanne (20 bis 30 Minuten) mit völlig unbekannten Schülern einen

Unterrichtskontakt im Fach Deutsch herzustellen und dabei auch noch die zuschauenden Eltern zu begeistern. Mit dem folgenden Programm ist dies mehrfach gelungen.

Probeunterricht: „Kettenpantomime“

Nach der Begrüßung von Schülern und Eltern bittet der Lehrer die Viertkläßler, sich an den bereitgestellten Tischen im Zentrum des Klassenraumes niederzulassen. Die Eltern sitzen in einem äußeren Karree und schauen zu, was nun geschieht. Der Lehrer erklärt den Kindern einleitend, daß das Fach Deutsch in der Klasse 5 viele Lernbereiche der Grundschule miteinander verbinden wird: Lesen, mündlichen Sprachgebrauch, schriftlichen Sprachgebrauch und Rechtschreiben. Er weist dann darauf hin, daß auch andere Bereiche wie das Theater und der Film eine Rolle spielen werden.

„Das, was ich nun mit Euch machen möchte, hat u. a. mit Theater zu tun, aber auch mit Schreiben und Sprechen. Es gibt eine Art des Theaters, die auf Worte verzichtet: die Pantomime.“ Der Lehrer erklärt kurz, was eine Pantomime ist, und bittet fünf bis sechs Kinder, für ein Pantomimen-Spiel die Klasse zu verlassen und auf dem Flur zu warten. Sie werden vorgewarnt, daß es bei ihren bald folgenden Auftritten aus einem für sie unerklärlichen Grund erhebliches Gelächter geben könne, daß aber keineswegs sie persönlich Anlaß des Lachens seien, daß sie nicht „ausgelacht“ würden.

Der Lehrer ruft dann einen weiteren Schüler nach vorne und führt eine kurze Pantomime vor, und zwar das Wickeln eines Babys. Der Schüler, der alles aus nächster Nähe mitverfolgen konnte, hat nun die Aufgabe, die Pantomime an den nächsten, der von draußen hereingerufen wird, möglichst in allen Einzelheiten weiterzugeben. Während er die Pantomime möglichst genau wiederholt, soll ihn der Schüler von draußen aufmerksam beobachten.

Die Kette setzt sich fort, indem immer einer von draußen hinzukommt und der Vorgänger das zuvor Gesehene zu wiederholen versucht. Dabei kommt es zunehmend zu meist lustigen Mißverständnissen und Abwandlungen der ursprünglichen Pantomime. Um diesen Effekt zu verstärken, kann den von draußen hereingerufenen Schülern gesagt werden,

– sie hätten etwas weniger Zeit als der Vorgänger oder
– es stehe etwas mehr Zeit zur Verfügung, so daß das Gesehene ausgestaltet werden könne.

Jeder soll sich einen Reim auf den gesehenen Ablauf machen und sich merken, welche Handlung er nach der eigenen Vorstellung vorgeführt

hat. Ist die Kette beim Letzten angekommen – und das Lachen der Zuschauer auf dem Höhepunkt –, werden alle vom Ende her aufgerufen zu erklären, was sie denn da vorgeführt haben. Dabei sind Erklärungen wie „Ich habe einen Kuchen gebacken" oder „Ich habe Salat gelesen und einen Wurm aus dem Fenster geworfen" zu erwarten. Zum Schluß wird den Mitspielern erklärt, was die ursprüngliche Pantomime darstellte. Der Lehrer sagt dann: „Im wirklichen Leben passiert manchmal etwas Ähnliches. Hier im Spiel war das lustig; im wirklichen Leben ist das manchmal gar nicht so lustig. Wie nennt man das, wenn etwas bei anderen ganz anders ankommt, als es ursprünglich gemeint war?" Die Schüler können sich dann miteinander und mit dem Lehrer kurz über „Gerüchte" unterhalten. Wie entstehen sie? Wie fühlen sich diejenigen, die davon betroffen sind? Warum erzählen Leute Gerüchte weiter?
Anschließend kann der Lehrer die Kinder noch anregen, das Spiel zu beschreiben. Vor Beginn der Stunde hat er dazu die Stichpunkte (Personenzahl, Raum, Vorbereitung, Ablauf, Ziel) an die Tafel geschrieben. Nun fordert der Lehrer die Schüler auf zu überlegen, wie viele Personen mindestens benötigt werden, um eine Kettenpantomime spielen zu können, ob es eine Höchstgrenze gibt, wie die Räumlichkeiten beschaffen sein müssen, wie das Spiel vorbereitet werden muß, wie die Regeln für den Ablauf formuliert werden können und was wohl das Ziel des Spieles ist. Nach einer fragend-entwickelnden Klärung kann ein Kind die Regeln für das Spiel mit Hilfe der Stichworte an der Tafel zusammenfassen.
Damit ist der Probeunterricht beendet. Es ist – in ersten Ansätzen – Theater gespielt, ein Sachverhalt mündlich erörtert und ein Ablauf beschrieben worden. Anschließend steht der Lehrer Eltern und Schülern für Fragen zur Verfügung, die erfahrungsgemäß hauptsächlich die Lerngegenstände der Klassen 5 und 6 betreffen.

4. Jahreszeitliches

Ideen für Weihnachtsprogramme

In Fortführung von Grundschultraditionen wünschen sich die Klassen 5 und 6 oft schulische Weihnachtsfeiern. Deutschlehrer sind dabei in besonderer Weise gefragt: Ein kleines Weihnachtsstück soll einstudiert, Gedichte oder Erzählungen sollen vorgetragen werden. Alternativen werden von Schülerinnen und Schülern selten vorgeschlagen. Dazu einige Ideen.

Wichteln mit Texten *(Antje Feilke)* *5–13*

Eine reizvolle Alternative zu dem bei Weihnachtsfeiern oft veranstalteten (anonymen) Beschenken eines Mitschülers, dessen Namen man durch das Los gezogen hat (Wichteln), ist das „Wichteln mit Texten". Hierbei wird verabredet, daß das Geschenk aus einem Text besteht, den der jeweils Schenkende selbst verfaßt oder zumindest selbst zu Papier (oder auch auf eine andere Unterlage wie Stoff o. ä.) gebracht hat. Dies kann möglicherweise anschließen an die Beschäftigung mit der Gestaltung von Texten (Schrift, Druck, Layout) oder mit dem Thema „Briefe – Briefkultur". Mitunter muß man die Schüler ein wenig zu einem so ungewohnten Unterfangen überreden und gemeinsam überlegen, was überhaupt ein passender Text sein könnte und welche Gestaltungsmöglichkeiten es gibt. Versuche in einer 8. Klasse und einem Leistungskurs der Jahrgangsstufe 12 führten zu erstaunlichen und für alle Beteiligten interessanten Ergebnisse. Das Spektrum reichte vom einfach schön geschriebenen Brief über einfallsreich gestaltete Weihnachtswünsche (z. B. auf ein Taschentuch gedruckt, als Collage, als Flaschenpost) bis zu sorgfältig ausgewählten Gedichten oder gar längeren Erzählungen, die auf gemeinsam Erlebtes anspielten. Wer will, kann sein Geschenk in der Runde vorlesen.

Aktualisierung *5–10*

Im Unterricht kann versucht werden, die Weihnachtsgeschichte des Neuen Testaments zu aktualisieren. In einem Gespräch wird zunächst nach zeitgenössischen Parallelen zu der Situation gesucht, in der sich Maria und Josef vor und während der Geburt Jesu befanden. Jeder Schüler schreibt dann eine Aktualisierung. Ausgewählte Texte können bei einer Weihnachtsfeier vorgetragen werden.

Ein Beispiel:
Weihnachten 92
Es begab sich aber zu unserer Zeit, daß Mate und Ivanka aus Bosnien flohen, da die Regierung befahl, Mate als Soldat einzusetzen. Nach langen Irrfahrten kamen sie nach Österreich, von wo aus sie abgeschoben wurden, obwohl Ivanka schwanger war. Als aber die Zeit ihrer Niederkunft gekommen war, fanden sie endlich Unterschlupf in einer überfüllten Turnhalle in Berlin-Lichterfelde. Umgeben von vielen Menschen sowie Hunden und Katzen gebar sie einen Sohn, dem sie den Namen Goran gab. Trotz aller Strapazen kamen die Eltern nicht zur Ruhe: Als Mate eines Tages vom Sozialamt zurückkehrte, traf er je einen Abgesandten des Roten Kreuzes, des Caritasverbandes und des Malteser-Hilfsdienstes. Sie brachten dem Kind eine Packung Windeln, eine

Babydecke und einen Schnuller dar. Da aber ein paar haarlose Deutsche Angst vor einer Ausländerschwemme hatten, drohten sie öffentlich, alle ausländischen Babys umzubringen. Voll Panik ergriffen Mate und Ivanka die Flucht in der Hoffnung auf einen real existierenden Weltfrieden. Und wenn sie nicht gestorben sind, dann flüchten sie noch heute …

(Der Text wurde von Jugendlichen der Pfarrei „Heilige Familie" Berlin/Lichterfelde entworfen).

Dokumentation *7–10*

In einem arbeitsteiligen Weihnachts-Projekt werden Dokumente zusammengetragen und bei einer Weihnachtsfeier ausgestellt:

Geschenke: Die erste Arbeitsgruppe befragt Geschäftsleute. Welche Weihnachtsgeschenke haben Sie in diesem Jahr besonders häufig verkauft? Wie interpretieren Sie dieses Kaufverhalten? Warum kaufen die Leute diese Waren gerade zu Weihnachten?

Geschenke des letzten Jahres: Die zweite Gruppe befragt Mitschüler. Was habt ihr im letzten Jahr zu Weihnachten geschenkt bekommen? An was erinnert Ihr Euch noch? Was ist aus den Geschenken des letzten Jahres geworden?

Weihnachtswerbung: Wie wird das Weihnachtsfest in der Werbung genutzt, um Käufer anzulocken? Diese Arbeitsgruppe schneidet Werbeanzeigen aus Illustrierten und Zeitungen aus und macht Fotos von Werbeflächen in der Stadt, über die ihrer Meinung nach diskutiert werden sollte.

Gottesdienste: Weihnachten gehen viele Menschen in die Kirche. Die vierte Arbeitsgruppe besucht Pfarrer verschiedener Konfessionen und fragt sie, welche besondere Einsicht sie den Gläubigen in diesem Jahr mit auf den Weg geben wollen. Die Gruppe kann die Geistlichen evtl. um interessante Texte bitten.

Weihnachtserlebnisse: Die fünfte Arbeitsgruppe fragt ältere Leute nach ihren schönsten Weihnachtserlebnissen. Die Erzählungen werden mit Kassettenrekorder aufgenommen. Einige werden abgeschrieben. Liegen gute Aufnahmen vor, können diese auch während einer Weihnachtsfeier in einer Ecke des Raumes oder in einem Nebenraum abgespielt werden.

Wünschewürfel *5–8*

Während der Weihnachtsfeier werden zwei große, aus Karton gebastelte und mit Papier beschichtete Würfel herumgegeben. Auf dem einen können Eltern und Lehrer, auf dem anderen Schüler „Weihnachtswünsche" notieren. Die Würfel gehen mehrmals durch den Raum, weil nachher alle lesen wollen, was notiert worden ist.

Bücher zum Vorlesen (und Verschenken)

Hans Christian Andersen: Weihnachtsmärchen. 2. Aufl., Gütersloher TB;
Ursula Baltz-Otto (Hrsg.): Das Volk will Ochs und Esel. Ein anderes Weihnachtsbuch. 2. Aufl., Gütersloher TB (Weihnachtsthematik in der weltlichen Sprache der Dichtung u. a.);
Willi Fährmann: Und leuchtet die Sonne. Geschichten für jeden Tag – vom Martinsabend bis Dreikönige. Echter Verlag;
Hans Fallada: Lüttenweihnachten und andere Weihnachtserzählungen. Gütersloher TB;
Eric Hultsch: Der Weihnachtstraum. Winter- und Weihnachtsmärchen. 3. Aufl., Gütersloher TB;
St. Koranyi (Hrsg.): Reclams Weihnachtsbuch. Erzählungen, Lieder, Gedichte, Briefe, Betrachtungen. Reclam, Stuttgart 1993;
Rolf Krenzer: Die schönsten Geschichten zur Advents- und Weihnachtszeit. Ein Lese- und Erzählbuch, Herder;
Selma Lagerlöf: Geschichten zur Weihnachtszeit. 7. Aufl., Gütersloher TB;
Peter Musall (Hrsg.): Ochs und Esel geben sich die Ehre. Neues Werkbuch für Advent und Weihnachten. Burckhardthaus-Laetare Verlag (Geschichten, Gedichte, Spiele, Lieder, Berichte etc.);
Ulrich Peters: Herders großes Weihnachtsbuch. Geschichten und Gedichte, Lieder und Legenden, Brauchtum, Basteln und Backen von St. Martin bis Dreikönige. Herder;
Otfried Preußler: Dreikönigsgeschichte. Die Krone des Mohrenkönigs. Das Lied der Zikade. dtv;
Hans Scheibner: Der Weihnachtsmann in Nöten. Satiren. dtv;
Schöne wilde Weihnacht. Märchen, Sagen und Legenden aus alter Zeit. dtv klassik;
Gerhard Timmer (Hrsg.): Es begab sich zu der Zeit. Weihnachtgeschichten. 8. Aufl., Gütersloher TB;
Anton Tschechow: Erzählungen zur Weihnachtszeit. Gütersloher TB;
Martin Verlohr (Hrsg.): Russische Weihnachtserzählungen. 2. Aufl., Gütersloher TB;
Weihnachten, Prosa aus der Weltliteratur. Manesse/dtv;
Jörg Zink: Zwölf Nächte. Was Weihnachten bedeutet. Verlag am Eschbach

Verrücktes und Satirisches für Karneval 5–7

Im Karneval macht es Spaß, einmal so richtig aus der Rolle zu fallen, aus den Bahnen der Gewohnheit herauszuspringen, in völlig andere

Kleider und damit in andere Rollen zu schlüpfen, schlummernde Talente zu entdecken und auch einmal das ganz „Verrückte" zu wagen. Es fördert die Vorstellungskraft, wenn man einmal „ein ganz anderer" ist. Im lustigen Rahmen kann vieles riskiert werden, was man im Alltag nie wagen würde.
In vielen Schulen und Klassen finden Karnevalsveranstaltungen statt. Leider kommen sie vielerorts über die Vorführung vorgefertigter, gekaufter Kostüme und über Playback-Shows nicht mehr hinaus. Hier sind einige Anregungen für Karnevalsfeiern, bei denen die Eigenaktivität der Schüler im Vordergrund steht.

Verkleidungen

Schon einige Wochen vor der Karnevalsfeier erhalten die Eltern der Schüler eine Mitteilung, daß eine Verkleidungsaktion geplant ist. Dafür sollen sie (möglichst ausgefallene) Kleidungsstücke, alte Unterhosen von Großmüttern und -vätern, Tücher, Hüte, Schirme, Schuhe, Aktentaschen etc. zur Verfügung stellen. Die Schüler erscheinen zur Karnevalsfeier ganz ohne Verkleidung. Zu Beginn der Feier werden alle mitgebrachten Verkleidungsgegenstände in großen Kisten deponiert oder auf Tischen (Hüte) ausgelegt. In kleinen Gruppen zu drei oder vier Schülern machen sich nun alle über die Kisten her, probieren vieles aus und stellen nacheinander für jeden ein möglichst interessantes Kostüm zusammen. Dabei können bewußt Rollen getauscht werden (Jungen in Frauenkleidern und umgekehrt; junge Leute als „Alte"). Die Kleider werden angezogen (durchaus auch in der falschen Reihenfolge, also z. B. Unterhosen über Hosen), Hüte werden aufgesetzt, Schirme und Taschen in die Hand genommen.Zusätzlich können die Gesichter geschminkt werden. Sind die „Kreationen" fertig, werden sie allen präsentiert und einzeln oder in Gruppen mit einem Fotoapparat festgehalten. Anschließend kann ein Rundgang durch die Schule, den Ort oder den Stadtteil stattfinden.

Tütenmasken

Aus Einkaufstüten fertigen die Schüler in Gruppen lustige, grimmige, bedrohliche oder chaotische Masken an. Dazu werden die Henkel der Tüten abgeschnitten und die Werbeaufdrucke mit Papier überklebt. Mit Stiften werden zunächst Löcher für Augen und Mund markiert und ausgeschnitten. Anschließend stellen die Schüler mit Tuschefarben, Buntpapier, Stoffresten, Luftschlangen, Elementen von Eierschachteln etc. mit Hilfe von Klebstoff Maskenkreationen her. Diese werden auf Fotos festgehalten und evtl. ebenfalls in der Öffentlichkeit vorgeführt.

Zeitungskreationen

Gruppen zu je vier bis fünf Schülern werden mit Stapeln alter Zeitungen in verschiedene Räume geschickt. Sie haben die Aufgabe, aus diesen Zeitungen ein besonders ausgefallenes Kostüm herzustellen und anschließend mit einem möglichst witzigen Kommentar zu präsentieren. Jede Gruppe erhält als Hilfsmittel lediglich einen Tacker mit Heftklammern. Jeweils einer in der Gruppe stellt sich als Modell zur Verfügung und läßt sich mit glattem, gerolltem, geschichtetem, gefaltetem oder geknülltem Papier ein „Kostüm" oder einen „Anzug" anpassen. Bei einer abschließenden Modenschau werden die Kreationen wortreich angepriesen. Die beste Gruppenvorführung erhält einen Preis. Alle Kreationen werden fotografisch festgehalten.

Ein Vortrag siamesischer Zwillinge

Zwei Schülerinnen oder Schüler wachsen zusammen wie ein siamesisches Zwillingspaar: Sie stellen sich dicht hintereinander (die größere Person vorn) und verschwinden in einer übergroßen Jacke, die verkehrt herum angezogen wird. Dazu sollte die vordere Person die Arme auf dem Rücken verschränken; und die hintere ihre Arme nach vorn in die Jackenärmel stecken, so daß es aussieht, als gehörten die Arme zur vorderen. Der Kopf der hinteren Person sollte unter der Jacke verschwinden. Die vordere Person trägt nun etwas Karnevalistisches vor, während die hintere mit ihren Armen eine dazu passende, intensive Gestik veranstaltet. Lustig wird es, wenn es zu Koordinationsproblemen kommt und die Gesten immer einige Sekunden zu spät kommen.

Dekorationsidee: geladene Luftballons

Prall aufgeblasene Luftballons werden an wollenen Kleidungsstücken gerieben. Drückt man sie dann leicht mit der Reibefläche an die Zimmerdecke, bleiben sie haften, da sie elektrisch aufgeladen sind. Nach längerer Zeit fallen sie wieder herunter.

Luftballon-Lehrer

Aufgeblasene Luftballons werden in Gruppen mit (angemaltem) Papier, Wolle etc. zu Lehrerköpfen gestaltet. Dabei sollen markante Lehrer und Lehrerinnen der Schule nachgebildet werden. Mit diesen Köpfen wird ein Rennen veranstaltet. Über eine Strecke mit Hindernissen (Tisch, Schnur etc.) soll jeder Mitspieler einen der Köpfe durch die Luft transportieren. Am leichtesten geht das, wenn man den Ballon leicht prellt. Die „Köpfe" dürfen nicht auf die Erde fallen (Minuspunkte). Die Spieler laufen einzeln; ihre Zeit wird gestoppt. Der Sieger darf sich drei „Lehrerköpfe", die ihm am besten gefallen, mit nach Hause nehmen.

Ein Lehrer-Phrasen-Laufsteg
Die Schüler sammeln in Gruppen typische Phrasen bestimmter Lehrer. Für die Karnevalsveranstaltung versuchen einige, sich wie ein Lehrer oder eine Lehrerin zu verkleiden. Sie laufen mehrfach über einen „Laufsteg" und geben dabei typische Phrasen der Lehrpersonen von sich. Dabei sollen möglichst auch die Gesten und die Mimik der karikierten Personen nachgeahmt werden.

Kettenpantomime
Dieses Spiel (→ „Ideen für Tage der offenen Tür", Seite 222) strapaziert die Lachmuskeln.

5. Scheiden tut weh – am Ende der 10 und 13

Jahrelang hat man mit der Klasse, dem Kurs zusammengearbeitet. Und dann naht das Ende. Das Auseinandergehen angemessen zu gestalten ist nicht einfach. Besonders schwierig ist die Trennung, nach der man sich in der Regel völlig aus den Augen verliert: das Schuljahresende nach der 13 oder nach der 10.

Wie lassen sich solche Trennungssituationen bewältigen? Hier einige Vorschläge, die z. T. auch dann realisiert werden können, wenn man z. B. eine Klasse 7 oder 8 abgibt, die Schülerinnen und Schüler also noch an der Schule bleiben.

Was ich Dir immer mal sagen wollte

In der vorhergehenden Stunde hat der Lehrer darum gebeten, zur heutigen Stunde eine ungestempelte Briefmarke für einen Brief mitzubringen. An einem Platz auf dem Schulgelände, an dem sich alle gut konzentrieren können (großer Raum, Schulgarten usw.), schreibt nun jeder einen Brief. Er soll an eine Person in der Gruppe gerichtet sein. Man kann sich z. B. für etwas bedanken, für das es bisher in der Klasse oder im Kurs noch keinen Dank gegeben hat; man kann wichtige gemeinsame Erlebnisse in Erinnerung rufen, usw. Bevor alle zu schreiben beginnen, wird bekanntgegeben, daß der Brief anschließend verschlossen und frankiert werden soll. Abgeschickt wird er erst in einigen Wochen, also mitten in den bald beginnenden Ferien. Damit keine Briefe verlorengehen, sammelt der Lehrer alle ein und verspricht, die Briefe alle an einem Tag einzuwerfen: als die letzte Klassen- oder Kurspost.

Kassette

Jeder bringt eine Tonkassette mit. Der Lehrer besorgt mehrere Kassettenrekorder mit Aufnahmemöglichkeit. Kleinere Gruppen von vier bis fünf Schülern nehmen einige Kassetten anderer an sich, setzen sich zusammen und sprechen zum Abschied möglichst persönlich gehaltene Bemerkungen „auf Band“. Mögliche Satzanfänge:

- Weißt du noch, als du ...
- Weißt du noch, als ... und du ...
- Vielleicht werde ich demnächst einen deiner Sprüche vermissen, z. B. ...
- Als ich dich zum ersten Mal im Kurs/in der Klasse gesehen habe, da dachte ich ...
- Weißt du noch, wie wir einmal furchtbar gelacht haben, als ...

Während der eine spricht, bedienen die anderen die Technik oder überlegen sich, was sie sagen wollen. Sind alle vorliegenden Kassetten besprochen, werden sie gegen die einer anderen Gruppe getauscht. Das geht so lange, bis alle Kassetten besprochen sind. Auch der Lehrer kann sich eine Kassette besprechen lassen. Die „letzten Sätze“ der Kurs- oder Klassenkameraden werden erst zu Hause abgehört.

Zehn Jahre später

Jeder – auch der Lehrer – schreibt seinen Namen auf einen Zettel, knüllt ihn zusammen und wirft ihn in eine Schachtel. Anschließend zieht jeder ein „Los“ und macht sich Gedanken über die gezogene Person. Was wird sie in zehn Jahren beruflich machen? Wie und mit wem wird sie leben? Was werden ihre Anschauungen, ihre Erfahrungen, ihre Träume sein?

Anschließend findet ein Rollenspiel statt: Bei einem Klassentreffen in zehn Jahren stehen jeweils drei bis fünf Personen zusammen und erzählen sich etwas voneinander (Stehtisch, Theke in einer Kneipe). Vorweg gibt jeder bekannt, welche Person er darstellt.

Klassentagebuch

An manchen Schulen gibt es die Tradition, Klassentagebücher zu schreiben. Diese Praxis kann in den letzten vier Wochen vor Ende des Schuljahres intensiviert werden. Dabei schreibt jeder Schüler eine gemeinsame Erinnerung möglichst genau und detailliert auf. Die Erinnerungen werden in den letzten gemeinsamen Stunden vorgelesen und sind dann Gesprächsanlaß.

Zwiebel

Dieses Verfahren erlaubt persönliche Gespräche zu zweit. Die Gruppe setzt sich in einem genügend großen Raum in zwei konzentrisch angeordnete Stuhlreihen. Die Stühle stehen so, daß sich jeweils zwei Personen paarweise gegenübersitzen. Etwa drei, vier Minuten lang hat jedes „Paar“ Zeit, sich voneinander zu verabschieden. Dabei kann es gehen um

- gemeinsame Erfahrungen an der Schule und in der Gruppe („Weißt du noch, als ...“),
- bisher Unausgesprochenes („Was ich dir immer mal sagen wollte ...“),
- die eigene Rolle in der Gruppe („Ich habe den Eindruck, in letzter Zeit hast du die Rolle des ... gespielt.“),
- Zukunftspläne („Was willst du denn nun in den nächsten Jahren machen?“),
- Zukunftsphantasien („Ich stelle mir vor, daß du in zehn Jahren ...“).

Nach drei, vier Minuten sagt der Lehrer Bescheid, daß die Zeit gekommen ist, im äußeren Kreis einen Platz nach links weiterzurücken.

Lese-Ecke: Deutschlehrerinnen und -lehrer erzählen über die Schule

Wanderung

Montag, 01. Dezember: Gang zum schwarzen Brett, Lehrerzimmer.
Hinweis: Habe Donnerstag 04. Dezember in der 3. Stunde in Raum AN4 die VLU 76 statt in CF2.
Grund: Fehlanzeige.
Dienstag, 02. Dezember: Gang zum schwarzen Brett, Lehrerzimmer.
Hinweise: Habe Donnerstag, 04. Dezember, nicht in Raum AN4, sondern in Raum DN8 Unterricht mit der VLU 76.
Grund: Fehlanzeige.
Mittwoch, Situation unverändert!
Donnerstag, 04. Dezember: Gang zum schwarzen Brett, Lehrerzimmer.
Hinweis: Habe in der 3. Stunde mit der VLU 76 im Kunstraum (Keller) Unterricht.
Grund: Fehlanzeige.
Die dritte Stunde naht – Blick auf schwarzes Brett der Schüler geworfen; VLU 76, 3. Stunde Unterricht in Raum BN4.
Aufsuchen des Raumes BN4: Klasse steht erwartungsvoll davor.
Öffne Klasse: Klasse besetzt, frustrierte Blicke klassenarbeitsgeplagter, bereits Stunden schreibender Siebzehnjähriger. Wenden uns mit Schaudern ab.
Aufsuchen des Klassenraumes im Keller: Schlüssel paßt nicht.
Aufsuchen des Hausmeisters wegen Spezialschlüssel, nach 10 Minuten Hausmeister nebst Schlüssel gefunden. Zurück zum Kunstraum.
Spannungsgeladenes Öffnen der Tür: Aufflammendes Licht zeigt sich auflösenden Raum mit heruntergenommenen, auf den Bänken liegenden Deckenplatten, von oben herabhängende elektrische Leitungen.
Wenden uns enttäuscht ab. Verschließen des Raumes.
Pilgern vom Keller in das 3. Stockwerk zu Raum DN8.
Erlöste Stimmung nach Treppenaufstieg vor Raum DN8. Will Schloß aufschließen, doch es ist bereits geöffnet. Blick in den Raum: bekannte und unbekannte Lehrergesichter blicken uns irritiert an: Lehrerfortbildung!
Zurück ins Erdgeschoß: Die Getränkeautomaten locken.
Verschnaufpause!
Die letzte Viertelstunde bricht an: Stundenplaner vor seinem Computer gestört, ist leicht verwundert, versteht das nicht.

Programmbefragung: Ein Begeisterungsschrei – ein Raum muß noch frei sein!

Wo? In der Außenstelle!!!

Dauer der Wanderung dorthin: 15 Minuten!

(oni)

Zusammentreffen

Ort der Handlung: Zwei Gymnasien in einer Kleinstadt.

Personen: Eine Lehrerin, die sich in der Wahrnehmung ihrer Amtsgeschäfte nicht immer korrekt verhält, jedoch schnell reagieren kann (hier A genannt).

Ein wegen seiner Korrektheit über die Schule und Stadtgrenzen bekannter Kollege, der wegen eines gravierenden Vorfalls einen Teil dieser Tugend verloren hat (hier B genannt).

Exposition: Lehrerin A sitzt plaudernd und relativ entspannt im Lehrerzimmer und wartet auf die Mitteilung des Fachprüfungsausschusses, ob eine sog. Punkteprüfung noch stattfinden soll. Trotz der Nachricht, daß sie prüfen muß, läßt sie sich nicht in ihrem Plausch stören.

Handlung A: Frau A stürzt plötzlich – wie von einer Tarantel gestochen – hoch, weil ihr einfällt, daß sie die Texte noch nicht kopiert hat. Sie rennt hektisch zum Kopierer und findet das Schild „Defekt!" vor. Verzweifelt sucht sie den Hausmeister, der ihr aber auch nicht helfen kann.

Handlung B: Ortswechsel: Ein in der Nähe gelegenes Gymnasium; Uhrzeit: 15.00 Uhr. Der in seiner ganzen Art und Berufsauffassung korrekte Kollege B steht vor dem intakten Kopierer seiner Schule und kopiert – vom Scheitel bis zur Sohle pflichtbewußt – seine Unterrichtsvorbereitungen für Wochen im voraus und heftet sie ordentlich in einem grauen Aktenordner ab. Blatt für Blatt!

Dramatisches Zusammentreffen: Kollegin A steht vor dem Kollegen B und erklärt diesem – nach ihrer Meinung sehr sachlich – ihre Not. Da dies eine Situation ist, die dieser höhere Beamte sich selbst in seinen kühnsten nächtlichen Lehrerträumen nicht ausmalen kann, reagiert er nicht und geht ruhig seiner Arbeit nach. Kurz entschlossen wird die betroffene Person aktiv. Nachdem sie den Kollegen mehr oder weniger sanft zur Seite geschoben hat, räumt sie die „feindlichen" Unterlagen vom Gerät, legt sie ordentlich auf den Boden und kopiert ihren Prüfungstext. Dann legt sie die Unterlagen von B auf den Kopierer zurück und stellt die Stückzahl wieder ein. Sie bedankt sich höflich für das Entgegenkommen und verabschiedet sich von dem nach Worten ringenden Mitglied ihres Berufsstandes.

Konsequenzen: Kollege B beginnt wegen dieses Vorfalls über seine Tugend nachzudenken und faßt den Entschluß, einen Teil seiner Korrektheit aufzugeben, d. h. konkret die besagte Kollegin nicht mehr zu grüßen. Bei Kollegin A hat dieser Vorfall keine nachhaltigen Wirkungen gezeigt.

(hei)

Geschlechterkonflikt oder: Hinrichtung eines Textes

Der eigene Anspruch eines Pädagogen an seine erzieherischen und psychologischen Fähigkeiten kennzeichnete schon immer seinen Erfolg an seinem Arbeitsplatz Klassenraum.

Innovationen motivieren Schüler, vor allem wenn sie mit liberalen Unterrichtsmethoden verbunden sind.

Eigenverantwortlichkeit, Selbstbestimmung sind Zauberwörter, die der fortschrittliche Erzieher in seinem Repertoire hat. Also: Deutschunterricht einmal anders, geradezu revolutionär: Verzicht auf eigene Autorität!

Dabei beginnt für die Schüler alles irritierend altbekannt. Wir lesen eine Geschichte. Aber nun: Nicht der Lehrer fremdbestimmt, wer zu lesen hat; die Schüler bestimmen selber, wer weiterlesen soll. „Kettenaufrufen" nannte das der anonyme Ideengeber.

Der Lehrer bestimmt den lesenden Ausgangspunkt: „Sven."

Sven liest, hört nach dem ersten Absatz auf. 26 Finger recken sich zur Decke. 52 Augen flehen ihn an.

„Sascha." 25faches „buuuuh".

Sascha beendet seinen Satz, blickt in die Runde. Das bekannte Bild. „Lars." – „Mensch, du bist blöd."

Nach Lars: Jan. Nach Jan: Clemens. Nach Clemens: Branislav.

Die Unruhe in der Klasse wird differenzierter: „Immer nur Jungen", hört man es in höherer Stimmlage. „Das ist gemein."

Nach Branislav: Björn. – „Schon wieder ein Junge!"

Die nächsthöhere Instanz wird angerufen. „Sagen Sie doch mal, daß die auch Mädchen drannehmen sollen."

Der Lehrer, im vollen Bewußtsein seiner pädagogischen Verantwortung und in der sicheren Erwartung des Aufgehens der pädagogischen Saat, die er ausgelegt hat, hält sich schweigend, weise lächelnd zurück.

„Sie halten ja doch zu den Jungen", lautet der fachfrauliche Kommentar einer frühemanzipierten Dreizehnjährigen.

Björn ruft Sven auf.

„Der war schon", schrillt es durch den Raum.
„Bitte", beschwichtigt der Lehrer, endlich widerstrebend einen Laut produzierend.
Sven steht unter Druck: „Steffi." – Allgemeines „Aaaah!"
Die Spannung ist für einen Moment abgebaut. Der Pädagoge lächelt triumphierend und stolz in sich hinein: Selbstregulation in Konfliktsituationen.
Steffi beendet ihren Abschnitt. „Meike." Die erfahrene Lehrkraft hebt ein Augenlid.
Nach Meike: Angela. Nach Angela: Nicole.
„Klar, nur Mädchen", hört man schon ansatzweise herbere Töne. Nach Nicole: Annette.
„Wartet, wenn wir drankommen, nehmen wir euch nicht mehr dran."
Hoffentlich kommt es noch dazu, selbstzweifelt inzwischen der Lehrer.
Annette wählt Tanja.
„Die Mädchen sind blöd." – „Ihr seid noch viel blöder."
Endlich erreicht man das Ende der literarisch wertvollen Geschichte. Der erfahrene Pädagoge greift wieder in sein fortschrittliches Repertoire: offener Unterricht.
Der gezielt weite Impuls: „Äußert euch doch einmal zum Text!"
„Die Mädchen sind doof!" – „Selber doof!"

(luk)

O du

Weihnachtsfeier Klasse 6b
Leise rieselt das Mehl von der Arbeitsplatte
Neunundzwanzig Kinder versuchen sich an Weihnachtsplätzchen
Still und starr ruht der Hefeteig in der Schüssel
Man darf auch Osterhasen formen
Zu schwarz Gebackenes kann mit Puderzucker kaschiert werden

Von drauß vom Walde kommen die Eltern zum Kaffeetrinken
Die Kinder entdecken das leere Schulgebäude
Advent Advent
Die selbstgebackenen Plätzchen stehen bereit
Skeptische Blicke und Rezepte werden ausgetauscht
Die Kerzlein brennen auf jedem Tisch
Die Kinderlein kommen ausgebrannt vom Toben zurück

Es ist Zeit für die Vorstellung
Achtundfünfzig leuchtende Kinder- und feuchte Elternaugen

sind auf die Bühne gerichtet
Kling Glöckchen: Anja und Tanja eröffnen das Programm:
Auch bei uns gibt es Blockflöten
Vom Himmel hoch leuchten die Scheinwerfer
Die Videokamera surrt
Nun sagt Alex ein Gedicht auf: Schön, Alex!
Blonder Knabe im lockigen Haar
Jetzt müssen alle in die Hände klatschen
O du fröhliche
Der Höhepunkt ist natürlich der Weihnachtssketch
Isabelle als Oma bekommt Sonderapplaus
Lars als Opa auch
Nur Tim als kleiner Sohn sieht ganz schön alt aus

Zum Schluß singen alle ein Lied
In dulci jubilo: Wer kann, darf mitsingen
Wer will, muß können
Was für eine schöne Feier!
Also dann schöne Weihnachtsferien

Auf dem Parkplatz rostet ein einsames Auto vor sich hin
Stille Nacht

(reu)

Denn jeden Montag

Denn jeden Montag fängt die Schule an –
Pausenaufsicht Parkweg Nord
tröpfelnde Schüler,
tröpfelnder Regen.
Die grauen Gesichter der Lehrer
als Wächter der Treppen.
Sie saugen an dir.
Hier bin ich noch wer.
Die feuchten Ängste der Lehrer
Tafellappenknebel,
Glasschneideschreie über Betonquadrate.
Bückbefehle an Fünftkläßler
über Fertignahrungsmüll.

Knips dein Gesicht an!
„Grüß Gott, Herr Kollege,

was macht die Eigenheimsdekorationsgattin,
behäkelt sie die Sprossen der A-15-Leiter?"

Getretene Unterstufenhintern,
Gezerrte Pferdeschwänze,
„Du-Wichser-Schreie" vor der Fahrradwache.
Minuten zwischen Mensch und Wolf
im schalen Industrienebel hinter der Turnhalle.
Pausenaufsicht Parkweg Nord.

(gün)

Die Texte „Wanderung", „Zusammentreffen" und „Geschlechterkonflikt" sind als „Bestellte Texte" (→ Seite 88) geschrieben worden. Die Texte „O Du" und „Denn jeden Montag" wurden im Anschluß an einen „Ideenstern" verfaßt (→ Seite 33). Das mit dem „Ideenstern" gesammelte Sprachmaterial wurde mit Kombinations-, Umstell- und Ergänzungsproben „verdichtet".

C Nicht nur für Vertretungsstunden – Materialien, Texte, Fragen

Für Lehrerinnen und Lehrer, denen die Zeit oft davonläuft, ist „tote Zeit" besonders unangenehm. Vertretungsstunden bringen nicht selten solche „tote Zeit"; denn nicht immer ist es möglich und sinnvoll, in ein laufendes Unterrichtsprojekt der Kollegin oder des Kollegen kurzfristig einzusteigen. Was aber dann? Wie kann man die Zeit sinnvoll nutzen? Mit den folgenden Vorschlägen und Materialien können Sie viele Vertretungsstunden produktiv gestalten. Ein Teil des Materials kann sicherlich auch in den regulären Unterricht einbezogen werden.

1. Überraschungskoffer – Ideen für Stunden außer der Reihe

„Es tat mir wohl, wenn Schüler der Unter- und Mittelstufe sich gegenseitig darauf aufmerksam machten, daß ich mit meinem ‚Überraschungskoffer' auf ihren Klassenraum zustrebte (‚Er hat den Koffer dabei!'). Mit großer Geste stellte ich ihn dann auf das Pult oder einen der Schülertische. Ein Schüler soll das Schloß öffnen, ein zweiter darf – möglichst verdeckt – eine Minute in ihm kramen. Dann fordere ich ihn auf, einen der Gegenstände daraus zu entnehmen. Der Gegenstand wird hochgehalten und dann herumgereicht."
So beschreibt der Geschichtslehrer Harm Mögenburg[1] seine Lösung für ein Problem, das auch Deutschlehrer regelmäßig betrifft: die Vertretungsstunde. Gerade im Fach Deutsch sind Unterrichtsvertretungen oft problematisch. Der Unterricht der Fachkolleginnen und -kollegen entwickelt sich oft in ganz verschiedene Richtungen; z. B. werden Lektüren durchgearbeitet, die man selbst gar nicht kennt. In solchen Fällen ist es fast unmöglich, sich mit einer Vertretungsstunde in laufende Unterrichtsreihen einzuschalten. Wie aber dann die Stunde sinnvoll gestalten? Harm Mögenburg schlägt für Fälle wie die oben angedeuteten folgende Grundsatzentscheidungen vor:
„Erstens wollte ich in Zukunft nicht mehr versuchen, in einer einzelnen Vertretungsstunde dort am ‚Stoff' anzuschließen, wo mein Fachkollege gerade geendet hatte oder ansetzen wollte. Meine Überlegung dabei war: Eine fruchtbare Stunde konnte nur zustandekommen, wenn ich mich inhaltlich und didaktisch gut vorbereiten konnte. Zweitens war ich mir sicher, daß ich bei dieser Art von Unterricht nicht allzu konventionell ansetzen durfte, also nicht mit dem Lernbuch oder – Notnagel sehr vieler Kollegen – mit einem (...) Spielfilm auf Video."[2]
Die Lösung: ein Ideen-Koffer mit einer Reihe von Büchern und Gegenständen, die bei Schülerinnen und Schülern besonderes Interesse wecken. Ein solcher Koffer ist im übrigen für alle in irgendeiner Weise besonderen Stunden geeignet: für Stunden vor den Ferien, für Karnevalstage und für Unterrichtsphasen, in denen Schüler wie Lehrer den Eindruck haben, es müsse einmal etwas außer der Reihe passieren.

1 Harm Mögenburg: Mein Vertretungskoffer. In: Geschichte lernen. Heft 28 (1992), S. 59–61; hier S. 60

2 Ebd., S. 59

Hier sind einige Vorschläge für Bücher und Hefte, die ein Koffer für Stunden außer der Reihe im Fach Deutsch enthalten könnte.

Mit allen Wassern gewaschen

Duden 11. Redewendungen und sprichwörtliche Redensarten *5–13*
Idiomatisches Wörterbuch der deutschen Sprache.
Bibliographisches Institut, Mannheim u. a. O. 1992

Der Band lädt zu vielfältigen sprach- und kulturgeschichtlichen Entdeckungsreisen ein. Sein Reiz besteht darin, daß bekannte sprichwörtliche Redensarten – über 10 000 insgesamt – auf ihre Ursprünge zurückgeführt werden, was nicht selten zu überraschenden Einsichten führt. Das Lesevergnügen eignet sich besonders deshalb für Vertretungsstunden, weil es sich jeweils um kurze Eintragungen handelt, so daß ziemlich viele Schüler eine Redensart ihrer Wahl zur kulturgeschichtlichen Aufklärung vorschlagen können.
Es empfiehlt sich, die Schüler zunächst Ersatzformulierungen für eine vorgeschlagene Redensart finden zu lassen (semantische Klärung) und sie dann über ihre Herkunft ausführlich spekulieren zu lassen. Erst dann wird die entsprechende Eintragung vorgelesen. Die gedankliche Auseinandersetzung mit den sprachlichen Phänomenen ist dann meist sehr intensiv, was dazu beiträgt, die im Deutschunterricht oft vernachlässigten idiomatischen Wendungen wieder stärker im aktiven Sprachschatz zu verankern.
Da es manchmal nicht auf Anhieb gelingt, die interessantesten Eintragungen zu finden – natürlich gibt es auch viele wenig ergiebige Seiten –, ist es sinnvoll, zunächst einige besonders reizvolle Redensarten parat zu haben.

Beispiele für den Einstieg:
– mit allen Wassern gewaschen sein (S. 785)
„Diese Wendung bezog sich ursprünglich auf Seeleute, die schon mit dem Wasser verschiedener Ozeane in Berührung gekommen sind, also weit gereist und daher sehr erfahren waren."
– verflucht und zugenäht (S. 757)
Die Redewendung geht möglicherweise „auf ein altes Studentenlied zurück, das von einem Studenten erzählt, dessen Freundin von ihm schwanger wird. Daraufhin hat der Student in diesem Lied seinen ‚Hosenlatz verflucht und zugenäht'.

Weitere Beispiele:
(kursiv gesetzt die Stichworte, unter denen die Redewendungen aufgeführt sind)

auf *Draht* sein
wie *geschmiert* laufen
jdn. auf *achtzig* bringen
Dreck am *Stecken* haben
jetzt schlägt's *dreizehn*
aus dem *Lamäng*
jdm. durch die *Lappen* gehen
sich wie ein *Lauffeuer* verbreiten
vom *Leder* ziehen
jdm. auf den *Leim* gehen
toi toi toi
kurz vor *Toresschluß*
mit jdm. *Tuchfühlung* halten
in die *vollen* gehen
etw. auf *Vordermann* bringen
jdm. die *Würmer* einzeln aus der Nase ziehen
jdm. ein *X* für ein *U* vormachen
einen *Zahn* zulegen
Zicken machen

Zur weiteren Vertiefung: Lutz Röhrich: Das große Lexikon der sprichwörtlichen Redensarten. 3 Bde. Herder, Freiburg 1991

Dummer Esel

Vitus B. Dröscher: Sie turteln wie die Tauben *5–8*
Verlag Rasch und Röhring, Hamburg 1988

In dem Buch werden über 250 Sprichwörter mit Mensch-Tier-Vergleichen auf ihren Wahrheitsgehalt untersucht. Die Ergebnisse: Viele Spruchweisheiten, die sich im Deutschen verfestigt haben, stimmen gar nicht mit der Wirklichkeit überein. Bienenfleißig sind Bienen nach unseren Maßstäben z. B. keineswegs, denn sie „arbeiten“ nur drei bis fünf Stunden am Tag. Und einen „dummen Esel“ gibt es – wendet man die richtigen Vergleichsmaßstäbe an – auch nicht; denn der Esel ist eines der intelligentesten Huftiere. In dem Buch wird Wissenswertes mit Unterhaltsamem verbunden.

Eidam und andere untergegangene Wörter

Nabil Osman (Hrsg.): Kleines Lexikon untergegangener Wörter *5–8*
Wortuntergang seit dem Ende des 18. Jahrhunderts.
Verlag C. H. Beck, München 1971 (Taschenbuchausgabe 1992, Beck'-sche Reihe)

Besonders in Klassen 5 bis 8, in denen ein gesteigertes Interesse an geschichtlichen Kuriosa vorausgesetzt werden kann, stoßen unterge-

gangene Wörter auf Interesse. Nach einer Vorstellung im Unterricht werden manche von einigen Schülern für kurze Zeit wieder in den aktiven Sprachschatz übernommen.
Untergegangene Wörter werden vorgelesen oder an die Tafel geschrieben. Die Klasse kann dann raten, welches aktuelle Ersatzwort verwendet werden müßte. Interessant ist es, den kulturgeschichtlichen Hintergrund der Umschichtung im Vokabular zu betrachten.

Beispiele:

Harnprophet	=	Arzt	(z. B. von Goethe verwendet; Spottname für Ärzte der alten Schule, die aus dem Harn Krankheiten „ablesen“ wollten)
Hälberling	=	Bastard	(im 18. Jahrhundert gebraucht für halb = unehelich/nur von einer Seite ehelich)
beiten	=	warten	(in vielen mittelhochdeutschen Texten zu finden)
bändig	=	zahm	(urspr. auf Jagdhunde bezogen, die man an einem Band/Seil hielt; heute noch in „unbändig“)
Duns	=	Dummkopf	(von engl. *dunce*, von ca. 1750 bis 1800 im Deutschen gebraucht)
Eidam	=	Schwiegersohn	(z. B. von Schiller gebraucht)
erkennen	=	mit jdm. schlafen	(z. B. in alten Bibelübersetzungen: Adam erkannte sein Weib Eva, und sie ward schwanger; 1 Mos. 4,1)
Geburtsgeile	=	Hoden/ Eierstöcke	(verschwunden, weil das Wortelement „geil“ eine Bedeutungsveränderung mitgemacht hat)
Heimsucht	=	Heimweh	(durch den urspr. medizinischen Begriff „Heimweh“ ersetzt worden)
Kammerlauge	=	Urin	(Euphemismus; Lauge aus dem Kammertopf/Nachttopf)
Hornung	=	Februar	
Lenzmonat	=	März	
Heumonat	=	Juli	
Herbstmonat	=	September	(Monatsbezeichnungen gehen zum Teil
Wintermonat	=	November	auf Karl den Großen zurück; später
Christmonat	=	Dezember	setzten sich die lateinischen Bezeichnungen durch)

Wo kommt mein Name her?

Hans Bahlow (Hrsg.): Deutsches Namenslexikon. *5–10*
Familien- und Vornamen nach Ursprung und Sinn erklärt.
Suhrkamp, Frankfurt/M. 3. Aufl. 1977 (ebenso: Gondrom Verlag, Bindlach 1991)

Günther Dosdrowski (Hrsg.): Lexikon der Vornamen.
Herkunft, Bedeutung und Gebrauch von mehreren tausend Vornamen.
Bibliographisches Institut, Mannheim u. a. O. 2. Aufl. 1974

Welcher Schüler ist nicht daran interessiert, etwas über die Herkunft seines Vor- oder Familiennamens zu erfahren? Zieht ein Schüler *ein* Namenslexikon aus dem Koffer, so können andere mit den übrigen Lexika ausgestattet werden. Die übrigen Schüler stellen nacheinander bei den „Expertinnen und Experten" ihre Fragen. Sind alle Namen der Klasse geklärt, können auch die Namen von Verwandten, Bekannten oder Lehrern der Schule angefragt werden. Seit einiger Zeit ist es ratsam, auch auf fremdsprachige Namen eingestellt zu sein. Die Auseinandersetzung mit den Namen ausländischer Schüler – aber auch mit vielen deutschen Namen fremdsprachigen Ursprungs! – kann zur interkulturellen Verständigung beitragen.

Weiterführende Arbeitsanregungen

1. Untersucht, wie Spitznamen von Schülern Eurer Klasse und Eurer Nachbarklassen entstanden sind. Dabei kann Euch die folgende Klassifizierung helfen:

Methode A: Wortbestandteile aus der Werbung oder aus Firmennamen.
Beispiele: McCheese, Hanuta.

Methode B: Fremdsprachige (meist englische) Wörter, die etwas mit dem Aussehen oder dem Charakter der Person zu tun haben.
Beispiele: Joky, Fat.

Methode C: Verkleinerungsformen mit -chen, -i, -le, -l, oft an eine einzige Silbe des Namens angehängt.
Beispiele: Michi (für Michael), Hansi, Klausi, Netti (für Jeannette), Danni (für Daniela), Nicki (für Niklas).

Methode D: Lustige Verfremdung des Familien- oder Vornamens.
Beispiele: Melone (statt Melanie), Vollmilch (statt Vollmar), Pfanni (statt Stephanie).

Methode E: Bildung eines Gegenteils oder einer Weiterentwicklung.
Beispiele: Süß (zu Sauer), Porno (zu Graf, über Pornograph).

Methode F: Analogiebildung.
Beispiel: Maggi (zu dem Familiennamen Knörr).

Methode G: Verdopplung einer Silbe des Namens.
Beispiele: Kiki (für Kira oder Kirsten), Momo (für Moritz).

Methode H: Assoziationen mit Hilfe einer Silbe oder zweier Silben des Namens.
Beispiele: Torte (zu Torsten), Biene (zu Sabine), Bruno (für Bruns), O weh (für Overath).

(Einige der Beispiele wurden folgendem Aufsatz entnommen: Brigitte Seidel: Mit Namen kosen, necken, spotten, schmähen. In: Praxis Deutsch, Heft 122, 11/1993, S. 42–49.)

2. Schreibe einen Text über die Vor- und Zunamen eines Mitschülers/einer Mitschülerin. Laß Dich von dem folgenden Text anregen.

   Bernd: männl., oft als selbst. VN., KoF. zu Bernhard, germ. Männername, zsgs. aus: „Bern“ = Bär, germ. *beran + „hard“ = kühn, mutig, unerschrocken, stark, germ. *haru, hart wie ein Bär. Ein Wunschname. – **Jenzsch:** sorb., doppelter Diminutiv zu Johannes, griech. und lat. PN., geht zurück auf hebr. „Jehohanan“, zusg. aus: „Jeho(wa)“ = Gott + „hanan“ = gnädig sein. Ein Wunschname. – Trost der Etymologie: Das bärenstarke kleine Johannesschen, dem Gott gnädig sei. Ja!Ja!Ja!Ja!
   (Aus: **Bernd Jentzsch:** Von der alten Lust, sich aufzubäumen. Leipzig 1992)

3. Schreibt Anagramme zu Namen in der Klasse/im Kurs.

   Beispiele: Der Barockdichter Christoffel von Grimmelshausen nannte sich u. a. German Schleifheim von Sulsfort, der Schriftsteller (Hans) Magnus Enzensberger legte sich als Herausgeber eines Buches den Namen Serenus M. Brezengang zu.

Weiterführende Literatur: Gerhard Bauer: Namenkunde des Deutschen. Verlag Peter Lang, Bern/Frankfurt a. Main/New York 1985;
Werner Kany: Inoffizielle Personennamen. Bildung, Bedeutung und Funktion. Max Niemeyer Verlag, Tübingen 1992;

Gerhard Koß: Namenforschung. Eine Einführung in die Onomastik. Max Niemeyer Verlag, Tübingen 1990;
Vgl. auch Praxis Deutsch, Heft 122 (Schwerpunkt: Personennamen).
Das Thema läßt sich auch in den Bereich der geographischen Namen ausweiten. Vgl. dazu: Hans Bahlow (Hrsg.): Deutschlands geographische Namenwelt. Etymologisches Lexikon der Fluß- und Ortsnamen alteuropäischer Herkunft. Suhrkamp, Frankfurt/M. 1985

Das ist ja gar nicht deutsch! *5–10*

Duden 7. Das Herkunftswörterbuch.
Die Etymologie der deutschen Sprache.
Bibliographisches Institut, Mannheim u. a. O. 1963

Mit diesem Buch kann u. a. auf interessante Weise die Internationalität des deutschen Wortschatzes demonstriert werden: Im Deutschen gibt es viele Wörter, die einen fremdsprachigen Ursprung haben. Umgekehrt sind viele deutsche Wörter bis in die jüngste Zeit in fremde Sprachen gelangt. Die Auseinandersetzung mit dem Buch kann wie ein Fragespiel aufgezogen werden; allerdings werden die Schüler bei den meisten Wörtern nur mehr oder weniger begründete Vermutungen anstellen können. Gefragt werden könnte:

Aus welcher Sprache kommt das folgende Wort?
(Die folgenden Informationen gehen z. T. über die Angaben im oben aufgeführten Duden-Band hinaus.)

Fenster	(lateinisch: fenestra)
Annonce	(französisch: annonce)
Fritten	(französisch: pommes frites)
Tomate	(mexikanisch/spanisch: tomatl)
Zucker	(indisch: sarkara, über das Arabische sukkar und Italienische zucchero ins Deutsche)
Sirup	(arabisch: sarab = Trank)
Roboter	(tschechisch: robot = Fronarbeit)
Pudding	(englisch: pudding = Pudding, aber auch Wurstsorte, z. B. black pudding = Blutwurst)
Schokolade	(Eingeborenensprache Mexikos, über span.: chocolate ins Deutsche)
Alkohol	(arabisch: al-kuhl = Antimon, Salbe zum Schwarzfärben der Augenlider)
Curry	(tamilisch: kari; über das Englische ins Deutsche gelangt)

Butter	(lateinisch: butyrum)
Kusine	(französisch: cousine)
dolmetschen	(türkisch: tilmac = Mittelsmann)
Kirche	(griechisch: kyriaké)
Chips	(englisch: chip)
Schule	(lateinisch: scola)
Bungalow	(indisch/Hindi: bangla; über das Englische ins Deutsche gelangt)
Oldtimer	(amerikanisches Englisch für: alter Mensch; falsch eingedeutscht)
Showmaster	(deutsch; das Wort existiert im Englischen nicht; falsche Übertragung)
modern	(lateinisch: modernus)
Frisör	(französisch: frisoir = Brenneisen; Frisör auf Franz.: coiffeur)
bravo	(italienisch: bravo; urspr. Beifallsruf in der Oper)
Känguruh	(austral. Eingeborenensprache; über engl. kangaroo ins Deutsche gelangt)
Zelle	(lateinisch: cella)
Schlamassel	(aus dt.: schlimm; und jiddisch: masol = Schicksal)
Düsen-Jet	(englisch: jet = Strahl, Düse; Düsen-Jet heißt also „Düsen-Düse“; überflüssige Verdoppelung)
salopp	(französisch: salope = Schlampe)
Shampoo	(indisch/Hindi; über das Englische ins Deutsche gelangt)
malochen	(hebräisch; über das Jiddische ins Deutsche gelangt)
Match	(englisch: match)
Schach	(persisch: sah = König)
Sport	(englisch: sport, urspr.: disport, aus dem Lateinischen)
Detail	(französisch: détail)
Slogan	(keltisch; über das Englische ins Deutsche gelangt)
Pyjama	(indisch/Hindi; über das Englische ins Deutsche gelangt)
Sofa	(arabisch: suffa = Ruhebank)
Mob	(englisch: mob, aus latein.: mobile vulgus = erregbare Menge)
Streik	(englisch: to be on strike = streiken)
Regel	(lateinisch: regula)
Lift	(englisch: to lift = hochheben)
Balkon	(italienisch: balcone)
Analyse	(griechisch: anallyein = auflösen)

Team	(englisch: team)
Brief	(lateinisch: breve)
Happy End	(kommt im Englischen so nicht vor; dort heißt es: happy ending)
Schal	(persisch: sal; über das Englische ins Deutsche)
Keyboard	(englisch: keyboard, urspr. Tastatur eines Klaviers)
Hit	(skandinavisch; über engl.: to hit = treffen ins Deutsche)
Keller	(lateinisch: cellarium)
Bank	(italienisch: banco)
Smoking	(englisch: Rauchen; falsche Übertragung; engl. Entsprechung: dinner-jacket)
Bikini	(Südseesprache; über das Amerikanische ins Deutsche gelangt)

In welcher Sprache könnten die folgenden Wörter verwendet werden, und was könnten sie bedeuten?

l'ersatz / Französisch	(Malzkaffee oder Kunsthonig)
le kirsch / Französisch	(Kirschwasser)
crauti / Italienisch	(Sauerkraut)
scherzare / Italienisch	(scherzen)
snitsel / Türkisch	(Schnitzel)
schnitzel / Englisch	(Wiener Schnitzel)
weltanschauung / Englisch	(Weltanschauung)
spec / Italienisch	(Speck)
smearcase / amerik. Englisch	(Schmierkäse, falsche, an der Lautung orientierte Übertragung)
valzer / Italienisch	(Walzer)
stoccafisso / Italienisch	(Stockfisch)
kindergarten / Englisch	(Kindergarten)
blitz / Englisch	(Blitzkrieg, schwerer Luftangriff, schnelle Erledigung: Let's have a blitz on the washing-up!)
leitmotiv / Englisch	(Leitmotiv in der Musik)
frankfurter / Englisch	(Würstchen)
rucksack / Englisch	(Rucksack; sprich: racksäck)
dackshunds / Englisch	(Dachshunde; sprich: däkshunds)
schmaltz / Englisch	(Kitsch)
schmaltzy / Englisch	(sentimental)
schnapps / Englisch	(Schnaps)
abseil / Englisch	(to abseil = sich abseilen)

lieder / Englisch	(Lieder; sprich: liede)
Neanderthal / Englisch	(primitiver Mensch; a political Neanderthal)
strafe / Englisch	(im Tiefflug angreifen; sprich; ßtraaf oder ßträif)
pretzel / amerik. Englisch	(Salzbrezel)
kraut / Englisch	(Deutscher)

Rätselbücher

Rainer Madsen: Kreuzworträtsel zur Literatur. *8–13*
Unterhaltsame Auffrischung literarischer Kenntnisse.
Diesterweg, Frankfurt/M. u. a. O. 1987

Ingeborg Meckling: Fragespiele zur Literatur.
Übungen im produktiven Umgang mit Texten.
Diesterweg, Frankfurt/M. u. a. O. 1985
(Dazu ist ein Lehrerheft erhältlich.)

Texte aus der Schule

Gut gelungene Schülerzeitungen aus den letzten Jahren *5–13*
Wie alle Periodika sind Schülerzeitungen kurzlebige Produkte. Das ist schade, denn sie enthalten oft interessante Schülertexte. Über Jahre gesammelt, sind besonders einige Rubriken solcher Zeitungen (z. B. Lehrersprüche) für jüngere Schüler von großem Interesse. Manchmal motiviert das Präsentieren älterer Ausgaben der Schülerzeitung dazu, an einer neuen Ausgabe mitzuarbeiten.

Lustige Texte aus dem Schulalltag *5–13*
Hier können ausgefallene Entschuldigungen (Namen eingeschwärzt), und zwar sprachlich mißlungene ebenso wie provokative und verschmitzte, zusammengestellt werden.

Einige Beispiele:

Sehr geehrter Herr X,
wegen plötzlich auftauchender Übelkeit bitte ich Sie, mein Fehlen am 11. 3. zu entschuldigen.

Sehr geehrter Herr X,
mein Sohn C. konnte wegen Kopfzerbrechen an Ihrem Kurs vom 26. 9. nicht teilnehmen.

Sehr geehrter Lehrkörper,
ich bitte Sie, mein Fernbleiben von den Unterrichtsveranstaltungen nach der sechsten Stunde am Mittwoch, dem 7. 3., zu entschuldigen, da mir aufgrund ständig auftretender Assoziationen mit der bevorstehenden Leistungskursklausur der Magen nicht wohl gesonnen war.

Sehr geehrte Frau X,
im Zusammenhang mit der Zerstörung eines Stuhles spende ich der Schule 66 DM. Der Verwendungszweck ist der Schule freigestellt.

Literaturhinweis: Holger Ziegelhaus: 40 sinnvolle Vertretungsstunden Deutsch. Verlag Rüdiger Kohl, Niederzier

2. Provokationstexte für Gespräche

Die folgenden Texte sprechen konflikthafte Situationen an, in denen man sich nicht so ohne weiteres auf die eine oder andere Seite schlagen kann. Sie legen Differenzierungen nahe und schließen vorschnelle Lösungen aus.
Mit den nachfolgenden methodischen Vorschlägen werden die Schülerinnen und Schüler in die Position von Beratern versetzt, die sich ein eigenes Urteil bilden müssen. Bevor sie jedoch angeben können, wie sie sich zu den geschilderten Fällen stellen wollen, müssen sie genauer die Lebenslagen, Beweggründe und Ziele der Personen bzw. Figuren studieren, um die es in den Texten geht.
Nachdem sich jeder einzeln ausführlich mit dem vorgelegten „Fall“ auseinandergesetzt hat, können die Ausarbeitungen vorgelesen bzw. vorgeführt und als Einstieg in ein Gespräch genutzt werden.
Zu den Texten dieses Abschnitts können die Schüler folgende Arbeitsaufträge erhalten:

- Schreibe ... einen Brief, in dem Du ihm/ihr/ihnen einen Rat gibst. Begründe Deinen Rat ausführlich.
- Überlege Dir, was Du ... in einem Telefongespräch sagen würdest. Suche Dir einen Partner/eine Partnerin in der Klasse. Führt ein Rollenspiel vor, in dem ihr miteinander telefoniert.
- Zu zweit seid ihr Augenzeuge des beschriebenen Vorfalls. Bereitet ein Rollenspiel vor, in dem ihr so tut, als würdet ihr den Vorfall *live* kommentieren.

Texte für die Klassen 5 bis 7

Simon

Simon liegt im Bett und kann nicht einschlafen. Ihm war, als wäre jemand in den Schrank gehuscht und hätte sich dort versteckt. Er geht zu seinen Eltern und sagt: „Bei mir ist jemand im Schrank, ich glaub, ein Dieb." „Ach Quatsch", sagt die Mutter, „dein Schrank ist dafür viel zu klein." Und der Vater: „Du bist doch schon ein großer Junge, nun zeig mal, daß du keine Angst mehr hast." Simon legt sich wieder in sein Bett. Da er immer den Schrank beobachten mußte, kann er wieder nicht schlafen; er geht zu seinem Bruder und erzählt, was vorgefallen war. Dieser nimmt sogleich einen Stock, reißt die Schranktür auf und schlägt zu, so fest er kann. Dann schläft Simon ein.

(Aus: Hajo Bücken (Hg.): Das Fremde überwinden. Offenbach 1991, S. 62)

Arbeitsanregungen:
Brief an/Telefonat mit der Mutter.
Brief an/Telefonat mit dem Vater.
Erzähle von ähnlichen Ereignissen, die du selbst erlebt hast.

Eine Nachtigall

Eine Nachtigall wurde krank und konnte nicht mehr singen. Da sagten die Spatzen: „Die ist nicht krank, die ist nur faul." Das verletzte die Nachtigall, und sie begann wieder zu singen. „Hatten wir nicht recht?" fragten die Spatzen. Die Nachtigall aber fiel vom Baum und war tot; das Singen kostete sie zuviel Kraft. Da sagten die Spatzen: „Warum muß sie auch singen, wenn sie krank ist?"

(Aus: H. Bücken, ebd., S. 54)

Arbeitsanregungen:
Brief an/Telefonat mit der wiederauferstandenen Nachtigall.
Erzähle von ähnlichen Ereignissen, die Du selbst erlebt hast.

Texte für die Klassen 8 bis 13

Meine Frau, die bleibt zu Hause

Timo hat gerade seinen siebzehnten Geburtstag gefeiert. Er besucht ein Gymnasium in Würzburg.
Über die Zukunft der Frau, die er einmal heiraten wird, hat er schon ganz genaue Vorstellungen.

Timo, du möchtest Jurist werden, heiraten und vier Kinder haben. Was ist, wenn deine zukünftige Frau der Meinung ist, daß du die Kinder großziehen solltest?
Dann ist das nicht meine zukünftige Frau.
Ach so.
Ja. Die Frau, die ich mal heirate, bleibt zu Hause, bei unseren Kindern.
Und warum du nicht?
Die Mutter ist die Mutter. Ich finde das überhaupt ziemlich schlimm, wie die Frauen heute über ihre Kinder sprechen. Wie über Autos.
Was meinst du damit?
Ja. So. Naja, wie ich gesagt habe: Park' ich mal mein Kind für fünf Stunden im Kindergarten. Oder: Park' ich mal mein Kind für den halben Tag bei irgend so einer Tagesmutter. Nur, damit die richtige Mutter sich mit ihren Freundinnen treffen kann. Oder, meinetwegen arbeiten geht. Wozu? Braucht sie oft gar nicht. Wenn der Mann genug für die Familie verdient? Dann läßt sie ihre Kinder im Stich. Das finde ich nicht gut.
Was findest du daran nicht gut?
Das ist, ja, irgendwie herzlos. Ja, absolut herzlos. Das hört sich vielleicht jetzt blöde an. Aber ich weiß, wovon ich rede. Ich habe noch zwei kleinere Geschwister. Einen Bruder und eine Schwester. Und meine Mutter will jetzt wieder in ihren Beruf. Meine Schwester wird vier. Die ist seit einem Jahr im Kindergarten. Das ist nicht gut für sie. Sie ist zu klein.
Was macht deine Mutter denn?
Ach. Sie war mal in der Sonderpädagogik. Das ist ja auch schon ewig her. Jetzt geht sie erst mal als Gasthörerin an die Uni.
Und das paßt dir nicht?
Ja, genau. Warum kümmert sie sich nicht um ihre eigenen Kinder?
Du wirst auch bald zur Universität gehen, um Jura zu studieren?
Das ist doch was ganz anderes.
Findest du?
Ich habe ja mein Leben noch vor mir. Ich muß meine Zukunft planen.
Wie alt ist deine Mutter?
Hm, so wie Sie? Vielleicht ein bißchen jünger. 39 Jahre, glaube ich.
Du möchtest, daß sie zu Hause bleibt?
Ja.
Für euch, für euch Kinder und für deinen Vater?
Stimmt. Das ist doch auch eine wichtige Aufgabe. Oder? Ich finde das jedenfalls.
Warum tut es dann dein Vater nicht?
Es ist die Aufgabe der Frau.
Du willst nicht, daß deine Mutter nun etwas ganz anderes machen will. So etwas wie du zum Beispiel?
Wie ich? Wieso wie ich?
Zur Uni gehen und studieren. Sich auf ihre Zukunft vorbereiten.
Aber sie hat doch uns.
Warum sollte es deiner kleinen Schwester schlecht bekommen, in den Kindergarten zu gehen?
Sie weint manchmal. Bei mir ist meine Mutter zu Hause geblieben. Das war besser für mich. Dann kam mein Bruder. Da war ich zehn. Und drei Jahre später meine Schwester.

Den Kindern in der DDR ist das auch nicht gut bekommen. Das sieht man ja heute, was da los ist.
Du hast deine Mutter sehr lange für dich gehabt?
Das Kind braucht die Mutter. Ich habe nichts gegen die Gleichberechtigung. Aber was heute so los ist. Die vielen Scheidungen. Und dann Drogenprobleme und all das.
Hast du dafür eine Erklärung?
Das kommt, weil die Familien alle kaputtgehen. Weil sich die Frauen alle selbstverwirklichen wollen.
Du sprichst das Wort sehr spöttisch aus, Timo.
Naja. Ist doch wahr. Wenn die Frauen Karriere machen wollen, sollen sie keine Kinder in die Welt setzen.
Welche Aufgabe hat denn deiner Meinung nach der Vater?
Der Vater ist keine Mutter.
Und was heißt das?
Der Vater kann nicht schwanger werden. Der Vater kann dem Kind nicht die Brust geben.
Aber die schmutzigen Windeln kann er genauso gut wechseln, wie die Mutter, oder?
Klar, das kann er. Das sollte er auch tun, damit er auch einen guten Kontakt zum Kind hat.
Wie schön. Nur, wie willst du das machen, wenn du den ganzen Tag in der Uni bist und Jura studierst?
Solange ich studiere, heirate ich nicht. Und dann baue ich mir eine eigene Praxis auf. Ich könnte das gar nicht so gut wie eine Frau.
Als Rechtsanwältin arbeiten?
Nein! Das doch nicht! Die Kinder versorgen, meine ich.

(Mit Timo sprach Viola Roggenkamp)

(Aus: „Die Zeit“ vom 5. 2. 1993)

Arbeitsanregungen:
Brief an/Telefonat mit Timo.
Brief an/Telefonat mit Timos Mutter.

Karriere, Kinder und ein Mann

Angela ist 17 Jahre alt. Sie ist Chefredakteurin einer Schülerzeitung und besucht ein Gymnasium in einer Kleinstadt in Südbayern. Angela ist eine sehr gute Schülerin. Wenn sie darauf angesprochen wird, errötet sie.

Bist du nicht gern die beste Schülerin deiner Klasse, Angela?
Ja, doch. Schon. Nur. Es ist nicht so einfach.
Wie meinst du das? Tust du sehr viel dafür?
Auch. Aber nicht unbedingt. Mathe und Naturwissenschaften sind meine Lieblingsfächer.
Aha.
Ja, das hört sich irgendwie blöd an. Ich weiß.
Wieso blöd?
Ja, Streber. Sind ja auch nicht gerade typische Mädchen-Fächer. Aber das finde ich gerade gut. Ich will Ärztin werden.
Was ist daran nicht so einfach, die beste Schülerin der Klasse zu sein?
Es gibt viel Konkurrenzdruck unter uns in der Klasse. Von den Jungen wie von den Mädchen. Aber mehr noch von den Mädchen. Die Jungen meiden mich eher. Die wollen mit mir nicht in Konkurrenz gehen. Die ziehen andere Mädchen vor.

Was für Mädchen?
Ja, so, die eben in Fächern gut sind, die die Jungen nicht so mögen. Deutsch und Kunst und so. Der Junge ist dann eben ein ganz toller Typ in Mathe, und seine Freundin ist nicht besser als er. Eher schlechter. Sie kann aber da gut sein, wo er keinen Bock drauf hat. Eben Kunst oder Sozialkunde.
Hast du einen Freund?
Nein. Noch nicht.
Du möchtest noch keinen?
Ich möchte schon heiraten und auch Kinder haben. Aber ich möchte auch Ärztin sein. Chefärztin in einem Krankenhaus vielleicht. Das kann ich mir alles vornehmen, und das möchte ich auch erreichen. Aber ich kann ja den zukünftigen Vater meiner Kinder nicht mit einplanen. Das weiß ich.
Warum nicht?
Ich weiß nicht, ob ein Mann das mitmacht. Ob er sich mit mir die Arbeit mit den Kindern teilt, meine ich.
Ob er damit einverstanden ist, daß dein Beruf für dich auch zu deinem Leben gehört?
Ja. Ganz genau. Für mich eben auch. Genauso wie für ihn. Aber Kinder will ich auch auf jeden Fall haben. Kinder und meinen Beruf. Ehe wäre natürlich sehr schön. Ich möchte nicht auf etwas verzichten müssen. Männer verzichten ja auch nicht auf Kinder, nur weil sie ihren Beruf haben.
Wie willst du es machen?
Ich kann mich nur beeilen. Sehr guten Schulabschluß, Studium, schnell Karriere machen, eine Position bekommen, die mir sicher bleibt. Dann mit 30 Jahren Kinder, zwei Kinder schnell hintereinander. Und dann mit 35, 36 weiter Karriere.
Glaubst du, das schaffst du?
Ich muß es schaffen.
Warum?
Ich möchte nicht nur Hausfrau und Mutter sein. Okay, es gibt bestimmt Frauen, die das gerne machen. Ich möchte aber auch nicht nur die tolle Karrierefrau sein und keine Familie haben. Ich mag Kinder. Ich kann mir gar nicht vorstellen, keine Kinder haben zu wollen.
Du bist ja selbst fast noch ein Kind.
Naja. Ich bin jetzt 17 geworden. Obwohl. Irgendwie stimmt es auch. Ich mag diese Karrierefrauen nicht so gern, die keine Kinder haben wollen.
Gibt es Vorbilder für dich?
Für das, was ich vorhabe? Eigentlich nicht. Nein. Die Feministinnen nicht. Die sind ja eben gegen die Ehe, glaube ich. Aber ich bin nicht gegen die Ehe. Ich fürchte eben nur, daß eine Fulltime-Krankenhaus-Chefärztin mit zwei Kindern nicht geheiratet wird. Und Männer, Väter, die für ihre Kinder zu Hause bleiben und dadurch ihre Frau im Beruf unterstützen, solche Männer kenne ich nicht. Da gibt es auch keine Vorbilder. Bei mir im Gymnasium sind die Jungen alle Machos. Das wollen die auch sein. Und viele Mädchen finden das gut. Besser als so langweilige Softies.
Du willst alles?
Wie?
Erfolg im Beruf, zwei wunderbare Kinder und einen richtigen Mann.
Ja. Stimmt genau. Und jetzt sagen Sie mir bitte nicht, daß das nicht geht!

(Mit Angela sprach Viola Roggenkamp)

(Aus: „Die Zeit" vom 27. 11. 1993)

Arbeitsanregungen:
Brief an/Telefonat mit Angela.
Brief an/Telefonat mit einem „Macho" an Angelas Schule.

Zahlen oder aussteigen

Der Sechsunddreißiger ist ein Schnellbus. Erste Klasse also. Die kürzeste Fahrt kostet 3,60 Mark. Man steigt gern ein. Der Sechsunddreißiger bedient die Hamburger Elbvororte.
An der Grenze zwischen St. Pauli und Altona steigen zwei Personen zu, eine ältere Dame mit flottem Hut und vornehmer Blässe und ein junger Farbiger in abgetragenen Turnschuhen und abgewetzter Windjacke. Gemeinsam haben sie schon viele Minuten auf den Bus gewartet, der sich, wie so oft nachmittags, verspätet hat.
Der Busfahrer läßt die Dame anstandslos passieren. Vom farbigen Fahrgast verlangt er die Fahrkarte. Das ist nun Pech. Seine Monatskarte gilt nicht zur Rush-hour zwischen 16 und 18 Uhr. Laut Fahrplan hätte der Bus aber lange vor 16 Uhr an der Haltestelle sein müssen. Der Fahrer reagiert scharf. „Ihre Karte gilt jetzt nicht. Sie müssen den Bus verlassen“, bestimmt er. Der Fremde versteht nicht recht. „Verlassen Sie den Bus!“ Der Finger zeigt nach draußen. Die Geste wird verstanden. Die Fahrt kann weitergehen. Sie könnte.
„Dann müssen Sie mich auch rauswerfen. Ich habe die gleiche Monatskarte“, verlangt nun die Dame mit der vornehmen Blässe. Der Fahrer schluckt. Er glaubt ihr nicht. Fragt nach einer Pause höflich: „Darf ich bitte Ihre Karte sehen?“, wohl hoffend, daß dies nicht wahr sein möge. Doch sie hat recht.
Nun will, nun muß er Gerechtigkeit walten lassen. Sonst gilt er womöglich als Ausländerfeind. In fast entschuldigendem Ton sagt er: „Sie müssen jetzt bezahlen oder aussteigen.“ Doch die Dame denkt gar nicht daran. Erstens: Wäre der Bus pünktlich gewesen, hätte die Monatskarte gegolten. Zweitens: „Sie können gern meine Adresse haben, aber zahlen tue ich nicht.“ Es geht ihr keineswegs ums Geld. „Hier mein Personalausweis“ – freundlich, aber bestimmt streckt sie das amtliche Papier vor. Verspätungen habe die Verkehrsgesellschaft zu verantworten. „Ich kann morgen selbst zum Verkehrsverbund gehen“, macht sie einen Vorschlag zur Güte. Der Fahrer lehnt ab, nicht ahnend, daß er damit seine letzte Chance zum Einlenken verpaßt. Er stellt den Motor ab, ruft die Zentrale. Die ruft zurück und meint auch: Entweder sofort bezahlen oder sofort aussteigen. Hinten wird es langsam unruhig. „Fahren Sie sofort weiter, ich brauche meine Fähre“, drängt eine Frau. „Die da vorne soll endlich aussteigen“, findet ein Herr. „Wie heißt der Mann in der Zentrale, ich zeig’ ihn an wegen Freiheitsberaubung!“ ruft ein anderer. Die, die ihre Fähre haben will, zählt kurz durch: „Wir sind neunzehn. Wenn jeder zwanzig Pfennig zugibt, können wir die Fahrkarte für die Dame zahlen.“ Die will aber nicht.
Draußen fließt der Verkehr vorbei. Der Fahrer hält über Sprechfunk die Verbindung und verkündet jeweils die letzten Anordnungen der Zentrale, denen er sich unterwirft, nach hinten: „Jetzt wird die Polizei geholt“, sagte er siegessicher, und wenig später: „Die Dame muß für den gesamten Betriebsschaden aufkommen.“ Der ist nun schon erheblich: Mittlerweile ist der Anschlußbus, auch verspätet, aufgelaufen. „Tür auf, Tür auf, Tür auf!“ skandieren einige der Eingeschlossenen. Der Fahrer zögert einen Moment. Doch dann läßt er die Mitteltür aufspringen – die aufgebrachte Menge stürzt hinaus und rettet sich, wie Schiffbrüchige aufs herbeigeeilte Rettungsschiff, in den Anschlußbus.

Endlich, nach langem Warten, ein Polizeiwagen. Zögernd kommen die Streifenbeamten heran. Was sie da erwarten mag, können sie nicht sogleich überblicken. Sie sehen: einen leeren Bus, zwei ruhige Insassen, die ihre Argumente längst ausgetauscht haben. Der Mann in Uniform, ganz Routine, nimmt erst mal die Personalien auf, zuerst die des Busfahrers. „Sie heißen?“ Währenddessen macht seine Kollegin in Uniform der Dame mit Hut einen salomonischen Vorschlag: „Wissen Sie was? Wir fahren Sie dahin, wo Sie aussteigen wollten.“
Der Peterwagen mit der Dame und ihren diversen Einkaufstüten auf dem Rücksitz fährt schneidig los. Der Sechsunddreißiger dampft schwerfällig hinterdrein. „Da ist man ein guter Bürger“, erklärt die Dame den Beamten, „und dann möchte man nicht *so* behandelt werden.“ Und: „Es ist sicher kein Zufall, daß er gerade den Ausländer gefragt hat. Na, vielleicht hat er schon mal schlechte Erfahrungen mit Ausländern gemacht.“
Sie kommt kaum noch dazu, zu erzählen, daß sie seit neuestem, wie von der Umweltbehörde in einer Postwurfsendung vorgeschlagen, als gute Bürgerin ihre Gartenabfälle kompostiert, da ist man auch schon vor ihrem Haus. Drei Haltestellen weiter. Die Frau in Uniform hält die Tür des Peterwagens auf. Die Dame steigt aus und bedankt sich. Der Führer des Fahrzeugs der Linie 36 braust derweil in seinem leeren Bus grußlos an ihr vorbei.
Sie war im Recht – das wurde später amtlich festgestellt. Wie eine Sprecherin des Verkehrsunternehmens einräumte, bestand für den Busfahrer eine Beförderungspflicht.

Reiner Scholz

(Aus: „Die Zeit“ vom 21. 8. 1993)

Arbeitsanregung:
Der Text kann etwa bis auf das letzte Drittel vorgelesen werden. Dann folgt ein Brief an/Telefonat mit dem Busfahrer/der „Dame“. Nach einem ausführlichen Gespräch über die vorgetragenen Positionen wird der Rest vorgelesen.

Vor oder zurück?

Langsam steure ich den Wagen durch die enge Gasse von geparkten Fahrzeugen vor unserem Haus. Ich bin schon ein gutes Stück in Richtung Wienerstraße vorangekommen, als von vorne ein BMW einbiegt und mir nun schnell und lichthupend entgegenkommt. Wir kommen voreinander zum Halten. An ein Aneinander-Vorbei ist nicht zu denken. Das ungeschriebene Gesetz heißt, derjenige, der den kürzeren Weg zum nächsten Ausweichplatz hat, muß zurück. Der BMW gegenüber ist vollbesetzt mit Jugoslawen. Ich kenne sie flüchtig. Sie wohnen zwei Häuser weiter in einem vom Bezirksamt zugewiesenen Hotelzimmer. Meistens basteln sie an ihren Autos herum, machen Startversuche, lassen den Motor aufheulen. Jetzt gestikulieren sie im Wagen gegenüber, hupen, lichthupen, ich soll zurück. BMW-Fahrer, Machotypen, schießt es mir durch den Kopf. Ich stelle den Motor ab, zwinge mich zur Ruhe. Der Beifahrer steigt aus und kommt rückwärtswinkend auf mich zu. „Zurück, zurück", er zeigt mir, wo ich hinfahren soll. Hinter den Jugoslawen kommt ein zweites Fahrzeug zum Halten. Ich verhandle mit dem Beifahrer des BMW und versuche anzuzeigen, daß für sie der Weg zurück viel kürzer ist. „Nix Deutsch, nix Deutsch, zurück, zurück, fahren jetzt", fällt mir der Jugoslawe ins Wort. Der Fahrer des zweiten Wagens kommt heran, ein Türke. „Was willst du", fragt er mit düsterer Miene. Die Wut steigt hoch. „Mit dir rede ich doch gar nicht", sage ich, lasse ihn links liegen und verhandle weiter mit dem Jugoslawen. Der dreht sich um, ruft etwas zum Auto. „Was eh, was", fragt der Türke drohend und neigt sich zu meinem Fenster herunter. Ich steige aus, schiebe ihn zur Seite. Er ist kleiner als ich. Ich gehe zum Fahrer des BMW, rede auf ihn ein. „Nix Deutsch, nix Deutsch", sagt er und deutet auf den Beifahrer. Aus dem Augenwinkel sehe ich, daß sich ein Menschenauflauf gebildet hat. Lachende Gesichter, fremde Sprachen. „Du mußt zurück", ruft mir Bas, unser Hausmeister, zu und lacht. Yoldas, der Türke aus dem vierten Stock, grinst: „Zurück", deutet er mit sichtlicher Freude. Wo kommen all diese Leute auf einmal her, frage ich mich? Im Café an der Ecke hängen sie aus Fenster und Tür. Ich erkenne den Gemüsehändler, Sahin, den Besitzer des Fotogeschäfts, Türmer, den Friseur. Sie alle sind sich einig, der Deutsche muß zurück. Bas' Sohn kommt auf mich zu. „Du mußt zurück, du sein im Recht, aber ist besser so." Der Türke aus dem zweiten Wagen redet pausenlos auf mich ein. Sein Kopf ist hochrot, die Augen weit aufgerissen. Ich gehe zurück zum Wagen. Sie folgen mir. „Polizei holen", schießt es mir durch den Kopf. Intuitiv weiß ich, wer dann Recht bekommt. Ich steige ins Auto. „Laß doch", sagt Karin, „das hat doch keinen Sinn. Fahr zurück." Ich starte den Wagen, stoße zurück, mache Platz. Ein Gefühl der Unterlegenheit. Mit aufheulenden Motoren schießen die zwei Fahrzeuge an mir vorbei, hochmütig, mich keines Blickes mehr würdigend, die Fahrer. Meine Nachbarn lachen und winken. Mir ist nicht nach Lachen zumute. „Scheiß Ausländer", klebt es mir auf der Zunge. Ich schlucke diesen bitteren Satz. „Wenn das Deutsche gewesen wären, hättest du keinen Platz gemacht, stimmt's?" fragt Karin. „Wahrscheinlich", antworte ich. „Ich bin zurückgefahren, weil es Ausländer waren und weil sie alles andere als Ausländerfeindlichkeit gewertet hätten." „Männergeschichten", sagt Karin kopfschüttelnd. Für sie ist das Thema damit beendet.

(Aus: Wolfgang Laschka/Bund Deutscher Pfadfinder (Hg.): Multikulturelle Jugendarbeit. Verlag Jugend & Politik, Frankfurt/M. 1990, S. 10–11)

Arbeitsanregung:
Live-Kommentar in einem Rollenspiel. Zuschauer kommentieren das Geschehen.

3. Wer war's – Autoren-Suchspiel *9–13*

Dieses Spiel kann in Vertretungs- und sonstigen Einzelstunden eingesetzt werden. Eine andere Möglichkeit ist, ein umfangreicheres Unterrichtsvorhaben daraus zu machen:
Die Schülerinnen und Schüler lesen sich arbeitsteilig in die Biographien von Autoren und Autorinnen einer Epoche oder mehrerer literarischer Epochen ein und stellen pro Stunde einen Autor per Kurzreferat und Beispieltext vor. In den folgenden Wochen beginnen die Unterrichtsstunden ab und zu mit dem Ratespiel „Wer war's?".

Wer war's? – I
Als er erwachsen war, setzte er sich hin und schrieb einen berühmten „Brief an den Vater". Unter der einengenden, zerstörerischen Wirkung,

die von diesem Vater ausging, hat er zeit seines Lebens gelitten. In dem Brief heißt es: „Für mich als Kind war alles, was Du mir zuriefst, geradezu Himmelsgebot, ich vergaß es nie, es blieb mir das wichtigste Mittel zur Beurteilung der Welt, vor allem zur Beurteilung Deiner selbst, und da versagtest Du vollständig. Da ich als Kind hauptsächlich beim Essen mit Dir beisammen war, war Dein Unterricht zum großen Teil Unterricht im richtigen Benehmen bei Tisch. Was auf den Tisch kam, mußte aufgegessen, über die Güte des Essens durfte nicht gesprochen werden – Du aber fandest das Essen oft ungenießbar; nanntest es ‚das Fressen'; das ‚Vieh', wie Du die Köchin nanntest, hatte es verdorben. (...) Man mußte achtgeben, daß keine Speisereste auf den Boden fielen, unter Dir lag schließlich am meisten. Bei Tisch durfte man sich nur mit Essen beschäftigen. Du aber putztest und schnittest Dir die Nägel, spitztest Bleistifte, reinigtest mit dem Zahnstocher Deine Ohren. Bitte, Vater, verstehe mich recht, das wären an sich vollständig unbedeutende Einzelheiten gewesen, niederdrückend wurden sie für mich erst dadurch, daß Du, der für mich so ungeheuer maßgebende Mensch, Dich selbst an die Gebote nicht hieltest, die Du mir auferlegtest. Dadurch wurde die Welt für mich in drei Teile geteilt, in einen, wo ich, der Sklave, lebte, unter Gesetzen, die nur für mich erfunden waren und denen ich überdies, ich wußte nicht warum, niemals völlig entsprechen konnte, dann in eine zweite Welt, die unendlich von meiner entfernt war, in der Du lebtest, beschäftigt mit der Regierung, mit dem Ausgeben der Befehle und mit dem Ärger wegen der Nichtbefolgung, und schließlich in eine dritte Welt, wo die übrigen Leute glücklich und frei von Befehlen und Gehorchen lebten."

Wer war's? – II

Er war ein rebellischer Jugendlicher. Zunächst wollte er Prediger werden; auf eine lauschende Gemeinde, so stellte er es sich vor, wollte er mit der Macht des Wortes wirken. Er wurde in eine strenge Lateinschule gegeben, in der er sich auf ein theologisches Seminar hätte vorbereiten können, um dann später in das berühmte „Tübinger Stift" einzutreten. Aber dann kam alles anders. Der Landesherr zwang den Vater, einen Offizier, den begabten Sohn einer neu gegründeten Militärschule zu überlassen. Dort wollte sich der Herrscher seine zukünftigen Diener heranziehen. In jener Zeit war der Wille des Despoten Befehl. Der dreizehnjährige Junge mußte in eine ihm fremde Umgebung, in der alles, vom Zöpfeflechten am Morgen bis zum Abendgebet im großen Schlafsaal, auf das Kommando von Offizieren zu geschehen hatte. Über die Jahre wurde in ihm der Drang nach Freiheit immer stärker. In der Umgebung der Militärschule, zwischen schulischem Drill, Fecht- und Reitübungen hat der Jugendliche sein erstes Drama geschrieben. Als Regimentsmedikus setzte er dieses Doppelleben fort, bis sein Stück am Mannheimer Nationaltheater mit großem Erfolg aufgeführt wurde. Damit wurde er der geistige Führer einer revolutionär gesinnten Jugend. Der Herzog verlangte von ihm, daß er bei Strafe der Dienstentlassung keine Stücke mehr schreibe. Der junge Autor floh aus dem Herrschaftsbereich des Despoten – mittellos, aber frei.

Wer war's? – III

Seine Jugend fiel in einen verheerenden Krieg. Als Jugendlichen setzte man ihn als Flakhelfer, schließlich als Panzerschützen ein. Auch in den Jahren danach war das Leben hart: „Die Unbedenklichkeit des Neunzehnjährigen", schrieb er später, „machte es mir im Winter 1946/47, diesem Winter ohnegleichen, in dem die Frierenden hungerten und die Hungernden im Bett froren, möglich, alles auf eine Wunschkarte zu setzen: Bildhauer wollte ich werden; doch die Kunstakademie Düsseldorf hatte wegen Kohlenmangels geschlossen. Also ließ ich mich vorerst in zwei Grabsteinbetrieben" – die hatten damals viel zu tun – „als Steinmetz und Steinbildhauer ausbilden. Mit Arbeiten in Sandstein, Marmor und Muschelkalk, die verschollen sind, und mit Porträtzeichnungen alter Männer, die ich im Caritas-Heim Düsseldorf-Rath, meinem Schlafplatz in einem Zehnbettzimmer, gezeichnet hatte, schaffte ich zum Wintersemester 1948/49 die Aufnahme in die Akademie." Die Bildhauerei hat er nie aufgegeben. Bekannt aber wurde er einige Jahre später mit Dramen, berühmt dann mit Romanen. Darin hat er an der Sprache genauso geduldig gemeißelt wie vorher an Steinen.

Wer war's? – IV

Der Junge wuchs in einer wohlhabenden Familie auf. Der Vater hatte vor, ihn in einen anständigen bürgerlichen Beruf zu bringen; er sollte Jura studieren. Aber der Sohn studierte kaum, während er das Geld der Familie mit vollen Händen ausgab. Zumindest befaßte er sich kaum mit der Juristerei, wohl aber mit anderen Dingen, die ihn später weltberühmt machen sollten. Als er mit 16 Jahren als Student nach Leipzig zog, um dort die Rechte zu studieren, mietete der selbstbewußte, etwas altkluge junge Herr gleich mehrere Zimmer, während andere Studenten in kleinen „Buden" hausen mußten. Er studierte das Leben und war kränklich. Einige Zeit später studiert er dann in Straßburg – wieder alles mögliche und nur ganz wenig Juristerei. Weiterhin ist er sehr empfindlich und versucht sich abzuhärten. Nachts geht er auf Friedhöfen spazieren, um seine Angst zu bekämpfen. Er steigt auf das Münster und schaut in die Tiefe, um sein Schwindelgefühl zu verlieren. Aber er bleibt sensibel, sein Leben lang. Eine Doktorarbeit – wie vom Vater gewünscht – bringt er in Straßburg nicht zustande. Ersatzweise schließt er seine nicht sehr intensiven Studien der Rechtswissenschaften mit einer Prüfung ab, die es ihm immerhin erlauben, sich als Anwalt niederzulassen. Bereits in dieser Zeit hat er viel lieber Gedichte geschrieben als juristische Erörterungen.

Wer war's? – V

In ihrem Leben war sie immer wieder krank. Im Münsterland als Sproß eines Adelsgeschlechts lebend, fehlte es ihr eigentlich an nichts. Dennoch schrieb sie als Siebzehnjährige in einem Brief, sie leide an „Auszehrung". Als sie zwanzig war, hatte sie ein Augenleiden und durfte längere Zeit nicht lesen. „Ich sitze eigentlich den ganzen Tag und faulenze", schreibt sie, „denn ich darf nichts tun wie Stricken und Klavier spielen, das erstere tue ich fleißig, aber mit großer Langeweile, und was das letztere anbelangt, so wird man das ewige Phantasieren doch endlich müde, wenn man nicht nach Noten spielen darf." Alles, was sich in der Welt ereignete, ging ihr sehr nahe. Besonders Unglücksfälle beschäftigten sie. „Ein Zeitungartikel, ein noch so schlechtes Buch, das von diesen Dingen handelt, ist imstande, mir die Tränen in die Augen zu treiben ..., dann ist meine Ruhe und mein Gleichgewicht immer auf längere Zeit gestört." In solchen Phasen entstehen Gedichte und Erzählungen. Eine davon, die viel besser geschrieben ist als die Meldung, auf der sie fußt, ist heute noch Lektüre in vielen Klassen.

Wer war's? – VI

Nur 23 Jahre wurde er alt – und doch einer der berühmtesten Dichter seiner Epoche. Als junger Student in Jena kannte er viele Geistesgrößen seiner Zeit persönlich, ging fast täglich mit ihnen um. Das zentrale Ereignis seiner Jugend war jedoch der Tod seiner erst fünfzehnjährigen Braut Sophie. Der junge Dichter flüchtet sich vom Licht ins Dunkel, vom Tag in die Nacht. Hier kann er seine „Sehnsucht nach dem Tode" empfinden und in Verse bringen: „Abwärts wend ich mich/Zu der heiligen, unaussprechlichen/Geheimnisvollen Nacht –/Fernab liegt die Welt,/Wie versenkt in eine tiefe Gruft,/Wie wüst und einsam/Ihre Stelle!/Tiefe Wehmut/Weht in den Saiten der Brust./Fernen der Erinnerung,/Wünsche der Jugend,/Der Kindheit Träume,/Des ganzen, langen Lebens/Kurze Freuden/Und vergebliche Hoffnungen/Kommen in grauen Kleidern,/Wie Abendnebel/Nach der Sonne/Untergang." Unentwegt denkt er an seine tote Geliebte und schreibt weiter: „Muß immer der Morgen wieder kommen?/Endet nie des Irdischen Gewalt?/Unselige

Geschäftigkeit verzehrt/Den himmlischen Anflug der Nacht?/Wird nie der Liebe geheimes Opfer/Ewig brennen?" Nicht lange danach ist er in ewiger Nacht.

Wer war's? – VII

In seinen letzten Schuljahren hat er sich öfters und intensiv mit der Frage des Selbstmords beschäftigt. In einem Aufsatz schrieb er über den Freitod im alten Rom: „Ihnen drohte nicht Schmach, nicht Schande (...), ihnen traten nicht die strafenden Gesetze des Vaterlandes entgegen. Sie hatten die freie Wahl, und sie wählten den Tod." Immer wieder stellte sich der Schüler die Frage, was denn der freie Wille des einzelnen sei. Der Freitod, so schien es ihm, war eine Möglichkeit, dem Festgelegtsein durch Umwelt und Abstammung zu entkommen, die Freiheit zu beweisen. Das Christentum sah er kritisch. Ablehnend stand er der Vorstellung gegenüber, das Leben des Menschen sei eine Prüfung Gottes, in der er sich zu bewähren habe. Dazu schrieb er: „Dieser Gedanke war mir immer sehr anstößig, denn ihm gemäß wird das Leben nur als *Mittel* betrachtet; ich glaube aber, daß das Leben *selbst Zweck* sei ...". Er konnte nicht akzeptieren, daß er für fremde Zwecke leben sollte. Das brachte ihn in Opposition zu den Machthabern, die andere für ihre Zwecke leben lassen wollten. In Kampfschriften und Dramen nahm er den Kampf auf. Aber leider währte sein Leben nur kurz.

Lösungen:

- I Franz Kafka (vgl. Franz Kafka: Er. Suhrkamp, Frankfurt/M. 1966, S. 133 ff.)
- II Friedrich Schiller (Das erwähnte Stück sind „Die Räuber"; vgl. Lisa Heiss: Wider die Tyrannen! Schillers Jugend 1773–1782. dtv junior Biographie)
- III Günter Grass (Zitat aus Günter Grass: Vier Jahrzehnte. Steidl Verlag, Göttingen 1991)
- IV Johann Wolfgang Goethe (vgl. Richard Friedenthal: Goethe. Sein Leben und seine Zeit. dtv, München 1968)
- V Annette von Droste-Hülshoff (gemeint ist „Die Judenbuche")
- VI Novalis/Friedrich von Hardenberg
- VII Georg Büchner (vgl. Hans Mayer: Georg Büchner und seine Zeit. Suhrkamp, Frankfurt/M. 1972, S. 42 ff.)

4. Fragen für Vier-Ecken-Raten *7–9*

Das Spiel Vier-Ecken-Raten ist in den Klassen 5 bis 7 sehr beliebt. In der Klasse 8 erlahmt meist das Interesse, weil keine geeigneten (schwierigeren) Fragen mehr zur Verfügung stehen. Die folgenden Fragenkataloge erlauben es, das Spiel bis in die Klassen 8/9 fortzusetzen. Die Regeln: Je eine Schülerin stellt sich in eine Ecke. Die Lehrerin – oder auch eine Schülerin – stellt eine Frage. Wer diese zuerst richtig beantwortet, darf zu einer der beiden nächstliegenden Ecken vorrücken und die Person, die sich dort befindet, aus dem Spiel werfen. Wer eine unrichtige Antwort gibt, darf die Frage nicht noch einmal beantworten. Wenn alle vier Mitspielerinnen die Frage nicht beantworten können, dürfen andere aus der Klasse – nach einer fest vereinbarten Zeit (z. B. 20 Sekunden) – die richtige Lösung sagen. Sie dürfen sich dann in eine freie Ecke stellen. Das Spiel ist zu Ende, wenn nur noch eine Spielerin übrig ist.

Dichternamen

Wie heißen die folgenden Dichter/Schriftsteller mit Vornamen?

Goethe	(Johann Wolfgang)	Eichendorff	(Joseph von)
Storm	(Theodor)	Kafka	(Franz)
Schiller	(Friedrich)	Droste-Hülshoff	(Annette von)
Bachmann	(Ingeborg)		
Brecht	(Bertolt)	Seghers	(Anna)
Kleist	(Heinrich von)	Hölderlin	(Friedrich)
Mann	(Thomas, Heinrich, Klaus)	Fontane	(Theodor)
		Heine	(Heinrich)
von der Vogelweide	(Walter)	Hauptmann	(Gerhart)
		Hofmannsthal	(Hugo von)
Böll	(Heinrich)	Rilke	(Rainer Maria)
Kirsch	(Sarah)	Lasker-Schüler	(Else)
Grass	(Günter)	Claudius	(Matthias)

…

(Diese Fragen können mit fachunspezifischen Fragen gemischt werden.)

Dichtungen

Von wem stammen die folgenden Werke/Gedichte/Texte?

Die Räuber	(Friedrich Schiller)
Erlkönig	(Johann Wolfgang Goethe)
Max und Moritz	(Wilhelm Busch)
Die Bürgschaft	(Friedrich Schiller)
Alice im Wunderland	(Lewis Carroll)
Rumpelstilzchen	(aufgezeichnet von Jacob und Wilhelm Grimm)
Die Vergeltung	(Annette von Droste-Hülshoff)
Momo	(Michael Ende)
Vom Löwen, Fuchs und Esel	(Martin Luther)
Die letzten Kinder von Schewenborn	(Gudrun Pausewang)
Die Waage der Baleks	(Heinrich Böll)
Kinderkreuzzug	(Bertolt Brecht)
ottos mops	(Ernst Jandl)
Robinson Crusoe	(Daniel Defoe)
Der Wolf und das Schaf	(Gotthold Ephraim Lessing)
Wilhelm Tell	(Friedrich Schiller)
Pippi Langstrumpf	(Astrid Lindgren)
Faust	(Johann Wolfgang Goethe u. a.)
Belsazar	(Heinrich Heine)
John Maynard	(Theodor Fontane)
Wir pfeifen auf den Gurkenkönig	(Christine Nöstlinger)
…	

Fachbegriffe

Wie lautet ein anderer Fachbegriff für das folgende Wort?

persönliches Fürwort	(Personalpronomen)
3. Fall/Wemfall	(Dativ)
Mehrzahl	(Plural)
weiblich	(femininum)
Mitlaut	(Konsonant)
Zeilensprung	(Enjambement)
Reihe von Hauptsätzen	(Parataxe)
Nebensatzart, die mit „nachdem" beginnt	(Temporalsatz)

Eigenschaftswort	(Adjektiv)
Selbstlaut	(Vokal)
Gegenwartsform des Verbs	(Präsens)
lustige Verfremdung eines Textes	(Parodie)
besitzanzeigendes Fürwort	(Possessivpronomen)
Wirklichkeitsform	(Indikativ)
Grundform des Verbs	(Infinitiv)
Nebensatzart, die mit „der/die/das" beginnt	(Relativsatz)
männlich	(maskulinum)
Steigerung	(Klimax)
von Einheimischen gesprochene regionale Form der Sprache	(Dialekt)
Satzgefüge, bestehend aus Haupt- und Nebensätzen	(Hypotaxe)
Zukunftsform des Verbs	(Futur)
1. Steigerungsform des Adjektivs	(Komparativ)
Verhältniswort	(Präposition)
Nebensatzart, die mit „weil" beginnt	(Kausalsatz)
2. Steigerungsform des Adjektivs	(Superlativ)
Nebensatzart, die mit „wenn" beginnt	(Konditionalsatz)
...	

Welchen Fachbegriff verwendet man, wenn ...

– etwas gesagt wird, und das Gegenteil ist gemeint	(Ironie)
– in einem Drama eine Figur allein auf der Bühne ist und spricht	(Monolog)
– eine Verbform „er hatte gefunden" heißt	(Plusquamperfekt)
– mehrere Wörter in einer Gedichtzeile mit dem gleichen Laut beginnen	(Alliteration)
– in einer Gedichtzeile auf eine unbetonte Silbe regelmäßig eine betonte folgt	(Jambus)
– das Reimschema abab vorliegt	(Kreuzreim/ Wechselreim)
– in einem Gedicht einige Zeilen öfters wiederholt werden	(Refrain)
– ein Wort nicht in der eigentlichen, sondern in übertragener Bedeutung verwendet wird	(Metapher)

Tückischer Konjunktiv

Wie lautet der richtige Konjunktiv?
Setze das folgende Wort in den Konjunktiv, der bei strenger Handhabung der Regeln bei der Verwandlung von direkter in indirekte Rede verwendet werden müßte. Wird Konjunktiv I oder Konjunktiv II verwendet?

Indikativ	*Konjunktiv*
er geht	er gehe (I)
sie gehen	sie gingen (II)
sie schwimmen	sie schwömmen (II)
es schwimmt	es schwimme (I)
sie findet	sie finde (I)
ihr findet	ihr fändet (II)
sie haben gefunden	sie hätten gefunden (II)
er hat getragen	er habe getragen (I)
es wird gefunden	es werde gefunden (I)
wir werfen	wir würfen (II)
ich ziele	ich zielte (II)
wir verlieren	wir verlören (II)
ich verliere	ich verlöre (II)
…	

Vier-Ecken-Chaos mit Sprichwörtern

Wer hört die Sprichwörter heraus?
Es handelt sich um eine Variation des Vier-Ecken-Spiels; diesmal kann fast die ganze Klasse teilnehmen. Die Lehrerin unterteilt vier Sprichwörter in jeweils sechs Teile (insgesamt 24 Teile). Alle Elemente werden auf Zettel geschrieben, gemischt und so aufgeteilt, daß vier Stapel entstehen (je sechs Elemente auf einen Stapel).
Vier Gruppen von je sechs Schülerinnen stellen sich in die vier Ecken des Raumes. Jede Gruppe erhält einen Stapel von sechs Zetteln; jede in der Gruppe nimmt einen davon. Mit Beginn des Spiels murmelt jede das Wort bzw. die Wörter, die sich auf dem eigenen Zettel befinden, vor sich hin.
Jeweils eine aus jeder Gruppe kann nun ihren Platz verlassen, von Ecke zu Ecke gehen und versuchen, aus dem Gemurmel aller Gruppen ein Sprichwort zu identifizieren. Sobald sie meint, eines gefunden zu haben, schreibt sie es auf und gibt es mit Nennung der eigenen Gruppe bei der Spielleitung ab. Die Gruppe, die nach einer vereinbarten Zeit die

meisten richtigen Sprichwörter erkannt hat, gewinnt. Für falsche Angaben wird ein Punkt abgezogen.
Eine Variation, die das Spiel erleichtert: Sobald ein Sprichwort richtig identifiziert worden ist, wird es von der Spielleitung laut verlesen. Die Spielerinnen, die Elemente aus diesem Sprichwort zu murmeln hatten, verstummen.

Beispiel 1:

Man/	soll/	den Tag/	nicht vor/	dem Abend/	loben.
Je/	später/	der Abend,/	desto/	schöner/	die Gäste.
Ein/	Advokat/	und ein/	Wagenrad/	wollen/	geschmiert sein.
Wie/	die Alten/	sungen,/	so/	zwitschern/	die Jungen.

Beispiel 2:

Was du/	nicht willst,/	das man/	dir tu,/	das füg auch	keinem andern zu.
Keine/	Antwort/	ist/	auch/	eine/	Antwort.
Arm ist/	nicht, wer/	wenig/	hat,/	sondern wer/	viel bedarf.
Arm/	oder reich,/	der Tod/	macht/	alle/	gleich.

Beispiel 3:

Nach/	getaner/	Arbeit/	ist/	gut/	ruhen.
Der Arme/	kennt seine/	Verwandten/	besser/	als der/	Reiche.
Auf-/	geschoben/	ist/	nicht/	auf-/	gehoben.
Vier/	Augen/	sehen/	mehr/	als/	zwei.

Beispiel 4:

Was der/	Bauer/	nicht/	kennt,/	das ißt/	er nicht.
Im/	Becher/	ersaufen/	mehr/	als im/	Meer.
Hunde,/	die am/	meisten/	bellen,/	beißen/	am wenigsten.
Wer/	immer strebend/	sich bemüht,/	den können/	wir/	erlösen. (Goethe)

Beispiel 5:

Den/	höchsten/	Sieg/	erringt,/	wer sich/	selbst bezwingt.
Ist das/	Bier im/	Manne, ist/	der/	Verstand/	in der Kanne.

Wenn der/	Blinde den/	Blinden führt,/	so fallen/	beide/	in die Grube.
Jeder Mensch/	hat ein Brett/	vor dem Kopf,/	es kommt/	nur auf/	die Entfernung an.

Weitere Beispiele finden Sie in: Duden 11. Redewendungen und sprichwörtliche Redensarten. Idiomatisches Wörterbuch der deutschen Sprache. Bibliographisches Institut, Leipzig 1992.

5. Blitzlichter zur Berufswahl

Texte zu Berufen mit besonderem Bezug zum Fach Deutsch

9–13

Was kann ich mit dem, was man im Deutschunterricht lernt (lernen könnte), in der Berufswelt überhaupt anfangen? Bis weit in die Sekundarstufe II hinein fällt vielen Schülerinnen und Schülern eine Antwort auf diese Frage schwer. Die folgenden Kurzinformationen bieten erste Orientierungen und regen zur Diskussion an. Sie machen deutlich, daß sich sprachliche Kompetenz auf ganz unterschiedliche Weise beruflich nutzen läßt.
Nicht aufgeführt sind die eher literaturwissenschaftlich geprägten Berufe (Deutschlehrerin, Hochschullehrerin für Germanistik, Feuilleton-Redakteurin, Buchhändlerin); diese sind den Schülerinnen und Schülern noch am ehesten bekannt und können vorweg angesprochen werden.
Zum Verfahren: Die Kurztexte nach und nach vorlesen (lassen); nach jedem Vortrag die im folgenden aufgelisteten Fragen stellen. Am Ende kann die Frage aufgeworfen werden, ob sich jemand mit einem der vorgestellten Berufe näher befassen möchte. Eventuell läßt sich ein Kontakt vermitteln.

Fragen
Wie heißt wohl die Berufsbezeichnung?
Wo ist diese Person wohl angestellt?
Würde dir ein solcher Beruf Spaß machen?
Welche Handlungsmöglichkeiten dieses Berufs findest du besonders interessant?
Was stört dich an diesem Beruf?

Person A

Ich sitze in meinem Büro oder reise umher, um Kontakte mit Autorinnen und Autoren aufzubauen. Jedes Jahr arbeite ich mit einer ganzen Reihe von Leuten intensiv zusammen: am Telefon, brieflich, auf Buchmessen, in Büros, bei Arbeitsspaziergängen. Die Bücher, die dabei herauskommen, erscheinen dann in unserem Verlag. Ich berate die Leute, wie sie ihre Manuskripte so weiterentwickeln oder kürzen können, daß sie sich als Buch gut verkaufen lassen. Dabei brauche ich Verhandlungsgeschick und eine gute Spürnase für das, was die Käufer von Büchern wünschen. Natürlich muß ich auch sicher mit der Sprache umgehen und Formulierungen verbessern können.

Lektor/in in einem Verlag

Person B

Schon in der Schule habe ich gerne Texte für die Schülerzeitung geschrieben, und ich fand es gut, wenn nachher über sie gesprochen wurde. Heute muß ich mir immer ganz genau überlegen, welche Wirkungen ich mit meinen Texten erzielen will. Ich bin bei Vorstandssitzungen dabei, zum Teil auch bei vertraulichen Gesprächen. Ich weiß sehr viel von dem, was in unserem Unternehmen passiert. Veröffentlicht wird natürlich lange nicht alles. Der Vorstand vertraut darauf, daß ich die Informationen, die nach draußen gehen, geschickt auswähle und aufbereite. Um gezielt zu informieren, veranstalte ich Pressegespräche, zu denen ich Journalisten einlade. Ich verfasse Presseerklärungen, die regelmäßig an viele Rundfunk-, Fernseh- und Zeitungsredaktionen gehen. In der Stellenausschreibung, auf die hin ich mich beworben habe, stand: „Wir erwarten von Ihnen eine einschlägige journalistische Ausbildung und die Fähigkeit, komplexe Sachverhalte mündlich und schriftlich schnell auf den Punkt zu bringen."

Pressesprecher/in einer großen Firma/eines Verbandes/einer Behörde

Person C

Ich bin schon immer gerne ins Ausland gereist. Seit einigen Jahren lebe ich jetzt in Deutschland. Wir „reden mit Politikern in Bonn, Schweinebauern in Templin, Skinheads in Bochum oder Stammtischgästen am Prenzlauer Berg. (Wir) übermitteln Nachrichten, analysieren Eindrücke, schreiben Features und Portraits." Wir reisen viel und treffen uns dann immer wieder in der Hauptstadt und tauschen unsere Eindrücke aus, bevor wir unsere Berichte an die Heimatredaktionen durchgeben. Manchmal meldet sich ein heimischer Verlag und wünscht, daß ich ein Buch schreibe über das Land, aus dem ich seit Jahren berichte.

Auslandskorrespondent/in einer Zeitung

(Unter Verwendung eines Textauszugs aus Elisabeth Wehrmann: Ihre Story ist Deutschland. Aus: „Die Zeit“ vom 3. 12. 1993)
Verwandte Berufe: Redakteur/in in der Zentralredaktion einer Zeitung, Redakteur/in eines Rundfunk- oder Fernsehmagazins usw.

Person D
Von meiner Sorte gibt es viele Tausende; 70 % der Journalisten arbeiten so ähnlich wie ich. Wenn ich morgens um zehn ins Büro gehe, weiß ich nie genau, was mich am Tag erwartet. Wichtige Ereignisse in der Stadt sind oft nicht vorhersehbar. Oft habe ich für den späten Vormittag allerdings schon einen Termin vereinbart: Ein neues Fabrikgebäude wird eingeweiht; in der Stadtverwaltung gibt es ein Kontaktgespräch, das für einen längeren Artikel wichtig ist. Um 14 Uhr ist Redaktionskonferenz: Wir schauen unser Produkt vom Vortag kritisch an und planen die Ausgabe für den nächsten Tag. Inzwischen sind die Meldungen gesichtet, die das Faxgerät ausgedruckt hat. Nachmittags schreibt dann jeder seine Texte, immer wieder unterbrochen von neuen Ereignissen, Anrufern, die uns interessante Informationen zustecken, und vielen anderen, deren Informationen wir kaum verwenden können. Um 18 Uhr sollten die Texte für die nächste Ausgabe dann fertig sein. Gibt es abends Sportereignisse oder politische Diskussionen, dann geht auch schon mal der Abend drauf. Dafür gibt es später dann Freizeitausgleich. Schon in jungen Jahren habe ich einen Rat befolgt: „Nutzen Sie jede Gelegenheit zu schreiben – und sei es im örtlichen Anzeigenblättchen“. Das hat mir geholfen, im Journalistenberuf Fuß zu fassen. Die meisten Zeitungen und Rundfunkanstalten verlangen solche Vorerfahrungen, wenn man ein Volontariat machen will.
Lokalredakteur/in einer Tageszeitung

Adressen und Tips zum Bereich Journalismus

Journalistenschulen
Deutsche Journalistenschule, Altheimer Eck 3, 80331 München
Kölner Schule – Institut für Publizistik e. V., Gut Schillingsrott, 50996 Köln
Institut zur Förderung publizistischen Nachwuchses e. V., Elisenstr. 3a/VI, 80335 München

Berliner Journalistenschule, Lietzenburger Str. 77, 10719 Berlin
Henri-Nannen-Schule Hamburger Journalistenschule Gruner + Jahr – „Die Zeit“ GmbH, Fontenay-Allee 14, 20354 Hamburg
Journalistenschule Axel Springer, Axel-Springer-Platz 1, 20355 Hamburg
Georg von Holtzbrink-Schule für Wirtschaftsjournalisten, Kasernenstr. 67, 40213 Düsseldorf
Burda Journalistenschule, Arabellastr. 23, 81925 München

Literatur

Karin Gavin-Kramer/Klaus Scholle: Studienführer Journalistik. Kommunikations- und Medienwissenschaft. Lexika Verlag, München 1993
Volker Schulze (Hrsg.): Wege zum Journalismus. Ein Ratgeber für die Praxis. Bonn 1992
Journalist werden? Ausbildungsgänge und Berufschancen im Journalismus. Bonn 1993 (erhältlich bei: Deutscher Journalistenverband, Bennauerstr. 60, 53115 Bonn)

Person E

Im Deutschunterricht haben wir das viel zu wenig geübt: Wörter und Sätze witzig abändern; interessante Formulierungen, einen treffenden Ausdruck finden. Jetzt brauche ich das jeden Tag. Unser Job ist es, Sprüche zu kreieren, die den Leuten nicht mehr aus dem Kopf gehen. Unsere Kunden sind zwar hauptsächlich auf gute Bilder und Kurzfilme angewiesen. Aber die Sprache ist auch ganz wichtig. Manchmal blödeln wir in einem stundenlangen Palaver mit Kolleginnen und Kollegen herum, bis wir mehr oder weniger zufällig eine Formulierung finden, die Erfolg verspricht. Dann wird ein Konzept für den Kunden entworfen, und das Projekt ist entscheidungsreif.
Werbetexter/in

Person F

In der Anzeige, auf die hin ich mich beworben habe, stand, man erwarte von mir flexible Intelligenz, Terminsicherheit, Fingerspitzengefühl im Umgang mit Menschen und praktische Erfahrungen im Kochen und Backen. Weiter hieß es da: „Absolute Sicherheit in Orthographie und Interpunktion wird erwartet, ebenso Sicherheit im Umgang mit der deutschen Sprache und die Fähigkeit, komplexe Abläufe einfach und anschaulich zu formulieren.“ Gute Allgemeinbildung sollte ich ebenfalls

mitbringen, außerdem mußte ich die englische Sprache beherrschen. Heute bin ich für eine Zeitschrift und eine Buchreihe verantwortlich. Ich verbessere Texte, die uns geschickt werden, und schreibe zum Teil selbst welche. Ab und zu fahre ich auf Messen und Tagungen, um mir Neuigkeiten im Bereich Kochen und Backen anzuschauen.
Redakteur/in für den Bereich Essen und Trinken in einem Verlag
(Unter Verwendung einer Anzeige des Falken-Verlages, in: „Die Zeit" vom 8. 1. 1993)

Person G
Schon in der Schule hat es mir Spaß gemacht, englische Romane zu lesen, den Formulierungen der Autorinnen und Autoren bis in feinste Nuancen nachzugehen und mir zu überlegen, wie sich das wohl auf deutsch anhören würde. Heute ist das mein Beruf. Inzwischen kenne ich mich in fast allen Stillagen der deutschen Sprache so gut aus, daß ich bei der Übertragung englischer Originaltexte nach einigem Probieren meist den passenden Ton finde. Aber manchmal ist es schwer, den Ausgangstext zu kapieren. Dann vertelefoniere ich Unsummen, um z. B. ein paar Zeilen amerikanischen Südstaatenslangs zu entwirren. Oft lese ich sehr viel, damit ich die Hintergründe von Büchern genauer verstehen kann. Die Aufträge kommen meist von Verlagen. Sehr viel verdienen kann man in diesem Beruf nicht. Aber es ist schon interessant, die Werke bekannter ausländischer Autoren auf deutsch nachzudichten.
Übersetzer/in

Person H
Täglich bin ich im Radio zu hören, neuerdings auch manchmal im Fernsehen zu sehen. In der Regel spreche ich Nachrichtentexte, werde aber öfter auch für Hörspiele engagiert. Ab und zu arbeite ich bei Synchronisationen ausländischer Filme und bei der Herstellung von Werbefilmen mit. Im Rundfunkstudio ist immer nur meine Stimme gefragt, weniger mein Gesicht. Meine Aussprache war schon immer klar; bereits in der Unter- und Mittelstufe konnte ich Texte gut sinngemäß vortragen. In der Sprecherausbildung habe ich das weiter gründlich trainiert.
Nachrichtensprecher/in

Person I
Ich habe den schönsten Beruf, „den ich mir vorstellen kann. Ständig ergeben sich neue Situationen, kein Problem gleicht dem anderen. Das Buch ist eben eine besondere Ware. Es ist ein kombiniertes Produkt, ist inhaltlich intellektuell oder literarisch, ist ein ästhetisches Werk, wird

mit viel Arbeit und modernster Technik hergestellt, braucht Phantasie für Werbung und Vertrieb und ist nicht zuletzt etwas Ökonomisches mit dem Zwang zur Rentabilität. Dieses Kombinieren der verschiedenen Faktoren Literatur und Wissenschaft, Kunst, Ästhetik, Technik und wirtschaftliche Organisation interessiert mich ganz besonders, macht den eigentlichen Reiz dieser unternehmerischen Tätigkeit aus."

Verleger/in

(Unter Verwendung einer Äußerung von Manfred Beltz Rübelmann in: Günter Holm (Hrsg.): Anfänge. 150 Jahre Julius Beltz 1841–1991. Weinheim und Basel 1991, S. 211)

Person J

„Mich weckten meine Kinder. Ich hörte, wie sie sprachen. entdeckte ihre Erzählweise, wie sie phantasierten, mogelten, wie sie redend mit ihrer Umgebung umgingen (...) (Ich) achtete auf die Wörter und Redewendungen, die sie aus dem Kindergarten und aus der Schule mitbrachten. Das war eine andere Sprache als die meine, oft witzig und frech in ihren Verkürzungen, mitunter grob, doch stets sehr dinglich und nah. Die ersten Versuche, für Kinder zu schreiben, unternahm ich mit meinen Kindern. Ich hörte ihnen zu, buchstabierte ihnen nach. Dabei fiel mir auf, wie unterschiedlich wir den Tag verbrachten, daß wir geradezu in zwei Welten lebten, verhältnismäßig wenig voneinander erfuhren." Seitdem habe ich viele Bücher geschrieben: für Kinder und auch für Erwachsene.

Schriftsteller/in

(Unter Verwendung einer Rede von Peter Härtling in: Günter Holm, ebd. S. 195)

Person K

Schon als Schüler habe ich mit dem Theater angefangen. Man muß Spaß daran haben, den Menschen etwas zu zeigen. „Es geht nicht darum, sich selbst darzustellen. Es geht um eine Entdeckungsreise, darum, eine Geschichte zu erzählen; zu wissen, *wie* man eine Geschichte erzählt; zu erklären, *warum* eine Geschichte wichtig (...) ist, und die mysteriöse Tatsache zu rechtfertigen, daß man auf einer Bühne steht, etwas erzählt oder zeigt und Leute sich in einem Saal versammeln."

Schauspieler/in

(Unter Verwendung einer Interview-Äußerung von Patrice Cheréau in: Emmanuel Bohn/Siegmar Schröder (Hrsg.): Theater des Zorns und der Zärtlichkeit. Bielefeld 1988, S. 69)

Weitere Berufe mit Bezug zum Fach Deutsch

- Lektor/in an einer ausländischen Universität (Sprachkurse etc. im Fach Deutsch)
- Beamte/r im höheren Auswärtigen Dienst (besonders in Kulturabteilungen der Botschaften)
- Mitarbeiter/in von Goethe-Instituten und anderen Kultureinrichtungen im Ausland
- Dramaturg/in am Theater oder an Fernseh- und Rundfunkanstalten
- Kommunikationsberater/in und -trainer/in (meist freiberuflich)
- Computerlinguist/in
- Phonetiker/in (u. a. im klinischen Bereich)

Literaturhinweise: Heinz-Jürgen Beyer: Studienführer Sprach- und Literaturwissenschaften. Lexika Verlag, München 1987;
Gerhard Härle/Uwe Meyer: Studienführer Germanistik. Sprachwissenschaft, Mediävistik, Literaturgeschichte, Literaturwissenschaft, Lexika Verlag, München 1990.

D Besondere Herausforderungen – Prüfungen, Besuche, Poesiealben

1. Hilfe – ich bin im Abitur!

Tips für Notenbegründungen – Abiturarbeiten![1]

Zu beachten ist, daß die Notenbegründungen im Abiturverfahren sich nicht mehr direkt an die Schülerinnen und Schüler richten – diese dürfen ihre Arbeiten erst einige Jahre später einsehen –, sondern an Zweitkorrektoren, Mitglieder von Prüfungskommissionen und evtl. Behördenvertreter, die die Arbeiten sowie ihre Bewertung nachkontrollieren. Die Begründungen sind daher ganz unpersönlich gehalten; vom Prüfling ist in der dritten Person die Rede.

Tips für Notenbegründungen – mündliches Abitur

Als Prüfer, als Fachbeisitzer und als Vorsitzender einer Prüfungskommission im mündlichen Abitur ist man oft in der Verlegenheit, in einer Pause zwischen stressigen Prüfungen oder am Ende eines Prüfungsmarathons nach manchmal langwierigen Prozeduren der Notenfindung das Ergebnis in knappen Formulierungen zusammenfassen zu müssen. Wenige Sätze müssen die Note möglichst adäquat ausdrücken und dabei verschiedene Begründungsebenen treffen. In solchen Situationen sind Formulierungen wie die folgenden hilfreich.

Bemerkungen zum Schülervortrag

Vortragsweise/ Darstellungsleistung	Der Vortrag ließ einen sinnvollen Aufbau erkennen; die Analyseergebnisse wurden gedanklich schlüssig vorgetragen.
	Die Schülerin hat ihre Gedanken flüssig und geordnet/ stockend vorgetragen.
	Der Schüler konnte den Vortrag nicht/nicht hinreichend systematisch aufbauen. Zum Beispiel traten viele Wieder-

1 Ausführliche Formulierungsvorschläge finden Sie im Kapitel „Notenbegründungen“, Seite 126 ff.

holungen auf. Gedankengänge wurden abgebrochen und (nur in einigen Fällen) später wieder aufgegriffen.

Er verwendete häufiger saloppe Formulierungen; öfter fehlten fachliche Präzisierungen.

Der Vortrag zeigte ein (zu wenig/nur teilweise) differenziertes Ausdrucksvermögen.

Der Prüfling verfügte (nicht) über eine sachgerechte Fachterminologie.

Verstehensleistung

Interpretationsthesen/analytische Ansätze wurden schlüssig aus Textbelegen heraus entwickelt.

Die Textaussage wurde im Kern erfaßt und zum Teil auch detailliert in eigenen Worten reformuliert, so daß ein hinreichendes Verständnis des Textes nachgewiesen werden konnte.

Die analytischen Ansätze wurden gedanklich (zum Teil) sorgfältig entwickelt.
Sie kam über eine Paraphrase des Textes kaum hinaus; eine eigenständige gedankliche Verarbeitung war nur in Ansätzen erkennbar.

Die Schülerin stellte ein (ausgeprägtes) kritisches Urteilsvermögen unter Beweis.

Der Schüler konnte kaum kritische Distanz zu dem vorgelegten Text aufbauen.
Der Vortrag war nicht in allen Teilen/zu wenig/ durchgängig auf die Themenstellung bezogen. Zum Teil wurde nur „Wissensgepäck abgeladen", das mit der Aufgabenstellung kaum in Zusammenhang zu bringen war.

Eine gründliche/nicht sehr intensive/nur dürftige Textarbeit führte zu vielfältigen/einigen tragfähigen/ganz wenigen analytischen Ergebnissen.

Die Kennzeichnung einiger/vieler Textelemente war fachterminologisch korrekt.

Die Analyse ließ die nötige fachterminologische Präzision in einigen Fällen/oft vermissen.

Bemerkungen zum Prüfungsgespräch

Gesprächsfähigkeit	Er zeigte sich sehr/nur bedingt gesprächsfähig. Fragen wurden sofort/nur selten/manchmal nicht erfaßt und gedanklich verarbeitet. Sie antwortete nur stockend. Es waren viele Hilfen nötig.
Nachweis von Kenntnissen und Einordnungskompetenz	Um zu Ergebnissen zu kommen, waren viele Nachfragen notwendig. Mehrfach kam die Schülerin nicht/erst nach mehrmaligen Nachfragen/dann allerdings sofort zum Kern der Sache. Das Gespräch läßt auf lückenhafte/umfangreiche/ausgezeichnete Sachkenntnisse schließen. Zu den gestellten Fragen entwickelte der Prüfling gut abgesicherte/problematische/ziemlich ungesicherte/spekulative Thesen, die auch auf Nachfrage hin nicht weiter entfaltet und begründet werden konnten. Sie trug eine differenzierte und kritische Stellungnahme vor. Zum Teil fehlte die gedankliche Bündelung und Zuspitzung von Einzelaussagen.

2. Die Tage vor der Zeugniskonferenz

Wenn für die Schülerinnen und Schüler (hoffentlich) alles überstanden ist, erreicht die Belastung der Lehrerinnen und Lehrer noch einmal einen Höhepunkt. Die Tage zwischen Zeugniskonferenz und Zeugnisausgabe (letzter Schultag) stellen eine besondere Herausforderung dar, und zwar besonders für diejenigen, die ihr Amt weiterhin ernst nehmen und nicht einen Videofilm nach dem anderen zeigen wollen. Die Noten stehen fest; die Schüler erwarten besondere Angebote. Was also tun? Im folgenden einige Unterrichtsvorschläge für diese schwierigen letzten Tage des Schuljahres.

Kommunikationsspiele und Wettbewerbe

Lustige Namensänderung *5–7*

Jeweils zwei oder drei Schüler setzen sich zusammen und versuchen, die Namen einiger Mitschüler abzuändern. Dabei sollten zwei Regeln beachtet werden:

1. Die tatsächlichen Namen müssen in den Abwandlungen noch erkennbar bleiben.
2. Die Abwandlungen sollten einen lustigen Effekt haben und evtl. sogar besondere Eigenschaften der jeweiligen Personen zum Ausdruck bringen.

Die Schüler schreiben nacheinander ihre besten Ideen an die Tafel. Die Klasse rät, wer gemeint ist. Erfahrungsgemäß wollen viele Schüler sich die originellsten Namensänderungen notieren. Eventuell können als Anregung einige der folgenden Abwandlungen vorgelesen werden. Sie sind in einer Klasse 7 entstanden.

Beispiele:

Aus	Denise Kurtulus	wurde	Elise kurz vorm Kuß
	Dennis Hamm		Tennis Ball
	Philipp Spönemann		Wipp-Wapp Stöhnemann
	Pascal Montforts		Pascha Mondfurz
	Petra Brüggen		Lepra Drückens
	Simone Nienhaus		Zitrone nie aus dem Haus
	Susi Behrend		Busi Verheerend
	Jana Stiels		Lama des Nils
	Thomas Reintjes		Hohl Aas Schweintjes

Tippwörter-Wettbewerb *5–10*

Einem Schüler werden die Augen verbunden oder zugehalten. Mit einem Bleistift tippt er in einer Zeitung auf fünf verschiedene Wörter. Diese werden bekanntgegeben. Innerhalb von zehn Minuten müssen alle einen Text schreiben, in dem diese Wörter auf sinnvolle Weise vorkommen. Die vorgelesenen Texte werden in unterschiedlicher Lautstärke beklatscht. Wer den meisten Beifall bekommen hat, darf ein weiteres Spiel auswählen.

Was machst du in den Ferien? *5/6*

Einige Schüler führen in einer möglichst ausladenden Pantomime vor, was sie in den Ferien alles tun wollen. Der Rest der Klasse „übersetzt“ jeweils.

Komposita-Kette *5/6*

Mit Komposita, die aus zwei Substantiven bestehen, sollen Gruppen von Schülern in einer vorgegebenen Zeit (z. B. zehn Minuten) eine möglichst lange Schlange schreiben. Dabei können Fall und Numerus eines Substantivs gewechselt werden (z. B. Tag > Tages).

Reisegepäck *5–10*

Bei diesem Spiel sind zunächst nur der Lehrer und zwei bis drei Schüler eingeweiht. Die Spielleitung erklärt: „Ihr sagt gleich, was ihr in den Ferien macht; und wenn ihr wegfahrt, dann zählt bitte auf, was ihr alles in den Koffer packt. Gebt Begründungen für alles, was ihr in den Koffer hineintun wollt." Einige Schüler, die mitspielen wollen, verlassen zunächst den Raum.
Dann wird der erste aufgerufen. Er nennt ein Reiseziel und fängt an, über den Kofferinhalt zu sprechen. Aus zunächst unerklärlichen Gründen wird er aber schon bald unterbrochen. Die Spielleitung und die eingeweihten Schüler erklären, daß er diesen Gegenstand auf keinen Fall mitnehmen könne und daß er etwas anderes nennen solle. Der Hintergrund ist: Spielleitung und Eingeweihte lassen nur solche Gegenstände zu, deren Anfangsbuchstaben mit denen des Vor- oder Zunamens des Reisewilligen übereinstimmen.
Verraten wird von diesem Spielprinzip zunächst natürlich nichts. Damit die Befragten schneller auf den Trichter kommen, können die Eingeweihten auf Gegenstände hinweisen, die mitgenommen werden können. Dabei dürfen auch ganz verrückte Begründungen für die Mitnahme gegeben werden. Ein Beispiel für den Fall, daß die Schülerin Lisa Meyer heißt: „Nein Lisa, das mußt du wohl zu Hause lassen. Aber eine Leuchtröhre kannst du mitnehmen. Vielleicht geht in eurem Hotel eine kaputt. Oder eine Motorsäge; damit kannst du die Bettpfosten absägen, wenn du nicht gerne so hoch schläfst." Helfen diese Tips nicht, so können schließlich mehrere Gegenstände zusammenfassend aufgezählt werden: „Lisa, du kannst natürlich einen Lippenstift mitnehmen, deine Lieblingsplatten, die Leuchtröhre und Limo." Durch die Reihung und

den Alliterationseffekt müßte die Schülerin spätestens an dieser Stelle das Spielprinzip durchschauen. Nun wird der nächste Spieler hereingerufen.

Knotenspiel *8–13*

Zum Schluß des Schuljahres geben sich noch einmal alle die Hand, und zwar auf eine lustige Weise. Jeweils acht bis zwölf Schüler stellen sich zunächst in einem Kreis auf. Sie gehen dann einige kleine Schritte aufeinander zu, bis sie eng zusammenstehen. Alle heben die Arme, schauen dann auf den Boden, recken die Arme zur Seite und nach vorne. Schließlich greift jeder zwei fremde Hände – den Kopf weiterhin gesenkt, so daß man nichts sieht. Der Spielleiter achtet darauf, daß nicht drei oder noch mehr Hände aneinandergeraten. Greifen alle Hände ineinander, werden die Bündel wieder aufgelöst, indem die Schüler langsam auseinandergehen, ohne die Hände loszulassen. Die Gruppe darf jetzt wieder nach oben sehen, um zu erkennen, welcher Knoten aus Armen sich gebildet hat. Ihre Aufgabe besteht darin, durch Übereinander- und Hindurchsteigen den Knoten zu entwirren, ohne daß die Hände jemals losgelassen werden. Meist gelingt dies, wobei ein Kreis entsteht. Öfter bilden sich auch zwei Kreise. Das Entwirren des Knotens bringt viel Spaß und Aufregung und führt zu einem Höchstmaß an Konzentration auf die gemeinsame Aufgabe.

Buchstabenspiele *(Edmund Wild)*

Logische Buchstabenfolgen *5–8*

Der Lehrer schreibt die ersten Buchstaben an die Tafel.
Die Schüler erraten den folgenden Buchstaben.

J F M A M J	J	(A S O N D)	Anfangsbuchstaben der Monate
D N O S A	J	(J M A M F J)	die Monate rückwärts
M D M D F	S	(S)	Anfangsbuchstaben der Wochentage
E Z D V F S S	A	(N)	Anfangsbuchstaben der Zahlen 1 bis 9
B C D F G H	J	(K L ...)	Konsonanten
O T T F F S S	A	(N)	Anfangsbuchstaben der englischen Zahlen 1 bis 9
N A S S F V D	Z	(E)	Anfangsbuchstaben der Zahlen 9 bis 1
F S H	W		Jahreszeiten

Ein-Vokal-Sätze

Der Lehrer gibt einen Vokal vor.
Jeder Schüler schreibt einen möglichst langen (sinnvollen) Satz ins Heft, dessen Wörter nur diesen Vokal enthalten.
Beispiele:
K**a**lt B**a**chb**a**d m**a**cht w**a**ch.
Iß n**i**e **i**m **I**mb**i**ß **i**nd**i**sch!
Kn**u**t r**u**ft **u**ns z**u**: „N**u**r M**u**t!“
D**e**r L**e**hr**e**r f**e**gt d**e**n Dr**e**ck w**e**g.
W**o**rtl**o**s k**o**cht **O**tt**o** **O**bst, **o**bw**o**hl v**o**ll Z**o**rn.

Der Buchstabe regiert

Der Lehrer gibt eine Zeitspanne vor (3–5 Minuten).
Die Schüler lösen in dieser Zeit die folgenden Aufgaben schriftlich.

Langer Satz
Bilde einen Satz, in dem kein Buchstabe doppelt vorkommt! Der längste Satz gewinnt.

Kurzer Satz
Bilde einen Satz, in dem alle Buchstaben vorkommen! Der kürzeste Satz gewinnt.
Beispiel: Quiz-Boy Max kurvt ja pfeilgeschwind.

Namensatz
Bilde einen Satz, in dem die Buchstaben deines Namens die Anfangsbuchstaben der Wörter bilden.
Beispiel: **I**ßt **n**iemand **g**ern **E**is? **INGE**

Vokalsatz
Bilde einen Satz, in dem die Wörter mit den fünf Vokalen beginnen.
Beispiel: **A**lle **e**ssen **i**nzwischen **O**bst **u**nmäßig.

nf-Endung
Suche Wörter mit der Endung *nf.*
Beispiele: fü**nf**, Se**nf**, Ha**nf** (Ge**nf**, Se**nf**)

Doppelvokal
Suche Wörter mit Doppelvokalen.
Beispiele:
aa Aachen, Aal, Aar, Aas, Haar, Maar, Maas, Maat, paar, Paar, Saal, Saat, Staat, Waage
ee Beere, Beet, Fee, Galeere, Geest, Heer, Kaffee, Klee, Lee, leer, Lorbeer, Meer, Reede, Reep, scheel, Schnee, See, Seele, Speer
oo Boot, Moor, Moos, doof, Zoo

Gleicher Anfang
Suche möglichst viele Wörter, die (z. B.) mit *N, n* beginnen.

Worttreppe
Suche Wörter, bei denen das erste einen Buchstaben hat, das zweite zwei, das dritte drei usw. Im Wort darf sich kein Buchstabe wiederholen.
Beispiel:

1. o
2. so
3. ein
4. dich
5. Blume
6. morgen
7. Freitag
8. Maschine
9. Scheidung
10. Verwaltung
11. Stricknadel
12. Kampfgericht
13. Schraubenkopf
14. Berufsdiplomat
15. Polarfuchsgebiß
16. Dialektforschung
17. Hockeyübungsplatz
18. Fußgymnastikbücher
19. Boxkampfschilderung

Wörter im Wort
Der Lehrer schreibt ein Wort an die Tafel.
Die Schüler bilden mit den Buchstaben dieses Wortes möglichst viele neue.

Beispiel: Bauernhof: Aue, Bauer, Hof, rauh, braun, bauen, Bohne, Bahn, Frau usw.
Geeignete Wörter: Blumenständer, Mitternacht, Dortmund usw.

Personen raten *(Edmund Wild)* *5–10*

Persönlichkeiten raten
Der Lehrer schreibt verdeckt den Namen einer bekannten Persönlichkeit an die Tafel.
Die Schüler stellen Fragen, bis sie den Namen erraten haben.
Der Lehrer antwortet nur mit ja oder nein.
Es eignen sich auch die Namen von Ländern, Städten, Flüssen, Gebirgen usw.

Schüler raten
Der Lehrer gibt zunehmend genaue Informationen über einen Schüler der Klasse.
Die Schüler schreiben den Namen des erratenen Schülers und die Nummer der entscheidenden Information auf.
Wer hat die niedrigste Nummer?

Beispiel:

1. Junge
2. blond
3. lange Haare
4. T-Shirt
5. Halskette
6. Jeans — Schüler 1: Es ist Markus.
7. weißes T-Shirt
8. Turnschuhe Adidas — Schüler 2: Es ist Markus.
9. Armbanduhr mit Zifferblatt
10. schwarze Jeans

...

Schülernamen raten

Der Lehrer umschreibt den Namen eines Schülers.
Die Schüler erraten den Namen.

Beispiele:

1.	norddeutscher Lateiner	Björn Emmelius
2.	Gott sei Dank noch kein Geizhals	C. Spaar
3.	nichtweiblicher Stubenhocker	D. Zimmermann
4.	Erzeuger von Staub und Nahrung	D. Müller
5.	Einschlaf-Helfer für Kinder	E. Sandmann

...

Schüttelreime *(Edmund Wild)* *8–10*

Der Lehrer liest Schüttelreime vor.
Die Schüler finden eigene Reime.

Des Lebens Auf**t**akt
ist der **T**aufakt.

Des Schülers Geist, auch wenn er
munter ist,
er produziert halt doch mitunter **M**ist.

Ein ungeübter **K**inder**m**und
tut Wahrheiten nicht **m**inder
kund
als einer, der vom **L**eben alt,
und seine Weisheit eben **l**allt.

„Die Schule wirkt von außen **tr**ist!"
sagt einer, der noch **dr**außen ist.
Doch kaum, daß er jetzt **dr**innen ist,
sieht er, sie ist auch innen **tr**ist.

Die Eßlust gilt's im **N**u zu zähmen,
wenn die Gefahr droht zuzu**n**ehmen.

Der Redner bang, daß man es **w**agen sollte,
vor ihm zu äußern, was er sagen **w**ollte.

Heut wird der Jäger **p**irschen **k**aum,
liegt lieber unter'm **K**irschen**b**aum.

Weil Bäume sie in **M**enge **h**atten,
schliefen sie stets in **H**änge**m**atten.

Vor nichts graust es dem **B**ade**m**eister,
selbst in die dickste **M**ade **b**eißt er.

Beim Zahnarzt in den **W**arte**z**immern,
da hört man nicht nur **Z**arte **w**immern.

3. Hilfe – ich bin Fachvorsitzender!

Das ganze Aufgabenspektrum

Die Fachkonferenzen Deutsch, die in jeder Schule mindestens einmal im Jahr stattfinden, wählen in der Regel für die Dauer eines Jahres einen Vorsitzenden. Sein Aufgabenspektrum umfaßt:
- Vorbereitung und Leitung der nachfolgenden Fachkonferenz(en);
- Verwaltung des Fachetats (u. a. Teilnahme an der Etatkonferenz der Schule, Buchbestellungen, Signieren neuer Titel für die Fachbibliothek etc.);
- laufende Übersicht über Anzahl und Zustand der Lehrmittel im Fach Deutsch und evtl. Vorbereitung von Lehrbuchbestellungen;
- Erledigung aller Anfragen und Aufträge der Behörde, sofern sie das Fach betreffen;
- Weiterleitung von Verlags- und sonstigen Informationen.

Nicht überall geübte Praxis:
- Vorbereitung der Lehrbuchausgabe zu Beginn des Schuljahres;
- Betreuung der Abteilung Deutsch in der Schulbibliothek (kann in der Fachgruppe delegiert werden);
- Besuch von Fachtagungen und Fortbildungen mit anschließender Berichterstattung (kann in der Fachgruppe delegiert werden);
- Aufarbeitung fachspezifischer Probleme für Fachkonferenzen;
- Schlichtung in fachspezifischen Streitfällen (zwischen Kollegen, z. B. Drittkorrektor im Abitur; zwischen Lehrern und Schülern).

Bevor man sich zum Vorsitzenden wählen läßt, sollte man sich genau darüber informieren, wie das Aufgabenspektrum des Fachvorsitzenden Deutsch an der eigenen Schule aussieht. Von Schule zu Schule weicht die Praxis oft stark voneinander ab.

Den Fachetat vertreten und ausgeben

In vielen Schulen ist es üblich, daß in den Etatkonferenzen alle Fächer jährlich gleichhohe Pauschalen für eine Aktualisierung der Fachbibliothek zugewiesen bekommen. Diese Pauschalen sind in der Regel nicht sehr hoch. Gleichzeitig wird das große Geld im Rahmen von Etatposten vergeben, auf die traditionellerweise insbesondere die Naturwissenschaften Zugriff haben – hier werden teure Investitionen getätigt (Meßgeräte, Computer etc.). An den hohen Summen, um die es dort oft geht, partizipieren Fächer wie Deutsch oder die Fremdsprachen meist nicht.

Obwohl in Deutsch in der Regel die meisten Unterrichtsstunden erteilt werden, ist das Fach finanziell auf Sparflamme gesetzt. „Ihr braucht doch nur Bücher", heißt es oft. Dabei wird geflissentlich übersehen, daß auch germanistische Bücher inzwischen sehr teuer sind und daß ein Fach wie Deutsch für seine Bibliothek erheblich mehr Titel benötigt als z. B. ein naturwissenschaftliches Fach – denn das Fach lebt schließlich vom Buch. Laufend angeschafft werden sollten

- literarische Neuerscheinungen,
- neuere Werkinterpretationen,
- Lehrerhandreichungen aller Art und auch
- Standardwerke, die in der Fachbibliothek noch nicht vorhanden sind.

In vielen Schulen gibt es außerdem – für die Hand des Lehrers, der sich informieren will – Lektüresammlungen (insbesondere neuere Kinder- und Jugendbücher), die laufend ergänzt werden müssen.

Der Finanzbedarf ist also groß, der Finanzrahmen dagegen oft eng. Ein Ausweg ist, sich mit geringen jährlichen Pauschalen nicht zufrieden zu geben und an dem „Pokern" während der Etatkonferenzen mit Selbstbewußtsein teilzunehmen. Meist bestehen durchaus Möglichkeiten, Sonderanträge zu stellen, die höhere Summen erschließen. Solche Anträge müssen freilich besonders begründet werden. Am günstigsten sind Beschlüsse, die in regelmäßigen Abständen Sonderzuteilungen für das Fach vorsehen. Ein solcher Antrag muß nur einmal durchgesetzt werden; später kann dann immer wieder darauf zurückgegriffen werden.

Beispiel:
Die Fachgruppe Deutsch bittet um Bestätigung des Beschlusses der Etatkonferenz vom ..., wonach der Fachgruppe alle drei Jahre 1 000 DM für Sonderanschaffungen zufließen sollen. Die Mittel werden benötigt, um wichtige literarische Titel aus den letzten Jahren, Werkinterpretationen, Lehrerhandreichungen etc. zu einer Reihe häufig im Unterricht gelesener Werke der deutschen Literatur sowie wichtige Nachschlagewerke anzuschaffen. Folgende Titel werden in nächster Zeit benötigt:
...
(Hier sollte eine Liste der Bücher angefügt werden, die mit dem beantragten Geld bestellt werden sollen.)

Schulbuchbestellungen

Oft sind die Bücher für eine Jahrgangsstufe unterschiedlich alt, da – angesichts knapper Mittel – in den vorangegangenen Jahren immer nur die unbedingt nötigen Mengen angeschafft worden sind, während alle noch brauchbaren Bände erneut ausgegeben wurden. Die Lehrbuchbestellung ist deshalb kompliziert.
Das folgende Beispiel zur Verwaltung der Lehrmittel betrifft die Sekundarstufe I. Die Liste muß jährlich aktualisiert werden. Die Aufstellung verschafft einen Überblick darüber, wie viele Bände eines Lehrbuches in jedem Jahrgang bei der Schulbuchbestellung berücksichtigt werden müssen. Zugleich erlaubt sie, mit dem Verwalter des Lehrbuchetats eine längerfristige Anschaffungsstrategie abzusprechen.

Die Jahrgangsstärken sind in der Regel im Schulsekretariat zu erfahren. Bei der Berechnung des Bedarfs ist zu beachten, daß Lehrbücher manchmal in den *Eigenanteil* der Eltern fallen; d. h., in diesem Fall müssen die Bücher nicht von der Schule gestellt werden, sondern werden von den Eltern gekauft. In der Regel entscheidet der Verwalter des Lehrmitteletats der Schule darüber, welche Bücher in welchen Jahrgängen in den Eigenanteil fallen.
An vielen Schulen werden die Eigenanteil-Mittel für die Jahrgangsstufen 9 und 10 nicht für Schulbücher, sondern für Lektüren im Fach Deutsch eingeplant, da in der Regel mehrere und teurere Ganzschriften gelesen werden.

Liste zur Verwaltung der Lehrbuch-Bestände

Fach: Deutsch

Buchtitel: ______________________________

Anzahl der Schüler im kommenden Jahrgang	Zur Zeit in Gebrauch im 1. Jahr	im 2. Jahr	im 3. Jahr	Noch brauchbare Bestände (Reserve)	In diesem Jahr neu anzuschaffen (Mindestanzahl/wünschenswerte Anzahl)
____ Jg. 5	____	____	____	____	____ / ____
____ Jg. 6	____	____	____	____	____ / ____
____ Jg. 7	____	____	____	____	____ / ____
____ Jg. 8	____	____	____	____	____ / ____
____ Jg. 9	____	____	____	____	____ / ____
____ Jg. 10	____	____	____	____	____ / ____

4. Hilfe – die Behörde meldet sich!

Wenn der Unterrichtsbesuch eines Dezernenten ansteht, wenn neue Lehrpläne eintreffen, wenn ein Abiturvorschlag mit einer Reihe von Monita zurückkommt, wenn der Schulleiter mitteilt, daß die Behörde nach Prüfung der eingeschickten Abiturarbeiten Gesprächsbedarf angemeldet hat, wenn ein Dezernent einer Prüfung beiwohnen möchte, um zu sehen, was denn alles so gelernt worden ist über die Jahre, dann haben Lehrerinnen und Lehrer besonders intensive Empfindungen. Schlagartig wird ihnen klar, daß sie sich in einer Hierarchie befinden. In solchen Situationen nutzt man gerne Hilfen zur Wiederaufrichtung des Selbstbewußtseins, wie der folgende Text sie bietet.

Lyrik, elektrisch

„Der Umgang mit Lyrik wird sinn- und wirkungslos, wenn der Deutschunterricht ihn elektrisch und punktuell betreibt.“ So steht’s geschrieben, und zwar amtlich, in den „Richtlinien für das Gymnasium – Sekundarstufe I in Nordrhein-Westfalen“, Fach Deutsch. Elektrischer Umgang mit Lyrik – aha, denkt der Lehrer, berufsbezogener Lehrstoff an allgemeinbildenden Schulen, sehr modern, muß natürlich in Nordrhein-Westfalen sein.
Er blättert ein wenig weiter und findet ähnliches: „Analyse von Fernschreiben“ heißt das 2. Lernziel der 8. Klasse im „Lernbereich Umgang mit Texten“. Aber die Erläuterungen machen ihn stutzig. Es handelt sich offensichtlich um einen Druckfehler: „Fernsehreihen“, nicht Fernschreiben sollen analysiert werden. Sollte es doch nicht so weit her sein mit der Berufspraxis? Und – könnte nicht auch ein elektrischer Umgang mit Lyrik sinn- und wirkungslos sein? Der desillusionierte Leser schaut genauer hin, und wird fündig: „Selbstständigkeit“ (S. 27), „Behühungen“ (S. 27), „Deut-schunterricht“ (S. 33), „Teilzeit“ statt Teilziel (S. 110), „rythmisch“ (S. 110) und so weiter, die Fehler können gar nicht alle aufgezählt werden, Kommafehler, Auslassungen, Fehler, die nur ein wohlmeinender Deutschlehrer noch als Flüchtigkeits- und nicht als Rechtschreib- oder Grammatikfehler wertete. Hinzu kommt das geschätzte Curriculums-Deutsch! „Man sollte grundsätzlich sprachliche Übungen vermeiden, die ohne Bewußtmachung der situationsadäquaten Funktionalität einer sprachlichen Äußerung nur auf Erreichung einer leeren grammatischen Versatilität aus sind“ (S. 30). Man sollte grundsätzlich solche Formulierungen vermeiden.
Na ja, wird der sprachliche Nachlässigkeiten gewohnte Leser sagen, auch wenn es sich um Richtlinien für das Fach Deutsch handelt, Fehler können vorkommen, man kann sie doch verbessern. Stimmt, *kann* man, *muß* man aber nicht: alle Zitate stammen aus der zweiten, korrigierten Auflage 1981. Dies ist allerdings alarmierend, wenn nicht gar elektrisierend.

(Aus: „Die Zeit“ vom 3. 7. 1987)

5. Hilfe – die Eltern kommen!

Vorbereitung auf Elternsprechtage

Elternsprechtage nahen oft schneller als erwartet. Mitten in einer Arbeitswoche kommt ein Tag auf einen zu, der ausgefüllt ist mit Elterngesprächen der unterschiedlichsten Art. Die Erwartungen der Eltern sind vielfältig. Deshalb gilt es, sich für eine Reihe von Eventualitäten vorzubereiten. Neben

- Notenbuch,
- Klassenbuch und Ergebnislisten der Klassenarbeiten (falls der Deutschlehrer auch der Klassenlehrer ist),

- evtl. den Lehrbüchern, die im Unterricht verwendet werden,

kann der Deutschlehrer mit sich führen:

- Leseempfehlungen, besonders für die Klassen 5 bis 7,
- Titellisten von Selbstlernhilfen in den Bereichen Rechtschreibung und Grammatik für den Fall, daß bei einigen Schülern Nachhilfe angesagt ist.

Angesichts der Vielzahl von Schülern, um die es bei einem Elternsprechtag meist geht, empfiehlt es sich, über das Notenbuch hinaus personenbezogene Notizen mitzubringen. Dazu ein Tip: Für jede neue Klasse wird – schon lange vor den Elternsprechtagen – ein Heft angelegt, in dem jeder Schüler eine Seite erhält. Hier werden ab und zu positive Aspekte notiert, die den Eltern gegenüber erwähnt werden könnten, aber auch Probleme, die ein Schüler macht. Bei der Korrektur von Klassenarbeiten kann man hier besondere Fehlerschwerpunkte notieren, die den Eltern mitgeteilt werden können. Auch wichtige Informationen, die man bei Elternsprechtagen erhält, lassen sich hier kurz festhalten.

Lektüreempfehlungen

Eltern erwarten von Deutschlehrern z. T. auch Unterstützung, wenn es darum geht, Kinder und Jugendliche an zentrale kulturelle Aktivitäten, z. B. das Lesen von Büchern, heranzuführen. Der Lehrer kann sich darauf einstellen, indem er zum Elternsprechtag einige Kinder- und Jugendbücher mitbringt, die er in letzter Zeit privat oder in Klassen gelesen und für gut befunden hat. Die Eltern können die Bücher in die Hand nehmen, sich über die Lesereize informieren lassen, die in diesen Titeln stecken, und sich kurz bibliographische Notizen machen. Oft sind Eltern für solche Hinweise dankbar. Dies trifft besonders für solche Eltern zu, deren Kinder „nicht mehr lesen" wollen.
Zusätzlich kann der Lehrer Listen mit Buchempfehlungen anbieten, die er entweder selbst zusammengestellt hat oder die von entsprechenden Fachorganisationen herausgegeben worden sind. Hierzu bieten sich u. a. folgende Broschüren an:

Das Buch der Jugend 19… Ausgewählt + empfohlen
Hrsg. im Auftrag des Arbeitskreises für Jugendliteratur (nähere Angaben zu dieser Organisation und Broschüre → Seite 51); Bezug: Katalog-Service Stuttgart, Bergheimer Str. 33A, 70499 Stuttgart

Deutscher Jugendbuchpreis 19… Auswahl 19…
Die Auswahlliste erscheint jährlich und wird im Auftrag des Bundesministeriums für Familie, Senioren, Frauen und Jugend vom Arbeitskreis für Jugendliteratur (s. o.) herausgegeben. Sie enthält Bücher der „Auswahlliste zum Deutschen Jugendliteraturpreis" der jeweiligen letzten drei Jahre. Bezug: Katalog-Service Stuttgart, s. o.

Buchempfehlungen der Stiftung Lesen *(→ Seite 49 f.)*

Jugendbuch heute
Informationen zum Kinder- und Jugendbuch. Bezug: Arbeitsgemeinschaft von Jugendbuchverlegern, Blumenstr. 36, 70182 Stuttgart

Empfehlungen der Schülerbücherei
An einigen Schulen gibt es auch Empfehlungslisten der eigenen Schülerbücherei. Sie haben den Vorteil, daß die Schüler kostenlos an diese Bücher herankommen. Der Lehrer kann solche Listen mit den Eltern durchgehen und mit ihnen überlegen, wie der betreffende Schüler auf bestimmte Titel hingewiesen und wie er bei der Ausleihe und beim häuslichen Lesen der Bücher unterstützt werden kann. Im Gespräch mit den Eltern läßt sich oft genauer als im Unterrichtsgespräch ermitteln, wo Interessenschwerpunkte des einzelnen Schülers liegen könnten.

Was machen gegen Defizite?

Die Beratung von Eltern, deren Kinder im Fach Deutsch Defizite aufweisen, sollte gut vorbereitet sein. Im folgenden zunächst eine Orientierungshilfe für Eltern, die danach fragen, wie verschiedene Möglichkeiten der Hilfe (Nachhilfelehrer, Lernhilfe in Buchform) zu bewerten sind. Das Blatt kann während des Elternsprechtages kopiert bereitliegen und eventuell mit den Eltern durchgesprochen werden. Die am Schluß angekündigte Bücherliste sollte anhand von Verlagskatalogen aktuell zusammengestellt und in der folgenden Zeit dann ab und zu ergänzt werden.

Nachhilfelehrer oder Buch? – Entscheidungshilfe für Eltern
Liebe Eltern,
wenn Ihre Tochter/Ihr Sohn Kenntnislücken hat, dann gibt es grundsätzlich zwei Möglichkeiten, um aus dem „Tief" herauszukommen.

1. Nachhilfestunden
Vorteile:
- Eine Expertin/ein Experte kann sich im persönlichen Gespräch bemühen, die Wissenslücken Ihrer Tochter/Ihres Sohnes zu schließen.
- Unsicherheiten können direkt geäußert, Fragen sofort geklärt werden.
- Ihre Tochter/Ihr Sohn kann ganz individuell beraten werden.
- In vielen – nicht in allen – Fällen können Sie dabei auf das pädagogische Geschick der Nachhilfelehrerin oder des Nachhilfelehrers bauen.

Nachteile:
- Nachhilfestunden sind zeitlich oft ziemlich unflexibel und an feste Tages- und Wochenzeiten gebunden. Ihre Tochter/Ihr Sohn muß vereinbarte Termine auch dann einhalten, wenn es gerade keinen Sinn macht, wenn anderes im Vordergrund steht, wenn die Aufmerksamkeit erschöpft ist (z. B. in der 7. oder 8. Schulstunde) – der Lerneffekt also eher gering ist.
- Nachhilfestunden sind auf die Dauer sehr teuer.
- Schließlich kommt nicht jede Schülerin und jeder Schüler damit zurecht, daß da – neben dem Lehrer – eine weitere Person sitzt, die laufend Belehrungen erteilt.

2. Selbstlernhilfen
Inzwischen haben mehrere Verlage Bücher zum Selbststudium entwickelt, die sich speziell an Schülerinnen und Schüler mit Kenntnislükken richten. Meist wird ein Lösungsheft mitgeliefert.

Vorteile:
- Ihre Tochter/Ihr Sohn kann den Zeitpunkt für Übungen selbst bestimmen. Übungsphasen können zeitlich ganz an dem persönlichen Tages- und Wochenrhythmus ausgerichtet und auf Zeiten konzentriert werden, in denen die Aufnahmefähigkeit besonders groß ist. Mit einer Lernhilfe kann man auch einmal am Sonntagmorgen um neun, abends um 21 Uhr oder sogar im Zug „pauken".
- Diese Form der Selbsthilfe ist vergleichsweise preiswert. Ein Buch, in dem man mehrere Wochen lang arbeiten kann, kostet oft nur so viel wie eine einzige Nachhilfestunde.
- Da die Schülerin/der Schüler sich mit Hilfe eines Lösungsheftes selbst kontrollieren kann, entfällt die Konfrontation mit einem „besserwissenden" Nachhilfelehrer – eine Situation, mit der mancher Jugendliche seine Probleme hat.
- Man hat zusätzlich alles schwarz auf weiß: Meist enthalten die Lernhilfen viele Regel- oder Merkkästen, die wiederholendes Lernen erleichtern.
- Die Lernhilfen sind oft motivierend gestaltet.

Nachteile:
- Bei ungeklärten Fragen, die über das angebotene Übungsmaterial hinausgehen, gibt es keinen Ansprechpartner.
- Wenn das Lösungsheft zu früh hinzugezogen wird, läßt der Lerneffekt deutlich nach.
- Die Selbstlernhilfen enthalten manchmal nicht genug Übungsmaterial, um Defizite nachhaltig aufarbeiten zu können.
- Manchen Schülern fällt das Lernen ohne persönlichen Kontakt schwer.

Was ist nun besser?

Diese Frage kann nicht generell beantwortet werden, denn dazu sind die Probleme und die Personen, um die es geht, zu verschieden. Prüfen Sie, welche Vor- und Nachteile eines Nachhilfelehrers bzw. einer Lernhilfe für Sie und Ihre Tochter/Ihren Sohn in besonderem Maße zutreffen, und entscheiden Sie dann!

Wie geht es weiter?

Eine Liste mit Lernhilfen gebe ich Ihrer Tochter/Ihrem Sohn auf Nachfrage gerne mit. Telefonnummern von Lehrerinnen und Lehrern bzw. (älteren) Schülerinnen und Schülern, die Nachhilfestunden erteilen, kann ich Ihnen ebenfalls nennen.

Sollten Sie sich für eine Lernhilfe oder Nachhilfe entscheiden, gebe ich Ihnen nach einigen Wochen gerne Auskunft darüber, ob sich Erfolge einstellen.

6. Schon wieder ein Poesiealbum!

Sentenzen und Reimereien für die Klassen 5 bis 7

(Gerd Brenner/Rolf Keuchen)

Wer über sich selbst nicht lachen kann,
der ist fürwahr ein armer Mann.
Und jene, die zum Freund ihn machen,
die Armen haben nichts zum Lachen.

Willst Du glücklich sein im Leben,
trage bei zu andrer Glück;
denn die Freude, die wir geben,
kehrt ins eigne Herz zurück.

Wenn durch einen Menschen
ein wenig mehr Glück und Wahrheit,
ein wenig mehr Licht und Liebe in der Welt war,
hat sein Leben einen Sinn gehabt.

Geh nicht nur die glatten Straßen,
geh Wege, die noch niemand ging,
damit Du Spuren hinterläßt
und nicht nur Staub.

Nur wer
überhaupt nichts macht,
macht keinen
Fehler.

Wenn die Flüsse aufwärts fließen
und die Hasen Jäger schießen
und die Katzen Hunde fressen,
dann erst werd ich Dich vergessen.

Setz Dich immer auf die Arbeit,
dann läuft sie Dir nicht davon.

Die Ordnung ist die Lust der Vernunft –
aber die Unordnung ist die Wonne der Phantasie.

Reiß den Faden der Freundschaft
nicht allzu rasch entzwei;
wird er auch neu geknüpfet,
ein Knoten bleibt dabei.

Es ist leichter, Fehler zu finden –
als keine zu machen.

Verschenke aus all Deinen Tagen
eine stille Stunde an Dich.
Die jedem Besinnen entsagen,
verlieren sich.

Zweifle nicht an dem,
der Dir sagt,
er hat Angst,
aber hab Angst
vor dem,
der Dir sagt,
er kennt keinen Zweifel.
Erich Fried

Wer auf jede
Wolke achtet,
wird nie
eine Reise machen.
italienisch

Erfahrung
ist eine stachelige
Frucht.
mexikanisch

Es gibt nichts Gutes –
außer man tut es.
Erich Kästner

Fürchte Dich nicht vor dem
langsamen Vorwärtskommen,
fürchte Dich nur
vor dem Stehenbleiben.
chinesisch

Lieber ein kluger Tadel
als ein dummes Lob.
russisch

Es ist nicht genug zu wissen,
man muß es auch anwenden;
es ist nicht genug zu wollen,
man muß es auch tun.
Johann Wolfgang v. Goethe

Wer sich an andre hält,
dem wankt die Welt.
Wer auf sich selber ruht –
steht gut!
Paul Heyse

Beide schaden sich selbst:
der zuviel verspricht
und der zuviel erwartet.
Gotthold Ephraim Lessing

Ideale sind wie Sterne:
man kann sie nicht erreichen;
aber man kann sich nach ihnen
orientieren.
Carl Schurz

Irrtümer haben ihren Wert,
jedoch nur hier und da.
Nicht jeder, der nach Indien fährt,
entdeckt Amerika.
Erich Kästner

Wer mit dem Leben spielt,
kommt nie zurecht.
Wer nicht sich selbst befiehlt,
bleibt immer Knecht.
Johann Wolfgang v. Goethe

Die wirklich Großen
übersehen die Kleinen keineswegs.
Carl Sandburg

(In der Anrede wurden die Texte verändert; hier wurde die Großschreibung gewählt.)

Ideen zur Arbeit mit dem Poesiealbum *(Rolf Keuchen)*

Die folgenden Anregungen sind für die Arbeit mit den Jahrgangsstufen 5 und 6 gedacht:

- Die Schüler suchen aus einer vorgegebenen Sammlung von Sprüchen einige heraus, die ihrer Meinung nach für bestimmte Mitschüler geeignet sind.
- Die Schüler formulieren arbeitsteilig für einige in der Klasse einen Ratschlag. (Evtl. nach dem Muster vorgegebener Sprüche.)
- Der Lehrer liest einen treffenden Spruch aus einem Poesiealbum vor; die Schüler diskutieren, wem dieser Spruch zugeordnet werden könnte.
- Die Schüler hinterfragen einzelne Sprüche kritisch. Sie prüfen, ob die in ihnen enthaltenen Lebens- und Verhaltensregeln heute noch akzeptabel sind.
- Die Schüler malen zu Sprüchen Bilder. (Nicht immer möglich.)

Meine Klasse – Standardfragen und witzige Antworten

In vielen Klassen gibt es kaum noch traditionelle Poesiealben. Auf dem Vormarsch sind Bücher, in denen die Mitschüler in vorgegebenen Rubriken ihre Haarfarbe, ihre Größe, ihren Lieblingssänger eintragen und viele andere Angaben machen sollen, die oft zu sehr klischeehaften und an Modewellen orientierten Äußerungen führen. Aus dem Schema solcher Bücher kann der Lehrer in witziger Weise ausbrechen.

Beispiele:

Lieblingsfilm:	Hurra, die Schule brennt!
Lieblingsbuch:	Die gesammelten Geschichten der Klasse 5a.
Lieblingsstars:	Die Schauspielerinnen und Schauspieler unserer Theater-AG.
Keinen Spaß machen mir:	Stapel von Klassenarbeiten.

Lese-Ecke: Deutschlehrerinnen und -lehrer erzählen über die Schule

Schmerz und Wut

Mit zudringlichem Lächeln wird Bodo aufgefordert, Platz zu nehmen. Der Schlohweiße mit dem Feuermal auf der Stirn winkt ihn an den Arbeitstisch in seinem Dienstzimmer und setzt sich selbst, sichtbar um eine gewichtige und gesucht bedeutungsvolle Miene bemüht. Er weist auf drei Schriftstücke. Zwei sind Bodo sofort bekannt, denn er hat sie gestern im Vorzimmer abgegeben: ein Entschuldigungsschreiben und das aufgeschlagene Klassenbuch seiner 9c. Daneben allerdings liegt ein offenbar umfänglicher Brief in einer Handschrift – es besteht kein Zweifel –, die Bodo gleichfalls bekannt ist, nämlich von Entschuldigungsschreiben, von beständigen, fast täglichen Entschuldigungsschreiben: Frau Dr. Altmeyer!

Frau Dr. Altmeyer habe sich leider ..., und eigentlich sei das bedauerlich, und offenbar habe es bei Bodo doch sonst keine Probleme gegeben ..., aber immerhin, Frau Dr. Altmeyer ..., und Beschwerden verdienten grundsätzlich ernst genommen zu werden, denn Frau Dr. Altmeyer habe immerhin in einem ja sehr ausführlichen Schreiben, das beweise Ernsthaftigkeit und Engagement – so bedauerlich das auch schließlich sei, und deshalb müßte ja auch darüber gesprochen werden.

Bodo platzt! Versteht er richtig? Schließlich hatte er einmal reagieren müssen, auf das beständige Grinsen aller, wenn Stefan, das einzige Kind der alleinerziehenden Frau Doktor, fast täglich und pünktlich seine Entschuldigungen vorlegte: Entschuldigungen, kaum lesbar, in einer zerschriebenen Doktorschrift auf Rezeptformular, kompakt gespickt mit lateinischen Formeln, Krankheitsnamen erlesenster Art, wie ersonnen, durch das Sieb seines Gedächtnisses zu rinnen. Und da hat er eben reagiert, unbürokratisch und auch für Stefan überraschend. Was denn gewesen sei, ob er, Stefan, das nicht einfach sagen könne, dann müsse nicht die ganze Entschuldigung gelesen werden. Und dann hat Bodo im Klassenbuch notiert, freundlich und amtlich zugleich: „Altmeyer nach der 2. Stunde entlassen, weil er Futter für Zierfische kaufen muß." Und dann hat Bodo den Text nochmals verlesen und bestätigen lassen, daß alles richtig sei, und hat dann alle Kraft zusammennehmen müssen, reichlich angebotene Reaktionsmöglichkeiten auszuschlagen, fröhliche Zurufe, Provokantes, Beispiele von jugendlichem Witz einfach zu überhören und in einem Gewaltsprung mitten in der Lektüre zu landen.

Verpaßt – jetzt hat Bodo es wirklich verpaßt, das Zitat aus dem Brief der Frau Doktor, und er soll Stellung nehmen, denn es soll über alles gesprochen werden! Bodo beginnt also sorgfältig, er habe vorgestern vermutet ..., die Situation sei nämlich diese gewesen, daß ....
Nein, was vorgestern gewesen sei, interessiere ja eigentlich weniger, und überhaupt sei es ja oft schwierig, nachträglich konkret zu sagen, inwiefern ..., und dann stehe ja auch bloß die eine Aussage gegen die andere, und überhaupt wolle ja Frau Doktor sich zu diesem Komplex offenbar keineswegs äußern, Bodo höre ja selbst, und auch hier wiederhole sich der Gedanke, beispielsweise auf Blatt 3!
Soweit Bodo versteht, verbittet sich Frau Doktor elitären Unterricht, die Unbescheidenheit des Geistes, plädiert für Anerkennung alternativer Werte. Und es ertönt die wohlbekannte These, Rechtschreibezwänge als gesellschaftliches Herrschaftsinstrument!
Bodo kontert empört. Schließlich sei ja an dem betreffenden Tag in seiner Klasse in der dritten Stunde eine Mathematikarbeit geschrieben worden, – was allerdings Deutschunterricht mit ...
Da sei er wieder, Bodos, wenn man gewissermaßen sagen dürfe, sein Denkfehler. Frau Doktor wolle ja gar nicht genau ..., in solchem Sinne ..., vielmehr gebe Frau Doktor eher grundsätzlich zu bedenken .... Der Ton schlägt plötzlich um ins Vertrauliche: Bodo wisse ja doch ganz gut, der Ruf der Schule, die ganz besondere Tradition und Verpflichtung ..., und wie stolz man sei, und Bodo hätte auch schon viele Zeichen und Gesten der Anerkennung ..., und er persönlich habe doch auch immer wieder gesagt, ..., – aber doch nicht elitär, elitär!
Was in Bodos Unterricht, allgemein betrachtet, sei also konkret elitär? – Bodo versteht aber schon wieder alles falsch, das Anliegen der Frau Doktor Altmeyer!
Erschöpft schreitet der Schlohweiße in Richtung Vorzimmer und beugt sich weit aus der Tür. Zurückkehrend wählt er einen Umweg: Toleranz, bei allen Geschäften so wichtig, sei ein hoher geistiger Wert, ein zuhöchst verpflichtender, gewissermaßen ...! Bodo versucht, dazwischenzukommen.
Nein ..., nein, Bodo solle sich nicht verteidigen, man werde ja auch bewußt darauf verzichten, ihm diesen Brief im eigentlichen Sinne vorzuhalten, anzukreiden, nachzutragen oder gar weiter nachzuforschen ..., auch Frau Dr. Altmeyer werde ja bestimmt vergessen!
Inzwischen hat Frau Klein das Gewünschte auf dem Schreibtisch plaziert, im Machtzentrum. Neben einem Teller, der zwei Tortenstücke präsentiert, dampft eine wohlgefüllte Tasse Kaffee. Es sei ja nun bedauerlich ..., aber mehr Zeit für weitere Gespräche sei gerade jetzt nicht gut vorhanden,

und demnächst gerne wieder ..., aber gerade gegenwärtig, Bodo möge entschuldigen ..., er verstehe sicher, und er könne ja auch gleich das Klassenbuch wieder mitnehmen.
Bodo ist speiübel: Wut, Trauer? Nein, kein falsches Theater! Mit angespanntester Sachlichkeit entwickelt sich die Szenerie, weil die Zeit offenbar innehält: Die grenzenlose Empfindung, das alles hast du schon erlebt, gewußt, nichts überrascht, Wiedererinnerung! Über der Kaffeetasse steht weißer Dampf, eine fette weiße Maus buckelt – sträubt ihr Fell. In schmerzlicher Dehnung werden die Worte vernehmlich, mit denen sich Bodos Gegenüber für das Verständnis bedankt.
Bodo reißt sich los: Lächerlich! Elitärer Unterricht, wie wichtig wäre ein solches Thema, wie wichtig gerade hier, gemeinsame Wege zu finden, gangbare, ehrliche, – stünde nur alles nicht in solch offenkundigem Zusammenhang!
Auch Bodos Gegenüber hat jetzt hörbar seinen Frieden wiedergefunden, so freundlich und sonor ertönt nun Wohllaut: Wiedergefundener kollegialer Frieden, Frieden mit Eltern, vor allem solchen, deren Ernsthaftigkeit in einem akademischen Titel aufleuchtet, kurzum Frieden mit allen Menschen auf Erden, die guten Willens sind.

(lan)

Weihefestspiel

Die Königsloge ist besetzt, das Premierenpublikum verstummt, mit sanftem Einsatz nimmt das A 15-Weihefestspiel seinen Anfang. In mystisches Halbdunkel getaucht, steht der Kandidat – auf allen kreativen Schauplätzen der Welt heimisch und bekannt für die angenehme Baritonfärbung seines Heldentenors. Wird er der Riesenrolle gewachsen sein, die andere unsterblich gemacht hat?
Die Stimmung wird gebrochen in einer Inszenierung, die bewußt auf das Schwanenritterkostüm Verzicht leistet und die Rolle in moderner Zeitgemäßheit präsentiert: saloppe Alltagskleidung, kurzärmeliges Hemd, offener Kragenknopf. Doch konzentrieren wir uns auf das Wesentliche!
Der Kandidat beginnt mit Lehrervortrag: In sauberem Legato hat er das Eingangsrezitativ beendet, nun rückt er nach vorn an die Rampe, um mit der ganzen gereiften Innerlichkeit seiner Stimme die Eingangsarie vorzutragen. Der Chor hält sich im Hintergrund und flüstert den a capella Part. Dann setzt das Tutti ein und schwillt an zu majestätischem Jubel. Mit Bravour setzt sich die Solostimme gegen den harmonischen Wonnegraus durch und schmettert ein nicht enden wollendes hohes C in den Raum. Szenenbeifall für den Kandidaten, das Publikum tobt, rhythmisches Klat-

schen und Trampeln, der Kandidat muß sich dreimal verbeugen, bevor das große Duett beginnen kann.
Die Lieblingsschülerin, gefeierte Primadonna des Hauses, haucht ihr „Fuggi, crudele, fuggi"! Feinsinnig und mit Kopfstimme nimmt der Kandidat das Motiv auf und variiert das geniale Thema im Pianissimo. Das zarte Geflecht von Ruf und Gegenruf läßt alles um sie versinken, entrückt beide der Welt: „Mild und leise, wie er lächelt ..." Mit hartem Strich kratzt es von der Bank des Merkers her: „Wer über sieben Fehler verlor, hat versungen und ganz vertan." Der Kandidat neigt zu Dominanten!
Kommunikation fließt nicht symmetrisch!
Die ästhetische Wirkung ist keine publikumszentrierte!
„Nun sei bedankt, mein lieber Schwan!"

(lan)

Der letzte Text wurde nach dem Verfahren der „Sprachmusterverschiebung" geschrieben: Ein Vorgang wird nicht in der Sprache ausgedrückt, in der er üblicherweise dargestellt wird. Vielmehr wird ein Sprachmuster gesucht, das eine interessante Spannung zur inhaltlichen Aussage aufbaut und das damit die Wirkung der Aussage steigert.

Liste der Autorinnen und Autoren

Dr. Gerd Brenner, Mönchengladbach (bre)
Kira Brenner, Mönchengladbach
Antje Feilke, Viersen
Martina Gassen, Langenfeld (gas)
Dagmar Günther-Bunke, Düsseldorf (gün)
Ilse-Marie Harley, Neuss (har)
Ursula Heider, Geldern (hei)
Dr. Rolf Keuchen, Schwalmtal
Klaus Landrock, Solingen (lan)
Hans-Willi Lukas, Wuppertal (luk)
Jürgen Marx, Meckenheim
Olaf Nink, Erkrath (oni)
Peter Reul, Krefeld (reu)
Elke Roob, Krefeld (roo)
Michael Sandmann, Krefeld
Anne Schabhuser, Krefeld
Edmund Wild, Wettenberg

Alle nicht mit Namen versehenen Kapitel bzw. Texte stammen vom Herausgeber.

Quellenverzeichnis

S. 47 f.: *Projekt „Lesebazillus".* Aus: Jörg Knobloch: Schule öffnen, Lesen fördern: Die Projekte „Lesebazillus" und „Rucksackbücherei". In: Informationen Jugendliteratur und Medien; 3. Beiheft, 1992, S. 84 ff.
S. 182 f.: *Aus Köln.* Aus: Ryszard Kapuscinski: Lapidarium. Eichborn Verlag. Frankfurt/M. S. 96–100
S. 250: *Simon* und *Eine Nachtigall.* Aus: Hajo Bücken (Hg.): Das Fremde überwinden. Burckhardthaus-Laetare Verlag, Offenbach 1991, S. 62 und S. 54
S. 251 f.: *Meine Frau, die bleibt zu Hause.* Aus: „Die Zeit" vom 5.2.1993
S. 252 f.: *Karriere, Kinder und ein Mann.* Aus: „Die Zeit" vom 27.11.1993
S. 254 f.: Reiner Scholz: *Zahlen oder aussteigen.* Aus: „Die Zeit" vom 21.8.1993
S. 255 f.: *Vor oder zurück?* Aus: Wolfgang Laschka/BDP (Hg.): Multikulturelle Jugendarbeit: Verlag Jugend & Politik, Frankfurt/M. 1990, S. 10–11
S. 287: *Lyrik, elektrisch.* Aus: „Die Zeit" vom 3.7.1987
S. 293: *Zweifle nicht...* Aus: Erich Fried: Die Beine der großen Lügen/Unter Nebenfeinden/Gegengift. Drei Gedichtsammlungen. Verlag Klaus Wagenbach, Berlin 1976; siehe auch: Erich Fried: Gesammelte Werke. Verlag Klaus Wagenbach, Berlin 1993

Register

Bei den *kursiven* Begriffen handelt es sich um Titel bzw. Namen von Spielen und Handlungsideen.